Andrea Hofbauer • Anton Frühwirth

Kulinarische Diätküche

Gesund kochen für Genießer

Fotos von Raimund Mayerhofer

Andrea Hofbauer • Anton Frühwirth

Kulinarische DiätKüche

Gesund Kochen für Genießer

Fotos von Raimund Mayerhofer

t.

Trauner Verlag

Inhaltsverzeichnis

Bevor wir beginnen...

Gesundheit ist nicht nur eine der wesentlichsten Grundbedingungen für das individuelle und gemeinsame Überleben, sie ist auch eine der notwendigsten Ressourcen für Lebensfreude und sozialen Fortschritt. In diesem Sinne ist Gesundheit nicht nur die Abwesenheit von Krankheit, sondern darüber hinaus die Suche nach einem umfassenden Prozess psychischen, körperlichen, sozialen und persönlichen Wohlbefindens.
(Weltgesundheitsorganisation, Alma Ata Declaration for Primary Health Care, Genf 1981)

Gesundheit und Ernährung stehen in einem kausalen Zusammenhang. Die Bedeutung einer ausgewogenen Ernährung hat in den letzten Jahren ihre Bestätigung gefunden.
Der Wunsch der Menschen, durch bewusste Ernährung Gesundheit und Wohlbefinden zu erhalten bzw. wiederzuerlangen, zeigt sich immer deutlicher. Die Gemeinschaftsverpflegung aller gastronomischen Betriebe soll diesem Wunsch Rechnung tragen und den Gästen ein entsprechendes Angebot zur Verfügung stellen.

Ernährung ist aber nicht nur die Versorgung des Körpers mit Energie und lebenserhaltenden Stoffen. Essen soll in erster Linie gut schmecken und steht in enger Verbindung mit Erlebnis, Kultur, Tradition und Freude, kurz Lebensqualität.

Der Gast soll die Möglichkeit erhalten, aus einem adäquaten Speisenangebot die für ihn richtige Ernährung zu wählen. Dazu bedarf es sicherlich keiner speziellen „Diätküche", sondern lediglich der Beachtung einiger Grundprinzipien einer ernährungsbewussten Kost.

Die ernährungsbewusste Küche soll und kann ebenso wohlschmeckend wie die traditionelle Küche sein. Entscheidend sind die Präsentation der Gerichte und die entsprechende Information. Optik und Sensorik sind für die Akzeptanz eines Produktes von enormer Wichtigkeit. Ernährungsbewusstes Essen hat nichts mit den verschiedenen Ernährungsphilosophien oder mit „Körndlkost" zu tun.

Dem Koch fällt somit eine sehr verantwortungsvolle Aufgabe zu. Er benötigt dazu Fachkenntnisse und Kreativität. Das Wissen über die Zusammensetzung der Nahrung und ihre Bedeutung für den Organismus und die Umsetzung in ein entsprechendes Speisenangebot soll Ihnen dieses Buch vermitteln.

Die Berechnung der Rezepte basiert auf den angegebenen Mengen- und Portionsgrößen. Es ist besonders darauf zu achten, dass die Mengenangaben genau eingehalten werden. Der Koch muss bei der Zubereitung dieser Speisen unbedingt mit der Diätwaage arbeiten.

Bei den einzelnen Rezepten finden Sie einen Hinweis, für welche diätetischen Kostformen dieses Gericht geeignet ist. Für alle Rezepte wurden Energie- und Nährstoffgehalt sowie Cholesterin- und Puringehalt berechnet.

Das Buch bietet eine Synergie zwischen theoretischen ernährungsmedizinischen und diätetischen Erkenntnissen und ihrer Umsetzung in die Praxis. Der erste Teil beschäftigt sich mit der Zusammensetzung unserer Nahrung und der Bedeutung der Nährstoffe für unseren Körper als Basis für das Verständnis der wichtigsten Diätformen. Das zweite Großkapitel zeigt die gängigsten Kostformen bei verschiedenen Zivilisationskrankheiten wie Diabetes, Fettstoffwechselstörungen, Gicht, Bluthochdruck ua. Der diätetische Teil gibt eine genaue Beschreibung der Diätformen, die dem derzeitigen

tigen Stand der ernährungsmedizinischen Erkenntnisse entspricht. Großer Wert wurde dabei auf die praktische Umsetzung gelegt, so dass der Koch die diätetische Küchentechnik, die von der richtigen Lebensmittelauswahl bis hin zu den Garmethoden reicht, erfährt. Ergänzt ist dieses Kapitel mit hilfreichen Tabellen wie Broteinheitenaustauschtabelle, Harnsäuretabelle etc.

Das Hauptstück des Buches ist der Rezeptteil mit ca. 300 Rezepten. Im Anhang finden Sie eine Reihe von Menüempfehlungen, abgestimmt auf die verschiedenen Kostformen.

Ernährungsbewusstes Kochen ist nicht schwieriger oder aufwendiger als gutes herkömmliches Kochen. Auch diätetische Kost kann wunderbar schmecken und der Gast muss keine Angst haben, bei Einhaltung seiner Diätvorschriften hungern und auf kulinarische Genüsse verzichten zu müssen.

Wir wünschen Ihnen mit diesem reichhaltigen Angebot viel Spaß beim Zubereiten und die Zufriedenheit Ihrer Gäste!

Die Autoren

Ernährung und Gesundheit

Die Zusammenhänge zwischen Ernährung und Gesundheit bzw. Krankheit sind heute unbestritten. Die Ernährungsfehler der letzten Jahrzehnte treten heute deutlich in Form von so genannten Zivilisationskrankheiten in Erscheinung.

Ernährungsfehler

- Wir essen zu viel.
- Wir essen zu fett.
- Wir essen zu viel Zucker.
- Wir trinken zu viel Alkohol.
- Wir essen zu wenig Ballaststoffe.
- Wir essen zu wenig Obst und Gemüse.

Ernährungsbedingte Erkrankungen

- Diabetes Typ 2
- Adipositas (krankhaftes Übergewicht)
- Bluthochdruck
- Fettstoffwechselstörungen
- Erhöhte Harnsäurewerte und Gicht
- Krebserkrankungen
- Herzinfarkt
- Schlaganfall

Die Ernährung spielt sowohl für Therapie als auch zur Prophylaxe dieser Erkrankungen eine wesentliche Rolle. Mehr denn je fordern Mediziner und Wissenschafter deshalb, die Ernährungsgewohnheiten umzustellen. In gleichem Maße werden die Verantwortlichen der Gemeinschaftsverpflegung und Gastronomie aufgefordert, ein adäquates Speisenangebot zu bieten.

Der Anteil des **Außer-Haus-Verzehrs** nimmt stetig zu. Immer mehr Menschen nehmen zumindest eine Mahlzeit pro Tag im Betrieb oder in einem Restaurant ein.

Dem Koch bzw. dem Küchenchef fällt somit eine sehr verantwortungsvolle Aufgabe zu. Denn es ändern sich die Ernährungsgewohnheiten der Menschen. Vor allem jüngere Menschen und Frauen werden zunehmend ernährungsbewusster.

Man möchte sich schon vorbeugend gesünder ernähren und somit gefährlichen **Stoffwechselerkrankungen** keine Chance geben.

Weniger Fett, das richtige Fett, mehr Ballaststoffe und weniger Zucker sind die Schlagwörter unserer Zeit.

Immer mehr Gäste verlangen von den Köchen, dass sie die **Grundsätze einer gesunden Ernährung** kennen und auch umsetzen können.

Darüber hinaus gibt es immer mehr Menschen, die aufgrund einer Erkrankung oder einer Stoffwechselstörung spezielle **Ernährungsbedürfnisse** haben. Um das Speisenangebot auch für Diätbedürftige und Ernährungsbewusste kreativ und phantasievoll zu gestalten, benötigt der Koch jedoch das notwendige Spezialwissen.

Ernährung und Gesundheit liegen bei der Außer-Haus-Verpflegung in den Händen der Köche – sie benötigen dafür das notwendige Spezialwissen.

Zusammensetzung unserer Nahrung

Lebensmittel sind laut Österreichischem Lebensmittelgesetz „Stoffe, die dazu bestimmt sind, vom Menschen in unverändertem, zubereitetem oder verarbeitetem Zustand überwiegend zu Ernährungs- und Genusszwecken gegessen, gekaut oder getrunken zu werden". Die Lebensmittel werden in Nahrungs- und Genussmittel unterteilt.

Lebensmittel	
Nahrungsmittel	**Genussmittel**
• pflanzliche	• alkoholische
• tierische	• alkaloidhältige (Kaffee, Tee)

Nahrungsmittel sind tierischen oder pflanzlichen Ursprungs und dienen unserer Ernährung.

Genussmittel hingegen werden wegen ihrer anregenden Wirkung genossen. Dazu zählen Alkohol, Kaffee, Tee und auch Nikotin.

Die Nahrung dient dem Menschen in erster Linie dazu, den Körper mit den notwendigen **Nährstoffen** zu versorgen, um verschiedene Körperfunktionen und die Leistungsfähigkeit aufrechtzuerhalten. Wichtige Faktoren dabei sind die tägliche Energiemenge, die mit der Nahrung aufgenommen wird, sowie eine optimale Verteilung der Nährstoffe. Deshalb ist es von enormer Bedeutung, was und wie viel der Mensch isst. Die Ernährung soll hinsichtlich Qualität und Menge ausgewogen und damit vollwertig zusammengesetzt sein.

Sowohl tierische als auch pflanzliche Nahrungsmittel dienen der menschlichen Ernährung. Bei der Verdauung werden sie in die einzelnen Bestandteile, die Nährstoffe, zerlegt. Ihren Eigenschaften entsprechend werden sie als Brenn-, Bau- oder Wirk- und Reglerstoffe bezeichnet.

Nährstoffe

Energieliefernde Nährstoffe	Nichtenergieliefernde Nährstoffe	Sonstige Inhaltsstoffe
• Eiweiß – Proteine (Baustoffe) • Fette (Brennstoffe) • Kohlenhydrate (Brennstoffe)	• Vitamine (Wirkstoffe) • Mineralstoffe (Wirkstoffe) • Wasser (Lösungs- und Transportmittel)	• Duft-, Würz- und Farbstoffe • Ballaststoffe

Alle diese Nährstoffe haben im Körper bestimmte Aufgaben zu erfüllen:

Brennstoffe
• Deckung des Energiebedarfes für die Aufrechterhaltung der Körperfunktionen. Sie sind die Energielieferanten für Atmung, Herztätigkeit, Verdauung, Muskeln sowie für körperliche und geistige Leistungen.

Baustoffe
• Aufbau und Erhaltung der Körpersubstanz.

Wirkstoffe
• Schutz gegen Krankheiten.
• Regelung von Körpervorgängen.

Wasser
• Hauptbestandteil des Körpers. Nährstoffe werden gelöst und so transportfähig gemacht.

Ballaststoffe
• Ballaststoffe sind unverdauliche Nahrungsbestandteile.
• Anregende Wirkung auf die Darmtätigkeit.
• Vorbeugung von Darmerkrankungen und Stoffwechsel erkrankungen.
• Bewirken ein besseres Sättigungsgefühl.

Duft-, Würz- und Farbstoffe
• Appetit- und verdauungsanregend.

Energie- und Nährstoffbedarf

Unser Körper braucht ständig Energie – selbst im Schlaf –, um alle Lebensvorgänge wie Atmung, Herztätigkeit, Stoffwechsel und Körpertemperatur aufrechtzuerhalten. Diese Energie erhält der Körper aus den in den Nahrungsmitteln enthaltenen Nährstoffen.

Der Energiegehalt der Nährstoffe wird in Kilokalorien bzw. Kilojoule gemessen.

1 kcal = 4,186 (4,2 kJ)

1 g Kohlenhydrat	liefert 17 kJ / 4 kcal
1 g Fett	liefert 37 kJ / 9 kcal
1 g Eiweiß	liefert 17 kJ / 4 kcal
1 g Alkohol	liefert 30 kJ / 7 kcal

9

Energie – Wozu?

Die Energiemenge, die wir bei völliger körperlicher Ruhe in 24 Stunden (zwölf Stunden nach der letzten Nahrungsaufnahme) in einem Raum mit gleich bleibender Umgebungstemperatur von 20 °C in einem unbekleideten, maximal leicht gekleideten Zustand verbrauchen, nennt man **Grundumsatz**. Der Grundumsatz wird für 24 Stunden berechnet (1 kcal / 4,2 kJ pro kg Körpergewicht und Stunde).

Beispiel für eine 175 cm große Person
Grundumsatz =
1 kcal x 75 kg x 24 Stunden = 1.800 kcal

Bei der Berechnung des Grundsatzes geht man vom Normalgewicht nach Broca aus (Körpergröße in cm minus 100).
Beispiel: Körpergröße 175 cm – 100 = 75 kg Normalgewicht

Jeder Mensch hat einen ganz persönlichen Grundumsatz. Er wird von verschiedenen Faktoren beeinflusst: Geschlecht, Alter, Körpergröße und Gewicht, Hormonen, Stress, Fasten und Klima.

Geschlecht

Männer haben einen um ca. 10 % höheren Grundumsatz als Frauen, da sie im Durchschnitt mehr Muskelmasse und weniger Fettgewebe als Frauen haben.

Alter

Bei älteren Menschen verlangsamen sich die Stoffwechselvorgänge, darum verbraucht und benötigt der Körper weniger Energie.

Körpergröße und Gewicht

Je größer ein Mensch ist, desto höher ist sein Energiebedarf, da er mehr Gewebemasse und eine größere Körperoberfläche hat. Eine höhere Muskelmasse steigert den Grundumsatz, mehr Körperfett nicht.

Hormone

Besonders die Schilddrüsenhormone beeinflussen den Grundumsatz. Liegt eine Überfunktion der Schilddrüse vor, steigert dies den Grundumsatz, eine Unterfunktion bewirkt das Gegenteil.

Stress, Fasten

Stress bewirkt eine Steigerung des Grundumsatzes, bei längeren Fastenkuren sinkt der Grundumsatz, der Körper arbeitet auf Sparflamme.

Klima

Auch die Umgebungstemperatur hat einen Einfluss auf den Grundumsatz. In tropischen Gebieten ist der Grundumsatz niedriger als in Gebieten mit gemäßigtem oder gar kühlem Klima. Der Grundumsatz ist aber nur ein Teil unseres täglichen Energiebedarfes. Für die Muskeltätigkeit, die Wärmeregulation, die Verdauungstätigkeit, die geistige Leistung sowie für Sport und Freizeit benötigt der Körper zusätzliche Energie. Diese Energiemenge wird als **Leistungs- und Freizeitumsatz** bezeichnet.

Die neueste Methode zur Festsetzung bzw. Bewertung der Richtwerte für die Energiezufuhr unter Berücksichtigung der Berufs- und Freizeitaktivitäten ist der so genannte PAL-Wert.

PAL – Physical Activity Level

Mit dem PAL-Wert wird die körperliche Aktivität angegeben.

Beispiele für den durchschnittlichen täglichen Energieumsatz bei unterschiedlichen Berufs- und Freizeitaktivitäten von Erwachsenen (laut Deutscher Gesellschaft für Ernährung, DGE, 2000)

Arbeitsschwere und Freizeitverhalten	PAL	Beispiele
Ausschließlich sitzende oder liegende Lebensweise	1,2	Alte, gebrechliche Menschen
Ausschließlich sitzende Tätigkeit mit wenig oder keiner anstrengenden Freizeitaktivität	1,4–1,5	Büroangestellte, Feinmechaniker
Sitzende Tätigkeit, zeitweilig auch zusätzlicher Energieaufwand für gehende und stehende Tätigkeiten	1,6–1,7	Laboranten, Kraftfahrer, Studierende, Fließbandarbeiter,
Überwiegend gehende und stehende Tätigkeit	1,8–1,9	Hausfrauen, Verkäufer, Kellner, Mechaniker, Handwerker
Körperlich anstrengende berufliche Arbeit	2,0–2,4	Bauarbeiter, Landwirte, Waldarbeiter, Bergarbeiter, Leistungssportler

In der Gemeinschaftsverpflegung ist es nicht möglich, für jeden Menschen seinen Energiebedarf individuell abgestimmt zu errechnen. Aus diesem Grund gibt es auch Empfehlungen für die Nährstoffzufuhr, die in Österreich, der Schweiz und Deutschland von den jeweiligen Ernährungsgesellschaften herausgegeben werden.

Eine weitere Möglichkeit zur Energiebedarfsberechnung bietet sich mit folgenden Faktoren:

Körpergewicht (kg)
mal 24 = Grundumsatz
mal 30 = leichte Tätigkeit
mal 35 = mittlere Tätigkeit

Dieses Normalgewicht nach Broca stellt einen Orientierungswert dar. Bis zu 10 % über bzw. unter diesem Wert sind akzeptabel. Liegt das Gewicht jedoch 20 % über oder unter diesem Wert, sollen Maßnahmen zur Normalisierung getroffen werden.

Eine neuere und genauere Berechnungsmethode ist der so genannte **Body-Mass-Index (BMI)**, der sich international durchgesetzt hat. Dieser BMI wird folgendermaßen berechnet:

$$BMI = \frac{\text{Körpergewicht (kg)}}{\text{Körpergröße}^2 \ (m^2)}$$

Berechnungsbeispiel
Eine Frau mit einer Körpergröße von 1,70 m hat ein Körpergewicht von 68 kg.

$$BMI = \frac{68}{(1,70 \times 1,70)} = \textbf{23,5}$$

Richtwerte für den Energiebedarf normalgewichtiger Personen

Alter	kcal/Tag		kcal/kg (bei mittl. Aktivität)	
	m	w	m	w
Säuglinge				
0 > 4 Monate	500	450	94	91
4 > 12 Monate	700	700	90	91
Kinder				
1 > 4 Jahre	1.100	1.000	91	88
4 > 7 Jahre	1.500	1.400	82	78
7 > 10 Jahre	1.900	1.700	75	68
10 > 13 Jahre	2.300	2.000	64	55
Jugendliche und Erwachsene				
15 > 19 Jahre	3.100	2.500	46	43
19 > 25 Jahre	3.000	2.400	41	40
25 > 51 Jahre	2.900	2.300	39	39
51 > 65 Jahre	2.500	2.000	35	35
65 Jahre und älter	2.300	1.800	34	33
Schwangere				
Ab dem 4. Monat		+ 255		
Stillende				
Bis Ende 4. Monat		+ 285		
Ab 5. Monat		+ 525		

(D/A/CH-Referenzwerte für die Energie- und Nährstoffzufuhr, 2000)

Bewertungskriterien für BMI	
BMI unter 20	*Untergewicht.*
BMI 20–24	*Normalgewicht.*
BMI > 24–29	*Leichtes Übergewicht. Bei Vorliegen einer Krankheit wie Diabetes, Gicht, erhöhte Blutfettwerte etc. soll das Gewicht auf das Normalgewicht reduziert werden.*
BMI ab 30	*Starkes Übergewicht (Adipositas). In diesem Fall ist eine Gewichtsabnahme dringend angezeigt.*

Diese Richtwerte beziehen sich auf die durchschnittliche Energiezufuhr bei Personen mit vorwiegend sitzender Tätigkeit und mit einem Body-Mass-Index (siehe rechts außen) im Normbereich, dh auf normalgewichtige Personen. Bei Abweichungen vom Normbereich, insbesondere bei Übergewicht und / oder bei zu geringer bzw. auch vermehrter körperlicher Aktivität, sind Korrekturen der Richtwerte notwendig.

Eine weitere Möglichkeit zur Energiebedarfsberechnung bietet sich mit

Das richtige Körpergewicht – Bedarf und Zufuhr im Gleichgewicht

Wichtig ist, die Energiezufuhr dem Energiebedarf anzupassen. Ob die Energiebilanz stimmt, lässt sich durch die Waage feststellen. Weder starkes Über- noch Untergewicht sind gesund. Als Faustregel für das Normalgewicht eines Erwachsenen gilt:
Körpergröße in cm minus 100.

Kohlenhydrate

Unter Kohlenhydraten, auch Saccharide genannt, versteht man alle Zucker- und Stärkearten.

Chemisch gesehen bestehen Kohlenhydrate aus Kohlenstoff, Wasserstoff und Sauerstoff. Sie werden durch die Einwirkung von Licht in der Pflanze gebildet. Somit sind Kohlenhydrate in Pflanzen und ihren verzehrbaren Teilen reichlich enthalten.

Kohlenhydrate	
Pflanzliche Lebensmittel	**Tierische Lebensmittel**
• Getreide und Getreideprodukte • Hülsenfrüchte • Gemüse • Kartoffeln • Obst • Zucker	• Milch und Milchprodukte (Milchzucker)

Einteilung der Kohlenhydrate nach ihrem chemischen Aufbau

Einteilung	Arten	Vorkommen
Einfachzucker (Monosaccharide)	• Traubenzucker (Glukose oder Dextrose) • Fruchtzucker (Fruktose) • Schleimzucker (Galaktose)	• Obst und Honig • Milch
Doppelzucker (Disaccharide)	• Rohr- und Rübenzucker (Saccharose) • Malzzucker (Maltose) • Milchzucker (Laktose)	• Obst, Zuckerrohr und Zuckerrüben • Keimendes Getreide und Malz • Milch, Frischkäse
Mehrfachzucker (Polysaccharide)	• Stärke • Zellulose • Glykogen • Pektin • Pflanzengummi	• Getreide, Kartoffeln, Hülsenfrüchte • Gerüstsubstanz der Pflanzen • In Leber und Muskeln • Obst, Gemüse, Verdickungsmittel • Agar-Agar, Johannisbrotkernmehl

Einfachzucker – Monosaccharide

Die wichtigsten Vertreter dieser Gruppe sind:

Traubenzucker (Glukose oder Dextrose)

Traubenzucker kommt hauptsächlich in Obst vor. Er ist ein rascher Energiespender, da er sofort ins Blut aufgenommen wird und wichtige Aufgaben im Körper erfüllt. Das Gehirn deckt seinen Energiebedarf ausschließlich aus Traubenzucker.

Traubenzucker spielt auch eine wichtige Rolle bei der alkoholischen Gärung (Bier, Wein, Spirituosen), bei der Essigsäuregärung (Weinessig, Obstessig) und bei der Milchsäuregärung (Herstellung von Sauerkraut, Käsereifung).

Fruchtzucker (Fruktose)

Fruchtzucker hat die größte Süßkraft und ist in vielen Früchten enthalten. Weiters ist Fruchtzucker ein Bestandteil des Rohr- und Rübenzuckers und des Honigs.

Schleimzucker (Galaktose)

Die Süßkraft von Schleimzucker ist sehr gering. Er ist Bestandteil des Milchzuckers und verschiedener Schleimstoffe – daher auch die Bezeichnung.

Doppelzucker – Disaccharide

Sie entstehen aus zwei Molekülen Einfachzucker unter Abspaltung von einem Molekül Wasser. So besteht beispielsweise unser Haushaltszucker aus einer Verbindung von je einem Molekül Traubenzucker und einem Molekül Fruchtzucker. Doppelzucker werden bei der Verdauung in Einfachzucker abgebaut.

Die wichtigsten Vertreter dieser Gruppe sind:

Rohr- und Rübenzucker (Saccharose)

Rohr- und Rübenzucker sind die wichtigsten Doppelzucker. Der im Handel erhältliche Zucker besteht zu 100 % aus Saccharose.

Malzzucker (Maltose)

Malzzucker entsteht im keimenden Getreide und ist vergärbar. Er kommt in Bier, Malzprodukten, Malzkaffee und -kakao vor.

Milchzucker (Laktose)

Milchzucker ist eine Verbindung von Traubenzucker (Glukose) mit Schleimzucker (Galaktose). Milchzucker schmeckt kaum süß und kommt vor allem in der Milch vor.
In der Säuglingsernährung spielt Milchzucker eine große Rolle, ist er doch in den ersten Lebensmonaten das wichtigste Kohlenhydrat.
Milchzucker sorgt für eine gesunde Darmflora und kann in größeren Mengen auch abführend wirken.

Verhältnismäßig viele Erwachsene haben eine Laktoseunverträglichkeit, dh, sie können Laktose nicht verdauen. In diesem Fall muss die Aufnahme von Laktose durch die Nahrung sehr eingeschränkt werden. Für die Praxis bedeutet dies vor allem einen Verzicht auf Milch und Milchprodukte. Als Alternative dazu bieten sich Pflanzenmilch und daraus hergestellte Produkte auf Sojabasis an.

Vielfachzucker – Polysaccharide

Diese Gruppe von Kohlenhydraten unterscheidet sich wesentlich von den Einfach- und Doppelzuckern. Polysaccharide sind in Wasser meist unlöslich, lassen sich nicht vergären und haben kaum eine Süßkraft.

Die wichtigsten Vertreter dieser Gruppe sind:

Stärke
Besonders reich an Stärke sind Getreidekörner, Kartoffeln, Hülsenfrüchte und die Knollen verschiedener tropischer Pflanzen. Stärke ist in kaltem Wasser unlöslich und rohe Stärke ist unverdaulich.

Dextrine
Dextrine sind Abbauprodukte der Stärke und kommen in der Brotrinde sowie in Zwieback und Toast vor. Sie entstehen durch trockenes Erhitzen von Stärke, schmecken leicht süß und sind leichter verdaulich als Stärke.

Glykogen
Glykogen ist ein Reservestoff des tierischen und menschlichen Körpers (in der Leber und in den Muskeln), ähnlich der Stärke in den Pflanzen. Benötigt der Organismus Energie, wird in der Leber und in den Muskeln Glykogen zu Glukose abgebaut.

Ballaststoffe – nicht verdauliche Polysaccharide

Zellulose
Zellulose ist ein Bestandteil pflanzlicher Zellwände und ist nicht nur Hauptbestandteil des Holzes, sondern findet sich auch im Getreide (in der Kleie)

sowie in den meisten Obst- (in der Schale) und Gemüsesorten. Der menschliche Körper kann Zellulose nicht verdauen. Sie ist wasserunlöslich, dient als Ballaststoff und regt somit die Darmtätigkeit an.

Hemizellulosen
Auch sie kommen vorwiegend als Bestandteile pflanzlicher Zellwände vor. Hemizellulosen sind mengenmäßig der weit überwiegende Bestandteil von Weizen- und Roggenballaststoffen. In der Nahrung sind sie wegen des guten Quellvermögens als Ballaststoff von Bedeutung. Sie zählen ebenfalls zu den so genannten unlöslichen Ballaststoffen.

Pektine
Pektin ist in kaltem Wasser unlöslich, quillt jedoch stark auf und löst sich beim Erhitzen. Es ist unverdaulich, regt aber die Darmtätigkeit an. Beim Wiedererkalten erstarrt Pektin zu Gallerten. Pektine werden als Gelier-, Binde- und Verdickungsmittel eingesetzt. Pektin findet sich vor allem in Obst (Beeren, Kernobst, unreifem Obst, Quitten, Äpfeln).

Pflanzengummi
Diese Gruppe umfasst eine Vielzahl von Substanzen wie Agar-Agar, Guar- und Johannisbrotkernmehl. Pflanzengummi wird in der Lebensmittelindustrie vor allem als Verdickungsmittel oder zum Stabilisieren von Emulsionen verwendet.

Betaglukane
Betaglukane kommen hauptsächlich in Hafer und Gerste vor. Sie gehören zur Gruppe der löslichen Ballaststoffe.

Bedeutung für die Ernährung

Aufgaben der Kohlenhydrate

Sie dienen vorwiegend als Energiequelle für alle Körperzellen. Beispielsweise beziehen Blutzellen und

Zellen des Gehirns ihre Energie fast ausschließlich aus Glukose. Kohlenhydrate sind aber auch eine gute Quelle für Ballaststoffe.

Kohlenhydratbedarf

Nach neuesten Ernährungsempfehlungen sollten mindestens 55–60 % der Tagesenergie in Form von Kohlenhydraten gedeckt werden. Je nach Energiebedarf werden ca. 300–500 Gramm Kohlenhydrate pro Tag benötigt. Kohlenhydrate sind bedeutende Energielieferanten, da sie unser Gehirn und unsere Muskeln mit der notwendigen Energie versorgen.

In den westlichen Industrieländern gibt es ein Kohlenhydratdefizit, dh, in unserer Nahrung sind zu wenig Kohlenhydrate enthalten, nämlich maximal 45 % des Energiebedarfs. Besonders der Anteil an stärkehaltigen, ballaststoffreichen Lebensmitteln sollte erhöht werden.

Kohlenhydrate findet man fast ausschließlich in pflanzlichen Nahrungsmitteln; tierische Nahrungsmittel sind meist kohlenhydratfrei.

Empfehlenswerte Kohlehydratlieferanten	*Vollkornprodukte, Naturreis, Getreideprodukte, Gemüse und Hülsenfrüchte, Obst*
Weniger empfehlenswerte Kohlenhydratlieferanten	*Zucker, Süßigkeiten, Auszugsmehle, zuckerhaltige Getränke*

Empfehlenswerte Kohlenhydratlieferanten versorgen unseren Körper nicht nur mit Energie, sondern auch mit Ballaststoffen sowie Vitaminen und Mineralstoffen. Daher sollte diese Gruppe bevorzugt zur Bedarfsdeckung herangezogen werden.

Weniger empfehlenswerte Kohlenhydratlieferanten, wie Zucker, Süßigkeiten, Auszugsmehle und daraus hergestellte Produkte, wie Weißmehl, Semmeln oder Weißbrot, haben einen geringen Sättigungswert und liefern kaum Vitamine und Mineralstoffe. Ein Zuviel dieser Lebensmittel führt zu Karies, Übergewicht und starken Blutzuckerschwankungen. Außerdem kann es zu Versorgungslücken bei Vitaminen, Mineralstoffen und Ballaststoffen kommen.

Unterschiedliche Kohlenhydrate können zu unterschiedlichen Blutzuckerprofilen führen. Das heißt, dass der Blutzuckeranstieg durch die Art der zugeführten Kohlenhydrate beeinflusst wird. Traubenzucker geht am schnellsten ins Blut über. Stärke- und ballaststoffreiche Lebensmittel führen zu einem langsameren Blutzuckeranstieg. Trotz des Verzehrs gleicher Kohlenhydratmengen steigt der Blutzuckerspiegel unterschiedlich an. Basierend auf diesen Erkenntnissen wurde der so genannte „glykämische Index" abgeleitet. Dieser Index ist besonders im Rahmen der Diabetesernährung und auch in der Behandlung von Übergewicht von Bedeutung.

Die Verdauung von Kohlenhydraten

Wie bereits beschrieben, werden Kohlenhydrate – je nach ihrem Aufbau – in Einfach-, Doppel- und Mehrfachzucker eingeteilt. Kohlenhydrate können nur als Einfachzucker ins Blut aufgenommen (resorbiert) werden. Das heißt, dass alle Doppel- und Mehrfachzucker in ihre Einzelteile, die Einfachzucker, zerlegt werden müssen – nur so sind sie im Körper verwertbar.

Kohlenhydratverdauung

Mund	Die Kohlenhydratverdauung beginnt bereits im Mund. Der Speichel enthält ein Kohlenhydrat spaltendes Enzym, das vor allem Stärke in Doppelzucker spaltet.
Magen	Das Speichelenzym wirkt hier weiter.
Dünndarm	Enzyme der Bauchspeicheldrüse und der Darmschleimhaut zerlegen die Stärkereste und Doppelzucker in ihre Grundbausteine – die Einfachzucker. Diese gelangen durch die Darmwand ins Blut.

Auf dem Blutweg wird Glukose nun zu allen Stellen im Körper transportiert, an denen sie benötigt wird:
• Glukose verbleibt im Blut.
• Glukose wird in Muskeln, Gehirn und anderen Körperzellen verbrannt – Energie wird dabei freigesetzt.
• In Leber und Muskeln wird Glukose in Form von Glykogen gespeichert.
• Aus Glukose können auch neue Bausteine aufgebaut werden (zB die Gerüstsubstanz für den Knochen).
• Überschüssige Glukose wandert als Fett in die Fettdepots.

Wie schnell werden Kohlenhydrate verdaut?

Zucker und gezuckerte Getränke
➡ schießen ins Blut
Mehlprodukte
➡ strömen ins Blut
Obst
➡ fließt ins Blut
Milch und Milchprodukte
➡ tropfen ins Blut
Vollkornprodukte und Hülsenfrüchte
➡ sickern ins Blut

Anhand dieser Übersicht sieht man, dass Kohlenhydrate nicht gleich Kohlenhydrate sind. Es ist daher besonders wichtig, dass man auf die Art der Kohlenhydrate in der Nahrung achtet. Für die Praxis bedeutet dies, Vollkornprodukten, Hülsenfrüchten, Gemüse und Obst den Vorzug zu geben.

Kohlenhydratreiche Lebensmittel

Alle Lebensmittel pflanzlichen Ursprungs enthalten Kohlenhydrate, während tierische Lebensmittel als Kohlenhydratträger bedeutungslos sind.

Getreide / Getreideprodukte

Für einen Großteil der Menschheit bilden Getreide und die daraus gewonnenen Produkte seit Jahrtausenden die wichtigste Nahrungsgrundlage. Getreidebreie und gebackene Fladen aus Mehl und Wasser sind die ältesten Zubereitungsarten.

Es gibt sieben Getreidearten: Weizen und Dinkel (Urweizen), Roggen, Mais, Reis, Gerste, Hafer und Hirse. Der Buchweizen gehört botanisch gesehen nicht zum Getreide, da er ein Knöterichgewächs ist, er wird aber wie Getreide verwendet.

Frucht- und Samenschalen des Getreidekornes enthalten Ballaststoffe, Mineralstoffe, Vitamine und Eiweißstoffe. Die Keime enthalten Fett, Eiweißstoffe, Mineralstoffe und Vitamine. Das aus dem Mehlkörper gewonnene Mehl enthält Stärke und Eiweißstoffe.

Schälprodukte aus Getreide sind Graupen, Flocken, Kleie und Keime. Mahlprodukte sind Schrot, Grieß, Grütze, Dunst und Mehl.

Ernährungsphysiologische Bedeutung

Getreide und Getreideprodukte sind unsere wichtigsten Kohlenhydratlieferanten und bilden die Basis unserer Ernährung. Bei der Auswahl ist vor allem darauf zu achten, dass vermehrt Vollkornprodukte in der Küche zum Einsatz kommen. Diese versorgen unseren Körper mit wichtigen Ballaststoffen, Vitaminen der B-Gruppe (B_1, B_2, B_6 und Niacin) sowie Mineralstoffen und Spurenelementen (Kupfer, Selen, Chrom, Mangan).

Kartoffeln

Kartoffeln sind die knollenförmig verdickten unterirdischen Speicherorgane der Kartoffelpflanze, die zu den Nachtschattengewächsen zählt. Im 16. Jahrhundert wurde die Kartoffel von den Spaniern als Zierpflanze aus Peru nach Europa gebracht. Erst zweihundert Jahre später erkannte man den Wert der Kartoffel als Grundnahrungsmittel.

Ernährungsphysiologische Bedeutung

Kartoffeln sind zu Unrecht als Dickmacher verrufen. Diese Knolle besteht zu über 70 % aus Wasser, der Rest setzt sich aus 18 % Kohlenhydraten (Stärke) und 2 % Eiweiß zusammen. Kartoffeln enthalten kaum Fett und sind somit auch in der ernährungsbewussten Küche und Diätküche ein wichtiges Lebensmittel.

Eine Kombination von Kartoffeln mit Ei oder Milch ergibt ein hochwertiges Eiweißgemisch. Diese wertvolle Knolle enthält vor allem Kalium, Magnesium, Phosphor.

Hülsenfrüchte

Die reifen, getrockneten Samen aus den Hülsen der Schmetterlingsblütler sind die uns bekannten Hülsenfrüchte, wie zB Erbsen, Bohnen und Linsen. Die Sojabohne und die Erdnuss sind ebenfalls Hülsenfrüchte, werden aber aufgrund ihres höheren Fettgehalts auch zu den Ölsaaten gezählt.

Hülsenfrüchte gehören zu den ältesten Kulturpflanzen. Ihr Ursprung liegt im asiatischen, mittel- und südamerikanischen Raum, wo sie noch heute zu den Grundnahrungsmitteln zählen. Hülsenfrüchte sind preisgünstige und sättigende Lebensmittel, galten aber in den letzten Jahren als schwer verdaulich und Zeit raubend in der Zubereitung.

Ernährungsphysiologische Bedeutung

Hülsenfrüchte sind sehr eiweißreiche pflanzliche Lebensmittel. Erbsen, Bohnen und Linsen sind stärke- und ballaststoffreich und enthalten kaum Fett. Diese Lebensmittel sind gut einsetzbar in der ernährungsbewussten Küche sowie bei Stoffwechselerkrankungen (Diabetes, Fettstoffwechselstörungen) und auch bei Darmträgheit. Soja und daraus hergestellte Produkte finden vor allem in der vegetarischen Küche als Fleischersatz gute Einsatzmöglichkeiten. Soja enthält hochwertiges Eiweiß und Phytoöstrogene, so genannte pflanzliche Hormone. Zu beachten ist, dass Sojabohnen einen höheren Anteil an Fett (18 %) und dadurch auch einen höheren Energiegehalt aufweisen.

Gemüse

Gemüse sind die essbaren Pflanzenteile von wild wachsenden oder von kultivierten Pflanzen.

Der Energiegehalt ist sehr gering. Kohlenhydrate können als Stärke, Glucose und Fructose enthalten sein. Durch den hohen Ballaststoffanteil wird die Verdauung angeregt.

Neben Obst ist das Gemüse der wertvollste Vitamin- und Mineralstofflieferant.

Zum **Wurzelgemüse** zählen Karotten, Sellerie, alle Arten von Rettich, Schwarzwurzeln, Topinambur.

Stängel- und Sprossengemüse sind Kohlrabi, Spargel, Fenchel, Rhabarber und Staudensellerie.

Alle Salatsorten, Spinat, Mangold, Kohl und Kraut gehören in die Gruppe der **Blattgemüse.**
Artischocken, Karfiol und Brokkoli sind **Blütengemüse.**

Zum **Frucht- oder Samengemüse** gehören Gurken, Fisolen, Kürbis, Tomaten, Paprika, Melanzane, Zucchini und Erbsen.

Schließlich gibt es noch das **Zwiebelgemüse** mit den verschiedenen Zwiebel- und Laucharten.

Gemüse wird je nach Art frisch, getrocknet, tiefgefroren, hitzebehandelt, durch milchsaure Gärung haltbar gemacht, oder als unvergorener Saft angeboten.

Ernährungsphysiologische Bedeutung

Gemüse sowohl in gekochter als auch in roher Form als Salat oder Rohkost sollte täglich auf dem Speiseplan stehen. Gemüse und Salate sind reich an Vitaminen (Vitamin C, Vitamine der B-Gruppe) und Mineralstoffen (Kalium, Phosphor und Magnesium) sowie sekundären Pflanzenstoffen (zB Betakarotin). Der ernährungsphysiologische Vorteil liegt darin, dass Gemüse und Salate fast frei von Fett und somit ein sehr kalorienarmes Lebensmittel sind.

Gemüse und Salate sind in der ernährungsbewussten Küche und in der Diätküche ein wichtiger Bestandteil eines ausgewogenen Speiseplanes. Es bieten sich vielfältige Möglichkeiten sowohl in der Auswahl als auch in der Zubereitung an.

Obst

Obst enthält Fruchtsäuren, die Kreislauf und Appetit anregen und erfrischen. Zellulose und Pektine fördern die Darmbewegung. Die in manchen Sorten enthaltenen Gerbstoffe wirken entzündungshemmend. Duft- und Aromastoffe förden die Sekretion der Verdauungsdrüsen und beeinflussen das Nervensystem.

Frisches, rohes und ungeschältes Obst, das gut gewaschen wurde, ist am wertvollsten. Es ist aufgrund seines Vitamin- und Mineralstoffgehaltes von großer Bedeutung für unsere Ernährung.

Zum **Kernobst** zählen Äpfel, Birnen, Quitten, Mispeln, Vogelbeeren, Hagebutten. Die Früchte haben im Fruchtfleisch ein Kerngehäuse.
Steinobst hat einen harten Steinkern, der den Samen enthält. Dazu zählen Kirschen, Weichseln, Pfirsiche, Marillen, Nektarinen, Zwetschken, Pflaumen etc.

Zum **Beerenobst** gehören Erdbeeren, Himbeeren, Brombeeren, Johannisbeeren, Preiselbeeren, Stachelbeeren, Heidelbeeren, Holunderbeeren, Weintrauben und Sanddorn. Die Früchte haben im Fruchtfleisch viele kleine Samen.

Südfrüchte aus den tropischen und subtropischen Ländern werden in saftige und nussartige Südfrüchte unterteilt. Es gibt hier eine große Anzahl, die auch auf unseren Märkten angeboten werden, wie zB Orangen, Zitronen, Limetten, Mandarinen, Grapefruits, Pomelos, Feigen, Datteln, Bananen, Ananas, Kiwis, Granatäpfel, Mangos, Melonen, Passionsfrüchte, Karambolen, Cranberries, Guaven. Zu den nussartigen Südfrüchten zählen Mandeln, Pistazien, Pignolien, Kokosnüsse, Cashewnüsse und Paranüsse.
Obst wird frisch, getrocknet, gefroren, kandiert, hitzebehandelt und als vergorener und unvergorener Saft angeboten.

Ernährungsphysiologische Bedeutung

Obst sollte, wie auch Gemüse, täglich mehrmals gegessen werden. Frisches Obst versorgt unseren Körper vor allem mit den unterschiedlichsten Vitaminen und Mineralstoffen. Es enthält kaum Fett und Eiweiß und von den enthaltenen Kohlenhydraten ist vorwiegend Fruchtzucker zu erwähnen. Früchte bestehen großteils aus Wasser und sind sehr energiearm.

Gerade in der ernährungsbewussten Küche und Diätküche lassen sich aus Früchten herrliche kalorien- und fettarme Desserts zubereiten.

Nüsse

Walnüsse, Haselnüsse und Edelkastanien gehören in die Gruppe des **Schalenobstes.** Die Kerne sind fett- oder stärkereich und von einer harten Schale umgeben.

Zucker und Honig

Von alters her haben Menschen nach Produkten gesucht, die zum Süßen geeignet sind, da die Geschmacksrichtung süß als sehr angenehm empfunden wird.
Ursprünglich kannte man in unserem Kulturkreis nur den Bienenhonig, im asiatischen Raum den Rohrzucker und in Nordamerika den Ahornsirup. Wegen des hohen Preises dieser Süßstoffe standen sie aber nur wenigen zur Verfügung.

Als man Ende des 18. Jahrhunderts den Zuckergehalt der Runkelrübe entdeckte, wurde Zucker immer beliebter und auch preisgünstiger – der Zuckerkonsum stieg.

Ein hoher Zuckerkonsum ist jedoch auch ein Wegbereiter für die Entstehung von ernährungsbedingten Erkrankungen.

Ernährungsphysiologische Bedeutung

Unser Haushaltszucker besteht aus dem Doppelzucker Saccharose. Er enthält keine Ballaststoffe, kaum Mineralstoffe und Vitamine. Zucker ist energiereich und liefert sie auch rasch. Ein Zuviel an Zucker kann zu Blutzuckerschwankungen und Karies führen. Daher ist es von besonderer Wichtigkeit, dass Zucker richtig dosiert in der Küche Verwendung findet.

Oftmals wird Honig als Alternative zu Zucker eingesetzt in dem Glauben, dass er gesünder sei. Honig ist ebenfalls ein Zucker und auch hier gilt: Honig mit Maß und Ziel einsetzen. Der Vorteil von Honig gegenüber Zucker liegt vor allem im geschmacklichen Bereich.

Ballaststoffe

War man früher bestrebt, Ballaststoffe aus Lebensmitteln zu entfernen, weil man sie als wertlose Bestandteile betrachtete, weiß man heute, dass sie wichtige Aufgaben im menschlichen Organismus erfüllen. Eine Reihe von Erkrankungen steht in engem Zusammenhang mit einer ballaststoffarmen Ernährung. Besonders Störungen der Darmfunktionen wie Verstopfung (Obstipation), Dickdarmausstülpungen und auch Darmkrebs können die Folge einer ballaststoffarmen Ernährung sein. Aber auch bei Störungen des Fettstoffwechsels und bei Diabetes ist eine ballaststoffreiche Ernährung besonders wichtig.

Was sind Ballaststoffe?

Ballaststoffe sind pflanzliche Nahrungsbestandteile, die hauptsächlich in den Stütz- und Strukturelementen der Pflanzenzellwände enthalten sind. Sie sind unverdaulich und liefern keine Energie.

Die meisten Ballaststoffe gehören zur Gruppe der Kohlenhydrate und sind aus vielen unterschiedlichen Zucker-einheiten aufgebaut. Man nennt sie auch **nicht verwertbare Kohlen-hydrate.** Für Ballaststoffe gibt es auch eine Vielzahl von anderen Bezeich-nungen wie **Pflanzenfasern, Nahrungsfasern oder Dietary Fiber.**

Die wichtigsten Ballaststoffe in Lebens-mitteln sind
• Zellulose,
• Hemizellulose,
• Pektin,
• Lignin.

Man unterscheidet in Wasser lösliche und unlösliche Ballaststoffe. Zellulose und Lignin sind nicht in Wasser löslich, Pektin ist löslich.

Vorkommen der Ballaststoffe

Sie kommen in pflanzlichen Lebens-mitteln wie Obst, Gemüse, Hülsen-früchten, Getreide und Getreidepro-dukten vor. Der Ballaststoffgehalt einer Pflanze unterliegt natürlichen Schwankungen, er hängt von der Sorte, dem Reifezustand und den An-baubedingungen der Pflanze ab. Bal-laststoffe aus Getreide und Ballast-stoffe aus Obst und Gemüse unter-scheiden sich in ihrer Zusammenset-zung sowie in ihrer Wirkung im Körper.

Getreideballaststoffe enthalten
• viel Hemizellulose,
• wenig Zellulose,
• sehr wenig Pektin,
• wenig Lignin.

Obst- und Gemüseballaststoffe enthalten
• wenig Hemizellulose,
• mehr Zellulose,
• mehr Pektin,
• wenig Lignin.

In unserer Ernährung ist das Getreide-korn einer der wichtigsten Ballast-stofflieferanten. Der größte Teil der Ballaststoffe befindet sich in den Rand-schichten. Wird das Getreide vermah-len, gelangen unterschiedliche Anteile der Randschichten in das Mehl. Einen hohen Ballaststoffgehalt haben Mehle mit einer hohen Typenzahl. Getreide enthält hauptsächlich Zellulose und ist der wichtigste Vertreter der unlösli-chen Ballaststoffe.

Der Ballaststoffgehalt in Getreidepro-dukten ist höher als in Obst und Ge-müse. Ausnahmen sind getrocknete Früchte, Hülsenfrüchte und Nüsse. Trockenfrüchte weisen jedoch einen hohen Energiewert auf. Bei Nüssen ist auf den hohen Fettgehalt zu achten, der die Verwendung als Ballaststoff-lieferant einschränkt. Obst und Ge-müse enthalten vor allem lösliche Ballaststoffe wie zB Pektin. Sie binden viel Wasser und quellen im Darm auf. Pektin ist auch in Hafer und Gerste enthalten.

Vollkornprodukte und Gemüse enthalten wichtige Ballaststoffe.

Ballaststoffgehalt verschiedener Lebensmittel

Die Angaben beziehen sich auf 100 g Lebensmittel.

Getreide / Getreideprodukte	Ballaststoffe in Gramm	Brot und Backwaren	Ballaststoffe in Gramm
Buchweizen, Korn	3,7	Roggenbrot	6,5
Gerste, Korn	9,8	Weißbrot	3
Grünkern (Dinkel), Korn	8,8	Weizenmischbrot	4,6
Hafer, Korn	9,7	Weizenschrot – Volllkornbrot	8,4
Haferflocken (Vollkorn)	10	Semmel	3
Haferkleie	19	Grahambrot	8,4
Hirse, Korn	3,8	Baguette	3
Mais, Korn	9,7	Laugengebäck	1,9
Popcorn	10	Pumpernickel	9,3
Quinoa	6,6		
Naturreis	2,2	**Teigwaren**	
Reis, poliert	1,4	Eierteigwaren, roh	3,4
Roggen, Korn	13,2	Vollkornnudeln, roh	8
Roggen, Mehl Type 1.150	8		
Weizen, Korn	13,3	**Frühstücksflocken**	
Weizen, Grieß	7,1	Cornflakes	4
Weizen, Mehl Type 550	4,1	Müslimischung	5,5
Weizenkleie	45,4	Früchtemüsli ohne Zucker	7,7
Obst		**Gemüse**	
Apfel	2	Brokkoli	3
Birne	3,3	Eisbergsalat	0,6
Birne, getrocknet	13,5	Erbsen, grün, roh, Schote u. Samen	5,2
Brombeeren	3,2	Fenchel	4,2
Dattel, getrocknet	9	Gurken	0,5
Erdbeeren	1,6	Kartoffel, roh	2,1
Heidelbeeren	4,9	Knollensellerie, roh	4,2
Himbeeren	4,7	Kürbis	2,2
Kirschen	1,3	Paprikafrüchte	3,6
Marillen	1,5	Radieschen	1,6
Mango	1,7	Radicchio	1,5
Orange	1,6	Schwarzwurzel, roh	17
Pfirsich	1,9	Spinat	2,6
Weintrauben	1,5	Topinambur, roh	12,1
Weintrauben, getrocknet	5,2	Zwiebel, roh	2,8

(Datenquelle: Nährwert-Kalorien-Tabelle, G&U, Ausgabe 2002/2003)

Empfehlungen für die Ernährung

Die empfehlenswerte Ballaststoffzufuhr liegt bei 30 bis 50 Gramm täglich. Mindestens die Hälfte davon sollte aus Getreide und Getreideprodukten stammen. Im Rahmen einer ballaststoffreichen Ernährung muss auf eine ausreichende Flüssigkeitszufuhr geachtet werden.

Lebensmittel im Vergleich
Angaben pro 100 g

Ballaststoffarme Lebensmittel		Ballaststoffreiche Alternative	
Semmel	3 g	Vollkornweckerl	7 g
Reis	1,4 g	Naturreis	2,8 g
Nudeln	3,4 g	Vollkornteigwaren	7 g
Weizenmehl	4 g	Vollkornmehl	12 g

Bedeutung der Ballaststoffe für den Körper

In erste Linie haben Ballaststoffe eine anregende Wirkung auf die Darmperistaltik und verhindern somit Darmträgheit und die daraus resultierende Verstopfung (Obstipation).

Ein weiterer Effekt einer ballaststoffreichen Kost ist eine verzögerte Aufnahme von Traubenzucker ins Blut. Dies ist besonders bei Stoffwechselerkrankungen (Diabetes, Fettstoffwechselstörungen) und Übergewicht zu beachten. Der Blutzuckerspiegel steigt nach einer ballaststoffreichen Mahlzeit weniger an als nach dem Verzehr vergleichbarer ballaststoffarmer Lebensmittel.

Fette

Fett ist in den letzten Jahren sehr in Verruf gekommen, ist es doch an der Entstehung von vielen ernährungsbedingten Erkrankungen beteiligt. Vor allem ein Zuviel an Fett und das falsche Fett begünstigen diese unerwünschte Entwicklung.

Fette erfüllen jedoch – wie andere Nährstoffe auch – lebenswichtige Aufgaben und unser Körper ist auf die Zufuhr von Fett angewiesen, dies jedoch in der richtigen Menge und Zusammensetzung.

Aufgaben der Nahrungsfette

- **Energielieferant:** Fett ist unser höchster Energieträger. 1 Gramm Fett liefert 9 kcal, also doppelt so viel wie Kohlenhydrate und Eiweiß.

- **Lieferant und Träger fettlöslicher Vitamine:** Die fettlöslichen Vitamine A, D, E und K benötigen Fett, um im Körper aufgenommen werden zu können. Viele fetthaltige Nahrungsmittel enthalten fettlösliche Vitamine (zB pflanzliche Öle sind wichtige Vitamin-E-Lieferanten).

- **Lieferant essenzieller Fettsäuren:** Vor allem pflanzliche Fette und Öle versorgen unseren Körper mit lebenswichtigen mehrfach ungesättigten Fettsäuren, die der Körper nicht selbst aufbauen kann. Dazu gehört beispielsweise die Linolsäure.

Aufbau und Einteilung der Fette

Chemisch betrachtet sind Fette und Öle, die in der Ernährung des Menschen Verwendung finden, Verbindungen von Glyzerin und Fettsäuren.

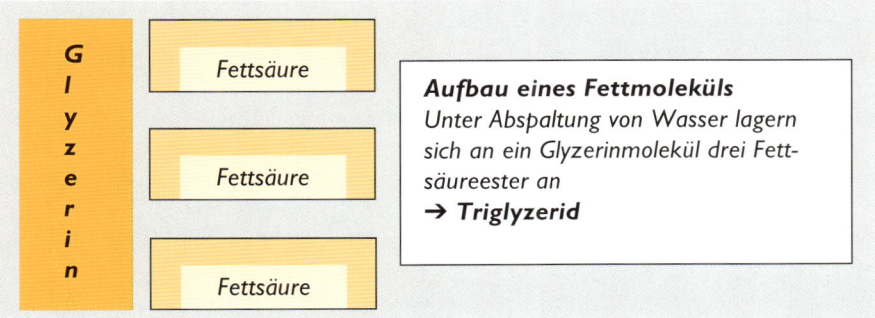

Aufbau eines Fettmoleküls
Unter Abspaltung von Wasser lagern sich an ein Glyzerinmolekül drei Fettsäureester an
→ **Triglyzerid**

Tierische und pflanzliche Nahrungsfette – fest oder flüssig – sind alle nach einem Schema aufgebaut. Der Unterschied liegt in der Zusammensetzung der Fettsäuren. Man unterscheidet die Fettsäuren nach der Kohlenstoffkettenlänge und nach dem Grad der Absättigung.

Einteilung nach dem Grad der Absättigung

- Gesättigte Fettsäuren.
- Einfach ungesättigte Fettsäuren.
- Mehrfach ungesättigte Fettsäuren.

Alle Fettsäuren bestehen aus einer Kette von Kohlenstoffatomen (C), die mit Wasserstoffatomen (H) verknüpft bzw. abgesättigt sind.

Einteilung nach der Kohlenstoffkettenlänge

Fettsäuren	Anzahl der C-Atome	Art der Fettsäure und Vorkommen
Kurzkettige Fettsäuren	bis 4 C-Atome	zB Buttersäure in Butter
Mittelkettige Fettsäuren	6–10 C-Atome	zB Caprinsäure, in Kokosfett; auch MCT-Fette genannt
Langkettige Fettsäuren	> 10 C-Atome	zB Linolsäure, in Sonnenblumenöl

Fettsäuren und deren Vorkommen in diversen Fetten und Ölen

Gesättigte Fettsäuren	*Hauptsächlich in tierischen Fetten wie Butter, Schmalz, Talg; in pflanzlichen Fetten wie Kokosfett und Palmkernfett*
Einfach ungesättigte Fettsäuren	*Olivenöl und Rapsöl*
Mehrfach ungesättigte Fettsäuren	*Sonnenblumen-, Maiskeim- und Distelöl*

Fettsäurezusammensetzung diverser Fette und Öle

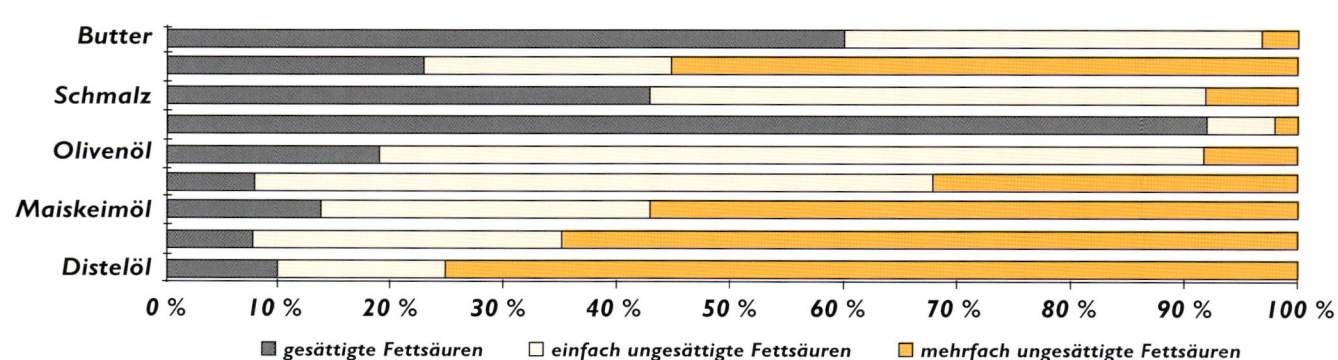

Durchschnittlicher Gehalt an gesättigten Fettsäuren einiger
ausgewählter Lebensmittel

Gesättigte Fettsäuren

Da unsere Nahrung sehr viele tierische Produkte enthält, nehmen wir zu viel an gesättigten Fettsäuren auf. Dieses Zuviel wirkt sich besonders ungünstig auf den Blutcholesterinspiegel aus, dh es kommt zu einem Anstieg des Blutcholesterinspiegels, der wiederum Ablagerungen in den Gefäßwänden (Atherosklerose) bewirkt (→ siehe auch Diät bei Fettstoffwechselstörungen – Hyperlipidämie, Seite 74).

Wie kann man nun erkennen, ob ein Fett reich an gesättigten Fettsäuren ist? Sie haben einen hohen Schmelzpunkt und sind von Natur aus bzw. bei Zimmertemperatur meist fest.

Lebensmittel	Gehalt an gesättigten Fettsäuren
Rindfleisch	48–50 %
Schweinefleisch	39–46 %
Kalbfleisch	4–48 %
Wurstwaren	38–51 %
Geflügel	29–32 %
Fische	22–40 %
Milch und Milchprodukte	61–64 %
Pflanzliche Öle	9–15 %
Kokosfett	91 %
Diätmargarine	20 %
Getreideprodukte	20–30 %
Schokolade und daraus hergestellte Produkte	60 %
Erdnüsse	19 %
Kokosnüsse	91 %
Mohn	54 %
Walnüsse	11 %
Haselnüsse	62 %

Neben dem Gehalt an gesättigten Fettsäuren ist natürlich der **Gesamtfettgehalt** eines Lebensmittels ausschlaggebend. Der Anteil gesättigter Fettsäuren ist immer in Relation zum Gesamtfettgehalt zu sehen.

Gesättigte Fettsäuren kommen hauptsächlich in tierischen Fetten vor. Sie können eine Erhöhung des LDL-Cholesterins (des schlechten Cholesterins) bewirken. Die Entstehung von Atherosklerose wird dadurch gefördert und Herz-Kreislauf-Erkrankungen werden dadurch begünstigt.

Empfehlungen für die Praxis

- Tierische Fette wie Butter und Schmalz einschränken.
- Zum Kochen auf Schmalz und Kokosfett verzichten!
- Fleisch auf maximal 100–120 g pro Tag einschränken und das sichtbare Fett entfernen.
- Bei Wurstwaren sowie Milch und Milchprodukten auf den Fettgehalt achten und fettarme Produkte bevorzugen.

Einfach ungesättigte Fettsäuren

Einfach ungesättigte Fettsäuren können ebenso wie gesättigte Fettsäuren vom Körper selbst hergestellt werden, dh, der Körper ist nicht auf die Zufuhr angewiesen. Mehrfach ungesättigte Fettsäuren hingegen, die für den Körper essenziell (lebensnotwendig) sind, da sie nicht selbst gebildet werden können, müssen zugeführt werden. Einfach ungesättigte Fettsäuren haben keine negativen Auswirkungen auf das Blutcholesterin.

Mehrfach ungesättigte Fettsäuren

Mehrfach ungesättigte Fettsäuren sind für den Aufbau von verschiedenen Hormonen und für viele andere Körpervorgänge notwendig. Mehrfach ungesättigte Fettsäuren sind essenziell, dh, sie müssen dem Körper mit

der Nahrung zugeführt werden, da er sie selbst nicht bilden kann.

Mehrfach ungesättigte Fettsäuren enthalten zwei oder mehr Doppelbindungen zwischen den Kohlenstoffatomen – daher die Bezeichnung mehrfach ungesättigt. Nach ihrer Struktur kann man sie in mehrere Fettsäurefamilien einteilen:

Omega-6-Fettsäuren

Dazu zählt die bekannte **Linolsäure**, die für unseren Körper essenziell, dh lebensnotwendig, ist. Jedoch kann sie vom Körper nicht selbst gebildet werden und muss daher mit der Nahrung zugeführt werden. Hochwertige pflanzliche Fette und Öle, wie Sonnenblumen-, Maiskeim- und Distelöl, enthalten diese Fettsäure reichlich.
Omega-6-Fettsäuren können ua auch einen positiven Einfluss auf unseren Blutcholesterinspiegel ausüben.

Omega-3-Fettsäuren

Diese hochungesättigten Fettsäuren finden sich sowohl in pflanzlichen (Alphalinolensäure) als auch tierischen (Eicosapentaensäure und Docosahexaensäure) Lebensmitteln.

Alphalinolensäure kommt in pflanzlichen Fetten und fetthaltigen Lebensmitteln, wie Rapsöl, Leinöl, Leinsamen, Walnüssen und Weizenkeimen, vor.

Eicosapentaensäure (EPA) und **Docosahexaensäure (DHA):**
Die hochungesättigten Fettsäuren sind in Kaltwasserfischen, wie Lachs, Makrele und Hering, enthalten. Der Gehalt in Fischen variiert und ist abhängig von der Fischsorte, den geografischen Regionen und der Jahreszeit.

Wirkung der Omega-3-Fettsäuren

- Bessere Fließeigenschaft des Blutes.
- Das Blut wird dünnflüssiger und die Gerinnungszeit wird verlängert.
- Blutplättchen kleben weniger zusammen.
- Entzündungshemmend.
- Reduzierung von Herzrhythmusstörungen.

Linolsäure und Alphalinolensäure sind für unseren Körper essenziell, dh, dass sie mit der Nahrung zugeführt werden müssen, da der Körper sie nicht selbst bilden kann.

Einfach und mehrfach ungesättigte Fettsäuren können einen positiven Einfluss auf den Blutcholesterinspiegel ausüben (weniger LDL). Der Entstehung von Atherosklerose kann somit entgegengewirkt werden.

Die Verdauung von Fetten

Wie bereits beschrieben, bestehen Fette aus Glyzerin und Fettsäuren. Bei der Verdauung von Fetten wird Fett wiederum in seine Bestandteile zerlegt und versorgt so unseren Körper mit Energie.

Mund	*Im Mund findet noch keine Fettverdauung statt. Fett ist Geschmacksträger und somit für ein gutes Mundgefühl verantwortlich.*
Magen	*Auch den Magen passiert Fett noch unangetastet. Der Fettgehalt ist lediglich für die Verweildauer der Speisen im Magen mitverantwortlich.*
Dünndarm	*Hier beginnt die Fettverdauung. Vorerst wird Fett mit dem Gallensaft vermischt, der Fett in kleine Fetttröpfchen verteilt (Emulgierung). Somit können die Enzyme der Bauchspeicheldrüse besser angreifen und Fett in Glyzerin und Fettsäuren spalten. Diese werden dann durch die Dünndarmwand resorbiert – kurzkettige Fettsäuren gelangen direkt ins Blut, langkettige Fettsäuren gelangen zusammen mit Glyzerin über die Lymphe ins Blut.*

Empfehlungen für die Ernährung

Wie viel Fett braucht man?

Für Erwachsene wird empfohlen, maximal **25 bis 30 %** der Tagesenergie in Form von Fett aufzunehmen. Dies entspricht einer Menge von ca. 60 bis 80 Gramm Fett pro Tag. Dabei soll die **Aufteilung der Fettsäuren** zu je einem Drittel erfolgen:

< 10 % gesättigte Fettsäuren
> 10 % einfach ungesättigte
   Fettsäuren
   7–10 % mehrfach ungesättigte
   Fettsäuren

Achtung bei fettem Fleisch, wie zB Bauchfleisch vom Schwein

Das Problem in den industrialisierten Ländern ist, dass die Fettzufuhr meist viel zu hoch ist. An Stelle der 30 % werden meist 40–45 % der Energieaufnahme in Form von Fett abgedeckt.
Die Folgen einer zu hohen Fettzufuhr sind Übergewicht und hohe Blutfettwerte (erhöhte Cholesterin- und Triglyzeridwerte). Daraus resultieren ernährungsbedingte Krankheiten wie Fettstoffwechselstörungen, Herz- und Kreislauf-Erkrankungen sowie Atherosklerose.

Anzustreben ist ein bewusster Umgang mit Fett. Die Fettmenge soll generell reduziert werden, vor allem von tierischen, versteckten Fetten. Eine Reduktion von gesättigten (tierischen) Fetten ist unbedingt notwendig. Pflanzliche Fette und Öle mit einem hohen Anteil einfach und mehrfach ungesättigter Fettsäuren sollen bevorzugt werden.

Achtung, versteckte Fette

Unsichtbare Fette, die sich vor allem in Fleisch, Wurst, Milch und Milchprodukten sowie in Kuchen, Schokolade und in Nüssen verbergen, nennt man auch versteckte Fette.
Diese Lebensmittel enthalten oftmals einen sehr hohen Anteil an Fett und auch an unerwünschten gesättigten Fettsäuren. Für eine gesunde Ernährung ist es deshalb besonders wichtig, fettarme Produkte auszuwählen. Achten Sie besonders auf den angegebenen Fettgehalt und bevorzugen Sie magere Fleischstücke.

Empfehlung für die Praxis

Pflanzliche Öle, wie Sonnenblumen-, Maiskeim-, Distelöl sowie Oliven- und Rapsöl, haben einen hohen Anteil an ungesättigten Fettsäuren. Sie sollten beim Kochen, für die Herstellung von Salaten und Rohkost unbedingt bevorzugt werden.

Achten Sie jedoch auch hier auf die Menge und geben Sie Speisen überlegt Fette und Öle bei. Viele Gerichte lassen sich auch mit wenig Fett zubereiten. Gerade in der Gemeinschaftsverpflegung und Gastronomie sollte auch auf hochwertige pflanzliche Frittierfette geachtet werden.
Ein- bis zweimal pro Woche eine Fischmahlzeit einplanen (bevorzugt Kaltwasserfische wie Lachs, Makrele und Hering).

Achten Sie auf eine fettarme Speisenzubereitung. Es müssen nicht immer frittierte oder panierte Speisen auf der

Fettgehalt von ausgewählten Lebensmitteln bezogen auf die Portionsgröße in Beziehung zum Gesamtfettbedarf eines Erwachsenen (70 g / Tag)

Durchschnittliche Portionsgröße	Fettgehalt	Prozent vom Tagesfettbedarf
150 g Bauchfleisch	56 g	80 %
50 g Speck	38 g	54 %
100 g Kartoffelchips	41 g	58 %
100 g Camembert, 60 % F. i. Tr.	34 g	49 %
100 g Schokolade	31 g	44 %
100 g Extrawurst	25 g	36 %
1/4 l Joghurt, 3,6 % Fett	9 g	13 %
1/4 l Joghurt, 1 % Fett	2,5 g	3,6 %
1/4 l Milch	9 g	13 %
100 g Schinken, mager	5 g	7 %
100 g Hüttenkäse	4 g	6 %
150 g Kabeljau	1,8 g	2,5 %
1 Apfel	0,4 g	0,6 %

Speisekarte stehen. Die moderne Küchentechnik bietet eine Reihe von Geräten wie Heißluftöfen und Kombidämpfer, mit denen Fett sparendes Garen möglich ist. Sichtbares Fett auf Suppen oder Saucen kann abgeschöpft werden.

Einfluss verschiedener Garmethoden auf den Fettgehalt der Lebensmittel

Beispiel Kartoffeln

100 g Kartoffeln gekocht enthalten 0,1 g Fett
100 g Bratkartoffeln enthalten 5,5 g Fett
100 g Pommes frites enthalten 10 g Fett
100 g Kartoffelchips enthalten 39,4 g Fett

100 g Kartoffeln, gekocht   *100 g Bratkartoffeln*   *100 g Pommes frites*   *100 g Kartoffelchips*

Beispiel Fisch

100 g Kabeljau gedämpft enthalten 0,4 g Fett
100 g Kabeljau gebraten enthalten ca. 5 g Fett
100 g Kabeljau paniert, gebacken enthalten ca. 15 g Fett

100 g Kabeljau, gedämpft   *100 g Kabeljau, gebraten*   *100 g Kabeljau, paniert und gebacken*

Fettähnliche Stoffe – Lipoide

Zu den fettähnlichen Stoffen zählen unter anderem die **Phosphatide** mit den bekannten Vertretern **Lezithin und Kephalin.**

Cholesterin

Cholesterin ist sicherlich der bekannteste fettähnliche Stoff. Es wurde zuerst in Gallensteinen entdeckt, kommt aber frei und verestert in fast allen tierischen und menschlichen Organen vor.

Es hat im Körper wichtige Aufgaben, wie Aufbau und Wachstum der Zellen, Bildung von Hormonen und Gallensäure etc., zu erfüllen. Cholesterin wird vom Körper selbst gebildet. Es ist also nicht notwendig, Cholesterin mit der Nahrung zuzuführen.

Das in der Nahrung vorkommende Cholesterin findet sich in allen tierischen Lebensmitteln, wie Eiern, Schalen- und Krustentieren, Fleisch, Butter, Milch und Milchprodukten.

Die tägliche Cholesterinaufnahme sollte 250 bis 300 mg nicht überschreiten. Tatsächlich nehmen wir oft bis zu 600 mg täglich mit der Nahrung auf.

Cholesterinfreie Lebensmittel	Cholesterinhaltige Lebensmittel
Gemüse, Hülsenfrüchte, Getreide und Getreideprodukte, pflanzliche Fette und Öle	Fleisch, Wurst, Fisch, Schalen- und Krustentiere, Geflügel, Milch und Milchprodukte, Butter, Schmalz

Cholesterinreiche Lebensmittel	Angaben pro 100 g
Kalbsbries	250 mg
Kalbsleber	360 mg
Kalbshirn	2.000 mg
Hering	90 mg
Kaviar	300 mg
Ölsardine	140 mg
Aal, geräuchert	165 mg
Hummer	135 mg
Garnele	140 mg
Krebs	160 mg
Butter	240 mg
Schlagobers	110 mg
Crème fraîche	90 mg
Frischkäse, 60 % F. i. Tr.	105 mg

Fetthaltige Lebensmittel

Sowohl pflanzliche als auch tierische Lebensmittel enthalten Fett und versorgen so unseren Körper mit diesem Nährstoff.

Tierische Fette		Pflanzliche Fette	
Sichtbare Fette	**Versteckte Fette**	**Sichtbare Fette**	**Versteckte Fette**
Butter, Schmalz, Talg, Butterschmalz	Fleisch, Wurst, Milch und Milchprodukte, Käse, Ei, Fertiggerichte	Pflanzliche Öle wie Sonnenblumen-, Maiskeim-, Olivenöl etc., Kokosfett, Palmkernfett; Margarine	Nüsse, Getreideprodukte, Mayonnaise, Mehlspeisen, Schokolade und daraus hergestellte Produkte; Fertiggerichte

Pflanzliche Speiseöle und Speisefette

Pflanzenöle werden aus Ölsaaten und -früchten durch Pressen gewonnen. Die wichtigsten Ölpflanzen sind Sonnenblume, Raps, Ölpalme, Sojabohne, Erdnuss und Kokospalme. Aus diesen Pflanzen werden 80 % des Pflanzenöls der Welt gewonnen. Es gibt aber etwa 40 weitere Arten von Pflanzen, deren Öle ebenso für die Ernährung geeignet sind, wie verschiedene Nüsse, Kürbisse etc.

Ölhaltige Pflanzen gedeihen in den Tropen und Subtropen und auch in gemäßigten Zonen mit langer Sonneneinstrahlung. Je intensiver diese Sonneneinstrahlung ist, desto mehr Fett kann die Pflanze bilden.

Pflanzenöle haben in der Ernährung und damit auch in der Diätküche einen sehr hohen Stellenwert, da sie wichtige Lieferanten von ungesättigten Fettsäuren sind. Sie sind frei von Cholesterin und versorgen unseren Körper auch noch mit wichtigen fettlöslichen Vitaminen.
Ausnahme sind Kokosfett und Palmkernfett – diese zwar pflanzlichen

Fette enthalten einen hohen Anteil an gesättigten Fettsäuren und sollten deshalb in der Diätküche keinen Einsatz finden.
Oftmals wird Olivenöl als Wundermittel im Kampf gegen Herzinfarkt und erhöhte Cholesterinwerte beschrieben. Dies muss man jedoch im richtigen Licht betrachten. Zurückzuführen ist dies auf die so genannte mediterrane Ernährungs- und Lebensweise, dh viel frisches Obst und Gemüse, Getreideprodukte, mehr Fisch anstelle von Fleisch. Olivenöl alleine kann auch keine Wunder wirken. Es genügt also nicht, dass wir unsere Schnitzel in Olivenöl anstelle von Sonnenblumenöl herausbacken.

Kaltgepresste oder raffinierte Öle?

Was ist besser? Immer wieder wird die Frage gestellt, ob kaltgepresste oder raffinierte Öle besser sind. In der gesamten Literatur über alternative Ernährung wird kaltgepresstes Öl eindeutig bevorzugt. Man ist der Meinung, dass durch Raffination wertvolle Vitamine und essenzielle Fettsäuren verloren gehen und das raffinierte Öl „wertlos" ist. Die Frage, ob kaltgepresste Öle gesünder sind als raffinierte Öle, muss aus ernährungsphysiologischer Sicht jedoch eindeutig verneint werden.

Was bedeutet kaltgepresst?

Öle, die durch Pressen ohne vorherige Erwärmung der Ölsaaten oder des Fruchtfleisches der Ölfrüchte gewonnen werden, sind **kaltgepresste Öle**. Das Pressgut erwärmt sich bei der Gewinnung durch Druck auf etwa 40 °C. Das dabei gewonnene Öl wird filtriert oder zentrifugiert und häufig mit Wasserdampf behandelt, um Enzyme zu inaktivieren, die die Qualität negativ beeinflussen können. Eine sorgfältige Auswahl der Rohware ist die Voraussetzung für den Geschmack und den Geruch.

Gesetzlich geregelt ist jedoch weder das Gewinnungsverfahren noch die Bezeichnung der kaltgepressten Öle. Als Synonyme werden die Begriffe „kaltgeschlagen", „naturbelassen", „kaltgepresst" oder „unraffiniert" verwendet. Der Ausdruck „kaltgeschlagen" kommt von der ursprünglichen Herstellung des Olivenöls, bei der der Druck in den Keilpressen durch das Einschlagen von Holzkeilen erzeugt wurde. Heute ist diese Methode nicht mehr üblich, die Bezeichnung daher auch nicht mehr richtig.

Warmgepresste, raffinierte Speiseöle

Die Rohware wird vor dem Pressen erwärmt, um einen höheren Ertrag zu erzielen. Das gewonnene Öl hat eine Temperatur von ca. 90 °C. Eine noch größere Ölmenge erhält man durch Extraktion der zerkleinerten Ölsaat. Der Restfettgehalt des Pressgutes beträgt dann weniger als 1 %, bei der Warmpressung bleiben 4–5 % Restfettgehalt. Anschließend werden die rohen Öle raffiniert, dh von unerwünschten Fettbegleitstoffen befreit.

Auch kaltgepresste Öle können einzelne Raffinationsschritte durchlaufen, zB Desodorierung oder Vorreinigung.

Die bei der Raffination entstehenden Verluste an Vitaminen und anderen physiologisch wichtigen Bestandteilen sind so gering, dass sie für eine gesunde Ernährung keine Relevanz besitzen. Es besteht ernährungsphysiologisch also kein wesentlicher Unterschied zwischen raffinierten und kaltgepressten Ölen. Entscheidend ist nicht die Verarbeitung des Öles, sondern die Fettsäurezusammensetzung der Öl- und Fettsorten. So genannte „kaltgepresste" Öle sind in der Küche aufgrund ihres typischen Eigengeschmackes hervorragend für die Zubereitung von Salaten und Rohkost geeignet. Für den Heißbereich sollen jedoch hochwertige raffinierte Öle bevorzugt werden, da sie hitzebeständiger sind.

Margarine und Streichfette

Für die Herstellung von Margarine werden heute fast nur mehr pflanzliche Öle und Fette verwendet. Margarine besteht zu 80 % aus Fett, wobei hier vor allem Sonnenblumen- und Rapsöl verwendet werden. Weitere Zutaten sind Magermilch, Wasser, Salz, Lezithin, Betacarotin, Aromastoffe und fettlösliche Vitamine.
Margarine wird in verschiedenen Qualitäten und für sämtliche Anwendungsbereiche in der Küche (Braten, Backen und Kochen) wie für Brotaufstriche, zum Abschmelzen von Gemüse und Kartoffeln und für die Zubereitung von Kuchen etc. angeboten.

Diätmargarine unterscheidet sich von herkömmlicher Margarine durch weniger gesättigte und mehr ungesättigte Fettsäuren und durch einen geringeren Salzgehalt. Diätmargarine enthält nur 20 % gesättigte Fettsäuren – im Vergleich zu herkömmlicher Margarine, die bis zu 40 %, und Butter, die 60 % an gesättigten Fettsäuren enthält.

Diätmargarine ist aufgrund ihrer speziellen Fettsäurekomposition für die cholesterinbewusste Ernährung geeignet.

Halbfettmargarine bzw. Minarine hat bis zu 50 % weniger Fettgehalt als normale Margarine und deshalb auch nur etwa halb so viel Kalorien. Halbfettmargarine ist zum Kochen nicht geeignet, da sie einen höheren Wassergehalt hat als herkömmliche Margarinen.

Tierische Speisefette

Zu den tierischen Speisefetten zählen Butter, Schmalz und Talg. Immer wieder wird die Rolle der tierischen Speisefette hinsichtlich ihrer ernährungsphysiologischen Bedeutung diskutiert. Zu bedenken ist, dass tierische Fette einen hohen Anteil an gesättigten Fettsäuren sowie auch Cholesterin enthalten und daher sehr begrenzt eingesetzt werden sollten.

Vor allem in der Diätküche, also in der Zubereitung von Speisen für Diabetiker oder Personen mit überhöhten Cholesterinwerten, sollte auf tierische Fette weitgehend verzichtet werden.

Eiweißstoffe – Proteine

Eiweiß ist unser wichtigster Baustoff und Grundsubstanz aller Zellen. Jeder Mensch, jedes Tier und jede Pflanze besitzen ihr eigenes Eiweißmuster.

Aufbau

Eiweiß besteht aus den Grundelementen Wasserstoff, Sauerstoff, Kohlenstoff sowie Stickstoff, oft auch aus Schwefel und Phosphor. Eiweiß enthält als einziger Nährstoff Stickstoff und Schwefel, zwei essenzielle Elemente, die weder in den Fetten noch in den Kohlenhydraten zu finden sind. Grundbaustoffe des Eiweiß sind die so genannten **Aminosäuren.** Es gibt über 20 verschiedene Aminosäuren, von denen neun essenziell, dh lebensnotwendig, sind.
Der Körper kann sie nicht selbst aufbauen, daher müssen sie mit der Nahrung zugeführt werden. Die Eiweißstoffe bestehen aus mehreren hundert bis zehntausenden Aminosäuren, die immer in einer anderen Reihenfolge miteinander verknüpft sind. Dadurch bekommt jede Eiweißart ihre ganz spezifischen und charakteristischen Eigenschaften.

Übersicht Aminosäuren

Essenzielle Aminosäuren	Nicht essenzielle Aminosäuren	Bedingt essenzielle Aminosäuren
Histidin, Isoleucin, Leucin, Lysin, Methionin, Phenylalanin, Theronin, Tryptophan, Valin	Alanin, Asparagin, Asparaginsäure, Glutaminsäure, Glycin, Prolin	Arginin, Cystein, Glutamin, Serin, Tyrosin

Biologische Wertigkeit

Die mit der Nahrung zugeführten Eiweißstoffe besitzen ein bestimmtes Aminosäuremuster. Ohne essenzielle Aminosäuren kann kein körpereigenes Eiweiß aufgebaut werden. Für die Einstufung der biologischen Wertigkeit wird die am geringsten vorkommende Aminosäure berücksichtigt, die so genannte limitierende Aminosäure. Ist die limitierende Aminosäure nur in einem sehr geringen Umfang in einem Nahrungsmittel enthalten, so hat es eine niedrige biologische Wertigkeit. Die limitierende Aminosäure ist somit für die biologische Wertigkeit eines Lebensmittels entscheidend.

Die biologische Wertigkeit gibt an, wie viel Gramm körpereigenes Eiweiß durch 100 g Nahrungseiweiß auf- bzw. umgebaut werden können.

Biologische Wertigkeit einiger Eiweißquellen

Hühnerei	94
Kuhmilch	86
Fisch	80
Fleisch	76
Kartoffeln	75
Sojabohne	72
Getreide	35
Hülsenfrüchte	30

Damit der Körper mit Eiweiß gut versorgt ist, ist entscheidend, tierische und pflanzliche Lebensmittel optimal und ausgewogen zu kombinieren. Auch im Rahmen einer vegetarischen Ernährungsform ist es möglich, sich mit den essenziellen Aminosäuren zu versorgen. Auf eine gute Kombination von unterschiedlichen pflanzlichen Nahrungsmitteln ist allerdings zu achten.

Gute Ergänzungswirkung

Getreide + Milch	zB Müsli, Grießbrei
Kartoffeln + Ei	zB Kartoffelteig, Spiegelei und Kartoffeln, Kartoffelauflauf
Getreide + Ei	zB Eiernudeln (Teigwaren + Ei); Nudelauflauf

Aufgaben und Bedarf

Eiweiß hat die Aufgabe, Zellen, Muskeln und Organe aufzubauen und zu erhalten. Es ist der eigentliche Träger des Lebens.

Der tägliche Bedarf an Eiweiß beträgt 10–15 % der Gesamtenergie oder 0,8 Gramm pro Kilogramm Körpergewicht. Dies entspricht einer Menge von 50–70 Gramm Eiweiß pro Tag.

Vorkommen

Pflanzliche Eiweißquellen	*Hülsenfrüchte, Sojaprodukte, Getreideprodukte, Kartoffeln, Brot, Nüsse*
Tierische Eiweißquellen	*Fleisch, Fisch, Geflügel, Eier, Milch und Milchprodukte, Käse*

Durch die richtige Kombination pflanzlicher Lebensmittel mit Ei oder Milchprodukten kann die biologische Wertigkeit von Eiweiß erhöht werden.

Pflanzliche Eiweißquellen

Tierische Eiweißquellen

Kinder, Schwangere und Stillende haben einen erhöhten Eiweißbedarf. Die Bedarfsdeckung sollte durch zwei Drittel pflanzliche und ein Drittel tierische Eiweißträger erfolgen.

Ein Mangel an Eiweiß bewirkt, dass zuerst körpereigenes Eiweiß abgebaut wird (Muskel-, Blut- bis hin zum Organeiweiß). Die Folgen sind Leistungsabfall, erhöhte Infektanfälligkeit bis hin zu einer schlechten Wundheilung, Hungerödemen oder gar zum Tod.

Die Verdauung von Eiweiß

Mund	*Im Mund findet noch keine Aufspaltung von Eiweiß statt. Die Aminosäuren bleiben unverändert.*
Magen	*Durch das Einwirken der Magensalzsäure werden die Aminosäureketten freigelegt und gespalten.*
Dünndarm	*Durch die Eiweiß spaltenden Enzyme der Bauchspeicheldrüse wird das Eiweiß in die einzelnen Aminosäuren zerlegt, über die Darmwand ins Blut abgegeben und zur Leber transportiert.*

In der Leber werden die meisten Aminosäuren wieder zu körpereigenem Eiweiß verknüpft. Die übrigen werden über das Blut beispielsweise zu den Muskeln transportiert. Aminosäuren werden aber auch als Baustoff für Zellen, Hormone und Enzyme benötigt.

Empfehlungen für die Ernährung

Pflanzliche Eiweißquellen

Der Eiweißbedarf kann sehr gut auch mit pflanzlichen Lebensmitteln gedeckt werden. Hülsenfrüchte, Kartoffeln, Soja- und Getreideprodukte in Kombination mit Milch oder Ei versorgen den Körper ausreichend mit lebensnotwendigem Eiweiß.

Eiweißgehalt pflanzlicher Lebensmittel pro 100 g

Kartoffeln	2 g
Kohlrabi	1,9 g
Karotten	1 g
Brokkoli	3,3 g
Tomaten	1 g
Zuckermais	3,3 g
Sojakeime	5,3 g
Bohnen, weiß	21,3 g
Erbsen, grün	6,6 g
Linsen	23,5 g
Champignons	2,7 g
Sojamehl	37,3 g
Teigwaren	12,3 g
Verschiedene Brotsorten	5,9–9,4 g
Weizenmehl (verschiedene Typen)	9,8–11,2 g
Roggenmehl (verschiedene Typen)	6,4–10 g

Tierische Eiweißquellen
Fleisch, Wurst, Fisch und Eier

Diese Lebensmittelgruppe liefert uns wertvolles Eiweiß, Mineralstoffe und Vitamine. Fleisch und Wurst, vor allem Leber, sind bedeutende Eisenlieferanten. Schweinefleisch trägt zur Vitamin-B_1-Versorgung bei. Trotz dieser positiven Aspekte reicht es, wenn nur zwei- bis dreimal wöchentlich Fleisch und Fleischprodukte gegessen werden. Diese Lebensmittel enthalten nämlich unerwünscht viel Fett und Cholesterin. Fleisch sollte eher als Beilage dienen und die Menge von 100 g pro Portion nicht überschreiten. Mindestens einmal pro Woche sollte Fisch gegessen werden.

Milch und Milchprodukte, Käse

Milch enthält neben Eiweiß auch Fett und Kohlenhydrate und ist ein wichtiger Kalziumlieferant. Kalzium ist für den Aufbau der Knochen und der Zähne wichtig. Es ist aber auf den Fettgehalt dieser Produkte zu achten.

Eiweißgehalt tierischer Lebensmittel pro 100 g

Rindfleisch	17–22 g
Schweinefleisch	15–21 g
Kalbfleisch	18–21 g
Geflügelfleisch	15–24 g
Fisch	14–24 g
Trinkmilch	3,3 g
Schlagobers	2,4 g
Sauermilch	3,3 g
Topfen (div. Fettstufen)	9,5–13,5 g
Hühnerei	12,9 g
Schnittkäse (div. Fettstufen)	24–29 g
Camembert (div. Fettstufen)	18–23,5 g
Schmelzkäse (div. Fettstufen)	13,2–20,1 g

Eiweißreiche Lebensmittel

Eiweißreiche tierische Lebensmittel sind sehr beliebt, da sie sehr schmackhaft sind. Eiweiß ist ein lebensnotwendiger Nährstoff, unsere Eiweißaufnahme liegt aber deutlich über dem tatsächlichen Bedarf des Körpers. Darüber hinaus sollten wir mehr pflanzliches und weniger tierisches Eiweiß zu uns nehmen.

Milch

Das früheste Zeugnis, das wir über Milch kennen, ist eine Abbildung über Milchverarbeitung aus einem Tempel der Sumerer; sie ist über 5.000 Jahre alt. Im Alten Testament wird das Gelobte Land als das Land, in dem Milch und Honig fließen, beschrieben. Milch ist für den Menschen und für alle Säugetiere in der Zeit nach der Geburt das einzige Lebensmittel, das alle lebensnotwendigen Nährstoffe enthält, damit der Körper aufgebaut und mit Energie versorgt werden kann.

Neben der Kuhmilch werden heute auch wieder Ziegen- und Schafmilch konsumiert. Diese müssen als solche bezeichnet werden.

Gesundheitliche Risiken durch unerwünschte Begleitstoffe

Fett	Übergewicht
	Fettstoffwechselstörungen
	Herz- und Kreislauferkrankungen
Cholesterin	Gefäßschäden
	Herz- und Kreislauferkrankungen
Purine	Gelenksentzündungen
	Gicht
	Nierensteine
Salz	Bluthochdruck
	Herz- und Kreislauferkrankungen
Nitritpökelsalz	Krebs

Ernährungsphysiologische Bedeutung

Kuhmilch ist reich an wertvollem Eiweiß und versorgt unseren Körper mit wichtigen Vitaminen und Mineralstoffen, vor allem mit Kalzium. Kalzium ist in erster Linie für die Festigkeit von Knochen und Zähnen von Bedeutung.

Zu beachten ist, dass Milch kein Getränk ist, sondern ein wertvolles, nährstoffreiches Lebensmittel.

Milchprodukte

Neben den unterschiedlichen Trinkmilcharten bieten Molkereien eine Reihe weiterer Milchprodukte an.

Butter wurde bereits bei den fettreichen Lebensmitteln beschrieben. Bei Süßrahmprodukten, wie Obers, sowie bei Sauerrahmprodukten, wie Buttermilch, Joghurt oder Sauerrahm, gibt es ein vielfältiges Angebot.

Milcheiweiß besteht zu 80 % aus Kasein, das zur Käseherstellung nötig ist. Die biologische Wertigkeit ist hoch und kann durch eine Kombination mit pflanzlichen Lebensmitteln, wie Getreide, Kartoffeln und Hülsenfrüchten, zusätzlich erhöht werden. Den höchsten Eiweißgehalt haben fettarme Käsesorten wie Topfen oder Sauermilchkäse.

Käse wird als Hart-, Frisch-, Weich- und Schnittkäse weltweit in drei- bis viertausend Sorten angeboten Unterschieden wird auch nach den Fettgehaltsstufen, wie Rahmstufe mit 55 % F. i. Tr., Vollfettstufe mit 45 % F. i. Tr., Dreiviertelfettstufe mit 35 % F. i. Tr., Halbfettstufe mit 25 % F. i. Tr., Viertelfettstufe mit 15 % F. i. Tr. und Magerstufe mit 4 % F. i. Tr.

Ernährungsphysiologische Bedeutung

Bei der Auswahl von Milchprodukten ist vor allem auf den Fettgehalt zu achten. Dadurch kann der Gesamtfettgehalt der Nahrung reduziert werden. Vor allem bei Stoffwechsel-erkrankungen und Übergewicht sind fettarme Produkte zu bevorzugen (Käse bis maximal 30 % F. i. Tr.).

Zu beachten ist auch, dass der Fettgehalt von Milch und Milchprodukten zu 60 % aus gesättigten Fettsäuren besteht.

Eier

Das Ei gilt als Symbol der Schöpfung und als Quelle des Lebens. Es enthält biologisch hochwertiges Eiweiß und wichtige Vitamine und Mineralstoffe. In den letzten Jahren sind Eier wegen des hohen Gehaltes an Cholesterin in Verruf gekommen. Dabei ist anzumerken, dass nicht allein der Cholesteringehalt ausschlaggebend für die Entstehung des hohen Blutcholesterinspiegels ist, sondern vor allem eine Ernährung, die reich an Fett und gesättigten Fettsäuren ist.

Als Eier gelten laut Lebensmittelgesetz ausschließlich Hühnereier. Eier von Gänsen, Enten, Puten, Perlhühnern, Tauben, Wachteln ua müssen als solche gekennzeichnet sein.

Die Eiweißstoffe des Hühnereies haben eine hohe biologische Wertigkeit. Beim Verzehr von Eiern ist der Cholesteringehalt zu beachten.

Ernährungsphysiologische Bedeutung

Das Hühnerei hat die höchste biologische Wertigkeit und ist somit ein sehr wertvoller Eiweißspender. Weiters enthalten Eier auch wertvolle Mineralstoffe, ua Kalzium, Phosphor, Eisen, Kupfer, Jod und Fluor sowie die Vitamine A, D, E und K und Folsäure. Zu beachten ist, dass Eier auch unerwünschte Begleitstoffe, wie Cholesterin, enthalten. Gegen zwei bis drei Hühnereier pro Woche ist jedoch nichts einzuwenden. Auch in der Diätküche finden Eier ihren Einsatz.

Fleisch / Geflügel / Wild

Als Fleisch werden alle verwendbaren Teile geschlachteter oder erlegter warmblütiger Tiere, die sich für den Verzehr eignen, bezeichnet. Innereien, Würste etc. zählen ebenfalls dazu. Aus ethischen Gründen werden jedoch nicht alle zum Genuss geeigneten Tiere auch gegessen. Zu den Schlachttieren zählen hauptsächlich Schweine, Rinder, Kälber und Schafe. Hühner, Puten, Gänse, Enten, Wachteln und Perlhühner sind die bekanntesten Vertreter des Schlachtgeflügels. Außerdem werden noch Haarwild, wie Reh, Hirsch, Wildschwein, Hase und Wildkaninchen, sowie Wildgeflügel, wie Rebhuhn, Fasan, Wildente und Wildgans, gerne gegessen.

Ernährungsphysiologische Bedeutung

Fleisch ist wichtiger Eiweißträger (20–25 % Eiweißgehalt) und liefert Vitamine (B-Vitamine) und Mineralstoffe (Eisen). Fleisch wird vielfach assoziiert mit fettreich, was in der heutigen Zeit eingeschränkte Gültigkeit hat. Durch neue Züchtungs- und Fütterungsmethoden und letztendlich auch aufgrund des Konsumentenverhaltens werden vielfach fettarme Teilstücke angeboten. Dies trifft auf alle Fleischarten (Schwein, Rind, Kalb) zu.

Negative Begleitstoffe von Fleisch sind Cholesterin und Purine.

Fettarmes Fleisch, vor allem auch fettarm zubereitet, findet sowohl in der ernährungsbewussten Küche als auch in der Diätküche seinen Platz. Gerade hier gilt: **Qualität vor Quantität.**

Das Fleisch von Geflügel ist sehr fettarm und findet deshalb in der kalorienbewussten und fettarmen Küche sehr gerne Verwendung. Fettreichere Geflügelsorten sind Gans und Ente. Zu bedenken ist auch, dass in der Geflügelhaut sehr viel an Fett versteckt ist.

Auch Wild ist im Rahmen einer ernährungsbewussten Küche und Diätküche gut einsetzbar. Wildfleisch ist fettarm (maximal 1–3 % Fett), eiweißreich (20 % Eiweiß) und enthält Vitamine der B-Gruppe.

Fische

In vielen Ländern der Erde ist Fisch ein Hauptnahrungsmittel. Je nach Lebensraum wird zwischen Seefischen (Meeresfischen) und Süßwasserfischen unterschieden, die jeweils wieder in Mager- und Fettfische unterteilt werden.

Magere Seefische sind Kabeljau, Rotbarsch, Scholle, Seezunge, Seelachs und Sardine; fette Seefische sind zB Hering und Makrele.

Magere Süßwasserfische sind ua Forelle, Hecht und Zander. Karpfen, Flussaal und Lachs zählen zu den fetten Süßwasserfischen.

Ernährungsphysiologische Bedeutung

Fische haben einen hohen Eiweiß- und Wassergehalt und sind reich an Vitaminen der B-Gruppe sowie an Mineralstoffen, wie zB Jod. Fettreiche Fische enthalten reichlich Vitamin A und D.

Fische werden frisch, tiefgekühlt, getrocknet, gesalzen, gesäuert oder geräuchert angeboten. Die Art der Haltbarmachung muss bei der Nährwertberechnung berücksichtigt werden.

Vitamine

Vitamine sind für die Gesundheit des Menschen von großer Bedeutung. Das Wort Vitamin leitet sich ab von **Vita = Leben** und **Amin = Stickstoffverbindung.**

Vitamine sind organische Verbindungen, die in verschiedenen Lebensmitteln vorkommen und im Körper wichtige Funktionen erfüllen. Da der Körper seinen Vitaminbedarf nicht bzw. nicht in ausreichendem Maße selbst decken kann, müssen Vitamine mit der Nahrung zugeführt werden.

Einteilung

Gruppe	Art	Bedeutung
Fettlösliche Vitamine	*A, D, E und K*	*Der Körper kann diese Vitamine nur gemeinsam mit Fett aufnehmen. Sie können im Körper längere Zeit gespeichert werden. Mangel ist eher selten.*
Wasserlösliche Vitamine	*Vitamine der B-Gruppe, Biotin, Folsäure, Niacin, Pantothensäure, Vitamin C*	*Können nicht gespeichert werden.*

Bedeutung und Bedarf

Vitamine sind für den Körper Wirk- und Schutzstoffe. Diese essenziellen Nährstoffe benötigt der Körper für verschiedene Funktionen. So ist zB das Vitamin A besonders für die Augen bzw. für den Sehprozess wichtig. Die Vitamine E, C und Betakarotin haben eine antioxidative Wirkung und schützen unseren Körper vor so genannten freien Radikalen. Die B-Vitamine haben unter anderem lebensnotwendige Aufgaben im Energie-, Kohlenhydrat- und Eiweißstoffwechsel zu erfüllen. Viele biochemische Prozesse im Körper können ohne Vitamine nicht stattfinden. Vitamine erhöhen die Widerstandfähigkeit und schützen so vor Krankheiten.

Der tägliche Vitaminbedarf ist für verschiedene Personengruppen unterschiedlich. Alter, Geschlecht, Körpergröße und Gewicht, Lebensgewohnheiten etc. sind ausschlaggebend für den individuellen Vitaminbedarf.

Für die **Zufuhr von Vitaminen** gibt es auch – wie bei den anderen Nährstoffen – Empfehlungen der Deutschen Gesellschaft für Ernährung. Diese Empfehlungen sind so bemessen, dass nach derzeitigem Kenntnisstand nahezu alle gesunden Personen bei Aufnahme der empfohlenen Mengen frei von Ernährungsschäden bleiben.

Bei einer ausgewogenen, vielseitigen Ernährung sollte es möglich sein, alle für den Körper wichtigen Vitamine in ausreichender Menge zu bekommen. Aber obwohl wir im Überfluss leben und tausende Lebensmittel zur Auswahl haben, kann es zur Unterversorgung mit Vitaminen kommen, wenn unsere Ernährung über einen längeren Zeitraum oder sogar ständig einseitig und falsch zusammengesetzt ist.

Müdigkeit, Konzentrationsschwäche, Anfälligkeit für Infektionen, Schlafstörungen und Appetitlosigkeit können unter Umständen Anzeichen für eine unzureichende Vitaminversorgung sein. Um dies festzustellen, ist es notwendig, einen Arzt zu konsultieren.

Wann braucht man mehr Vitamine?

Viele Menschen bzw. Personengruppen benötigen aufgrund ihrer Lebensumstände bzw. -gewohnheiten mehr Vitamine bzw. die ausreichende Versorgung ist nicht gesichert.

- Jugendliche im Wachstum.
- Schwangere und Stillende.
- Raucher.
- Alte Menschen.
- Personen, die viel Alkohol trinken.
- Bei Stress durch Einhalten einer strengen Diät (zB Reduktionskost).
- Bei Einnahme von bestimmten Medikamenten (zB Pille, Schmerz-, Schlaf- und Beruhigungsmittel, Abführmittel).
- Bei Erkrankungen (zB Magen-Darm-Erkrankungen, Stoffwechselstörungen).

Übersicht Vitamine – Tagesbedarf, Wirkung und Vorkommen

Vitamin	Tagesbedarf	Wirkung	Vorkommen
A (Retinol)	0,8–1 mg	Für das Wachstum; hält Haut und Schleimhäute gesund; für den Sehprozess notwendig; schützt die Zellen, fördert das Zellwachstum und die Bildung des Muskeleiweiß; kräftigt das Immunsystem.	In den pflanzlichen Lebensmitteln als Vorstufe – **Betakarotin**: Karotten, Spinat, Brokkoli, grüne Blattgemüse, Tomaten, orangefarbene Früchte, Margarine. In den tierischen Lebensmitteln als Vitamin A: Butter, Leber, Eigelb, Milch und Obers.
D (Calciferol)	5 µg	Regelt den Kalzium- und Phosphatstoffwechsel; notwendig für die Knochenbildung.	Wird großteils im Körper durch Einwirkung von Sonnenstrahlen selbst gebildet. Vitamin-D-reiche Lebensmittel sind Fettfische (Heringe und Makrele), Leber, Eigelb, Käse, Obers und Margarine.
E (Tocopherol)	12 mg	Wichtig für den Fettstoffwechsel (schützt Arterien vor Ablagerungen von Cholesterin).	Hochwertige Pflanzenöle, Margarinen, Sonnenblumen- und Kürbiskernen, Gemüse, Vollkornprodukte, Eier, Fisch.
K (Phyllochinon)	65–80 µg	Verantwortlich für die Bildung verschiedener Blutgerinnungsfaktoren.	Wird beim gesunden Erwachsenen von Darmbakterien gebildet; Vorkommen in Grüngemüse, alle Kohlsorten und Sauerkraut, Vollkornprodukte, Milchprodukte, Fleisch und Kartoffeln.
B$_1$ (Thiamin)	1,1–1,3 mg	Wichtig für den Kohlenhydratstoffwechsel; wird für die Nervenerregbarkeit benötigt; ein Mangel führt zu Müdigkeit, Herzbeschwerden, Konzentrationsschwäche, Reizbarkeit und Depression.	Mageres Schweinefleisch, Herz, Leber, Vollkornprodukte, Hülsenfrüchte und Kartoffeln, Bierhefe.
B$_2$ (Riboflavin)	1,5–1,7 mg	Notwendig für den Energiestoffwechsel; sichert eine gesunde Haut und ein gesundes Gewebe.	Milch und Milchprodukte, Fleisch, Leber, Seefische, Vollkornprodukte und Hefe.
B$_6$ (Pyridoxin)	1,6–1,8 mg	Wichtig für den Eiweißstoffwechsel und die Blutbildung; Mangel führt zu Hautveränderungen, Wachstumsverzögerungen, Schädigung der Nervenbahnen, Muskelschwund, Krämpfen und Blutarmut.	Besonders gute Quellen sind Schweinefleisch, Leber, Geflügel und Fisch, Getreideprodukte, Kartoffeln, Avocados und Bananen, Sellerie und Brokkoli.
B$_{12}$ (Cobalamin)	3 µg	Bildung und Abbau einzelner Aminosäuren; für die Reifung der roten Blutkörperchen; Mangel führt zu Blutarmut, Schädigung im Zentralnervensystem und Rückenmark.	Kommt überwiegend in tierischen Lebensmitteln vor: Leber, Fleisch, Milch und Ei. In geringen Mengen auch in Sauerkraut und Bier.

Vitamin	Tagesbedarf	Wirkung	Vorkommen
Folsäure	300 µg	Für die Zellteilung und Zellneubildung; Bedarf ist bei Schwangeren besonders hoch; Wichtig für die Bildung von Antikörpern gegen Infektionskrankheiten; Mangel kann zu Störung der Zellneuteilung und Blutarmut führen.	Grünes Blattgemüse: vorwiegend Spinat und Kohl; Brokkoli, Fenchel, Spargel, Weizenkeime, Nüsse, Vollkornprodukte, Fleisch, Leber, Milch und Milchprodukte, Eier.
C (Ascorbinsäure)	> 75 mg	Abwehr von Infektionskrankheiten, Bildung von Knochen und Zähnen, Wund- und Narbenheilung, fördert die Eisenverwertung im Körper; schützt den Körper vor schädlichen Einflüssen von Sauerstoff und Umweltgiften; Mangel führt zu verminderter körperlicher und geistiger Leistungsfähigkeit, Müdigkeit und Schwäche; Anfälligkeit für Infektionskrankheiten steigt.	In allen frischen Obst- und Gemüsesorten, vor allem in Zitrusfrüchten, Sanddorn, Schwarzen Johannisbeeren, Kiwi, Paprika und Kartoffeln.

Beständigkeit / Empfindlichkeit von Vitaminen gegen äußere Einflüsse

	Sauerstoff	Licht	Hitze	Verluste beim Kochen
Vitamin A	besonders labil	besonders labil	beständig	10–30 %
Vitamin D	besonders labil	labil	beständig	gering
Vitamin E	besonders labil	labil	beständig	50 %
Vitamin K	beständig	besonders labil	beständig	gering
Vitamin B$_1$	labil	beständig	besonders labil	30–50 %
Vitamin B$_2$	beständig	besonders labil	labil	0–50 %
Vitamin B$_6$	beständig	besonders labil	labil	20 %
Vitamin B$_{12}$	labil	labil	labil	20–80 %
Folsäure	beständig	labil	besonders labil	0–90 %
Biotin	beständig	beständig	beständig	0–70 %
Niacin	beständig	beständig	beständig	0–30 %
Pantothensäure	beständig	beständig	besonders labil	0–45 %
Vitamin C	labil	labil	labil	20–80 %

besonders labil	labil	beständig

3 1

Mineralstoffe

Mineralstoffe sind anorganische Verbindungen und erfüllen im Körper wichtige Funktionen als Bau- und Reglerstoffe. Nach ihrem Gehalt im Körper werden sie in zwei Gruppen eingeteilt, und zwar in Mineralstoffe (zB Kalzium, Phosphat, Kalium, Magnesium, Natrium und Chlorid) und Spurenelemente (zB Eisen, Jod, Zink, Fluorid und Selen).

Aufgaben

- Aufbau von Knochen, Zähnen, Hormonen und Blutzellen.
- Erhaltung der Gewebespannung.
- Übertragung von Reizen bei Nerven und Muskelzellen.
- Aktivierung von Enzymen im Stoff wechsel.

Übersicht Mineralstoffe und Spurenelemente – Tagesbedarf und Wirkung

Mineralstoff	Tagesbedarf	Wirkung
Natrium (in Verbindung mit Chlorid = Kochsalz)	2–3 g	Für die Gewebespannung, hält das Wasser im Gewebe zurück; unentbehrlich für die Reizleitung von Muskeln und Nerven; aktiviert Enzyme; reguliert mit Kalium den Wasserhaushalt im Körper. Mangelerscheinungen nur bei hohen Flüssigkeitsverlusten (Sport, Durchfall). Ein hoher Kochsalzkonsum begünstigt die Entstehung von Bluthochdruck.
Kalium	2–4 g	Erhält die Gewebespannung, hat eine entwässernde Wirkung; wichtig für die Kontraktion der Muskeln und die Reizleitung. Mangel führt zu Muskelschwäche und Muskelerschlaffung; Herzfunktionstörungen können ebenso auftreten.
Kalzium	1–1,2 g	Baustein für Knochen und Zähne, unerlässlich für die Blutgerinnung und die Erregbarkeit der Muskeln. Ein Mangel führt zur Osteoporose.
Magnesium	300–350 mg	Etwa 300 Enzyme werden durch Magnesium aktiviert; Magnesium wirkt bei der Erregungsübertragung von Nerven auf den Muskel und bei der Muskelkontraktion. Ein Mangel führt zur muskulärer Übererregbarkeit und Krämpfen.
Phosphor	800–900 mg	Zusammen mit Kalzium beim Aufbau von Knochen und Zähnen beteiligt. Gehört zu den wichtigsten Bausteinen lebender Zellen; für Energiegewinnung und Energieverwertung im Körper notwendig.
Eisen	10–18 mg	Wesentlicher Bestandteil des roten Blutfarbstoffs, verantwortlich für den Sauerstofftransport im Blut zu den Zellen und Organen, unterstützt das allgemeine Wohlbefinden. Ein Mangel führt zur Blutarmut und zu Sauerstoffmangel in der Zelle, der sich durch Müdigkeit bemerkbar macht.

Mineralstoff	Tagesbedarf	Wirkung
Jod	180–200 μg	Wichtig für die Schilddrüsenhormone – diese beeinflussen den Energieumsatz und greifen in das Wachstum und die Reifung der Knochen ein. Eine geringe Zufuhr begünstigt die Entstehung eines Kropfs. Ein Mangel in der Schwangerschaft führt zu Missbildung des Neugeborenen (Kleinwuchs, Schwachsinn).
Zink	12–15 mg	Bestandteil von zahlreichen Enzymen, stärkt das Immunsystem. Mangel führt zu Wachstumsstörungen, Beeinträchtigungen der Haut, Nerven, Hormonwirkungen und Infektabwehr.
Fluor	1,5–4 mg	Festigt die Knochenstruktur und härtet den Zahnschmelz. Mangel führt zu Karies.
Selen	Bedarf noch nicht genau bekannt – ca. 20–100 μg	Schützt den Organismus vor zellschädigenden Radikalen; eine krebsvorbeugende Wirkung bzw. ein Schutz gegen vorzeitiges Altern wird diskutiert.
Molybdän	Bedarf noch unbekannt	Ist an vielen Stoffwechselvorgängen beteiligt.

Wo kommen Mineralstoffe vor?

Mineralstoffe	Vorkommen
Kalzium	Milch und Milchprodukte, Vollkornbrot, Hülsenfrüchte, Gemüse, Obst, Fische und Nüsse.
Phosphor	Kartoffeln, Brot, Fleisch, Eier und Milch sowie als Zusatzstoff in verarbeiteten Erzeugnissen.
Magnesium	Getreideprodukte, Milchprodukte, Sojabohnen, Gemüse, Obst und Fleisch.
Natrium	Bestandteil des Kochsalzes und daher in allen kochsalzhaltigen Lebensmitteln, wie Fleisch, Wurst, Käse, Brot, Gebäck, Fertiggerichten, enthalten.
Kalium	Obst, Gemüse, Kartoffeln, Hülsenfrüchte, Milchprodukte, Fisch und Fleisch.
Eisen	Leber, Fleisch und Fleischwaren, Wild und Geflügel, aber auch in Vollkornprodukten und Gemüse. Eisen kann vom Körper besser aufgenommen werden, wenn die Lebensmittel zusammen mit Vitamin-C-reichen Produkten verzehrt werden.
Jod	Fische, Schal- und Krustentiere, jodiertes Speise- und Meersalz.
Selen	Getreide, Getreideprodukte, Gemüse.

Kalziumgehalt verschiedener Lebensmittel

	mg / 100 g
Trinkmilch	120
Buttermilch	110
Magermilchjoghurt	143
Emmentaler	1.180
Edamer	678
Tilsiter	858
Brie, 50 % F. i. Tr.	400
Romadur, 30 % F. i. Tr.	702
Brokkoli	113
Grünkohl, roh	230
Mangold	103
Spinat	93
Löwenzahnblätter	173
Feigen, getrocknet	160
Pumpernickel	84
Vollkornbrot	95

Eisengehalt verschiedener Lebensmittel

	mg / 100 g
Hühnerleber	7,4
Kalbsleber	10,2
Schweinsleber	22,1
Truthahnkeule	2,0
Kalbsschnitzel	3,0
Rindfleisch	3,0
Schweinsfilet	3,0
Rehfleisch	3,0
Bierhefe	17,5
Sojabohnen	8,6
Haferflocken, Vollkorn	5,1
Hirse, Korn	9,0
Vollkornmehl	4,0

Kaliumgehalt verschiedener Lebensmittel

	mg / 100 g
Milch und Milchprodukte	
Trinkmilch	157
Joghurt	157
Gouda	76
Fische	
Kabeljau	350
Seelachs	374
Forelle	465
Zander	237
Lachs	296
Gemüse / Kartoffeln / Hülsenfrüchte	
Brokkoli	410
Chicorée	192
Kartoffeln	500
Kartoffelchips	1.000
Kohlrabi, gekocht	260
Paprika	213
Spargel, gekocht	114
Tomaten	270
Champignons	418
Fette / Öle	
Butter	16
Margarine	7
Olivenöl	1
Getreide / Brot / Nüsse	
Reis	103
Vollkornbrot	291
Pumpernickel	454
Sojabohnen	1.310
Haselnüsse	1.740
Obst	
Apfel	110
Orange	189
Avocado	503
Banane	382
Heidelbeeren	73
Honigmelone	220
Mango	190
Pfirsich	204
Rosinen	860

Getränke	
Lagerbier	50
Wein, rot	110
Wein, weiß	120
Coca-Cola	1

Sonstiges	
Kakaopulver	1.500
Schokolade	400
Marmelade	15

Magnesiumgehalt verschiedener Lebensmittel

	mg / 100 g
Trinkmilch	12
Edamer, 30 % F. i. Tr.	59
Gouda, 45 % F. i. Tr.	28
Forelle	27
Garnele	67
Truthahn	27
Roastbeef	23
Schweinskotelett	19
Buchweizen, Korn	85
Vollmehl	83
Pumpernickel	71
Grüne Bohnen	26
Feldsalat	13
Karotten, roh	17
Bananen	36
Himbeeren	30
Feigen, getrocknet	70

Natriumgehalt verschiedener Lebensmittel

	mg / 100 g
Trinkmilch	48
Buttermilch	55
Emmentaler	620
Tilsiter, 30 % F. i. Tr.	1.000
Brie, 50 % F. i. Tr.	1.170
Topfen, 20 % F. i. Tr.	33
Kabeljau	86
Aal, geräuchert	500
Schweinefleisch	60
Schinken, geräuchert	2.530
Leberkäse	599
Vollkornbrot	424

Mineralstoffe und Spurenelemente reagieren ebenso wie Vitamine sehr empfindlich auf Sauerstoff, Hitze, Licht und Wasser. Deshalb gilt auch hier ein möglichst sorgsamer Umgang mit mineralstoffreichen Lebensmitteln.

Besonders bei der Vor- und Zubereitung von Lebensmitteln sind einige grundlegende Kriterien zu beachten, die im nachstehenden Kapitel ausführlich besprochen werden.

Vitamin- und mineralstoffreiche Lebensmittel

Früchte, Wurzeln, Blätter und andere essbare Pflanzenteile zählen zu den ältesten Nahrungsmitteln. Durch Züchtung ist es gelungen, ein vielfältiges Angebot an Arten und Sorten zu schaffen und bestimmte Eigenschaften, wie zB kernlose oder dünnschalige Früchte, eine gute Lagerfähigkeit etc., herbeizuführen.

Besonders vitamin- und mineralstoffreiche Lebensmittel sind Obst (→ siehe Seite 16) und Gemüse (→ siehe Seite 15).

Durch nährstoffschonende Zubereitung Vitamine und Mineralstoffe erhalten

Vitamine und Mineralstoffe sind sehr empfindliche Substanzen. Besonders die Einwirkung von **Sauerstoff, Licht, Hitze und Wasser** kann den Vitamin- und Mineralstoffgehalt vermindern. Werden Lebensmittel unsachgemäß aufbewahrt oder zubereitet, haben sie meist nur mehr einen Bruchteil ihres ursprünglichen Gehaltes, wenn sie dann verzehrt werden. Daher sollte man einige wichtige Grundregeln, beginnend beim Einkauf bis hin zur Verarbeitung von Lebensmitteln, beachten.

Richtiger Einkauf	*Beim Einkaufen sollte unbedingt auf die Frische geachtet werden. Lebensmittel mit langen Transportwegen unterliegen auch einem höheren Vitaminverlust, vor allem Obst und Gemüse. Nützen Sie das saisonale Angebot von Obst und Gemüse. Im Winter ist tiefgekühltes Gemüse eine Alternative.*
Sachgemäße Lagerung	*Obst und Gemüse unbedingt kühl und dunkel lagern und so bald wie möglich verbrauchen. Werden fertige Speisen im Kühlschrank aufbewahrt, Gefäße immer zudecken.*
Fachgerechte Zubereitung	*Obst und Gemüse erst kurz vor dem Verzehr zubereiten und in unzerkleinerter Form unter fließendem Wasser gründlich waschen. Auf gar keinen Fall Gemüse und Salate im Wasser liegen lassen – die Vitamine werden dadurch ausgelaugt. Das Gemüse nur grob schneiden. Geschnittenes Gemüse mit etwas Essig oder Zitronensaft beträufeln – das schützt Vitamine vor Sauerstoff.*
Richtige Garmethode, Garzeit und Gartemperatur	*Für die Zubereitung von Gemüse ist Dünsten oder Dämpfen in wenig Wasser sehr gut geeignet. Moderne Kochgeräte, wie zB der Kombidämpfer, kommen einer nährstoffschonenden Zubereitung sehr entgegen. Auch der Eigengeschmack der Speisen bleibt besser erhalten als beim Kochen. Gemüse in wenig Wasser und einem zugedeckten Topf garen. Zu lange Garzeiten sind auf alle Fälle zu vermeiden.*
Langes Warmhalten zubereiteter Speisen vermeiden	*Durch lange Warmhaltezeiten gehen viele Vitamine verloren. Aber auch durch das Wiederaufwärmen von Speisen leidet die ernährungsphysiologische Qualität. Zubereitete Speisen sollte man nicht länger als eine Stunde warm halten, sondern abkühlen und im Kühlschrank zugedeckt aufbewahren. Bei längerer Aufbewahrung empfiehlt sich die Lagerung im Tiefkühlfach.*

Basilikum

Bibernelle

Bohnenkraut

Dille

Estragon

Fenchel

Kerbel

Kresse

Liebstöckel

Lorbeer

Majoran

Oregano

Petersilie

Pfefferminze

Rosmarin

Salbei

Thymian

Anis

Kardamon

Pfeffer

Safran

Vanille

Wacholder

Zimt

Kräuter und Gewürze

Seit urdenklichen Zeiten ist Kochen mit der Verfeinerung durch Gewürze und Kräuter verbunden. Die Bedeutung der Gewürze in den letzten Jahrhunderten ist an dem regen Handel zu ersehen, der Reichtum und Macht mit sich brachte. Die Landentdeckungen der Neuzeit gehen auf die Suche nach Seewegen zu den Gewürzinseln zurück.

Klöster und Schlösser hatten eigene Kräutergärten, in denen Heil- und Küchenkräuter angepflanzt wurden. Ihre heilende und wohltuende Wirkung schätzen wir heute noch.

Gewürze sind die aromatischen Knospen, Früchte, Wurzeln oder Rinden von meist tropischen Pflanzen. Kräuter sind die Blätter verschiedenster Pflanzen, die in vielen Regionen unserer Erde gedeihen.

Kräuter werden frisch, getrocknet oder tiefgefroren verwendet. Gewürze sind meist getrocknet und gemahlen oder in Essenzen eingelegt im Handel.

Frische Kräuter und Gewürze sind als Vitamin- und Mineralstofflieferanten sowie als Geschmacksträger in der ernährungsbewussten Küche besonders wichtig. Kochsalz soll sehr bewusst und nur sehr sparsam – pro Tag nicht mehr als 5–7 g – eingesetzt werden. Kräuter und Gewürze verleihen den Speisen ein besonderes Aroma und unterstreichen den Eigengeschmack. Sie können Ihre Kreativität und Ihre Phantasie beim Würzen der Speisen zeigen.

Einteilung der Kräuter und Gewürze

Frucht- und Samengewürze: Anis, Dill, Koriander, Kardamom, Kümmel, Muskat, Paprika, Pfeffer, Senfkörner, Vanille, Wacholder.
Blütengewürze: Nelken, Safran.
Rindengewürze: Zimt.
Wurzelgewürze: Ingwer.
Blattgewürze: Bärlauch, Basilikum, Bibernelle, Bohnenkraut, Borretsch, Brunnenkresse, Estragon, Gartenkresse, Kerbel, Liebstöckel, Lorbeer, Majoran, Minze, Oregano, Petersilie, Rosmarin, Salbei, Schnittlauch, Thymian, Zitronengras.

Was bewirken Kräuter und Gewürze?

- Reizung der Geruchs- und Geschmacksnerven.
- Steigerung der Gallensaftausschüttung.
- Steigerung bzw. Hemmung der Darmmotorik.
- Steigerung der Herztätigkeit und der Durchblutung.
- Sind krampfstillend und schleimlösend.

Was ist beim Einsatz von Kräutern und Gewürzen zu beachten?

- Der Eigengeschmack der Speisen soll durch den Einsatz von Kräutern und Gewürzen unterstrichen, aber auf keinen Fall übertönt werden.
- Frisch gemahlene Gewürze sind besonders aromatisch.
- Sehr scharfe Gewürze reizen die Schleimhäute – daher eher sparsam verwenden.
- Nicht zu viele Gewürze für ein Gericht verwenden. Werden mehrere Gewürze verwendet, ist eine harmonische Abstimmung aufeinander notwendig.
- Gewürze und Kräuter sollten nie mit geröstet werden. Dadurch bilden sich Bitterstoffe.
- Frische Kräuter erst kurz vor der Zugabe der Speisen waschen und zerkleinern.
- Getrocknete Gewürzkräuter etwas zwischen den Fingerspitzen zerreiben – dadurch wird das Aroma verstärkt.
- Um das Aroma zu erhalten, sollten Gewürze in gut verschlossenen Glas- oder Plastikbehältern aufbewahrt werden.
- Durch das Tiefkühlen von Speisen können manche Gewürze ihr Aroma verlieren oder auch verstärken.

Herkunft, Verwendung und Wirkung

Anis

Eine der ältesten Kulturpflanzen.
Etwa 3–5 mm lang und grau.
Das Hauptanbaugebiet ist
Südeuropa.

Küchentechnische Hinweise

Für Gebäck, Süßspeisen, Fruchtsalate, Milch-, Brot- und Frucht-
suppen und Liköre.

Wirkung

Macht Speisen leichter verdaulich und
hilft gegen Blähungen.

Bärlauch

Intensiver, knoblauchartiger Geruch.
Wächst auf feuchtem, humusreichem
Laubwaldboden und an schattigen
Standorten.
Die Blätter ähneln jenen der Maiglöck-
chen.

Küchentechnische Hinweise

Verwendung der frischen Blätter, aber
auch der Zwiebeln.
Für Suppen, Gemüse, Salate und
Kräuterbutter.
Die Zwiebeln können gehackt oder
zerdrückt werden.
Nur frisch verwenden. Durch Kochen
und Trocknen verlieren sie stark an
Geschmack.

Basilikum

Eines der wichtigsten Küchenkräuter.
Wird in den Tropen und auch in gemäßigten Breiten angebaut.
Es gibt verschiedene Arten von Basilikum, die sich durch Farbe, Form,
Blattgröße und Wuchs unterscheiden,
zB Wildes Basilikum, Zitronen-
basilikum, Buschbasilikum …

Küchentechnische Hinweise

Zum Würzen von Suppen, Tomatensauce, Sugo, Pesto, Rohkost, Toma-
ten- und Gurkensalat, für Hammel-
und Schweinefleisch, Risotto, Krab-
ben und Muscheln, aber auch für Kräuteressig und Gemüsesäfte.
Beim Kochen nur einen Teil des Basilikums mitgaren, den Rest kurz vor
dem Servieren frisch dazugeben.

Wirkung

Basilikum wirkt harn- und schweiß-
treibend sowie beruhigend.
Hilft gegen Blähungen.

Bibernelle

Vorkommen in Mitteleuropa.
Dieses Doldengewächs weist unpaa-
rig gefiederte, zarte Blätter auf, die
eine grundständige Rosette bilden.
Kommt wild wachsend und kultiviert
vor.
Es sind über 200 Arten bekannt.

Küchentechnische Hinweise

Die Blätter haben einen gurkenähnli-
chen Geschmack.
Passt sehr gut zu Salaten, Gemüsesuppen, Kräutersaucen, Ei- und Fischgerichten.
Wird auch für die Aromatisierung von
Kaltgetränken, Kräuteressig und Likö-
ren verwendet.

Wirkung

Als Heilpflanze wird sie bei Katarr,
Keuchhusten, Magen- und Kopf-
schmerzen empfohlen. Wirksames
Herzstärkungsmittel.

Bohnenkraut

Kommt vor allem in Frankreich und
Spanien vor.
Wird bis zu 80 cm hoch.
Verwendet werden die frischen oder
getrockneten Blätter und Blüten.
Sehr aromatisch.
Pfeffrigwürziger Geschmack.

Küchentechnische Hinweise

Vor allem für Bohnengerichte wie Ein-
töpfe, Suppen …
Weiters für Lammfleisch, Schweine-
fleisch, Geflügel und Fisch.
Bei der Zubereitung eines Wild- oder
Geflügelfonds zwei bis drei Zweige ins
Bouquet garni, dadurch kann auf
Pfefferkörner verzichtet werden.

Ideal für die Zubereitung von Diätge-
richten.

Wirkung

Antibakterielle und appetitanregende
Wirkung.
Gegen Blähungen und Durchfall.
Beruhigt die Nerven und ist magen-
stärkend.

Borretsch

Gurkenähnliches, schwach bitteres,
würziges Aroma.
Wird auch Gurkenkraut genannt.
Bis zu ein Meter hohe Triebe mit blau-
en Blüten.
Die Blätter sind beiderseits behaart
und eiförmig.

Küchentechnische Hinweise

Zum Einlegen von Gurken und Gemüse in Essig.
Für Gemüsesuppen und Kräutersaucen.
Zu grünem Salat und Gurkensalat.
Harmoniert auch gut mit Aalgerich-
ten, Schweinefleisch und Rindsragout.
Die Blüten kann man frisch oder kandiert als Garnitur von kalten Platten,
Salaten sowie Sommerbowlen verwenden.
Essig erhält durch die Borretschblüten
eine blaue Farbe.

Wirkung

Herzstärkende, beruhigende und blut-
reinigende Wirkung.

Brunnenkresse

Stammt aus Südosteuropa und West-
asien.
Heute weltweit verbreitet.
Wächst an klaren Quellen und Gewäs-
sern, nassen Gräben und Teichen.
Die Ernte der Blätter sollte vor der
Blüte erfolgen.
Herbpikanter, rettich- bis senfartiger,
bitterer Geschmack.

Küchentechnische Hinweise

Brunnenkresse sollte sehr gut gewaschen werden und nur aus sauberen
Gewässern stammen.

Bei längerer Aufbewahrung in kaltes Wasser legen, ohne dass die Blätter untertauchen.

Sparsam verwenden, damit der Geschmack der Speisen nicht übertönt wird.

Für Salate, Brotaufstriche, Suppen, Kartoffelgerichte.

Wirkung

Hoher Vitamin- und Mineralstoffgehalt.

Blutreinigend und fiebersenkend.

Dill

Auch Dillkraut oder Gurkenkraut genannt.

1–1,2 m hoher Spross mit zarten, gefiederten Blättern.

Als Gewürz werden die Blätter und die Samen verwendet.

Die Samen werden frisch oder getrocknet angeboten, sind strenger im Geschmack und erinnern an Kümmel.

Küchentechnische Hinweise

Für das Einlegen von Gurken und Gemüse.

Zum Marinieren von Fischen und Gemüse.

Für saure Topfenaufstriche, Suppen, Gemüse- und Kartoffelsuppen, pikante Fleisch- und Fischgerichte.

Für Gurken-, Fisch- und Dillsauce.

Zum Würzen von Krustentieren.

Wirkung

Magenstärkend und blähungstreibend.

Estragon

Ursprungsland ist Südrussland.

Wird heute in vielen Ländern Europas angebaut.

Man unterscheidet den echten französischen Estragon (feines Aroma und erfrischend würziger Geschmack, Bestandteil der Kräutermischung Fines herbes) und den russischen Estragon (etwas herberer, bitterer, leicht öliger Geschmack).

Küchentechnische Hinweise

Starker Eigengeschmack.

Gut mit Petersilie und Dill zu kombinieren.

Sein volles Aroma entfaltet er beim Kochen.

In getrocknetem Zustand verliert Estragon einen Teil des Aromas.

Für Zwiebel- und Fischsuppen, Butter-, Kräuter- und Senfsaucen, Tomaten- und Kartoffelsalat, Kalbfleisch, Huhn, Grillspeisen, zum Beizen, als Kräuteressig, für Mayonnaisen.

Wirkung

Verdauungsfördernd und harntreibend.

Russischer Estragon ist appetitanregend.

Fenchel

Gemüsefenchel und Gewürzfenchel.

Stammt aus den Mittelmeerländern.

Wächst heute fast in allen gemäßigten Klimazonen.

Würzig-süßer Geschmack.

Küchentechnische Hinweise

Vom Gemüsefenchel wird der knollenartig verdickte Stängel verwendet.

Vom Gewürzfenchel werden Blätter und Samen verwendet.

Für Suppen, Fische und Meeresfrüchte, Salate, Saucen, Brot und Gebäck.

Wirkung

Fenchel wirkt anregend und verdauungsfördernd.

Gartenkresse

Stammt aus Persien.

Ganzjährig erhältlich.

Hat einen kräftigen, würzigen, etwas rettichähnlichen Geschmack.

Hoher Vitamin- und Mineralstoffgehalt.

Küchentechnische Hinweise

Gut geeignet für Salate und Rohkost.

Für Brotaufstriche, zum Verfeinern von Suppen.

Harmoniert gut mit Äpfeln, Orangen, Mandarinen und Zitronen.

Kardamom

Stammt aus Indien und wird heute in Asien und Afrika angebaut.

Bis zu 3 m hoch.

Palmartige Blätter.

Als Gewürz dienen die getrockneten und ausgereiften ölhaltigen Fruchtkapseln, die eine rötlichbraune Farbe aufweisen.

Küchentechnische Hinweise

Für Pasteten, Faschiertes und Geflügel, Kuchen und Brot.

Harmoniert gut zu Erbsenpüree und Erbsensuppe.

Wirkung

Herz- und magenstärkend.

Kerbel

Bis zu 60 cm hoch.

Eng mit Petersilie und Karotte verwandt.

Von diesem typischen Frühjahrskraut werden vor allem die frischen Blätter verwendet.

Kerbel hat einen feinen, leicht anisartigen Geschmack.

Die Blätter sind ähnlich der Petersilie, jedoch von einem zarteren Grün und etwas zarter und kleiner.

Küchentechnische Hinweise

Zu Fisch, Kartoffeln, Salaten und für Aufstriche, Kräuterbutter, Topfen.

Harmoniert auch gut zu Lammfleisch, Eierspeisen.

Bestandteil der französischen Kräutermischung Fines herbes.

Nur frisch verwenden; getrocknet ist er nicht zu gebrauchen.

Erst am Ende des Garprozesses beigeben.

Wirkung

Blutreinigend und Wasser treibend.

Knoblauch

Ursprungsland Zentralasien.

Gehört zu den ältesten Kulturpflanzen und ist heute weltweit verbreitet.

Dieses mit der Küchenzwiebel verwandte Gewürz erhält den typischen scharfen Geschmack und Geruch durch schwefelhaltige Verbindungen.

Küchentechnische Hinweise

Vielseitig verwendbar.
Passt hervorragend zu Lamm- und Schweinefleisch (Eintöpfen und Braten), zum Abrunden von Gemüsegerichten, zB Spinat und südländischem Gemüse, für Saucen und Dressings.
Knoblauch kann gepresst, zerdrückt oder im Ganzen eingesetzt werden.

Wirkung

Die Wirkung von Knoblauch reicht von antibakteriell bis blutdrucksenkend.
Stärkt die Herzkranzgefäße und hat eine günstige Wirkung auf die Blutfette.

Koriander

Pfeffergroße, kugelige Spaltfrüchte.
Im Mittelmeergebiet heimisch.
Wird in getrockneter Form ganz oder gemahlen verwendet.
Süßlicher, würziger, leicht brennender Geschmack.

Küchentechnische Hinweise

Brot- und Lebkuchengewürz.
Für Wildsaucen, Linsen- und Gemüsesuppen, Fischmarinaden, Rohkost, Rot- und Weißkraut, Enten- und Gänsebraten, Schweinsragout.

Wirkung

Appetitanregend und verdauungsfördernd.

Kümmel

Ähnlich dem Fenchel, jedoch dunkler.
Die getrockneten graubraunen, sichelförmigen Spaltfrüchte werden ganz oder gemahlen in der Küche verwendet.

Küchentechnische Hinweise

Für Brot und Gebäck, Suppen, Schweinebraten, Gemüsegerichte, Topfenaufstriche und Käse.

Wirkung

Macht blähende Gerichte bekömmlicher.
Heilmittel bei Magenverstimmung.

Liebstöckel

Auch Maggikraut genannt.
Wird bis 2,5 m hoch und wird in Europa kultiviert.
Alle Pflanzenteile (Stängel, Blätter, Samen, Wurzel) enthalten Aromastoffe und können in der Küche verwendet werden.

Küchentechnische Hinweise

Die getrockneten Samen würzen Brot und Backwaren.
Ist sehr intensiv, daher sparsam einsetzen.
Für Rind- und Gemüsesuppen, Rohkost, Kräuterbutter, Mayonnaisesaucen.

Wirkung

Als Tee bei Magen- und Verdauungsstörungen.

Lorbeer

Der Lorbeerbaum ist im Mittelmeergebiet beheimatet.
Die glänzenden Blätter sind olivgrün bis bräunlich, lanzettenförmig, lederartig.
Sie enthalten ätherische Öle und Gerb- und Bitterstoffe.
Die Blätter werden in frischem, meist aber in getrocknetem Zustand verwendet.

Küchentechnische Hinweise

Würziger, herber, leicht bitterer Geschmack, deshalb nur schwach dosiert einsetzen.
Erst bei längeren Garzeiten kommt es zur Geschmacksabgabe.
Die Blätter werden vor dem Servieren entfernt.
Getrocknete Lorbeerblätter sind ein Bestandteil des Bouquet garni.
Gut geeignet für alle sauren Gerichte aus Fleisch und Wild, für Kartoffel- und Fischsuppen und Kraut- und Eintopfgerichte.

Frische Lorbeerblätter für Marinaden und zum Beizen von Fleisch und Fischen.

Wirkung

Appetitanregend.
Ein Aufguss der Lorbeerblätter lindert Magen- und Nierenerkrankungen und fördert die Verdauung.

Majoran

Bis zu 50 cm hoch.
Stammt aus dem östlichen Mittelmeergebiet.
Zahlreiche Wildformen.
Frisch oder getrocknet.
Sehr aromatisch, würzig und etwas bitter.

Küchentechnische Hinweise

Für fettere, deftigere Speisen.
Für Gulasch, Blut- und Leberwurst, Erbsen- und Gulaschsuppe, Faschiertes, Käsegerichte, Hülsenfrüchte.

Wirkung

Verdauungsfördernd und appetitanregend.

Minze

Seit Jahrtausenden bekannt.
Etwa zwanzig verschiedene Minzearten (Wasser-, Berg-, Limonenminze etc.)
Die bekanntesten und am häufigsten verwendeten Minzearten sind Pfefferminze und grüne Minze.
Stark aromatischer, brennender Geschmack.

Küchentechnische Hinweise

Entfaltet in Kombination mit Zucker das volle Aroma.
Das enthaltene Menthol kommt besonders bei kalten Erfrischungsgetränken voll zur Entfaltung.
Das zarte Aroma unterstreicht Süßspeisen, Konfitüren und Sorbets.
Gut geeignet zum Würzen von Lamm- und Ziegenfleisch.
Pfefferminztee.

Wirkung

Die meisten Minzearten enthalten ätherische Öle, deren Hauptbestandteil Menthol ist.

Menthol hinterlässt einen erfrischenden Geschmack im Mund.

Muskat

Geschälter, nussgroßer, brauner Samenkern der Frucht des Muskatbaumes.

Vorwiegend in Indonesien und Westindien.

Als ganze Nuss oder gemahlen.

Küchentechnische Hinweise

Für Rindsuppen, Tomaten- und Zwiebelsuppen.

Für die Zubereitung von Gemüse wie Karfiol und Spinat, für Einmachfleisch und Ragouts.

Zum Würzen von Lebkuchen, Farcen und Ragout fin.

Wirkung

Muskatöl wird als Mittel gegen Blähungen verwendet.

Nelken

Gewürznelken sind getrocknete, dunkelbraune Knospen des Nelkenbaumes, der in den Tropen vorkommt.

Gemahlen und ungemahlen.

Würzigbrennender Geschmack.

Gute Qualität erkennt man daran, dass die Nelken weich und biegsam sind.

Beim Eindrücken mit dem Fingernagel soll Öl austreten.

Küchentechnische Hinweise

Für Mehlspeisen, Kompotte, Mus, Glühwein, zum Spicken von Zwiebeln für Reis, für Frucht- und Fischsuppen, Wildbraten und Hasenpfeffer.

Wirkung

Antibakteriell und verdauungsfördernd.

Oregano

Die bis zu 1 m hohe Staude ist weltweit verbreitet.

Bildet vierkantige, rötlich bräunliche Stängel, an denen breite, eiförmige Blätter sitzen.

Das Kraut wird frisch oder getrocknet, gerebelt oder gemahlen verwendet.

Würzigpikanter, herbbitterer Geschmack.

Es gibt verschiedene Arten, wie den griechischen, den mexikanischen oder den wilden Oregano.

Küchentechnische Hinweise

Getrockneter Oregano behält gut sein Aroma, wenn er sachgerecht aufbewahrt wird.

Passt sehr gut zu gegrilltem und gebratenem Fleisch, zu Tomatengerichten, Pizza und anderen italienischen Gerichten.

Wirkung

Entzündungshemmend, krampfstillend und schleimlösend.

Paprika

Durch Vermahlen wird getrockneter, roter Gewürzpaprika gewonnen.

Für die Schärfe ist das Alkaloid Capsaicin verantwortlich, das sich in den Samen und den Scheidewänden der Paprikafrucht befindet.

Je nachdem, welche Würzwirkung das Pulver haben soll, wird vor dem Vermahlen mehr oder weniger Capsaicin entfernt.

Die Schärfe des Paprikas hängt von der Sorte ab.

Küchentechnische Hinweise

Geschmacks- und farbgebende Eigenschaften.

Für Gulasch- und Bohnensuppen, Paprikasauce, Gulasch, Schaschlik, Aufstriche, Fleischgerichte und Käsegebäck.

Wirkung

Verdauungsfördernd und kreislaufentlastend.

Petersilie

Aus dem östlichen Mittelmeerraum.

Heute weltweit verbreitet.

Glatte, zwei- bis dreifach gefiederte und gezahnte Blätter.

Hoher Vitamin-C-Gehalt.

Küchentechnische Hinweise

Universelles Würzmittel.

Wird nur im frischen Zustand, fein gehackt oder gewiegt, verwendet.

Für Suppen, Saucen, Fleisch-, Fisch- und Kartoffelgerichte.

Damit der frische Geschmack erhalten bleibt, nicht mitkochen.

Wirkung

Petersilie wirkt harntreibend.

Pfeffer

Beeren des tropischen Pfefferstrauches.

Man unterscheidet zwischen schwarzem, weißem und grünem Pfeffer.

Schwarzer Pfeffer ist nicht so scharf wie weißer Pfeffer.

Grüner Pfeffer wird in Kräuteressig oder Salzlake eingelegt.

Küchentechnische Hinweise

Für fast alle Gerichte zum Würzen geeignet.

Für Rind- und Gemüsesuppen, Saucen, Salate und Gemüse, Steaks und Fleischgerichte, Marinaden und Gewürzmischungen.

Wirkung

Kreislaufanregend.

Rosmarin

Aus dem Mittelmeerraum.

Heute in ganz Europa weit verbreitet.

Wird bis zu 2 m hoch und bringt Triebe hervor, die mit der Zeit verholzen, an denen Blätter mit einem tannennadelähnlichen Aussehen wachsen.

Kann getrocknet oder frisch verwendet werden.

Herbbitterer, weihrauch- und kampferähnlicher Geschmack.

Küchentechnische Hinweise

Passt gut zu allen hellen Fleischsorten und mediterranem Gemüse, wie Tomaten und Auberginen.
In Verbindung mit Wein und Knoblauch verleiht er Speisen ein besonderes Aroma.
Auch für die Herstellung von Kräuteressig und Gewürzölen.

Wirkung

Nervenberuhigend und kreislaufanregend.
Wird auch als Badezusatz empfohlen.

Safran

Getrocknete rotbraune Blütennarben der Safranpflanze.
Stark gelb färbende Wirkung, intensiver Geschmack.

Küchentechnische Hinweise

Für Fischsuppen, Bouillabaisse, Saucen, Risotto, Geflügel-, Reis-, Fisch- und Krustentiergerichte, Puddings, Kuchen und Kompotte.
Sehr teures Gewürz, daher sehr sparsam verwenden.

Salbei

Aus den Mittelmeerländern.
Verschiedene Arten, die frisch oder getrocknet, ganz, geschnitten oder gemahlen verwendet werden.
Kräftiger, leicht bitterer, würziger Geschmack.

Küchentechnische Hinweise

Typisches Gewürz der Küche im Mittelmeerraum.
Passt besonders zu Fleisch, Nudelgerichten, Wild- und Fischsuppen, Minestrone, Bohnen-, Tomaten- und Fischsalaten.

Wirkung

Antibakteriell.
Hilft bei Magen- und Darmentzündungen.
Hemmt die Schweißbildung.
Zum Gurgeln bei Halsschmerzen.

Schnittlauch

Weltweit verbreitetet.
Die röhrenförmigen, hohlen Blätter haben einen lauch- und zwiebelartigen Geschmack.
Hoher Vitamin-C-Gehalt.

Küchentechnische Hinweise

Universell in der Küche einsetzbar.
Für Suppen, Saucen, Salate, Aufstriche und Eierspeisen.

Thymian

Typisches Gewürz des Südens.
Verwendung von Blättern, Blüten und Kraut.
Frisch oder getrocknet.
Es gibt verschiedene Arten wie Kümmel-, Orangen-, Garten- und Feldthymian.

Küchentechnische Hinweise

Sehr gut in Verbindung mit Knoblauch, Oliven, Tomaten, Paprika und Zucchini.
Für Wildgerichte, würzige Fleischspeisen, Gemüse- und Kartoffelsuppen.
Der kräftige Geschmack entwickelt sich sehr gut bei hohen Temperaturen, deshalb während des Garprozesses beigeben.
Getrocknet ist die Wirkkraft dreimal so hoch.

Wirkung

Thymian wird in der Heilkunde zur Herstellung von Hustensaft und Gurgelmitteln verwendet.
Krampfstillend und schleimlösend.

Vanille

Kapselfrucht aus Mexiko.
Schlauchförmige, dunkelbraune Kapseln, in denen das Vanillemark enthalten ist.

Küchentechnische Hinweise

Die Vanilleschote wird längs aufgeschnitten und das Mark herausgeschabt.
Verwendung für Süßspeisen.

Wacholder

Schwarze Beeren eines immergrünen Strauches.
Würzig-süßer, leicht bitterer Geschmack.

Küchentechnische Hinweise

Für Fleisch- oder Wildmarinaden, Sauerkraut, Suppen und Saucen.

Wirkung

Gegen Blähungen.
Entzündungshemmend, verdauungsfördernd.

Zimt

Stammt aus Ceylon.
Leicht süßlicher Geschmack.

Küchentechnische Hinweise

Im Ganzen oder gemahlen.
Für Kuchen, Torten, Gebäck, Kompotte, Fleisch- und Wildspeisen.

Wirkung

Verdauungsfördernd und appetitanregend.

Zitronengras

Auch Lemongras genannt.
Gedeiht in allen tropischen Gebieten.
Schmale, grünliche, raue Blätter.
Verwendet werden nur die unteren Abschnitte.
Frisch oder getrocknet.
Kräftiger, zitronenartiger Geschmack.

Küchentechnische Hinweise

Für alle Gerichte, bei denen Zitronenaroma erwünscht ist.
Für Fischsuppen, Krabben- und Fleischgerichte, Salate, Gemüse, Getränke und Desserts.
Getrocknet vermahlen ist es als „Sereh-Pulver" im Handel.

Ohne Wasser kein Leben

Wasser hat im Organismus lebensnotwendige Funktionen zu erfüllen. Ohne Wasser könnten wir nur wenige Tage überleben. Es dient dem Körper ua als Lösungs- und Transportmittel und ist für sämtliche Lebensvorgänge im Körper unentbehrlich. Unser Körper besteht zu 60–70 % aus Wasser.

Aufgaben und Funktionen

Wasser dient als
- Baustoff,
- Lösungsmittel,
- Transportmittel,
- Wärmeregulator.

Etwa 70 % des Wassers befinden sich innerhalb der Zellen, 30 % außerhalb der Zellen als Blutflüssigkeit, Gewebsflüssigkeit und als Lymphe in den Lymphgefäßen. Die mit der Nahrung aufgenommenen Nährstoffe werden in Wasser gelöst und in die Zellen transportiert. Ebenso gelangen die Stoffwechselendprodukte zu den Ausscheidungsorganen. Ballaststoffe entfalten ihre Wirkung erst mit Wasser, das sie zum Aufquellen benötigen.

Bei sehr hohen Temperaturen oder bei starker körperlicher Anstrengung wird Wasser durch die Schweißdrüsen abgegeben. Dadurch wird Wärme verbraucht, die Haut kühlt ab und die Körpertemperatur wird reguliert.

Wasserbedarf

Unser Wasserbedarf wird in erster Linie durch die Wasserausscheidung bestimmt.

So werden täglich 350–400 ml Wasser über die Lunge durch die Atmung, ca. 500 ml über die Haut durch Schwitzen, ca. 700–1.000 ml über die Niere durch den Urin und ca. 150 ml über den Darm durch den Stuhl abgegeben. Insgesamt verliert ein gesunder Erwachsener zwei bis drei Liter Flüssigkeit pro Tag. Durch starkes Schwitzen, Fieber und Durchfälle geht weitere Flüssigkeit verloren – der Bedarf ist erhöht. Auch Säuglinge haben einen höheren Wasserbedarf als Erwachsene. Salzreiche und eiweißreiche Nahrung erfordert eine größere Flüssigkeitszufuhr.

Täglich sollten mindestens zwei bis zweieinhalb Liter Flüssigkeit aufgenommen werden!

Etwa die Hälfte unseres Flüssigkeitsbedarfes wird über feste Nahrung aufgenommen zB durch Gemüse, Obst, Kartoffeln, die zu mehr als 50 % aus Wasser bestehen. Die andere Hälfte nehmen wir in Form von Getränken zu uns.

Obwohl in unserem Körper große Wassermengen vorhanden sind, ist unser Körper bestrebt, Wasserverluste so schnell wie möglich zu ersetzen. Dies macht sich durch das Durstgefühl bemerkbar. Besonders Kinder haben häufig Durst und müssen wegen ihres höheren Wasserumsatzes mehr trinken als Erwachsene.

Erwachsene und ältere Menschen trinken oft zu wenig, da das Durstgefühl nachlässt. Zu wenig Flüssigkeit schadet besonders den Nieren, die Stoffwechselendprodukte ausscheiden müssen.

Der richtige Drink

Die besten Durstlöscher sind **Trink- und Mineralwasser** sowie ungezuckerte Kräuter- und Früchtetees. Ungezuckerte Fruchtsäfte, die mit Wasser verdünnt werden, eignen sich ebenso.

Herkömmliche **Limonaden** und Getränke weisen einen hohen Zuckergehalt auf und sind daher eher ungünstige Flüssigkeitsspender. Wenn man auf Cola- oder andere Limonaden nicht verzichten möchte, ist es vorteilhafter, die am Markt angebotenen „Light"-Varianten zu konsumieren.

Kaffee, schwarzer Tee und Kakao sind Genussmittel, die nur in mäßigen Mengen getrunken werden sollten.

Koffein bewirkt im menschlichen Körper eine allgemeine Anregung des Zentralnervensystems, eine Steigerung der Herztätigkeit und des Blutdruckes sowie eine kurzfristige Belebung der geistigen und körperlichen Leistungsfähigkeit.

Alkohol ist als Durstlöscher nicht geeignet. Egal ob Wein, Bier, Spirituosen oder alkoholische Cocktails, all diese Getränke haben reichlich Kalorien und schädigen bei regelmäßigem Konsum vor allem die Leber, die Bauchspeicheldrüse und auch das Gehirn. Alkohol kann süchtig machen. Bei Alkoholikern kommt es zu einem Vitamin- und Mineralstoffmangel.

Bioaktive Substanzen in Lebensmitteln

Neben den allbekannten Nährstoffen (Eiweiß, Fetten, Kohlenhydraten, Vitaminen und Mineralstoffen) rücken die so genannten bioaktiven Substanzen immer mehr ins Interesse der Ernährungsmedizin und Wissenschaft.

Als bioaktive Substanzen werden in Lebensmitteln enthaltene **gesundheitsfördernde Wirkstoffe ohne Nährstoffcharakter** bezeichnet.

Bioaktive Substanzen in Lebensmitteln		
Sekundäre Pflanzenstoffe	Ballaststoffe	Substanzen in fermentierten Lebensmitteln

Durch die zunehmende Bedeutung der Ernährung in der Prävention von verschiedensten Erkrankungen bekommen auch diese Substanzen wieder mehr Aufmerksamkeit. Das Wissen darum ist nicht absolut neu, es ist nur in den letzten Jahrzehnten – in der Hochblüte der Hightechmedizin und Pharmazie – etwas in Vergessenheit geraten. Neu ist, dass man viele gesundheitsfördernde Wirkungen in den Pflanzen heute durch Studien belegen kann.

Die Forderung der Medizin und Ernährungswissenschaft, mehr pflanzliche Lebensmittel, wie Obst, Gemüse und Vollkornprodukte, zu essen, beruht auf dem gesundheitsfördernden Potenzial dieser Lebensmittel. Viele ernährungsbedingte Erkrankungen – von Stoffwechselerkrankungen bis hin zu Krebs – könnten verhindert werden.

Bioaktive Substanzen	Hinweis für folgende Wirkungen									
	A	B	C	D	E	F	G	H	I	J
Sekundäre Pflanzenstoffe										
Karotinoide	•		•		•			•		
Phytosterine	•							•		
Saponine	•	•			•			•		
Glukosinolate	•	•						•		
Polyphenole	•	•	•	•	•	•	•		•	
Proteaseninhibitoren	•									
Monoterpene	•		•							
Phytoöstrogene	•		•							
Phytinsäure	•		•		•				•	
Ballaststoffe	•				•			•		•
Substanzen in fermentierten Lebensmitteln	•	•			•			•		

A = antikanzerogen
B = antimikrobiell
C = antioxidativ
D = antithrombotisch
E = immunmodulierend
F = entzündungshemmend
G = Blutdruck beeinflussend
H = Cholesterin senkend
I = Blutzucker beeinflussend
J = verdauungsfördernd

(Quelle: Bioaktive Substanzen in Lebensmitteln, Watzl / Leitzmann, Hippokrates Verlag 1999)

Sekundäre Pflanzenstoffe

Schon vor 100 Jahren wurde der Begriff sekundäre Pflanzenstoffe erstmals von dem Pflanzenphysiologen und Nobelpreisträger Albrecht Kossel verwendet. Es gibt nach wie vor weder eine einheitliche Definition noch eindeutig definierte Kriterien für die Unterscheidung zwischen primären und sekundären Pflanzenstoffen. Die Begriffe haben sich jedoch etabliert.

Primäre Pflanzenstoffe	Sekundäre Pflanzenstoffe
Stoffgruppen • *Kohlenhydrate (einschließlich Ballaststoffe)* • *Proteine* • *Fette*	*Stoffgruppen* • *Zahlreiche chemische, sehr unterschiedliche Verbindungen*
Merkmale • *Sind Hauptbestandteile aller Pflanzen* • *Sind am Energiestoffwechsel beteiligt* • *Üben Nährstoffwirkungen aus*	*Merkmale* • *Kommen nur in geringen Mengen und nur in bestimmten Pflanzen vor* • *Üben pharmakologische Wirkungen aus*

(Quelle: Bioaktive Substanzen in Lebensmitteln, Watzl / Leitzmann, Hippokrates Verlag 1999)

Aufgrund der effizienteren Nachweis-methoden sowie zahlreicher Studien und Untersuchungen über die Wirkung dieser Substanzen in den letzten zehn Jahren gewinnen diese Pflanzenstoffe immer mehr an Bedeutung.

Sekundäre Pflanzenstoffe kommen, wie der Name schon sagt, nur in pflanz-lichen Lebensmitteln als Abwehrstof-fe gegen Schädlinge und Krankheiten, Geschmacks-, Duft- und natürliche Farbstoffe vor.
Man geht davon aus, dass es zwischen 60.000 und 100.000 ver-schiedene Pflanzenstoffe gibt, bisher sind nur etwa fünf Prozent der auf der Erde befindlichen Pflanzen dahin-gehend analysiert worden.

Die Aufnahme von sekundären Pflan-zenstoffen mit der Nahrung ist sehr gering. Im Rahmen einer durchschnitt-lichen gemischten Kost werden ca. 1,5 g von diesen gesundheitsfördern-den Substanzen aufgenommen.

Bis vor nicht allzu langer Zeit galten gewisse Pflanzenstoffe in der Ernäh-rung des Menschen als unerwünscht, da man in der Forschung mehr die gesundheitsschädliche bzw. toxische Wirkung beobachtete und untersuch-te. In den letzten 20 Jahren begannen jedoch hier ein Umdenken und eine Neubewertung. Mittlerweile wurden viele neue Substanzen aus Pflanzen analysiert, die eine gesundheitsför-dernde und -schützende Wirkung ha-ben. Ihre Wirkung entfalten sie vor allem bei der Vorbeugung von ernäh-rungsbedingten Erkrankungen, wie Krebs, Herz-Kreislauf-Erkrankungen und Infektionen.

Arten, Vorkommen und Wirkungen

Karotinoide

Karotinoide verleihen Pflanzen ihre gelbe, orange und rote Farbe. Das bekannteste Karotinoid ist das Beta-karotin, das in orangefarbenen Früch-ten (Kürbis, Tomate, Paprika, Marille) und grünem Gemüse (Brokkoli, Spi-nat, Erbsen, grünem Salat) enthalten ist und im Körper zu Vitamin A umge-baut wird.

Karotinoide haben vielfältige Wirkun-gen, sie schützen unsere Haut und das Gewebe vor schädlichen Sauer-stoffreaktionen, können unseren Kör-per vor Krebs schützen und beeinflus-sen unser Immunsystem positiv.

Phytosterine

Phytosterine kommen vor allem in fettreichen Pflanzenteilen, wie Son-nenblumenkernen, Sesam und Soja-bohnen, vor, in geringen Spuren auch in Gemüse und Obst.

Phytosterine haben eine ähnliche Struktur wie Cholesterin und können deshalb verhindern, dass Cholesterin vom Darm ins Blut aufgenommen wird. Sie senken das gefäßschädigen-de schlechte LDL-Cholesterin und schützen unseren Körper dadurch vor Herz-Kreislauf-Erkrankungen. Es gibt auch einige Hinweise auf eine Krebs hemmende Wirkung.

Polyphenole

Polyphenole kommen fast in allen Pflanzen, besonders in den Rand-schichten und Blättern, vor. Weiters findet man sie in Obst, Getreide und Tee. Bei den Polyphenolen unterschei-det man zwei Gruppen:
- Die so genannten Phenolsäuren, die als Aromastoffe in den Pflanzen vor kommen, und
- die so genannten Flavonoide (Farb-stoffe). Diese verleihen ua Kirschen, Rotkohl und auch Trauben ihre schöne blaue Farbe.

Sie haben vielfältige gesundheitsför-dernde Wirkungen: Sie schützen vor Infektionen und Entzündungen, sie wirken Krebs hemmend, gerinnungs-hemmend und beeinflussen unser Immunsystem positiv.

Glukosinolate

Diese Pflanzenstoffe sind für den art-typischen scharfen Geschmack von Senf, Kren, Kresse und Kohl verant-wortlich. Bereits in der Antike wurden Kohlpflanzen wegen ihrer pharma-kologischen Wirkung angebaut.

Glukosinolate schützen vor Krebs und haben eine antimikrobielle Wirkung.

Sulfide

Diese schwefelhaltigen Verbindungen geben Knoblauch, Lauch und Zwiebel ihr scharfes Aroma. Besonders Knob-lauch ist seit Jahrtausenden ein Bestandteil der Volksmedizin und gilt als natürliches Antibiotikum.

Sulfide bekämpfen auf natürliche Art und Weise Bakterien, Viren und Pilze und sind auch in der Vorbeugung von Krebserkrankungen und Herz-Kreis-lauf-Erkrankungen von Bedeutung. Diese wertvollen Pflanzenstoffe üben darüber hinaus auch eine anregende Wirkung auf den Speichelfluss, die Magensaftsekretion sowie die Darm-peristaltik aus.

Monoterpene

Diese pflanzlichen Aromastoffe verlei-hen beispielsweise Pfefferminze, Küm-mel und Zitrusöl ihren intensiven Duft und Geschmack. Ergebnisse weisen darauf hin, dass möglicherweise eine Krebs hemmende Wirkung vorliegt.

Phytoöstrogene

Phytoöstrogene, auch Pflanzenhormo-ne genannt, üben eine ähnliche Wirkung aus wie die menschlichen Östrogene, nur in einer abgeschwäch-ten Form. Sie kommen in Ölsaaten, Getreide und Hülsenfrüchten (zB Lein-samen, Weizenkleie, Soja) vor. Ihnen wird auch eine Krebs hemmende Wir-kung nachgesagt.

Saponine

Die Bezeichnung dieser Substanzen leitet sich von ihrer Eigenschaft ab, Schaum zu bilden. Speziell Hülsenfrüchte sind reich an Saponinen (Sapo = Seife) – beim Kochen kommt es zur Schaumbildung. Sie wirken antikanzerogen, antimikrobiell, Cholesterin senkend und entzündungshemmend.

Proteaseinhibitoren

Unter Proteasen versteht man Eiweiß spaltende Enzyme. Proteaseinhibitoren hemmen die Wirkung dieser Enzyme. Sie kommen im Getreide und in Hülsenfrüchten vor und haben eine Krebs hemmende, antioxidative sowie entzündungshemmende Wirkung.

Substanzen in fermentierten Lebensmitteln

Unter **Fermentation** – auch milchsaure Vergärung genannt – versteht man einen Prozess, bei dem Lebensmittel durch die Aktivität von bestimmten Mikroorganismen ua in ihrer Nährstoffzusammensetzung verändert werden. Als Endprodukt des Kohlenhydratabbaus wird **Milchsäure** gebildet. Dieses Verfahren ist eine der ältesten Konservierungsmethoden. Bei der Fermentation werden Geruch, Geschmack und ernährungsphysiologischer Wert des ursprünglichen Lebensmittels verändert. In der heutigen Zeit werden fast ausschließlich Milchprodukte in fermentierter Form verzehrt; bedeutend ist auch das Sauerkraut.

Die Forschung richtet ihr Augenmerk besonders auf die so genannten **probiotischen Stämme**, die durch die Unterstützung der Darmbakterien eine gesundheitsfördernde Wirkung auf die Darmflora ausüben.

Joghurt wird schon seit Jahrhunderten als gesundheitsförderndes Lebensmittel in unserer Ernährung eingesetzt. Bis dato sind zahlreiche wissenschaftliche Untersuchungen über die gesundheitsfördernde Wirkung von Milchsäurebakterien und fermentierten Milchprodukten durchgeführt worden, jedoch fehlen noch immer kontrollierte Studien am Menschen sowie Untersuchungen, die therapeutische Empfehlungen ableiten lassen.

Die Vielzahl an gesundheitsfördernden Potenzialen fermentierter Milchprodukte und ihrer daraus resultierenden Milchsäurebakterien werden diskutiert.

Untersuchungen weisen darauf hin, dass es zu einer Verbesserung der Laktoseintoleranz (Milchzuckerunverträglichkeit) kommen kann, weiters wird den Milchsäurebakterien auch eine antimikrobielle Wirkung nachgesagt bis hin zu therapeutischen Wirkungen bei Entzündungen und Infektionen des Magen-Darm-Traktes sowie bei vaginalen und urogenitalen Infektionen.

Milchsäurebakterien sollen auch eine antikanzerogene Wirkung aufweisen. Weitere Studien haben gezeigt, dass durch die Aufnahme lebender Milchsäurebakterien das Immunsystem gestärkt werden kann.

Die ausgewogene Ernährung

Vollwertig essen und trinken

Eine ausgewogene, vollwertige Ernährung enthält alle notwendigen Nährstoffe, die der Körper benötigt, um geistig und körperlich gesund zu bleiben. Das heißt, dass die Energiezufuhr dem Energiebedarf angepasst werden sollte. Weder zu viel noch zu wenig ist richtig. Weiters sollten die Nährstoffe im richtigen Verhältnis zugeführt werden:

10–15 % Eiweiß
30 % Fett
55–60 % Kohlenhydrate
30 g Ballaststoffe

Beispiel:
Tagesenergiebedarf 2.200 kcal:
15 % der Tagesenergie
= 330 kcal : 4
= 82,5 g Eiweiß

30 % der Tagesenergie
= 660 kcal : 9
= 73 g Fett

55 % der Tagesenergie
= 1.210 kcal : 4
= 302,5 g Kohlenhydrate

Eine ausgewogene, gesunde Ernährung hat keine Verbote. Im richtigen Maß kann man alles essen und trinken, was einem schmeckt. Es bedeutet weder, sich beispielsweise vegetarisch zu ernähren, noch ist der Verzehr industriell verarbeiteter Lebensmittel verboten und es werden auch keine Produkte aus alternativem Anbau vorgeschrieben.

Wichtig ist die **ausgewogene Zusammenstellung** der einzelnen Lebensmittel sowohl in quantitativer als auch qualitativer Hinsicht.

10 Regeln für eine vollwertige Ernährung

Nach Empfehlungen der Deutschen Gesellschaft für Ernährung (DGE).

1. Vielseitig – aber nicht zu viel

Abwechslungsreiches Essen schmeckt und ist vollwertig. Je vielfältiger und sorgfältiger Sie Ihren Speiseplan zusammenstellen, desto leichter lässt sich eine mangelhafte Versorgung mit lebensnotwendigen Nährstoffen oder eine Belastung durch unerwünschte Stoffe in der Nahrung vermeiden. Achten Sie auch auf den Energiegehalt, damit kein Über- bzw. Untergewicht entsteht.

2. Weniger Fett und fettreiche Lebensmittel

Zu viel Fett macht fett. Viele ernährungsbedingte Erkrankungen sind die Folge einer zu fettreichen Ernährung. Achten Sie daher besonders auf die versteckten Fette, die sich in Fleisch, Wurst, Käse, Nüssen und Süßigkeiten verbergen, und bevorzugen Sie fettarme Zubereitungsarten.

3. Würzig, aber nicht salzig

Kräuter und Gewürze unterstreichen den Eigengeschmack der Speisen. Zu viel Salz kann zu Bluthochdruck führen. Geben Sie deshalb frischen Kräutern und Gewürzen den Vorzug.

4. Selten Süßes

Genießen Sie Süßes in kleinen Mengen und selten. Zu viel Zucker wandelt der Körper in Fett um. Außerdem können Zucker und Süßigkeiten Karies verursachen.

5. Mehr Vollkornprodukte

Diese Produkte enthalten günstige Kohlenhydrate und liefern dem Körper wichtige Vitamine, Mineralstoffe und Spurenelemente. Die für die Verdauung wichtigen Ballaststoffe werden durch diese Produkte dem Körper zugeführt. Bevorzugen Sie deshalb Vollkornbrot, Naturreis, Getreidegerichte, Vollkornnudeln oder Müsli.

6. Reichlich Obst, Gemüse und Kartoffeln

Frischkost in Form von Obst, Rohkost und Salaten, aber auch Gemüse und Kartoffeln sollten täglich Ihren Speiseplan bereichern. Diese Produkte sind reich an Vitaminen, Mineralstoffen, Spurenelementen und Ballaststoffen.

7. Weniger tierisches Eiweiß

Das pflanzliche Eiweiß aus Kartoffeln, Hülsenfrüchten und Getreide ist günstig für eine vollwertige Ernährung. Milch, fettarme Milchprodukte und Fisch sind wertvolle Eiweißlieferanten. Schränken Sie den Verzehr von Fleisch und Wurst zugunsten von Fisch und fleischlosen Speisen ein.

8. Trinken mit Verstand

Der Körper benötigt mindestens zwei bis zweieinhalb Liter Flüssigkeit pro Tag. Als Durstlöscher geeignet sind Wasser, Mineralwasser, ungesüßte Tees, verdünnte Obst- und Gemüsesäfte. Alkohol hingegen ist kein Durstlöscher. Größere Mengen an Alkohol schaden der Gesundheit.

9. Öfters kleine Mahlzeiten

Die üblichen drei Hauptmahlzeiten sollen auf fünf kleinere Mahlzeiten aufgeteilt werden. Große Mahlzeiten belasten die Verdauungsorgane und machen müde.

10. Schmackhaft und nährstoffschonend zubereiten

Besonders Vitamine und Mineralstoffe sind sehr empfindlich und können durch unsachgemäße Vor- und Zubereitung der Speisen zerstört werden. Deshalb sollte besonders auf Temperatur und Garzeit geachtet werden.

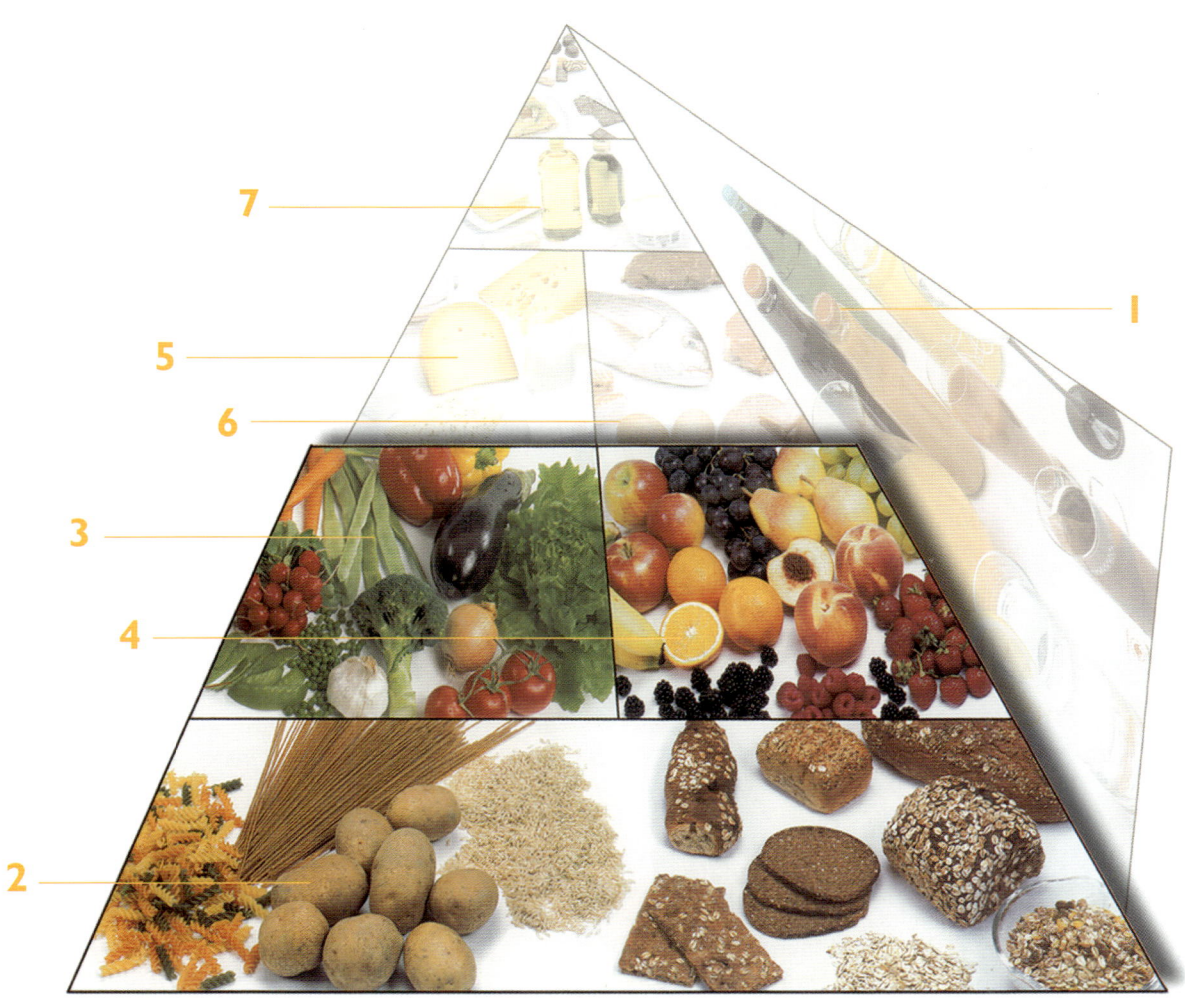

1 Getränke
2 Getreide, Getreideprodukte, Kartoffeln
3 Gemüse, Hülsenfrüchte
4 Obst
5 Milch und Milchprodukte
6 Fisch, Fleisch, Eier
7 Fette, Öle

Ernährung in bestimmten Lebensabschnitten

Ernährung während der Schwangerschaft und Stillzeit

Für die Zeit der Schwangerschaft und Stillzeit ist ganz besonders auf eine ausgewogene, gesunde Ernährung zu achten. In dieser Zeit gilt es nicht, für zwei zu essen, sondern durch eine ausgewogene abwechslungsreiche Kost die Gesundheit von Mutter und Kind positiv zu beeinflussen.

Energie- und Nährstoffbedarf

Der Energiebedarf einer werdenden Mutter wird oftmals überschätzt. Ein Mehrbedarf an Energie ist erst ab dem vierten Schwangerschaftsmonat notwendig. Hier sollten laut Empfehlungen der D/A/CH-Referenzwerte täglich 255 kcal zum normalen Energiebedarf zugeführt werden.

Beispiel

Der Energiebedarf einer 25-jährigen Frau beträgt 1.900 kcal täglich. Ab dem vierten Schwangerschaftsmonat beträgt der tägliche Energiebedarf dann 2.155 kcal täglich. Diese Werte beziehen sich auf eine Person mit leichter Tätigkeit.

In der Stillzeit ist der Energiebedarf täglich bis zu 635 kcal erhöht. Mit der Muttermilch werden an das Kind die notwendigen Nährstoffe abgegeben, die das Kind für Wachstum und ein gesundes Gedeihen benötigt. Daher ist es wichtig, dass die stillende Mutter in Form einer ausgewogenen vielseitigen Ernährung die notwendige Ener-

gie und die Nährstoffe zuführt.
Die werdende bzw. stillende Mutter hat einen Mehrbedarf an gewissen Nährstoffen, insbesondere Vitaminen (A, D, E, B1, B2, B6, Folsäure und Vitamin C) und Mineralstoffen (Kalzium, Magnesium, Eisen und Jod).

Die Verteilung der Hauptnährstoffe unterscheidet sich kaum von jener der herkömmlichen Ernährung: 15 % Eiweiß, 30 % Fett, 55 % Kohlenhydrate.

Eiweißhaltige Nahrungsmittel

Günstig sind mageres Fleisch, Geflügel und Fisch. Fettarme Milch und Milchprodukte sollten täglich auf dem Speiseplan stehen.

Kohlenhydratreiche Lebensmittel

Vollkornprodukte, wie Vollkornbrot und -gebäck, Naturreis, Vollkornteigwaren bevorzugen. Nach dem Motto „Five a Day" sind Gemüse, Salate und Obst bei Schwangeren und Stillenden eine Hauptkomponente in der Ernährung. Mit Zucker und zuckerreichen Lebensmitteln sehr sparsam umgehen!

Fette und Öle

Bei der Auswahl von Fetten und Ölen sollten hochwertige pflanzliche Fette und Öle mit einem hohen Anteil an ungesättigten Fettsäuren bevorzugt werden.

Getränke

Besonderes Augenmerk sollte auch auf die Zufuhr von Flüssigkeit gelegt werden. Täglich mindestens 1 1/2 bis 2 l kalorien- und zuckerfreie Getränke (Wasser, kohlensäurearmes Mineralwasser, ungezuckerten Kräutertee, verdünnte Obst- und Gemüsesäfte)

konsumieren. Gerade während der Stillzeit benötigt der Körper viel Flüssigkeit für die Milchbildung.

Worauf sollte man besonders achten?

- Kein rohes oder nicht ganz durchgegartes Fleisch.
- Rohmilch und daraus hergestellte Weichkäse vermeiden.
- Keinen Alkohol.
- Koffeinhaltige Getränke, wie Kaffee, schwarzen Tee, grünen Tee und Colagetränke, in größeren Mengen meiden.
- Auf das Rauchen verzichten.

Worauf sollte man insbesondere während der Stillzeit noch zusätzlich achten?

Der Verzehr von gewissen Speisen kann bei empfindlichen Säuglingen Unverträglichkeiten und Verdauungsbeschwerden bis hin zu Durchfällen und Ausschlägen verursachen. Deshalb sollte man besonders achten auf:

- Blähende Speisen, wie frisch gebackenes Brot und Germspeisen, Hülsenfrüchte, Kraut, Kohl, Zwiebel.
- Scharfe Speisen, wie Kren, scharfe Gewürze, Pfefferoni etc.
- Saure Speisen, wie diverse Marinaden, Essiggemüse etc.
- Zitrusfrüchte, Erdbeeren und Kiwi können Hautirritationen beim Kind auslösen.

Ernährung im ersten Lebensjahr

In den ersten vier bis sechs Lebensmonaten ist Stillen das Beste für den heranwachsenden Säugling. Mit der Muttermilch erhält das kleine Lebewesen alle notwendigen Nährstoffe.

Vorteile vom Stillen

- Der Nährstoffgehalt der Muttermilch passt sich den Bedürfnissen des Säuglings an.
- Muttermilch bietet einen wichtigen Schutz vor verschiedenen Erkrankungen (Magen-Darm-Infektionen, Allergien).
- Das Stillen fördert auch die Gesundheit der Mutter (raschere Rückbildung der Gebärmutter).
- Die Bindung zwischen Mutter und Kind wird gefördert.
- Muttermilch ist hygienisch einwandfrei, jederzeit verfügbar und verursacht keine Abfälle.

Ab dem fünften bis siebenten Lebensmonat kann man mit der so genannten Beikost beginnen. Bei allergiegefährdeten Kindern sollte man erst ab dem siebenten Monat damit beginnen. Das Baby erhält seinen ersten Brei. Dadurch wird eine Milchmahlzeit ersetzt. Hier beginnt man mit einem Gemüse-Kartoffel-Fleisch-Brei.

Kuhmilch sollte innerhalb des ersten Lebensjahres noch nicht gegeben werden. Als Ersatz eignet sich Folgemilch. Alle glutenhältigen (Weizen, Roggen, Gerste und Hafer) Nahrungsmittel (zB Grieß) sollten erst ab dem sechsten bis achten Lebensmonat gegeben werden.

Ernährung von Kindern und Jugendlichen

Eine ausgewogene Mischkost ist die beste Voraussetzung für ein Kind, um ein gesundes Wachstum und die optmale psychische und physische Entwicklung zu gewährleisten. Die Vorbeugung von verschiedensten ernährungsbedingten Erkrankungen beginnt schon im Kindes- und Jugendalter.

Energiebedarf

Alter	kcal / Tag		kcal / kg (bei mittlerer Aktivität)	
Kinder	m	w	m	w
1 > 4 Jahre	1.100	1.100	91	88
4 > 7 Jahre	1.500	1.400	82	78
7 > 10 Jahre	1.900	1.700	75	68
10 > 13 Jahre	2.300	2.000	64	55
13 > 15 Jahre	2.700	2.200	56	47
15 > 19 Jahre	3.100	2.500	46	43

(D/A/CH-Referenzwerte für die Energiezufuhr, 2000)

Kinder und Jugendliche haben einen höheren Energiebedarf als Erwachsene. Dies ist auf den intensiven Stoffwechsel zurückzuführen. Der Energiebedarf unterliegt jedoch auch großen Schwankungen, vor allem was die Aktivität von Kindern betrifft. Sportlich Aktive benötigen mehr Energie.

Auch der Nährstoffbedarf ist bei Kindern und Jugendlichen erhöht.

Eiweißzufuhr

Kinder von einem bis vier Jahren benötigen 1 g Eiweiß pro kg Körpergewicht. Ab dem vierten Lebensjahr bis zu 15 Jahren liegt der Bedarf an Eiweiß bei 0,9 g pro kg Körpergewicht. Ab dem 15. Lebensjahr bis zum 19. Lebensjahr benötigen Jugendliche 46 g (weiblich) bis 60 g (männlich) an Eiweiß.

Die Eiweißzufuhr sollte je zur Hälfte aus tierischen (magerem Fleisch, Geflügel, Fisch, Milch, Eiern) und pflanzlichen Eiweißlieferanten (Getreidevollkornprodukten und Kartoffeln) bestehen.

Fettzufuhr

Kleinkinder benötigen ca. 35–40 % der Energie in Form von Fett. Ab dem zehnten Lebensjahr sind es ca. 35 % der Energiezufuhr.

Hier sollte vor allem darauf geachtet werden, dass pflanzliche Fette und Öle bevorzugt werden.

Kohlenhydratzufuhr

Schon ab dem Kleinkindalter sollten Süßigkeiten und zuckerreiche Speisen sehr eingeschränkt werden. Ein hoher Zuckerkonsum in Kombination mit unsachgemäßer Mundhygiene ist der ideale Wegbereiter für Karies. Ungünstig sind in diesem Zusammenhang auch alle gezuckerten Getränke.

Schon im Kleinkindalter sollte man ballaststoffreiche kohlenhydrathaltige Nahrungsmittel bevorzugen. Weiters sollten täglich Obst und Gemüse auf dem Speiseplan nicht fehlen.

Empfehlenswerte Lebensmittelverzehrmengen unter Berücksichtigung des Lebensalters

Alter		1	2–3	4–6	7–9	10–12	13–14 w / m		15–18 w / m	
Energie	kcal / Tag	950	1.100	1.450	1.800	2.150	2.200 / 2.700		2.500 / 3.100	
Getränke	ml / Tag	600	700	800	900	1.000	1.200 / 1.300		1.400 / 1.500	
Brot, Getreide	g / Tag	80	120	170	200	250	250 / 300		280 / 350	
Kartoffeln	g / Tag	80	100	130	150	180	200 / 250		230 / 280	
Gemüse	g / Tag	120	150	200	220	250	260 / 300		300 / 350	
Obst	g / Tag	120	150	200	220	250	260 / 300		300 / 350	
mäßig										
Milch, Milchprodukte	ml (g) / Tag	300	330	350	400	420	425 / 425		450 / 500	
Fleisch, Wurst	g / Tag	30	35	40	50	60	65 / 75		75 / 85	
Eier	Stk. / Woche	1–2	1–2	2	2	2–3	2–3 / 2–3		2–3 / 2–3	
Fisch	g / Woche	50	70	100	150	180	200 / 200		200 / 200	
Öl, Margarine,	g / Tag	15	20	25	30	35	35 / 40		40 / 45	

(Quelle: Forschungsinstitut für Kinderernährung, Dortmund, AID, DGE)

Ernährung älterer und alter Menschen

Für die Ernährung älterer und alter Menschen gelten ebenso die Richtlinien einer gesunden ausgewogenen Ernährung unter Berücksichtigung des Energiebedarfs. Im Alter sind jedoch einige physiologische Änderungen (geringerer Energiebedarf, schlechtere Verwertung der Nährstoffe) zu berücksichtigen bzw. kommt es in diesem Lebensabschnitt meistens auch zu einer Manifestierung von ernährungsbedingten Erkrankungen. All diese Komponenten müssen in der Ernährung Beachtung finden.

Bei **Hochbetagten und geriatrischen Patienten** steht das Problem der qualitativen und quantitativen Unterernährung im Vordergrund. Nahrungsverweigerung, Kau- und Schluckbeschwerden, Schwäche und Appetitlosigkeit können zur Entstehung von Mangelzuständen führen. Besonders **kritische Nährstoffe** im höheren Alter sind Kalzium, Zink sowie die Vitamine A, D, C, B_1, B_2, B_6 und Folsäure.

Risikofaktoren für Mangelernährung im Alter

Im Alter kann es durch verschiedenste Einflüsse zu einer Mangelernährung bzw. zu Mangelzuständen kommen. Ursachen dafür sind Veränderungen in den

- **Körperfunktionen:** zB Kau- und Schluckbeschwerden, Abnahme von Appetit und Durstgefühl, Schmerzen nach der Nahrungsaufnahme, körperliche Behinderungen, Nachlassen der Sinnesschärfe (Sehen, Riechen, Schmecken).
- **Lebensstil:** zB einseitige Ernährung, Alkohol-, Nikotin- und Medikamentenmissbrauch.
- **Psyche:** zB seelische Probleme durch Einsamkeit, Verlust des Lebenspartners, Verwirrtheitszustände.
- **Soziales Umfeld:** zB allein lebend, finanzielle Situation (Sozialhilfeempfänger).

Energie- und Nährstoffbedarf

Auch im Alter spielt eine ausgewogene, vollwertige Ernährung eine wichtige Rolle:

- Bedarfsgerechte Energie- und Nährstoffzufuhr.
- Steigerung von Wohlbefinden.
- Unterstützung der Leistungsfähigkeit.

Der wesentliche Unterschied zwischen der Ernährung von jüngeren und älteren Personen besteht im **Energiebedarf**. Mit zunehmendem Alter verringern sich der Grundumsatz sowie das Stoffwechselgeschehen – dadurch sinkt auch der Energiebedarf.

Verteilung der Mahlzeiten
Optimal ist eine Verteilung auf fünf Mahlzeiten.

Mahlzeit	% der Gesamt-energie	kcal
Frühstück	25 %	450
1. Jause	10 %	180
Mittagessen	30 %	540
2. Jause	10 %	180
Abendessen	25 %	450

Gibt es jedoch nur drei Mahlzeiten, ist folgende Verteilung empfehlenswert:

Frühstück:
30 % der Gesamtenergie
Mittagessen:
40 % der Gesamtenergie
Abendessen:
30 % der Gesamtenergie

Die Nährstoffempfehlungen für Eiweiß, Fett und Kohlenhydrate bleiben im höheren Alter unverändert:

Verteilung der Nährstoffe
15 % Eiweiß
30 % Fett
55 % Kohlenhydrate

Ernährungs-empfehlungen für die Praxis

- **Mehrere kleinere Mahlzeiten** – besser sind fünf kleinere Mahlzeiten als drei große.

Die Umsetzung des Nährstoffbedarfes in die Praxis

Lebensmittelgruppe	Einsatz / Häufigkeit	Menge / Besonderheiten
Eiweißreiche Lebensmittel		
Fleisch	*Zwei- bis dreimal wöchentlich*	*Max. 100 g / Portion. Mageres Fleisch, Geflügel, Wild; auf fettarme Zubereitung achten.*
Wurst- und Fleischwaren	*Zwei- bis dreimal wöchentlich*	*Max. 50 g / Portion. Magere Wurstsorten (Krakauer, Schinkenwurst, Putenwurst) bevorzugen.*
Fisch	*Ein- bis zweimal wöchentlich*	*100–150 g / Portion. Auf fettarme Zubereitung achten.*
Milch und Milchprodukte	*Täglich*	*1/4 l fettarme Milch oder Milchprodukte wie Joghurt, Sauer- und Buttermilch, Kefir; 50–60 g Käse / Portion; fettarme Produkte bevorzugen.*
Eier	*2–3 Stück pro Woche*	*Unter Berücksichtigung der Eier in Speisen (zB Kuchen).*
Fette und Öle	*Täglich*	*Max. 35–40 g Koch- und Streichfett: pflanzliche Fette und Öle, Diätmargarine verwenden; Butter, sofern keine Stoffwechselstörung vorliegt.*
Kohlenhydratreiche Lebensmittel		
Getreide und Getreideprodukte	*Täglich*	*4–5 Scheiben Brot oder Gebäck. 1 Portion (60–70 g roh) Nudeln oder Reis.*
Gemüse / Hülsenfrüchte / Kartoffeln	*Täglich*	*300 g Gemüse (gekocht und als Salat oder Rohkost). 150–200 g Kartoffeln.*
Obst	*Täglich*	*2 Stück (200–300 g), bevorzugt roh oder als Kompott bzw. Mus*
Getränke	*Täglich*	*1,5–2 l Wasser, Mineralwasser, verdünnte Obstsäfte ohne Zuckerersatz, Früchte- oder Kräutertee.*

- **Weniger Fett, Zucker und Salz** – hochwertige Fette mit einem hohen Gehalt an ungesättigten Fettsäuren bevorzugen; Einsatz von jodiertem Speisesalz, mehr frische Kräuter und Gewürze einsetzen; zuckerreiche Speisen selten und in kleinen Mengen.
- **Nährstoffschonende und fettarme Zubereitungsarten** – Dämpfen, Dünsten, Garen in Tontopf oder Folie.
- **Fettarme Lebensmittel bevorzugen** – bei der Auswahl von Fleisch, Fisch, Käse, Wurst, Milchprodukten sollten fettarme Sorten bevorzugt werden.
- **Täglich Milch und Milchprodukte** – diese Lebensmittel sind eine wichtige Kalziumquelle – auf Fettgehalt achten!
- **Individuelle Speisen- und Getränkeunverträglichkeiten berücksichtigen**.
- **Ausreichende Flüssigkeitszufuhr** – kohlensäurearmes Mineralwasser, Gemüsesäfte, verdünnte Obstsäfte, Tee, Malzkaffee etc., Milchmixgetränke. Richtwert: 1,5–2 Liter pro Tag.

Alternative Kostformen

Was heißt „alternative Ernährung"?

Wir suchen heute in vielen Bereichen – beim Wohnen, der Freizeitgestaltung, der Kleidung, aber auch bei der Ernährung – nach Alternativen, da Überliefertes aufgrund stark veränderter Lebensgewohnheiten den neuen Anforderungen des Menschen nicht mehr gerecht wird.

Das Wort „alternativ" kommt aus dem Lateinischen und bedeutet wechseln, einander ablösen. Im strengeren Sinne ist es die Wahl zwischen zwei oder mehreren Möglichkeiten.

Durch die verschiedensten Informationen über Lebensmittel in den Medien werden viele Menschen verunsichert, es entsteht Misstrauen gegenüber industriell bearbeiteten und gefertigten Lebensmitteln. Besonders die Angst vor der „Chemie" in Lebensmitteln, also vor Rückständen, Verunreinigungen und Zusatzstoffen, bewegt die Menschen dazu, sich alternativen Ernährungsformen anzuschließen.

Dazu kommt die Hoffnung, bestimmte Krankheiten mit entsprechenden Ernährungsformen heilen zu können. Neben gesundheitlichen Aspekten spielen auch religiösethische und ökonomisch-ökologische Überlegungen mit. So bedeutet der Verzehr von Fleisch das Töten von Tieren. Auch das Verhältnis zu Ländern der Dritten Welt wird in diese Überlegungen mit einbezogen.

Es gibt also verschiedenste Beweggründe für die Menschen, sich alternativ zu ernähren. Das Angebot an alternativen Kostformen ist groß und die einzelnen Diäten und Aussagen zum Teil sehr widersprüchlich. Für den Laien ist es nicht einfach, sich eine objektive Meinung zu bilden, da dies Kenntnisse über die Zusammensetzung der Nahrungsmittel und über die Physiologie des Körpers erfordert.

Die bekanntesten alternativen Kostformen

- Vegetarismus
- Vollwertkost
- Makrobiotik
- Hay'sche Trennkost

Die Charakteristika der alternativen Kostformen

- Ablehnung von Fleisch und Fisch.
- Die Nahrung besteht großteils aus Rohkost.
- Bevorzugung von Vollkornprodukten. Geschälter Reis, Auszugsmehle etc. werden abgelehnt.
- Salz und Zucker sind stark reduziert.
- Obst und Gemüse aus kontrolliertem, biologisch-ökologischem Anbau werden bevorzugt.
- Einschränkung bzw. Vermeidung konservierter Lebensmittel.

Vegetarismus

Begründer der vegetarischen Lebensweise war der griechische Philosoph Pythagoras (6. Jahrhundert v. Chr.). Dem biblischen Gebot „Du sollst nicht töten" folgend, lehnt der Vegetarismus das Töten alles Lebendigen ab. Heute kommen zu diesen religiösen Gründen auch noch ökonomisch-ökologische Überlegungen dazu.

Man unterscheidet drei Grundformen der vegetarischen Ernährung:
- Vegane Kost
- Ovolactovegetabile Kost
- Lactovegetabile Kost

Bei der **veganen Kost,** der strengsten Form vegetarischer Kost wird auf sämtliche vom Tier stammenden Lebensmittel, also auf Fleisch und Fleischprodukte, Fisch, Milch und Milchprodukte, Eier und zum Teil sogar auf Honig, verzichtet.

Ernährungsphysiologische Beurteilung

Als Dauerkost ist vegane Kost nicht zu empfehlen, da die Gefahr einer unzureichenden Nährstoffzufuhr besteht. Veganer benötigen ein besonders umfangreiches Wissen über die Ernährung, um ihre Kost unter Berücksichtigung der notwendigen Nährstoffzufuhr zusammenzustellen, damit es zu keinen Mangelerscheinungen kommt. Eine Unterversorgung mit Eiweiß, Vitamin B_{12}, Kalzium, Eisen und Jod kann durch vegane Kost entstehen.

Positiv zu bewerten ist der Verzehr von Obst, Gemüse und Vollkornprodukten. Die Zufuhr von Vitaminen, Mineralstoffen und Ballaststoffen ist durch vegane Kost gegeben. Der relativ geringe Energiewert der pflanzlichen Lebensmittel verhindert Übergewicht. Durch den Verzicht auf tierische Produkte ist auch die Zufuhr von tierischem Fett und dadurch von Cholesterin und Purin sehr gering.

Die Basis der **ovolactovegetabilen** Kost und **lactovegetabilen** Kost ist rein pflanzlich. Der Verzehr von Milch, Milchprodukten ist jedoch erlaubt. Bei der ovolactovegetabilen Kost ist auch der Verzehr von Eiern erlaubt.

Ernährungsphysiologische Beurteilung

Der völlige Verzicht auf Fisch, Fleisch und Fleischprodukte bedeutet eine Unterversorgung an Eisen. Fleisch und Fisch, in vernünftigen Mengen aufgenommen, sind wichtige Nährstofflieferanten. Durch den Verzicht auf Fisch wird eine unserer besten Jodquellen nicht genutzt.

Obst, Gemüse und Vollkornprodukte sind reich an Vitaminen, Mineralstoffen und Ballaststoffen. Milch, Milchprodukte und Eier garantieren die Versorgung mit biologisch hochwertigem Eiweiß. Voraussetzung dafür ist jedoch, dass eisenreiche pflanzliche Lebensmittel mit Vitamin-C-reichen Lebensmitteln kombiniert werden. Für die ausreichende Jodversorgung sollten jodiertes Speisesalz und Jodpräparate eingesetzt werden.

Diese Kostformen sind durchaus als Dauerkost geeignet, nicht jedoch für Schwangere, Stillende und Kinder.

Vollwertkost

Der Arzt Dr. med. M. O. Bruker entwickelte eine Ernährungslehre, die den Wert der Nahrung nicht nach Kalorien und Nährstoffen misst, sondern nach ihrer Lebendigkeit und Natürlichkeit. Seiner Meinung nach sind nur Lebensmittel lebendig und natürlich, während Nahrungsmittel „tot" sind. Lebensmittel sind nach Bruker Produkte, die noch einen eigenen Stoffwechsel haben. Dazu zählen unerhitztes Gemüse, rohes Obst und Getreide, rohe Milch, Butter und kaltgepresste Öle.

Nahrungsmittel nach der Definition von Bruker werden durch Erhitzung, Konservierung und Präparierung verändert und sind daher „tot". Dazu zählt Bruker gekochtes Gemüse und Obst, gekochtes und gebratenes Fleisch, pasteurisierte Milch, gegarte Getreidespeisen, konservierte Produkte aller Art, Zucker, Auszugsmehle, Fabrikfette usw.

Eine große Rolle bei dieser Kostform spielen die „Vitalstoffe", zu denen Bruker Vitamine, Mineralstoffe und

Spurenelemente, Enzyme, hoch ungesättigte Fettsäuren sowie Ballast- und Aromastoffe zählt. Bruker stellt bei Einhaltung seiner Kost eine Heilung verschiedenster Erkrankungen in Aussicht. Diese Behauptung konnte bisher in keiner klinischen Studie nachgewiesen werden.

Ernährungsphysiologische Beurteilung

Die Trennung in „Lebensmittel" und „Nahrungsmittel" entbehrt jeder wissenschaftlichen Grundlage, ebenso die Behauptung, Fabriksnahrungsmittel seien „gesundheitsschädlich". Die Be- und Verarbeitung der Lebensmittel stellt in vielen Fällen keine Wertminderung dar, sondern bewirkt erst die Verzehrstauglichkeit. Die Empfehlung Brukers, nur Rohmilch zu verwenden, ist aus hygienischen Gründen abzulehnen.

Eine vollwertige Ernährung ist mit der Vollwertkost jedoch möglich. Durch den hauptsächlichen Verzehr von Obst, Gemüse und Vollkornprodukten ist auch die Versorgung mit Vitaminen, Mineralstoffen und Spurenelementen gegeben. Da der Fleischkonsum stark reduziert ist, werden tierische Fette und damit Cholesterin und Purin nur mäßig zugeführt.

Hay'sche Trennkost

Diese Ernährungsform wurde Anfang des 20. Jahrhunderts vom amerikanischen Arzt Dr. Howard Hay entwickelt und wird noch heute in Deutschland von Dr. Walb ohne Berücksichtigung neuester ernährungswissenschaftlicher Erkenntnisse verbreitet.

Grundlage dieses Ernährungskonzeptes sind die von Hay definierten „chemischen Verdauungsgesetze", denen zufolge der menschliche Verdauungsapparat nicht in der Lage sei, Eiweiß und Kohlenhydrate gleichzeitig zu verdauen. Weiters spricht Hay von einer „Übersäuerung" des Körpers, die die Ursache vieler Krankheiten sei. Hay spricht von „unnatürlichen" Lebens-

mitteln, wie weißem Zucker, Weißmehl, poliertem Reis und Weißbrot. Die ideale Zusammensetzung sieht Hay in einem Anteil von 80 % Basen bildender Lebensmittel wie Obst, Gemüse, Milch, Buttermilch, Joghurt und Obers, und 20 % Säure bildender Lebensmittel wie Käse, Topfen, Fisch, Fleisch, Eiern und Getreideprodukten. Bei Einhaltung seiner Ernährungsregeln verspricht Hay neben gesteigertem Wohlbefinden die Vorbeugung und Heilung sämtlicher Krankheiten einschließlich Krebs. Dieser Anspruch ist nicht bewiesen und abzulehnen.

Hay teilt die Lebensmittel in drei Gruppen:
* Konzentrierte eiweißreiche Lebensmittel wie Fleisch, Fisch, Milch und saures Obst.
* Konzentrierte kohlenhydratreiche Lebensmittel wie Getreideprodukte, Kartoffeln, Zucker und zuckerhaltige Nahrungsmittel.
* Neutrale Lebensmittel wie Fette, zahlreiche Gemüse und Gewürze.

Diese Unterteilung ergibt sich aus seiner Theorie, Eiweiß und Kohlenhydrate zu trennen. Zu einer Mahlzeit sollen entweder nur kohlenhydratreiche oder nur eiweißreiche Nahrungsmittel verzehrt werden.

Ernährungsphysiologische Beurteilung

Die von Hay aufgestellten „Verdauungsgesetze" sind überholt. Die Vorstellung, dass Eiweiß und Kohlenhydrate nicht gemeinsam verdaut werden können, ist reine Theorie, da alle Lebensmittel Eiweiß und Kohlenhydrate enthalten.

Makrobiotik

Diese Ernährungsform hat ihren Ursprung im Zen-Buddhismus. Die zwei wichtigsten Vertreter der zurzeit verbreiteten Lehre sind die Japaner Georg Ohsawa und Michio Kushi. Der Name leitet sich aus dem Griechischen ab und bedeutet: makros = lang, bios = Leben, biotik = Technik zur Verjüngung. Versprochen werden Frieden,

Glück, Gesundheit und langes Leben sowie Vorbeugung und Heilung sämtlicher Krankheiten. Ziel dieser Ernährung ist der „ausbalancierte, harmonische Mensch".

Die Basis der Makrobiotik bilden zwei entgegengesetzte, sich anziehende Kräfte des Universums – nämlich Yin und Yang. Yin ist die „sich ausdehnende Kraft", die bestimmt, dass der Körper wächst und Energie speichert. Yin-starker Grundstoff in der Nahrung ist zB Kalium.

Yang ist die „sich zusammenziehende Kraft", die bestimmt, wie der Körper wachsen soll. Ein Yang-starker Grundstoff ist zB Natrium.

Der makrobiotischen Philosophie zufolge ergänzen sich Yin und Yang zu einem dynamischen Gleichgewicht – so wie ein Molekül Natrium (Yang) zu fünf Molekülen Kalium (Yin) im menschlichen Organismus, wenn er leistungsfähig ist.

Da besonders im Getreide ein entsprechendes Yin-Yang-Verhältnis herrscht, sollte es Hauptbestandteil jeder Mahlzeit sein, ergänzt durch Lebensmittel, die diesem Gleichgewicht am nächsten kommen.

Der Yin-Yang-Charakter eines Lebensmittels hängt aber noch von anderen Faktoren wie Farbe, Wassergehalt, Wachstumszeit, -form und -geschwindigkeit ab.

Empfohlen werden Getreide, besonders brauner Reis, einheimisches Obst und Gemüse, Seealgen, Wildgeflügel, Fische, Muscheln, Sojaprodukte und in Salzlauge eingelegte Früchte. Der Zusatz von Salz, die Wärmezubereitung oder eine Überdruckbehandlung gelten als „yangisierend".

Abgelehnt werden Kartoffeln, Tomaten, Auberginen, Obst und Gemüse aus fernen Ländern, Rind-, Schweine- und Geflügelfleisch, Milch und Milchprodukte, Fruchtsäfte, Limonaden,

Tee, Kaffee, Zucker, Honig, Süßstoffe, Auszugsmehle und -produkte, Konserven und Tiefkühlprodukte. Die Flüssigkeitszufuhr soll eingeschränkt werden.

Ernährungsphysiologische Beurteilung

Die Makrobiotik nach Ohsawa ist generell abzulehnen, auch wenn diese Ernährungsform nur sparsamen Gebrauch von Fett und Zucker macht, Alkohol ablehnt und eine ausreichende Versorgung mit komplexen Kohlenhydraten und Ballaststoffen gewährleistet. Durch die Einseitigkeit der Ernährung ist jedoch die Bedarfsdeckung mit essentiellen Nährstoffen nicht gegeben. Gefährlich ist auch die verringerte Flüssigkeitszufuhr bei erhöhtem Salzkonsum. Die Einschränkung der Lebensmittelauswahl und der Verzicht auf Rohkost bringen eine ernsthafte Unterversorgung mit wichtigen Nährstoffen wie Eiweiß, Vitamin A, D, B_{12}, C, Niacin und Folsäure, Eisen, Kalzium, Kupfer, Zink und Jod mit sich. Besonders für Kinder stellt diese Ernährungsform eine Gesundheitsgefährdung dar.

Kaffee wird in der Makrobiotik abgelehnt.

RichTige Ernährung bei Erkrankungen

Einführung und Grundlagen der Diätetik

Dieses Kapitel ist den Grundlagen der Diätetik gewidmet. Sie finden hier die wichtigsten und gängigsten Diätkostformen, die vorwiegend in der Therapie von Stoffwechselerkrankungen und Erkrankungen des Magen-Darm-Traktes eingesetzt werden. Die Informationen berücksichtigen den letzten Stand der Medizin und Wissenschaft und wurden auf der Grundlage des „Rationalisierungsschemas für die Ernährung und Diätetik in Klinik und Praxis" der Deutschen Gesellschaft für Ernährungsmedizin (DGEM) und von Publikationen anderer wissenschaftlicher Institutionen erstellt.

Nach dem Rationalisierungsschema werden folgende Kostformen unterschieden:

- Vollkost.
- Leichte Vollkost.
- Energiedefinierte Kostformen.
- Protein- und elektrolytdefinierte Diäten.
- Sonderkostformen.

Die Zusammenstellung der Nahrung für kranke oder krankheitsgefährdete Menschen erfordert großes Wissen in den Bereichen Medizin, Ernährung und Lebensmittelkunde. Deshalb ist ein verantwortungsbewusstes Agieren in der Praxis notwendig. Das Verordnen einer Diät obliegt einzig und allein dem behandelnden Arzt, der behan-delnden Ärztin und die Umsetzung in die Praxis bzw. die Beratung des Klienten erfolgt durch eine diplomierte Diätassistentin, einen Diätassistenten und ernährungsmedizinischen Berater.

Vollkost

Die Basis jeder Diätform ist eine **vollwertige Ernährung,** auch Vollkost genannt. Für die Vollkost gelten folgende Grundsätze:

- Deckung des Bedarfs essenzieller Nährstoffe.
- Berücksichtigung des Energiegehaltes.
- Berücksichtigung präventiv-medizinischer Erkenntnisse.
- Anpassung der Zusammensetzung an übliche Ernährungsgewohnheiten.

Leichte Vollkost

Sie ist die Basisdiät bei Erkrankungen des Verdauungstraktes.

Die leichte Vollkost soll die zahlreichen pseudowissenschaftlichen Diäten, die so genannten Schonkostformen, ersetzen, deren vermeintliche therapeutische Wirkungen sich in wissenschaftlichen Nachprüfungen nicht bestätigen lassen konnten.

Die leichte Vollkost unterscheidet sich von der Vollkost durch Weglassen von Lebensmitteln oder Speisen, die erfahrungsgemäß häufig, zB bei mehr als 5 % der Menschen, Unverträglichkeiten auslösen (siehe Tabelle Lebensmittelintoleranzen). Weniger verträgliche Lebensmittel und Zubereitungsverfahren sollen weitgehend vermieden werden.

Vollwertige Ernährung beginnt beim gezielten Einkauf.

Häufigkeiten von Lebensmittelintoleranzen

Intoleranzen	%	Intoleranzen	%
Hülsenfrüchte	30,1	Nüsse	7,1
Gurkensalat	28,6	Obers	6,8
Frittierte Speisen	22,4	Paniertes Gebratenes	6,8
Weißkohl	20,2	Pilze	6,1
CO_2-haltige Getränke	20,1	Rotwein	6,1
Fette Speisen	17,2	Lauch	5,9
Paprikagemüse	16,8	Spirituosen	5,8
Sauerkraut	15,8	Birnen	5,6
Rotkraut	15,8	Vollkornbrot	4,8
Süße und fette Backwaren	15,8	Buttermilch	4,5
Zwiebeln	15,8	Orangensaft	4,5
Wirsing	15,6	Vollmilch	4,4
Pommes frites	15,3	Kartoffelknödel	4,4
Hart gekochte Eier	14,7	Bier	4,4
Frisches Brot	13,6	Schwarzer Tee	3,5
Bohnenkaffee	12,5	Orangen	3,4
Kohlsalat	12,1	Honig	3,1
Mayonnaise	11,8	Speiseeis	2,4
Kartoffelsalat	11,4	Schimmelkäse	2,2
Geräuchertes	10,7	Trockenfrüchte	2,2
Eisbein	9,0	Marmelade	2,2
Zu stark gewürzte Speisen	7,7	Tomaten	1,9
Zu heiße und zu kalte Speisen	7,6	Schnittkäse	1,6
Süßigkeiten	7,6	Camembert	1,3
Weißwein	7,6	Butter	1,2
Rohes Stein- und Kernobst	7,3		

(Quelle: Studie I der Arbeitsgemeinschaft für klinische Diätetik geV, aus 13; Studie durchgeführt an 1.918 Krankenhauspatienten in verschiedenen Regionen Deutschlands)

Wer braucht eine leichte Vollkost?

Die leichte Vollkost wird hauptsächlich bei Erkrankungen von Magen, Darm, Leber und Galle sowie bei unspezifischen Unverträglichkeiten im Verdauungstrakt verordnet.

Da die Organe des Magen-Darm-Traktes unmittelbar mit dem Speisebrei in Kontakt kommen und ihre Funktion darin besteht, die Nahrung zu verdauen, Nährstoffe aufzunehmen und die unverdaulichen Nahrungsbestandteile auszuscheiden, erwartet der Patient bei Erkrankungen der Verdauungsorgane in aller Regel eine diätetische Therapie.

Blick auf die Schonkostformen

Lange Zeit wurden die verschiedensten organbezogenen Schonkostformen, wie Magen-, Leber-, Galle- und Darm- bzw. Kolitisschonkost, in unterschiedlichen Varianten angewendet. All diese Kostformen waren nicht nach wissenschaftlichen Gesichtspunkten konzipiert und der Versuch, vor Anwendung in der Praxis ihren therapeutischen Wert zu beweisen, erfolgte nicht.

Eine kritische Überprüfung ihres therapeutischen Wertes ergab, dass viele der früher angewandten Diäten keinen therapeutischen Wert besitzen und dass die Mehrzahl dieser Schon-

kostformen durch eine leichte Vollkost oder Basisdiät ersetzt werden kann.

Grundprinzipien der leichten Vollkost

Die Energiezufuhr ist dem Bedarf anzupassen (→ Empfehlungen für die Energiezufuhr).

Die Nährstoffrelationen sind zu berücksichtigen:
10–15 % Eiweiß
30–35 % Fett
50–55 % Kohlenhydrate

Ernährungsphysiologisch optimal zusammengesetzte sowie abwechslungsreich und farblich gut zusammengestellte Speisen.

Häufiger kleine Mahlzeiten (5–6 Mahlzeiten).

Meiden von Alkohol, stark fetten und grob blähenden Speisen.

Nahrungsmittel und Gerichte mit häufiger Unverträglichkeit meiden.

Empfehlungen für die Energiezufuhr

Mehr als 40 % unseres Gesamtenergiebedarfes wird bei einer durchschnittlichen Ernährung in Form von Fett gedeckt. Dies bedeutet eine erhebliche Überschreitung der Zufuhrsempfehlungen.

Als Obergrenze gelten 30 % der Gesamtenergiezufuhr, dh etwa 70 g Fett pro Tag. Dieser Wert enthält das Streichfett, das Kochfett sowie das versteckte Fett (zB in Wurst).

Zahlreiche epidemiologische und klinische Untersuchungen haben gezeigt, dass vor allem Herz-Kreislauf-Erkrankungen durch eine zu hohe Fettzufuhr verursacht werden können.

Wichtig ist nicht nur die Menge, sondern auch die Art des Fettes, dh die Zusammensetzung der Fettsäuren.

Gesättigte Fettsäuren, die vor allem in tierischen Nahrungsmitteln zu finden sind, sind im Vergleich zu den mehrfach ungesättigten Fettsäuren, die in hochwertigen pflanzlichen Fetten, wie zB in Sonnenblumenöl, anzutreffen sind, ungünstig.

Praktische Tipps

Unnötige Mengen an sichtbarem Fett meiden!
Kartoffeln, Nudeln und Gemüse schmecken mit weniger Fett oder ohne Fettzugabe ebenfalls.

Anwendung Fett sparender Garverfahren
Die moderne Großküchentechnik hilft durch Heißumluftöfen oder Kombidämpfer, Fett einzusparen. Im Haushalt geschieht dies durch die Verwendung spezieller Töpfe und Dampfdruckkessel.

Ein weiterer wichtiger Aspekt ist die Fettqualität. Verwenden Sie besonders für Salate, Rohkost, aber auch zum Kochen, Braten und Backen Fette und Öle mit einem relativ hohen Anteil an Linolsäure.

Schließlich ermöglicht es auch die richtige Lebensmittelauswahl, die Fettzufuhr zu senken. Bekanntlich beträgt der Anteil der so genannten versteckten Fette etwa zwei Drittel der Gesamtfette. An erster Stelle stehen verschiedene Wurstsorten, die einen Gehalt von bis zu 50 % Fett aufweisen. Nicht zu vergessen ist das Fett vieler Milchprodukte.

In allen Ernährungsberichten ist auf die gesundheitlichen Vorteile einer Ernährung, die einen geringeren Anteil tierischer Lebensmittel enthält, hingewiesen worden. Sie als Koch haben gute Möglichkeiten, den Fettgehalt durch die bewusste Auswahl fettarmer Lebensmittel und fettarmer Garmethoden zu verringern.

Empfehlungen für die Zufuhr von Eiweiß

Der Empfehlung, mindestens 75 g Eiweiß (15 % der Energie) aufzunehmen, kann leicht entsprochen werden. Aufgrund der üblichen Verzehrgewohnheiten muss eher darauf geachtet werden, nicht zu viel zu geben.

Das Rohgewicht bei Fleisch und Geflügel sollte pro Portion weniger als 120 g betragen (ohne Knochen), bei Fisch kann es bei 150 g liegen.

Nicht nur tierische, auch pflanzliche Eiweißträger, wie zB Hülsenfrüchte, Getreide- und Sojaprodukte, können hochwertig sein. Sie sollten mehr als bisher berücksichtigt werden.

Empfehlungen für die Zufuhr von Kohlenhydraten

Bei der Auswahl der Kohlenhydratträger ist darauf zu achten, dass der Zuckeranteil nicht zu hoch ist und die Stärketräger mehr beachtet werden.

Die Verwendung von Kartoffeln, Vollkornprodukten und Hülsenfrüchten ist daher sehr zu empfehlen, wobei die Zubereitungsformen mit Fett nicht dominieren sollten (keine Pommes frites, Bratkartoffeln usw.).

Vollkornprodukten ist grundsätzlich der Vorzug zu geben. Diese Lebensmittel sind auch wichtige Ballaststofflieferanten. Die Ballaststoffmenge soll bei der leichten Vollkost niedriger sein als bei der Vollkost, da ballaststoffreiche Lebensmittel eher zu Unverträglichkeiten führen können.

Empfehlungen für die Zufuhr von Mineralstoffen

Kochsalz (Natrium) sollte den Speisen sehr sparsam zugesetzt werden. Empfehlenswert sind Gewürze und salzarme Würzmittel.

Dagegen ist eine Erhöhung der Kaliumzufuhr wünschenswert. Verluste durch Auslaugen sind mit Hilfe geeigneter Garverfahren so gering wie möglich zu halten. Das Kochwasser sollte weiter verwendet werden. Wertvolle Mineralstofflieferanten sind vor allem Obst und Gemüse, aber auch Kartoffeln.

Zur Deckung des Kalziumbedarfes sind fettarme Milch und Milchprodukte geeignet.

Eisen findet sich reichlich in Fleisch. Hülsenfrüchte und Vollkornprodukte sind ebenfalls geeignete Quellen.

Für eine ausreichende Jodzufuhr ist mindestens einmal pro Woche Seefisch anzubieten. Die Verwendung von Jodsalz anstelle des normalen Salzes sollte selbstverständlich sein.

Empfehlungen für die Zufuhr von Vitaminen

Die Zufuhr von Vitaminen des B-Komplexes kann durch die häufige Verwendung von Vollkornprodukten und Hülsenfrüchten am besten gesichert werden.

Für die Deckung des Bedarfes an Folsäure sind vor allem rohes Obst und Gemüse gut geeignet, zumal dieses Vitamin – wie auch Vitamin C – sehr hitzeempfindlich ist. Vitamin C ist vor allem in Gemüse und Obst, besonders in Zitrusfrüchten und in Kartoffeln, enthalten.

Allgemeine Empfehlungen

Zur optimalen Erhaltung der Vitamine und des Genusswertes ist auf eine schonende Zubereitung zu achten, die durch kurze Garzeiten, entsprechende Geräte und eine chargenweise Zubereitung speziell im Großküchenbereich erreicht werden kann.

Regelmäßig sollen der Brennwert sowie der Nährstoffgehalt der Speisen durch entsprechende Berechnungen kontrolliert und gegebenenfalls Korrekturen vorgenommen werden. Eine Deklaration für den Gast ist wünschenswert, um ihm konkrete Hinweise über Nährstoff- bzw. Energiegehalt der Speisen zu bieten.

Zu meidende Speisen

Mayonnaise, in Fett schwimmend Gebackenes, fette und panierte Fleisch- und Fischgerichte, fette Wurstsorten.

Blähende Gemüsesorten, wie zB Rot-, Weiß- und Grünkohl, Hülsenfrüchte, Zwiebeln, Pilze (außer Champignons).

Süßigkeiten mit hohem Fettgehalt, wie zB Nougat, Marzipan oder Pralinen.

Fette Backwaren, wie zB Cremetorten, Blätterteig, Plunderteig, frisches Germteiggebäck.

Nicht voll ausgereiftes Obst, besonders hartschaliges rohes Stein- und Kernobst, wie zB Zwetschken oder Stachelbeeren.

Größere Mengen (ab 50 g) von Nusskernen, Mandeln und Kokosnüssen.

Sehr stark gewürzte, gesäuerte und gesalzene Speisen, wie zB Essiggemüse, Salzheringe, fette Räucherwaren.

Stark kohlensäurehaltige und alkoholische Getränke sowie Bohnenkaffee und schwarzer Tee in größeren Mengen.

Tipps für die Zubereitung von Speisen

Einsatz fettarmer und Fett sparender Garmethoden

Die moderne Großküchentechnik kann der Küchenleitung helfen Fett einzusparen, mit Zubereitungsarten, wie zB Kochen, Dämpfen, Dünsten, Garen in der Folie und Verwendung von Heißluftherd, Kombidämpfer und Mikrowellenherd.

Sehr fette und frittierte Speisen sind generell zu vermeiden. Ein sehr starkes Erhitzen der Fette sollte ebenso vermieden werden wie zu starkes Rösten.
Unnötige Mengen an sichtbarem Fett sind zu meiden! Der Kartoffelbrei, die Nudeln und das Gemüse schmecken mit wenig Fett oder ohne Fettzugabe genauso gut.

Auf Fettqualität achten!

Für die Zubereitung der Speisen sollten hochwertige pflanzliche Fette und Öle ausgewählt werden. Verwenden Sie besonders für die Zubereitung von Salaten, Rohkost, aber auch im Heißbereich zum Kochen, Braten und Backen Fette und Öle mit einem relativ hohen Anteil an mehrfach ungesättigten Fettsäuren.

Erhaltung von Vitaminen

Zur optimalen Erhaltung der Vitamine und des Genusswertes ist auf eine schonende Zubereitung zu achten. Hierfür sind kurze Garzeiten, entsprechende Geräte und eine chargenweise Zubereitung sehr dienlich.

Mildes Würzen

Mit Salz sollte sparsam umgegangen werden. Frische Kräuter und Gewürze geben Geschmack und können Salz zu einem Teil ersetzen. Auf sehr scharfe Gewürze und Knoblauch sollte bei der leichten Vollkost jedoch verzichtet werden.

Diätetische Küchentechnik bei leichter Vollkost

Lebensmittelauswahl / Garmethoden

Suppen und Saucen

Fettarme Fleisch- oder Gemüsesuppen mit Einlagen wie Nudeln, Frittaten, Eierstich, Schöberln, Grießnockerln und Reis.
Grieß-, Haferflocken-, Kartoffel- und Kräutersuppen.
Gemüsesuppen aus nicht blähenden Gemüsesorten, klar, gebunden oder püriert.
Legierungen mit Ei oder etwas Obers sind erlaubt.
Fleischsaucen, helle Saucen mit Kräutern, Tomatensauce sind erlaubt.

Achtung!

Keine starke Mehlschwitze.
Keine scharf angeröstete Zwiebel.
Keine sehr stark gewürzten oder scharfen Suppen und Saucen.

Fleisch / Geflügel / Fisch

Alle fettarmen Sorten von Kalb, Rind, Schwein, Huhn, Pute, Reh, Hirschkeule.

Innereien wie Kalbszunge, Kalbshirn, Rinderzunge, Rinderherz, Rinderleber, Leber und Magen von Huhn oder Pute. Sichtbares Fett entfernen!

Fettarme Zubereitungsarten wie Kochen, Dämpfen, Dünsten, Pochieren, Garen in Folie oder im Römertopf, Grillen.

Wurst und Fleischwaren – magere Sorten wie Truthahnwurst, kalter Braten aus den oben angeführten Fleischsorten, Schinken, gekocht (ohne Fettrand), Rindersaftschinken, Lachsschinken, selbst hergestellte Fleisch-, Wurst- oder Geflügelsalate oder -sülzen.

Fettarme Fische wie Forelle, Kabeljau, Dorsch, Seelachs, St.-Peters-Fisch. Zubereitungsarten wie bei Fleisch.

Getreide und Getreideerzeugnisse
Teigwaren wie Nudeln, Makkaroni und Spaghetti mit fettarmer Zubereitung. Knödel aus Grieß, Mehl; Weißbrot als Beilage.

In Wasserbad gekochter Pudding aus Grieß, Weißbrot, Zwieback; salzig oder süß abgeschmeckt; mit Fruchtsaucen, Kompotten oder als Beilage.

Getreidebreie in fettarmer Milch gekocht, zB Grieß, Reis, Haferflocken, Hirse, Sago, Buchweizen und Graupen.

Gemüse / Salate / Kartoffeln
Blähende Gemüsesorten wie Kohl, Kraut, Hülsenfrüchte, Zwiebeln, Pilze (außer Champignons) meiden!

Natur oder leicht gebunden zubereiten. Rohkost wie Karotten, Sellerie, rote Rüben, Endivien-, Eis-, Feld- und Kopfsalat.

Fein zerkleinert oder fein gerieben, mariniert mit wenig hochwertigem Öl, Zitronensaft oder Apfelessig; Dressing aus Joghurt mit Kräutern.
Kartoffeln in Form von Brei, Schnee, Salzkartoffeln, Petersilkartoffeln; mit wenig Fett zubereitet.

Obst
Kompotte oder Mus aus Äpfeln, Birnen, Erdbeeren, Heidelbeeren.

Obstsalate, rohes Obst nach Verträglichkeit.

Achtung!
Größere Mengen von nicht voll ausgereiftem und besonders hartschaligem, rohem Stein- und Kernobst, zB Stachelbeeren, Pflaumen usw., sind nicht geeignet.

Süßspeisen und Desserts
Puddings, Kompotte, Fruchtschalen, Joghurt- und Buttermilchspeisen mit Obst, Topfencremes.
Aufläufe, zB mit Reis, Topfen ..., Biskuit, gezogener Strudelteig, Topfenknödel ohne Butterbrösel.

Ungeeignet sind sehr fette Teige und Mehlspeisen wie Blätterteig, Cremetorten, Krapfen, frischer Germteig, weiters Süßigkeiten mit einem hohen Fettgehalt, wie Schokolade, Nougat, Marzipan, Pralinen.

Milch / Milchprodukte / Käse / Eier
Geringe Mengen von Milch und Obers, Kondensmilch, Buttermilch, Sauermilch, Joghurt und Kefir, fettarmer Topfen, Schmelz-, Schnitt- und Weichkäsesorten bis 30 % F. i. Tr., pochierte Eier, Eierstich, Omelett.

Fette / Öle
Diätmargarine, hochwertige Öle mit einem hohen Gehalt an ungesättigten Fettsäuren, Butter, Halbfettmargarine.

Kräuter und Gewürze
Geschmackvolles und mildes Würzen der Kost mit Salz, Zitronensaft, diversen Kräutern und Gewürzen. Keine scharfen Gewürze verwenden.

Getränke
Kohlensäurearmes Mineralwasser, Tafelwasser, Tee, verdünnte Frucht- und Gemüsesäfte, reizarmer, milder Kaffee.

Zubereitungsarten
Fettarme und Fett sparende Garmethoden sind zu bevorzugen: Kochen, Dämpfen, Dünsten, Garen in Alufolie, im Heißluftherd, im Kombidämpfer oder im Mikrowellenherd.

Ungeeignet sind sehr fette und frittierte Speisen. Starkes Erhitzen der Fette sollte vermieden werden.

Die Bildung von Röststoffen bei der Zubereitung ist zu vermeiden.

Gemüse ist ein wichtiger Bestandteil der leichten Vollkost.

Diät bei Obstipation – ballaststoffreiche Kost

Eine der häufigsten Zivilisationserkrankungen ist die **Verstopfung** oder Obstipation. Als auslösende Ursachen werden Stresssituationen und eine ballaststoffarme Ernährung angenommen. Weitere Ursachen können Abführmittelmissbrauch, fieberhafte Allgemeinerkrankungen, ungenügende oder einseitige körperliche Bewegung, Klimawechsel, Bettruhe usw. sein.

Diättherapie

Bei Verdauungsstörungen ist eine **ballaststoffreiche Ernährung** indiziert. Dabei ist vor allem zu beachten, dass ausreichend Flüssigkeit zugeführt wird. Der Ballaststoffanteil soll allmählich auf 40–50 g pro Tag gesteigert werden, die Trinkflüssigkeit auf mindestens 2 Liter. Eine ballaststoffreiche Mahlzeit sollte mindestens 10 g Ballaststoffe enthalten.

Die Ernährungsumstellung sollte langsam erfolgen, da bei einer zu raschen Umstellung Druck- und Völlegefühl sowie Blähungen entstehen. Empfehlenswert ist auch der Einsatz von Hilfsmitteln wie Kleieprodukten, Weizenkleie und Leinsamen. Stuhlregulierend wirken auch natürliche Wirkstoffe wie Milchzucker, Milchsäure, Fruchtzucker und Fruchtsäuren.

Ballaststoffarme Lebensmittel müssen reduziert werden:
- Fleisch, Geflügel, Wild, Wurstwaren.
- Vollmilchprodukte und Käse.
- Zucker und Süßwaren.

Gänzlich zu meiden sind:
- Weißmehlprodukte.
- Polierter Reis.
- Schokolade und Kakao und daraus hergestellte Produkte.
- Starker schwarzer und grüner Tee.
- Bananen, getrocknete Heidelbeeren.
- Rotwein.

Diätetische Küchentechnik bei ballaststoffreicher Kost

Lebensmittelauswahl / Garmethoden

Suppen und Saucen
Fleisch- und Gemüsebrühen mit Einlagen wie Hirsenockerln, Hafernockerln. Dabei kann das volle Korn und das gemahlene verwendet werden.

Gemüse-, Kräuter-, Kartoffel-, Zwiebelsuppen, evtl. mit Kleie oder mit Leinsamen angereichert, Püreesuppen aus Hülsenfrüchten wie Erbsen, Linsen, Bohnen.

Für Saucen das mitgebratene Wurzelgemüse pürieren und mit Vollmehl binden. Obers, Sauermilch, Crème fraîche sind erlaubt.

Fleisch / Geflügel / Fisch
Erlaubt sind alle Sorten von Fleisch, Fisch und Geflügel und alle Zubereitungsarten, jedoch sollten sie eher selten gegessen werden.

Panade aus Sesam oder Haferflocken, Einsatz von Vollmehl.

Gemüse / Salate / Hülsenfrüchte / Kartoffeln
Gemüse, Hülsenfrüchte und Kartoffeln in allen Zubereitungsarten.

Salat und Rohkost auch anstelle von Suppen, mariniert mit verschiedenen Essigsorten oder Zitronensaft, Dressings aus Joghurt oder Sauerrahm. Empfehlenswert ist auch die Mischung mit Getreidekörnern.

Getreide / Getreideprodukte
Naturreis, Vollkornteigwaren, Polenta, Grünkern, Weizenkleie, Vollkornmehl, Vollkornschrot, Vollkornflocken, Keime.

Brot nur aus Vollmehl, wie Vollkornbrot, Pumpernickel, Grahambrot, Roggenschrotbrot, mit Kleie angereicherte Brote, Vollkornknäckebrot.

Obst / Nüsse / Samen
Täglich frisches Obst, aber auch Trockenfrüchte; Äpfel und Birnen sollen mit der Schale verarbeitet werden. Ballaststoffreich sind auch Beeren.

Mandeln, Nüsse, Sesam, Mohn, Leinsamen – hier ist auf den Energiegehalt zu achten.

Süßspeisen und Desserts
Obstsalate, Topfencremes, Joghurt, Buttermilch, Kompott und Mus, Kuchen mit Vollmehl; Topfenknödel mit Zwetschkenröster; Getreideaufläufe; Cremes können mit Weizenkleie oder Leinsamen angereichert werden; geröstete Haferflocken zum Garnieren verwenden. Kuchen aus Vollkornmehl, Vollkornzwieback und Früchtebrot.

Kräuter und Gewürze
Es sind alle Sorten erlaubt.

Getränke
Mineralwasser, Frucht- und Gemüsesäfte, Kaffee, Kräuter- und Früchtetees; milch- und fruchtsäurehältige Getränke wie Sauermilchprodukte, Sauerkrautsaft, Saft aus Zitrusfrüchten, Apfelsaft, Traubensaft.

Zubereitungsarten
Nährstoffschonende und schmackhafte Zubereitung.

Diätetische Hilfsmittel, wie Weizenkleie, Leinsamen, Guarkernmehl, Kleietabletten, Sojaflocken und Ballaststoffgranulat, können bei Bedarf verwendet werden.

In hartnäckigen Fällen sollen die Speisen oder Getränke mit Milchzucker angereichert werden.

Ernährung bei Übergewicht – Reduktionskost

Ursachen für Übergewicht

Die Ursachen von Fettsucht bzw. Adipositas sind vielschichtig, doch steht meist eine positive Energiebilanz im Vordergrund – die Zufuhr von zu viel Energie mit der Nahrung.

Dieser mit der Nahrung zugeführte Energieüberschuss (vor allem Fette, Zucker und Alkohol) wird in körpereigenes Fett umgewandelt und gespeichert.

Folgende Faktoren können zu Übergewicht führen:
- Fehlendes Ernährungsbewusstsein.
- Falsche Essgewohnheiten, in der Kindheit erlernt.
- Falsche Lebensgewohnheiten (zu wenig Bewegung).
- Psychische Faktoren (Kummerspeck).
- Genetische Faktoren (familiäre Veranlagung).
- Hormonelle Faktoren.

Bewertung des Übergewichts

Es gibt heute verschiedenste Methoden zur Bewertung des Übergewichtes. Eine davon ist die Bewertung mit dem so genannten Body-Mass-Index (→ Ernährungslehre, Seite 11).

Übergewicht ist der **Wegbereiter für eine Reihe anderer Erkrankungen** wie zB:
- Bluthochdruck.
- Diabetes mellitus.
- Fettstoffwechselstörungen.
- Gicht.
- Erkrankungen des Bewegungsapparates und der Gelenke.

Das mit Übergewicht verbundene Gesundheitsrisiko ist vor allem auch davon abhängig, wo sich das Körperfett befindet.

Man unterscheidet zwei Typen: **Apfeltyp** (androide Form): Die Fettanlagerung ist hauptsächlich im **Bauchbereich.** Diese Form kommt großteils bei **Männern** vor. Hier ist ein erhöhtes Risiko von Herz-Kreislauf-Erkrankungen gegeben.

Birnentyp (gynoide Form): Die Fettanlagerung ist hauptsächlich im **Hüft- und Oberschenkelbereich.** Diese Form kommt großteils bei **Frauen** vor. Hier ist ein erhöhtes Risiko für Krebserkrankungen gegeben.

Eine einfache Berechnung der Fettverteilung ist das Verhältnis von Taillen- zu Hüftumfang (Waist-to-Hip-Ratio = WHR):

$$WHR = \frac{\text{Taillenumfang in cm}}{\text{Hüftumfang in cm}}$$

Zielwerte für Frauen: > 0,85, für Männer > 1,0.

Möglichkeiten der Gewichtsreduktion

Die Säulen der Gewichtsreduktion sind **Ernährung und Bewegung.** Darüber hinaus gibt es heute auch noch andere Möglichkeiten wie medikamentöse Methoden oder chirurgische Eingriffe.

Auch bei diesen Methoden der Gewichtsreduktion sind Ernährung und Bewegung fixe Bestandteile der Therapie. Sowohl die Einnahme von Medikamenten als auch chirurgische Eingriffe sollten nur unter bestimmten Gegebenheiten durchgeführt werden.

Ziel der diätetischen Therapie ist eine langsame, kontinuierliche und vor allem beständige Gewichtsabnahme. Eine maximale Gewichtsabnahme von 0,5–1 kg / Woche ist anzustreben. Vor kurzfristigen und drastischen Diäten kann nur gewarnt werden, da sie nicht den langfristigen Erfolg bringen.

Erfahrungsgemäß zeigt sich, dass eine Betreuung durch ein interdisziplinäres Team (Arzt, Ärztin, DiätassistentIn, PsychologIn, SporttherapeutIn) den gewünschten Erfolg bringt.

Grundlagen der Reduktionskost

Die Verabreichung einer **energiereduzierten Mischkost** ist auch heute noch als der sinnvollste diätetisch-therapeutische Weg in der Behandlung von Übergewicht anzusehen.

Das Ziel sollte die Reduktion des Übergewichtes bis zum Normalgewicht sowie eine dauerhafte Sicherung des erreichten Normalgewichtes sein.

- **Energiegehalt reduzieren** (jedoch nicht weniger als 1.000 kcal pro Tag).
- **Fettmenge reduzieren** – magere Produkte, versteckte Fette beachten.
- **Kohlenhydrate – Süßigkeiten meiden,** Vollkornprodukte bevorzugen, täglich Obst und Gemüse essen.
- **Mehrere kleine Mahlzeiten** pro Tag – mindestens 5 bis 6 pro Tag.
- **Ausreichende Flüssigkeitszufuhr** – mindestens 1 bis 1½ l kalorienfreie Flüssigkeit pro Tag. Alkoholische Getränke sehr einschränken – hoher Kaloriengehalt.
- **Fettarme Zubereitung** der Speisen.

Empfehlungen für die Nährstoffverteilung

20–25 % Eiweiß
30 % Fett
45–50 % Kohlenhydrate

Zusätzlich sollte zwei- bis dreimal wöchentlich ein Bewegungsprogramm (Ausdauersport) absolviert werden.

Diätetische Küchentechnik bei Reduktionskost

Lebensmittelauswahl / Garmethoden

Suppen und Saucen

Entfettete Fleisch- oder Gemüsebouillon mit kalorienarmer Einlage wie zB Gemüsejulienne.

Keine fetten, mit Obers, Mehl etc. gebundenen Saucen, Fleischsaft Natur bzw. zum Binden püriertes Wurzelgemüse verwenden.

Fleisch / Fleischwaren / Geflügel / Fisch

Grundsätzlich sind alle mageren Fleischsorten erlaubt, sichtbares Fett entfernen. Bei Geflügel Haut entfernen. Achtung, Gans und Ente – fettes Geflügel!
Auf eine fettarme Zubereitung, wie Kochen, Dämpfen, Dünsten, Grillen, Garen in der Folie und im Konvektomat, achten.

Empfehlenswert sind fettarme Wurstwaren, Wurst und Fleisch in Aspik oder Sülze, magerer roher oder gekochter Schinken, Roastbeef, aus magerem Fleisch oder Huhn selbst hergestellte Salate (Topfen- oder Joghurtmarinade; keine Mayonnaise verwenden!).

Magere Fischsorten, wie Forelle, Kabeljau, Seelachs, Zander, Scholle, gekocht oder gegrillt; geräucherte Forelle, selbst hergestellte Fischsalate.

Gemüse / Salate / Hülsenfrüchte / Kartoffeln

Alle Sorten von Gemüse und Salaten (Achtung, Avocado – hoher Fettgehalt), fettarm zubereitet und nicht gebunden oder frittiert.
Rohkost auch anstelle von Suppe, mariniert mit diversen Essigsorten, etwas Öl oder einem Dressing aus Magerjoghurt oder Buttermilch mit Kräutern, Knoblauch etc.

Kartoffeln in kleinen Mengen – schonend zubereiten! Empfehlenswert sind Salzkartoffeln, Kartoffeln in Folie, Pellkartoffeln, im Rohr gebratene Kartoffeln. Kartoffeln nicht in Fett braten oder frittieren!

Getreide / Getreideprodukte

Als Beilagen in kleinen Mengen Naturreis und Vollkornteigwaren; ballaststoffreiche Brotsorten (Vollkornbrot).

Eier

Für Omelette und Palatschinken Mineralwasser und Vollmehl verwenden, mit Gemüse, Pilzen, Kräutern oder mit Früchten ohne Zucker füllen. Zum Fettsparen beschichtete Pfanne verwenden.
Rührei über Wasserdampf zubereiten; Eier pochieren.

Süßspeisen und Desserts

Süßspeisen generell sehr selten reichen; mit Süßstoff zubereiten, mit Obst- oder Magertopfenanteil. Keine in Fett gebackenen Desserts.

Geeignet sind frische Früchte, Obstsalat, Topfencremen, Joghurt oder Buttermilch mit Obst, Früchtegelees, Kompotte oder Fruchtmus, die ohne Zucker zubereitet werden.

Keine Diabetikersüßwaren verwenden. Sie enthalten energiereiche Zuckeraustauschstoffe und oft viel Fett.

Milch / Milchprodukte / Käse

Magermilch, Buttermilch, Magerjoghurt, Magertopfen und Käse bis maximal 20 % F. i. Tr. verwenden.

Gewürze

Alle Kräuter und Gewürze können verwendet werden.

Getränke

Ungesüßter Tee, Kaffee mit oder ohne Milch (Magermilch), Mineralwasser, zuckerfreie Limonaden, verdünnte Obst- und Gemüsesäfte ohne Zuckerzusatz.

Zubereitung der Speisen

Fettarme Zubereitungsarten, wie Dämpfen, Dünsten, Pochieren, Braten, Grillen und Garen in der Folie, anwenden. Die Zubereitung im Wok oder im Kombidämpfer ist ebenfalls sehr zu empfehlen.
Gemüse sollte schonend und ohne Fettzusatz zubereitet werden.

Als Quell- und Geliermittel eignen sich Johannisbrotkernmehl, Guarkernmehl, Agar-Agar, Gelatine und Aspikpulver.

Desserts aus frischen Früchten mit leichten Cremen sind Torten vorzuziehen.

Ernährung bei Diabetes mellitus

Was ist Insulin und wozu benötigen wir es?

Das Blut transportiert ständig Traubenzucker zu jeder einzelnen Körperzelle und versorgt sie so mit Energie. Die Höhe des Blutzuckerspiegels wird durch **Insulin** reguliert. Insulin ist ein **Blutzucker senkendes Hormon** und wird in der Bauchspeicheldrüse in den so genannten Langerhans'schen Inseln gebildet.

Normale Blutzuckerwerte	
Nüchtern	*80–100 mg / dl Blut, max. 120 mg / dl*
1 Stunde nach dem Essen	*140–160 mg / dl*
2 Stunden nach dem Essen	*120–140 mg / dl*
Nach ca. 4–5 Stunden	*Blutzucker wieder im Normalbereich*

Insulin ermöglicht, dass der bei der Kohlenhydratverdauung entstandene Traubenzucker in die Zelle eingeschleust werden kann. Die meisten Zellwände sind nämlich ohne Insulin für die Glukose undurchdringbar. Insulin ist somit der Schlüssel, der die Körperzelle aufsperrt und den Traubenzucker hineinlässt.

Aufgaben des Insulins
- Es transportiert Zucker aus dem Blut in die Körperzellen.
- Es fördert die Bildung von Glykogen in der Leber.
- Es wirkt beim Eiweiß-, Fettstoff- und Mineralstoffwechsel.
- Es hemmt auch den Abbau von Glykogen zu Traubenzucker und seine Abgabe ins Blut.

Diabetes mellitus

Diabetes mellitus ist eine chronische Stoffwechselerkrankung, die durch einen relativen oder absoluten Insulinmangel bedingt ist. Folge ist eine Erhöhung der Blutzuckerkonzentration.

Wird ungenügend oder kaum Insulin produziert, kann die Zelle nicht mehr mit der notwendigen Energie versorgt werden und hungert. Die Folge davon ist, dass der Körper mit Abgeschlagenheit, Konzentrationsschwäche und ungewolltem Gewichtsverlust darauf reagiert.

Gleichzeitig steigt dadurch der Zuckerspiegel im Blut an.

Der Körper versucht nun, diesen Überschuss an Glukose wieder abzubauen und scheidet ab einer bestimmten Konzentration im Blut den Traubenzucker über die Nieren aus (Zucker im Harn). Dabei geht auch sehr viel Wasser verloren, dh, es kommt zur Ausscheidung großer Mengen zuckerhaltigen Harns. Die Folge davon ist ein großes **Durstgefühl.**

Symptome des Diabetes mellitus

- Durst.
- Müdigkeit, Abgeschlagenheit.
- Juckreiz, Hautveränderungen.
- Ungewollter Gewichtsverlust.
- Sehstörungen.
- Schlechte Wundheilung.
- Im Harn ist Zucker nachweisbar.

Diese gestörte Stoffwechselsituation kann unbehandelt zu schweren Komplikationen bis hin zum Koma führen.

Die Therapie besteht in der Verabreichung von Insulin, das gespritzt werden muss.

Arten von Diabetes

Es gibt zwei Arten von Diabetes, Diabetes Typ 1 und Typ 2.

Diabetes Typ 1
Wird auch insulinabhängiger Diabetes genannt. Bei dieser Erkrankung werden die Insulin produzierenden Betazellen zerstört.

Die Ursache von Diabetes Typ 1 ist eine Autoimmunerkrankung – der Organismus bildet Antikörper gegen die eigenen Betazellen. Es spielen sicherlich erbliche Faktoren eine Rolle, aber auch Viruserkrankungen oder ein abweichendes Verhalten des Immunsystems kann diese Erkrankung auslösen. Diese Erkrankung kann schon im Kindes- bzw. Jugendlichenalter auftreten.

Therapie
Das Ziel der Therapie besteht darin, eine gute Stoffwechseleinstellung zu erreichen, um Folgeerscheinungen zu vermindern.

Der Typ-1-Diabetiker muss sein Leben lang Insulin spritzen, da es vom Körper nicht mehr gebildet werden kann. Die Ernährung spielt hier eine wichtige Rolle. Der Typ-1-Diabetiker muss jene Lebensmittel, die den Blutzucker ansteigen lassen, wie Getreideprodukte, Brot, Gebäck, Milch etc., in Form von Broteinheiten (BE) berechnen.

Diabetes Typ 2
Die häufigere Form der Zuckerkrankheit (ca. 80–90 %) ist der so genannte Diabetes Typ 2, früher auch Alterszucker genannt.

Diese Diabetesform tritt meist ab dem 40. Lebensjahr auf und ist häufig die Folge von Übergewicht. Die Ursache liegt hier nicht in einer ungenügenden Insulinproduktion bzw. Zerstörung der Betazellen, sondern das Übergewicht führt dazu, dass das Insulin nicht genügend wirken kann.

Beim Diabetes Typ 2 liegt eine ernährungsbedingte Zuckerstoffwechselstörung vor. Kombiniert mit anderen Symptomen, wie erhöhtem Blutzuckerspiegel, Störungen des Fettstoffwechsels, Bluthochdruck, erhöhtem Harnsäurespiegel und Übergewicht, spricht man auch vom **metabolischen Syndrom** (Wohlstandssyndrom). Das Gefährliche an dieser Krankheit ist, dass sie meist jahrelang unerkannt bleibt, da ua die Schmerzwahrnehmung gestört ist.
Häufig kommen die Betroffenen erst mit den ersten Spätkomplikationen (Herzinfarkt, Schlaganfall, Durchblutungsstörungen etc.) in Behandlung.

Therapie
Da der Typ-2-Diabetiker meist übergewichtig ist, steht die Gewichtsreduktion im Vordergrund. Eine Berechnung der Kohlenhydrate in Form von Broteinheiten ist – sofern kein Insulin gespritzt wird – hier nicht notwendig. Bedeutend ist vor allem die Reduktion von Fett und zuckerreichen Speisen.

Spätkomplikationen von Diabetes
Bei nicht rechtzeitiger Behandlung, aber auch bei einem ungesunden Lebensstil können schwerwiegende Spätkomplikationen auftreten:

- Atherosklerosen der Herzkranzgefäße (Herzinfarkt).
- Atherosklerosen der Beingefäße (Wundheilungsstörungen, Durchblutungsstörungen in den Zehen).
- Atherosklerosen der Hirnarterien (Schlaganfall).

- Auch kleine Gefäße, die zB die Netzhaut versorgen, können von Atherosklerose betroffen sein – Sehstörungen bis hin zur Erblindung sind eine der häufigsten Spätfolgen von Diabetes.
- Nierenerkrankung durch Gefäßstörungen der Niere.
- Nervenschädigungen (ua vermindertes Schmerzempfinden).
- Diabetischer Fuß (Verschluss der Beingefäße – Durchblutungsstörungen).

Die Ernährung bei Diabetes mellitus

Ziel der Diabetestherapie ist, die Leistungsfähigkeit und das Wohlbefinden des Zuckerkranken wiederherzustellen, zu erhalten und zugleich die Stoffwechselstörung auszugleichen. An erster Stelle steht hierbei die **Ernährung**, die sich von der üblichen Ernährung stoffwechselgesunder Menschen nicht allzu sehr unterscheiden sollte.

Die Ernährung des Diabetikers soll **ausgewogen und vollwertig** sein und ist auch für stoffwechselgesunde Personen geeignet.

Der Ernährungsplan muss individuell nach Lebensalter, Körpergewicht, Körpergröße, beruflicher sowie sportlicher Tätigkeit und Lebensstil festgelegt werden, denn nur so kann der zielgerechte Energiebedarf berechnet werden.

Wichtig dabei ist, dass die Nahrungszufuhr energiegerecht ist:
Für Normalgewichtige
– normokalorische Ernährung.
Für Untergewichtige
– überkalorische Ernährung.
Für Übergewichtige
– unterkalorische Ernährung.

Nährstoffverteilung
Die Nährstoffzufuhr soll sich wie folgt aufteilen:
- 50–55 % Kohlenhydrate
- 10–15 % Eiweiß
- 30 % Fett

Kohlenhydrate
Kohlenhydrate sind in erster Linie Betriebsstoffe und liefern dem Körper die für die Arbeitsleistung notwendige Energie. Bei der Verdauung werden die Kohlenhydrate in ihre kleinsten Bausteine, den Traubenzucker, gespalten. Kohlenhydrate kommen vorwiegend in Getreide und Getreideprodukten, Hülsenfrüchten, Kartoffeln, Gemüse, Obst, Milch und Milchprodukten vor.

Kohlenhydrate müssen wegen ihrer Blutzucker steigernden Wirkung genau kalkuliert und bei insulinpflichtigem Diabetes berechnet werden. Die Berechnung erfolgt mit Broteinheiten.

Was sind Broteinheiten und wie werden sie berechnet?
Die Broteinheit entspricht jener Menge eines kohlenhydrathaltigen Nahrungsmittels, das 12 g reine Kohlenhydrate enthält.

1 BE = 12 g reine Kohlenhydrate = 50 kcal / 210 kJ

Um die Berechnung zu erleichtern, gibt es eine Kohlenhydrataustauschtabelle (BE-Tabelle, → Seite 70).

Die Kohlenhydrataustauschtabelle ermöglicht es, die verschiedenen Nahrungsmittel entsprechend ihrem Kohlenhydratgehalt auszutauschen. Aus dieser Tabelle ist zu ersehen, wie viel Gramm eines Nahrungsmittels einer Broteinheit (BE) entsprechen, dh, in welcher Nahrungsmittelmenge jeweils 12 g reine Kohlenhydrate enthalten sind.

Welche Lebensmittel müssen nach Broteinheiten berechnet werden und welche nicht?

In BE zu berechnen	Nicht in BE zu berechnen
Getreide und Getreideprodukte: *Brot, Gebäck, Getreideflocken, Müsli, Mehl, Stärkemehl, Grieß, Teigwaren, Reis.*	*Gemüse und Salate*
	Hülsenfrüchte
	Pilze
	Nüsse
Obst und Obsterzeugnisse: *roh, in Form von Mus oder Kompott; Obst- und Gemüsesäfte; Zuckermais.*	*Fisch und Fischwaren*
	Fleisch, Geflügel, Wild
Milch und Milchprodukte: *Milch, Joghurt, Buttermilch, Sauermilch etc.*	*Wurstwaren*
	Käse, Frischkäse und Topfen
	Klare Suppen
Zucker und daraus hergestellte Produkte	*Eier*
	Butter, Margarine, Öle
Zuckeraustauschstoffe: *Fruchtzucker.*	*Süßstoffe*
	Wasser, Tee, Kaffee
Diabetikersüßwaren: *zB Schokolade, Kekse, Schnitten etc.*	*Gewürze, Essig*

Kohlenhydrate werden unterschiedlich rasch aus dem Darm in die Blutbahn aufgenommen und haben daher unterschiedliche Auswirkungen auf den Anstieg des Blutzuckers.

Ballaststoffreiche Kohlenhydratarten, wie Vollkorn und Vollkornprodukte, Naturreis, Hülsenfrüchte, Gemüse und Obst, werden langsamer aufgeschlossen, gelangen daher langsamer in die Blutbahn und bewirken einen langsamen Blutzuckeranstieg.

Ballaststoffarme Kohlenhydratarten, wie ausgemahlene Mehle und daraus hergestellte Produkte, Milch und Fruchtsäfte, werden rasch aufgeschlossen und bewirken daher einen raschen Blutzuckeranstieg.

Täglich sollten zwischen 30 und 40 Gramm Ballaststoffe aufgenommen werden. Ballaststoffe bewirken einen langsameren Blutzuckeranstieg und ein lang anhaltendes Sättigungsgefühl, können Blutzuckerspitzen glätten und wirken verdauungsfördernd.

Zucker aller Art in reiner Form ist nach Möglichkeit zu meiden bzw. sehr einzuschränken. Nach den neuesten Empfehlungen für Diabetiker ist eine mäßige Aufnahme von Zucker – weniger als 10 % der Gesamtenergie – bei normalgewichtigen Diabetikern akzeptabel.

Beispiel
Gesamtenergiebedarf 2.000 kcal
10 % davon Zucker = 200 kcal : 4
= 50 g Zucker pro Tag

Zucker soll allerdings nicht direkt, sondern nur in verpackter Form, wie in Kuchen, Mehlspeisen, Schokolade etc., aufgenommen werden, da so eine gleichzeitige Aufnahme anderer Nährstoffe wie Eiweiß, Fett und Ballaststoffe erfolgt. Keinesfalls soll Zucker in Flüssigkeiten (zB Limonaden, Kaffee, Tee) zugeführt werden! Hier kann es zu Blutzuckerspitzen kommen.

Zuckerersatzstoffe (Süßstoffe)
Zum Süßen stehen dem Diabetiker anrechnungsfreie Süßstoffe (Cyclamat, Saccharin, Aspartam, Acesulfam) zur Verfügung. Diese Süßstoffe sind frei von Kalorien und Kohlenhydraten und beeinflussen den Blutzucker nicht.

Zuckeraustauschstoffe – Polyalkohole
Zuckeraustauschstoffe sind Kohlenhydrate und müssen daher als Broteinheiten berechnet werden. Dazu zählen Fruchtzucker, Sorbit und Xylit. Sie enthalten genauso viel Energie wie normaler Haushaltszucker.
Sorbit wirkt schon in kleinen Mengen abführend und blähend. Zuckeraustauschstoffe sind koch-, back- und gefrierstabil.
Nach neuesten Erkenntnissen und Empfehlungen bringen diese Zuckeraustauschstoffe nicht wirklich Vorteile gegenüber herkömmlichem Zucker und sind daher auch nicht zu empfehlen.

Eiweiß
Laut Empfehlungen sollten ca. 15 % der Gesamtenergie in Form von Eiweiß zugeführt werden. Das entspricht 50–70 g Eiweiß pro Tag oder 0,8 g Eiweiß pro Kilogramm Körpergewicht.
Der Eiweißbedarf sollte zu einem Drittel aus tierischem Eiweiß, wie Fleisch, Fisch, Eiern, Milch und Milchprodukten, und zu zwei Dritteln aus pflanzlichem Eiweiß, wie Hülsenfrüchten, Kartoffeln, Getreideprodukten und Soja, gedeckt werden.

Wie auch in der Ernährung von gesunden Personen sollten folgende Empfehlungen berücksichtigt werden:

Maximal 2–3 Fleischportionen zu je 100–120 g in der Woche; magere Stücke und eine fettarme Zubereitungsart bevorzugen.
Bei Wurst den Fettgehalt beachten – fettarme Würste bevorzugen.
Mindestens ein- bis zweimal pro Woche Fisch verzehren. Fettarme Zubereitung berücksichtigen.
Maximal 2–3 Eidotter pro Woche.
Bei Milch und Milchprodukten den Fettgehalt berücksichtigen.

Fett

Fett ist unser energiereichster Nährstoff und dementsprechend verantwortungsbewusst sollte man damit umgehen. Es wird empfohlen, maximal 30 % der Gesamtenergiezufuhr in Form von Fett, das entspricht ca. 60–80 g pro Tag, zuzuführen.

Verteilung der täglichen Fettmenge

	Bei Normalgewicht	Bei Übergewicht
Gesamtfettmenge davon:	**60–80 g**	**50 g**
• Streichfett	20–25 g	5–10 g
• Kochfett	15–20 g	10–15 g
• Versteckte Fette	25–40 g	25–35 g

Zum Aufstreichen und Kochen hochwertige Pflanzenfette bevorzugen (Diätmargarine, Sonnenblumen-, Maiskeim-, Distel-, Kürbiskern-, Oliven- und Rapsöl).

In folgender Tabelle sehen Sie, wie man durch eine bewusste Auswahl von Lebensmitteln Fett einsparen kann:

Fettreiche Lebensmittel		Fettarme Alternative		Fett- ersparnis
1/4 l Joghurt, 3,6% Fett	9 g	1/4 l Joghurt, 1% Fett	2,5 g	–6,5 g
100 g Salami	43 g	100 g Krakauer	6 g	–37 g
1 Paar Frankfurter	24 g	1 Paar Putenfrankfurter	11 g	–13 g
100 g Gervais 65% F.i.Tr.	25 g	100 g Topfen 10% F.i.Tr.	2,4 g	–22,6 g
1 Croissant	12 g	1 Kornspitz	5 g	–7 g
1 Stk. Schwarzwälder Kirschtorte	24 g	1 Stk. Biskuit-Obst-Torte	3 g	–21 g
125 g Brathuhn mit Haut	23 g	125 g Hühnerbrust ohne Haut	1,2 g	–21,8 g

Alkohol

Alkohol ist für den Diabetiker sehr mit Vorsicht zu genießen. Alkohol hat einen sehr hohen Energiegehalt, wirkt appetitanregend und er hat die Eigenschaft, den Blutzucker kurzfristig zu senken, um ihn dann wieder ansteigen zu lassen.
Alkoholische Getränke sollten nur zu Mahlzeiten getrunken werden und nur nach Rücksprache mit dem Arzt. Am Abend sollten hochprozentige alkoholische Getränke gemieden werden.

Zu achten ist hier vor allem auf die **Gesamtfettmenge** und die Zusammensetzung der Fettsäuren, da beim Diabetiker oftmals auch eine Störung des Fettstoffwechsels vorliegt. Die Zufuhr gesättigter Fettsäuren muss reduziert und der Anteil der ungesättigten Fettsäuren soll erhöht werden.

Zu beachten sind vor allem wieder die **versteckten Fette** in Fleisch, Wurst, Milch und Milchprodukten.

Nicht in BE zu berechnen sind trockene, ausgegorene Weine, klare Schnäpse, Whisky, Weinbrand, Cognac etc.

In BE zu berechnen sind Bier, Diabetikerbier, Liköre, Dessertweine, Süßweine, Vermouth, Magenbitter, Aperitifs und Digestifs, Cocktails, Sekt und Süßmost.

Diätetische Küchentechnik bei Diabetesdiät

Lebensmittelauswahl / Garmethoden

Suppen und Saucen
Suppen ohne BE-Berechnung: Fettarme Bouillon, abgefettete Fleisch-, Knochen- oder Hühnersuppe mit Ei-, Fleisch- oder Gemüseeinlage, Gemüsebouillon.
Einlagen, wie Grießnockerl, Nudeln, Frittaten etc., müssen nach BE berechnet werden.

Püreesuppen: Von der fertig gekochten Gemüsesuppe einen Teil wegnehmen, mit dem Mixstab pürieren, evtl. mit Joghurt verrühren und wieder beifügen; in gleicher Weise kann man auch Gemüse, Saucen und Fleischsäfte binden. Wird stattdessen Mehl bzw. Stärkemehl verwendet, so muss es in BE eingerechnet werden.

Fleisch / Fleischwaren / Geflügel / Fisch
Alle mageren Fleisch-, Geflügel- und Fischsorten. Sichtbares Fett entfernen! Magere Wurstsorten, wie Schinkenwurst, Krakauer, Putenwurst.
Roher oder gekochter Schinken, Rindersaftschinken, mageres Selchfleisch, Roastbeef, Cornedbeef, Bündner Fleisch; fettarme Presswurst und Sulz.
Räucherfische, Fischkonserven ohne Öl, Marinade und verschiedene Saucen.

Fettarme Zubereitungsarten, wie Kochen, Dünsten, Dämpfen, Grillen, Garen in der Folie, bevorzugen.
Werden bei der Zubereitung Mehl, Stärke oder Brösel verwendet, so müssen diese in BE berechnet werden.
Ist keine Gewichtsreduktion nötig, können ab und zu gebackene Speisen eingeplant werden.

Gemüse / Salat / Hülsenfrüchte / Kartoffeln

Grundsätzlich sind alle Sorten von Gemüse und Salaten für den Diabetiker geeignet. Eine Berechnung in Form von Kohlenhydraten ist nicht notwendig – auch nicht bei Hülsenfrüchten. Werden größere Mengen an Hülsenfrüchten verzehrt, empfiehlt sich eine Blutzuckermessung.

Kartoffeln müssen als BE berechnet werden. Hier ist besonders auf eine fettarme Zubereitung zu achten.

Fettarme Zubereitungsarten (Dämpfen, Dünsten) ohne Mehlbindung bevorzugen. Salate und Rohkost kann man auch anstelle von Suppen geben. Mariniert mit Essig oder Zitronensaft und hochwertigem Pflanzenöl oder mit einem Dressing aus Magerjoghurt oder Buttermilch mit Kräutern, Knoblauch, Gewürzen.

Zu beachten ist bei Essigkonserven, wie Gurkerln, Paprikasalat, Pusztakraut, Pfefferoni etc., ob sie mit künstlichem Süßstoff oder mit Zucker hergestellt sind!

Getreide und Getreideprodukte

→ Kohlenhydrataustauschtabelle, Seite 70.
Vollkornprodukte sollten wegen des Ballaststoffgehaltes bevorzugt werden.

Obst

Obst muss berechnet werden
→ Kohlenhydrataustauschtabelle, Seite 70.
Kleine Mengen an Zitronensaft sind frei. Obst eignet sich gut als Zwischenmahlzeit oder Dessert.
Dörrobst ist aufgrund des hohen Zuckergehaltes für Diabetiker nicht unbedingt empfehlenswert.
Bei Obstkonserven und tiefgekühltem Obst auf den Zuckergehalt achten!

Milch und Milchprodukte / Käse

Fettarme Milch und Milchprodukte bevorzugen.
Milch und Milchprodukte (Joghurt, Buttermilch, Sauermilch) müssen berechnet werden
→ Kohlenhydrataustauschtabelle, Seite 70.
Käse wird nicht als Broteinheit berechnet. Fettarme Käsesorten bevorzugen (bis max. 30 % F. i. Tr.); Magertopfen, Hüttenkäse, Quargel, Schnittkäse etc.

Süßspeisen und Desserts

Diese sollten selten gegessen werden! Die Zubereitung soll mit Süßstoff erfolgen.
Empfehlenswert sind Mehlspeisen hergestellt aus Vollkornmehl und mit weniger Fett, zB Strudelteig, Germteig, Biskuitteig (belegt mit Obst oder gefüllt mit Topfencreme); Reisauflauf, Topfenauflauf, Topfenknödel (ohne Brösel, evtl. mit Fruchtpüree); Palatschinken.

In vielen Rezepten können die angegebenen Zuckermengen bis zu einem Drittel reduziert werden. Wo es möglich ist, sollte Zucker durch Süßstoff ersetzt werden.

Sehr gut geeignet sind Desserts wie frisches Obst, Topfencremen, Joghurt oder Buttermilch mit Obst, Fruchtgelees, Kompotte oder Mus.
Mehlspeisen mit geringem Mehlanteil (zB gezogener Strudelteig) bevorzugen. BE-Berechnung beachten!

Lebensmittel für Diabetiker

Am Markt werden zahlreiche **Diabetikerprodukte** angeboten, vor allem Süßwaren wie Pralinen, Schokolade oder Kekse. Diese Produkte werden mit Zuckeraustauschstoffen anstelle von herkömmlichem Zucker hergestellt. Meist haben sie einen höheren Fett- und Energiegehalt. Der diätetische Nutzen ist nicht erwiesen.

Kräuter und Gewürze

Es sind alle frischen Kräuter und Gewürze, Essig, Senf und Suppenwürfel erlaubt.

Getränke

Wasser, Mineral- und Tafelwasser; Kaffee und Tee, evtl. mit Süßstoff gesüßt.
Alle zuckerfreien Limonaden – achten Sie auf die BE-Angabe auf der Flasche!
Maximal 1/8 l Milch für Tee oder Kaffee über den Tag verteilt (ohne Berechnung).
Alkoholische Getränke → Kohlenhydrataustauschtabelle, Seite 70.
Alkohol nur nach ärztlicher Erlaubnis!

Fette und Öle

Zum Kochen und für Salate sollten hochwertige pflanzliche Öle verwendet werden, als Streichfette hochwertige Diätmargarinen mit einem hohen Anteil ungesättigter Fettsäuren.

Zubereitung der Speisen

Alle Zubereitungsarten sind erlaubt. Auf eine gute geschmackliche und farblich ansprechende Zubereitung sollte geachtet werden.

Fettarme Zubereitung von Fleisch, Fisch und Geflügel wie Grillen, Garen in der Folie, Dämpfen, Dünsten, Kochen, Kochen im Wok oder Zubereitung im Kombidämpfer.

Binde- und Quellmittel: Für Saucen geeignet sind Johannisbrotkernmehl, Guarkernmehl, Gelatine, Agar-Agar, Topfen und passiertes Suppengemüse.

Frische Kräuter und Gewürze bringen die persönliche Note in das Gericht und brauchen nicht berechnet zu werden.

Fertige Würzsaucen, Dressings, Senf und Ketschup enthalten meist Zucker und Stärke und sollten daher nur in kleinen Mengen eingesetzt werden.

Fertiggerichte und Tiefkühlprodukte enthalten oftmals Zucker oder Stärke – beachten Sie hier die Nährwertangaben (Kohlenhydratgehalt).

Kohlenhydrataustauschtabelle

1 BE (Broteinheit) ist als Schätzwert (10–12 g KH) ohne Anrechnung der Ballaststoffe zu verstehen.

	1 BE entsprechen g Nahrungsmitel	Schätzhilfe
Getreidekörner, ungekocht		
Amaranth	20	2 EL
Buchweizenkorn, geschält	15	1 gehäufter EL
Gerstenkorn, geschält	15	2 EL
Grünkern-Dinkel, geschält	15	2 EL
Haferkorn	20	2 EL
Hirsekorn	15	1 gehäufter EL
Maiskorn	15	2 EL
Quinoa	20	2 EL
Roggenkorn	20	2 EL
Speisekleie	65	17 EL
Weizenkorn	20	2 EL
Getreideprodukte		
Cornflakes	15	3 EL
Getreideflocken	20	2 gehäufte EL
Grieß, Polenta	15	1 gehäufter EL
Haferflocken	20	2 gehäufte EL
Mehl, griffig / glatt	15	1 gehäufter EL
Müsli-Fertigmischung mit Zucker	15	1 1/2 EL
Müsli-Fertigmischung ohne Zucker	20	2 EL
Vollkornmehl	20	2 EL
Stärke		
Kartoffelstärke	15	1 gehäufter EL
Maisstärke	15	1 gehäufter EL
Puddingpulver	15	1 gehäufter EL
Brot		
Grahamweckerl	30	1/2 Stück
Knäckebrot	15	2 Scheiben
Kornweckerl	30	1/2 Stück
Milchbrot	20	abwiegen
Mischbrot	25	1/2 Scheibe
Mürbes Kipferl	20	1/2 Stück
Semmel	20	1/2 Stück
Semmelbrösel	15	3 gestrichene EL
Semmelwürfel	15	3 gehäufte EL
Vollkornbrot	30	1/2 Stück
Vollkorntoastbrot	30	1 Stück
Weißbrot, Toastbrot	20	1 Stück
Zwieback	15	2 Stück
Teige, roh		
Blätterteig, tiefgekühlt	35	abwiegen
Mürbteig, selbst zubereitet	20	abwiegen
Pizzateig, Germteig roh	25	abwiegen
Plunderteig, tiefgekühlt	35	abwiegen
Strudelteig, tiefgekühlt	15	abwiegen
Suppeneinlagen		
Backerbsen	20	4 EL

	1 BE entsprechen g Nahrungsmitel	**Schätzhilfe**
Frittaten, getrocknet	20	abwiegen
Profiteroles	30	abwiegen
Nudeln, gekocht	50	2 gehäufte EL
Beilagen		
Nockerln / Spätzle, gekocht	50	abwiegen
Polenta, gekocht	50	2 gehäufte EL
Polenta, trocken	15	2 gestrichene EL
Reis, weiß oder Naturreis, gekocht	50	2 gehäufte EL
Reis, weiß oder Naturreis, roh	15	2 gestrichene EL
Semmelknödel	50	abwiegen
Teigwaren, gekocht	50	abwiegen
Teigwaren, roh	15	abwiegen
Vollkornteigwaren, roh	20	abwiegen
Vollkornteigwaren, gekocht	60	abwiegen
Kartoffeln		
Batate	45	abwiegen
Kartoffelknödel	50	1 kleiner Knödel
Kartoffelkroketten	40	1 mittelgroße Krokette
Kartoffeln	70	1 mittelgroße Kartoffel
Kartoffelpüree	100	2 gehäufte EL
Kartoffelpüreeflocken	15	3 EL
Pommes frites, essfertig	35	abwiegen
Milch		
Kondensmilch, ungezuckert	80	ca. 1/8 Liter
Molke, Kefir	250	1/4 Liter
Sauermilch, Buttermilch, Joghurt	250	1/4 Liter
Voll- und Magermilch	250	1/4 Liter
Nüsse (alle Sorten frei)		
Achten Sie auf den hohen Fettgehalt!		
Cashewnüsse	35	2 EL
Maroni	30	3–4 Stück
Gemüse (alle Sorten frei)		
Hülsenfrüchte	frei	Blutzuckermessung!
Zuckermais, roh	70	3 1/2 EL
Obst		
Ananas, roh	90	1 große Scheibe
Apfel mit Schale	100	1 kleiner Apfel
Banane mit Schale	80	1/2 mittelgroße Banane
Banane ohne Schale	50	
Birne	100	1 kleine Birne
Brombeeren	200	9 EL
Erdbeeren	200	15 mittelgroße Früchte
Feige, frisch	80	1 mittelgroße Frucht
Grapefruit mit Schale	150	1 kleine Frucht
Grapefruit ohne Schale	120	
Heidelbeeren	200	8 EL
Himbeeren	200	12 EL
Holunderbeeren	200	6 EL
Honig- / Zuckermelone mit Schale	110	1 dünne Schnitte
Honig- / Zuckermelone ohne Schale	90	
Johannisbeeren, schwarz und weiß	150	8 EL
Johannisbeeren, Ribiseln, rot	200	8 EL

	1 BE entsprechen g Nahrungsmitel	**Schätzhilfe**
Kaki	70	1 mittelgroße Kaki
Kirschen ohne Stein	70	8 Stück
Kirschen, rot, mit Stein	80	
Kiwi	110	1 mittelgroße Kiwi
Litschi	60	5 Stück
Mandarinen mit Schale	130	2 Stück
Mandarinen ohne Schale	100	
Mango	80	1/2 Stück
Marille mit Stein	130	2 mittelgroße Marillen
Marille ohne Stein	120	
Maulbeeren	130	
Nektarine mit Stein	120	1 kleine Nektarine
Nektarine ohne Stein	100	
Orange mit Schale	150	1 mittelgroße Orange
Orange ohne Schale	120	
Pfirsich mit Stein	120	1 kleiner Pfirsich
Pfirsich ohne Stein	100	
Preiselbeeren	170	8 EL
Quitten	140	1 mittelgroße Quitte
Ringlotten (Reineclaude) mit Stein	100	3 mittelgroße Ringlotten
Ringlotten (Reineclaude) ohne Stein	90	
Rosinen, Korinthen, Sultaninen	20	
Stachelbeeren	150	20 Stück
Wassermelone mit Schale	230	ca. 1/8 Stück
Wassermelone ohne Schale	150	
Weichseln mit Stein	120	12 Stück
Weichseln ohne Stein	110	
Weintrauben	70	10 mittelgroße Weintrauben
Zwetschke (Pflaume) mit Stein	110	4 kleine oder 2 große Zwetschken
Zwetschke (Pflaume) ohne Stein	100	
Zwetschke, getrocknet	20	
Obst, verarbeitet		
Dörrobstsorten	20	abwiegen
Marmeladen, gezuckert	20	abwiegen
Marmeladen, zuckerreduziert	35	abwiegen
Getränke		
Karottensaft	200	knapp 1/4 Liter
Rote-Rüben-Saft	130	knapp 1/8 Liter
Tomatensaft	350	ca. 1 Seidel
Obstsäfte naturrein, ungezuckert	100	knapp 1/8 Liter
Limonaden mit künstlichem Süßstoff	frei	siehe Analyse!
Limonaden	100	nur bei Hypoglykämie!
Fruchtsirup	15	nur bei Hypoglykämie!
Alkoholika nur nach Rücksprache mit dem Arzt!		
Bier	300	1 Seidel
Alkoholfreies Bier	200	knapp 1/4 Liter
Zucker in isolierter Form nicht empfehlenswert!		
Haushaltszucker	12	ca. 1 EL

	I BE entsprechen g Nahrungsmitel	**Schätzhilfe**
Honig	*15*	*ca. I EL*
Traubenzucker	*12*	*2 quadratische Plättchen*
Kakaopulver	*15*	*ca. I EL*
200 ml Milch + 5 g Kakaopulver = I BE		
Zuckeraustauschstoffe nicht empfehlenswert!		
Fruchtzucker (= Fruktose)	*12*	
Mannit, Sorbit, Xylit	*20*	
Süßstoffe energiefrei	*geeignet*	
Diabetikerwaren sind weder notwendig noch empfehlenswert! Sie haben einen hohen Energie- und Fettgehalt!		
Knabbergebäck und Süßes		
Biskotten	*15*	*3 Stück*
Butterkekse	*20*	*3 Stück*
Fredikekse	*20*	*4 Stück*
Chips	*25*	*abwiegen*
Cracker	*15*	*abwiegen*
Erdnussflocken	*20*	*abwiegen*
Salzgebäck	*15*	*I7 Solettistangerln*
Schokolade	*20*	*abwiegen*
Vollkornkekse	*20*	*5 Stück*
Biskotten	*20*	*3 I/2 Stück*
Bonbons	*15*	*I Stück*
Müsliriegel	*20*	*I Stück*
Toblerone	*20*	
Fruchteis	*50*	*I Kugel*
Milcheis	*65*	*I Kugel*
Balisto	*20*	*I Riegel*
Smarties	*I6*	
M & M Erdnüsse	*21*	
M & M Chocolate	*I8*	
Frucht- und Weichgummi	*15*	
Gummibärchen	*15*	
Schokobanane	*20*	
	Gramm / Stück	**BE**
Pralinen	*2 Stück*	*I BE*
After Eight	*2 Blättchen*	*I BE*
Fanfare	*4 Röllchen*	*I BE*
Mannerschnitten	*3 Stück*	*I BE*
Krapfen	*I Stück*	*3–4 BE*
Schaumrolle	*I Stück*	*3–4 BE*
Kit Kat	*I Pkg. (45 g)*	*2,5 BE*
Lila Pause	*I Stück*	*1,5–2 BE*
Leo	*I Pkg. (33 g)*	*1,5 BE*
Mars	*I Riegel (54 g)*	*3 BE*
Bounty	*I kl. Stück (21 g)*	*1,5 BE*
Milky Way	*I Riegel (26 g)*	*1,5 BE*
Nuts, Haselnuss	*I Riegel (50 g)*	*3 BE*
Prinzenrolle (klein)	*I Stück (16 g)*	*I BE*
Prinzenrolle (groß)	*I Stück (24 g)*	*1,5 BE*

	Gramm / Stück	BE
Tender	1 Stück (37 g)	2 BE
Twix (Doppelpack)	1 Pkg. (58 g)	3 BE
Schwedenbombe	1 Stück (20 g)	1 BE
Yes-Törtchen	1 Stück (38 g)	2 BE
Mon Cherie	2 Stück	1 BE
Mozartkugel	2 Kugeln	1,5 BE
Papillon	2 Stück	1 BE
Pocket Coffee	2 Stück	1 BE
Ferrero Rocher	2 Stück	1 BE
Ferrero Küsschen	3 Stück	1 BE
Duplo	1 Stück (18 g)	1 BE
Naps	4 Stück (20 g)	1 BE
Raffaello	3 Stück	1 BE
Nussini	1 Riegel (37 g)	2 BE
Fruchtzwerge	1 Stück (50 g)	0,7 BE
Milchschnitte	1 Stück (28 g)	1 BE
Lion	1 Riegel	3 BE
Maltesers	10 Stück (20 g)	1 BE
Snickers	1 Riegel (60 g)	3 BE

(Quelle: Verband der Dipl. DiätassistentInnen und ernährungsmedizinischen BeraterInnen Österreichs)

Diät bei Fettstoffwechselstörungen (Hyperlipidämie)

Fettstoffwechselstörungen oder Hyperlipidämie ist ein Sammelbegriff für eine Gruppe von Stoffwechselstörungen mit überhöhter Konzentration einzelner oder mehrerer Fette im Blut, in erster Linie von Cholesterin und / oder Triglyzeriden. Man spricht demnach von **Hypercholesterinämie oder Hypertriglyzeridämie.**

Normalwerte Cholesterin:
bis 200 mg / dl Blut.
Normalwerte Triglyceride:
bis 170 mg / dl Blut.

Hypercholesterinämie

Ein erhöhter Cholesterinwert ist einer der Wegbereiter für schwerwiegende Erkrankungen, wie zB Atherosklerose (Verengung der Blutgefäße), die in Folge zu Herzinfarkt und Schlaganfall führen können.

Ein überhöhter Cholesterinspiegel tut nicht weh, man spürt ihn nicht. Und gerade darin liegt die Tücke. Ein über Jahrzehnte erhöhter Blutcholesterinspiegel führt zu Ablagerungen an den Gefäßwänden, Atherosklerose genannt. Die Folge ist, dass das Blutgefäß zunehmend verengt und es zum Infarkt bzw. Verschluss kommen kann (→ Fette, Seiten 19 ff.).

Durch richtige Ernährung und einen bewussteren Lebensstil kann man persönlich sehr viel dazu beitragen, dieses Risiko zu minimieren. Fettarme und cholesterinbewusste Ernährung ist ein wesentlicher Beitrag dazu.

Was ist Cholesterin?

Cholesterin ist keine schädliche Substanz, sondern hat wichtige Aufgaben im Körper zu erfüllen:
• Aufbau der Zellmembranen.

• Bildung von Gallensäuren.
• Bildung von Hormonen.

Der menschliche Organismus baut sein benötigtes Cholesterin selbst auf – vor allem in der Leber. Es wird im Körper in Form von so genannten **Lipoproteinen** transportiert (HDL, LDL). Cholesterin ist in Wasser unlöslich, daher wird es in der Leber von einer Eiweißhülle umgeben, damit es im Blut zu den verschiedensten Organen transportiert werden kann. Diese Kombination von Eiweiß und Fetten wird Lipoprotein genannt. Es gibt verschiedene Arten solcher Fett-Eiweiß-Körper im Blut, die auch unterschiedliche Eigenschaften haben:

LDL – Low Density Lipoprotein, wird auch schlechtes Cholesterin genannt. Es enthält viel Cholesterin und Fett und gibt sie an die Arterienwände ab. Ein hoher LDL-Spiegel im Blut begünstigt die Entstehung der Atherosklerose.

HDL – High Density Lipoprotein, wird auch als „Straßenkehrer-Lipoprotein" oder gutes Cholesterin bezeichnet. Es enthält relativ wenig Cholesterin und transportiert überschüssiges Cholesterin ab.

Was passiert mit Cholesterin im Körper?

Der Mensch nimmt mit der Nahrung Cholesterin zu sich. Dieses Nahrungscholesterin wird durch die Darmwand ins Blut übergeführt und in den Stoffwechsel gebracht. Durch falsche Ernährung oder aufgrund einer angeborenen Stoffwechselstörung kann es zu erhöhten Cholesterinwerten kommen.

Dieses überschüssige Cholesterin lagert sich vor allem an den Wänden der Blutgefäße ab, dazu kommen aber auch noch Kalkablagerungen – es kommt zur Entstehung von Atherosklerose. Die Folge dessen können Herzinfarkt und Gehirnschlag oder andere Verschlusskrankheiten wie das Raucherbein sein.

Entstehung von Atherosklerose

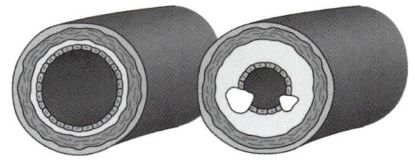

Gesundes Gefäß   Verengtes Gefäß

Risikofaktoren für die Entstehung von Atherosklerose
- Hohe Blutfettwerte.
- Hoher Blutdruck.
- Rauchen.
- Übergewicht.
- Hohe Blutzuckerwerte.
- Hohe Harnsäurewerte.
- Bewegungsmangel.
- Stress.

Je mehr Risikofaktoren bei einem Menschen zusammentreffen, desto größer ist die Gefahr, an Atherosklerose zu erkranken.

Wie hoch sollte der Cholesterinspiegel sein?

Zielwerte Blutcholesterinspiegel			
	Erwachsene Vorsorge	Erwachsene* bei bereits bestehender Gefäßerkrankung sowie Diabetes	Jugendliche
Gesamtcholesterin	< 200 mg / dl	< 160 mg / dl	< 160 mg / dl
LDL-Cholesterin	< 130 mg / dl	< 100 mg / dl	< 100 mg / dl
HDL-Cholesterin	> 50 mg / dl	> 50 mg / dl	> 50 mg / dl
Quotient Gesamtcholesterin / HDL	< 5	< 3	< 3

* Besonders wichtig sind diese Cholesterinzielwerte, wenn bereits Herz-Kreislauf-Risiken, wie Rauchen, Bluthochdruck oder Diabetes mellitus, bestehen. Falls bereits ein Herzinfarkt aufgetreten ist, sollte unbedingt das LDL-Cholesterin weiter gesenkt werden.

Wie kommt es zur Entstehung eines überhöhten Cholesterinspiegels?

Ein überhöhter Cholesterinspiegel kann sowohl erblich bedingt sein als auch durch falschen Lebensstil begünstigt werden. Die familiäre Hypercholesterinämie kommt relativ selten vor und geht mit sehr hohen Cholesterinwerten einher. Das Risiko für Herz-Kreislauf-Erkrankungen ist sehr hoch.

In den meisten Fällen begünstigen jedoch **falsche Ernährung** (zu viel Fett und zu viel gesättigte Fettsäuren), **zu wenig Bewegung und Übergewicht** die Entstehung eines erhöhten Blutcholesterinspiegels.

Welche Ernährungsfaktoren sind für die Entstehung eines überhöhten Cholesterinspiegels verantwortlich?

- Zu viel Gesamtfett.
- Zu viel an gesättigten Fettsäuren.
- Hohe Cholesterinzufuhr mit der Nahrung.
- Zu wenig Ballaststoffe.

Durch richtige Ernährung und mehr Bewegung können erhöhte Blutcholesterinwerte positiv beeinflusst und somit das Risiko für Atherosklerose reduziert werden.

Die Ernährung bei überhöhtem Cholesterinspiegel

Fettmodifizierte und -reduzierte Ernährung
Meist ist ein überhöhtes Blutcholesterin die Folge einer falschen Ernährung und einer ungesunden Lebensweise (zu wenig Bewegung, Rauchen etc.). Aus diesem Grund ist eine Ernährungsumstellung unbedingt notwendig.

Da bei Personen mit Fettstoffwechselstörungen sehr oft auch Übergewicht vorliegt, soll gleichzeitig eine Gewichtsreduktion angestrebt werden.

Die wichtigsten Maßnahmen sind
- Reduzierung der Gesamtfettmenge auf maximal 30 % der Gesamtenergiezufuhr.
- Ausgewogenes Fettsäuremuster – wenig gesättigte Fettsäuren, mehr ungesättigte Fettsäuren.
- Beschränkung der Nahrungscholesterinzufuhr auf 250 bis max. 300 mg pro Tag.
- Erhöhung der Ballaststoffzufuhr auf mindestens 30 g pro Tag.

Fette – Qualität vor Quantität

Die Gesamtmenge an Fett und die Zusammensetzung der Fettsäuren spielen bei Menschen mit überhöhten Cholesterinwerten eine zentrale Rolle.

- Gesättigte Fette (tierische Fette) wirken erhöhend auf das Blutcholesterin.
- Ungesättigte Fettsäuren (pflanzliche Fette) wirken regulierend bzw. senkend auf das Cholesterin im Blut.

Die Zufuhr sollte wie folgt verteilt werden

Gesamtfettzufuhr maximal 30 % des Energiebedarfes pro Tag.
Davon
weniger als 10 % gesättigte Fettsäuren, mehr als 10 % einfach ungesättigte Fettsäuren, 8–10 % mehrfach ungesättigte Fettsäuren.

Gesättigte Fettsäuren beeinflussen den Blutcholesterinspiegel negativ, dh, sie führen zu einer Erhöhung des Blutcholesterins.

Einfach ungesättigte Fettsäuren können einen positiven Beitrag zur Senkung überhöhter Cholesterinwerte leisten.

Mehrfach ungesättigte Fettsäuren – für unseren Körper lebensnotwendig

Sie sind für den Aufbau von verschiedenen Hormonen und viele andere Körpervorgänge notwendig. Sie haben eine cholesterinsenkende Wirkung.
→ Aufbau und Einteilung der Fette, Seite 19.

Tipps für die Praxis

- Tierische Fette (Butter, Schmalz, versteckte Fette in Fleischwaren) einschränken.
- Maximal 2–3 Fleischportionen (maximal 100–120 g / Tag) pro Woche.
- Sichtbares Fett entfernen.
- Bei Wurstwaren fettarme Produkte bevorzugen.
- Bei Milch und Milchprodukten fettarme Produkte bevorzugen.

- Zum Kochen und Aufstreichen auf Schmalz und Kokosfett verzichten! Pflanzliche Fette und Öle (Diätmargarine, Oliven-, Raps-, Sonnenblumen-, Maiskeimöl) verwenden.
- Ein- bis zweimal pro Woche eine Fischmahlzeit einplanen (bevorzugt Lachs, Makrele, Thunfisch und Hering).

Neben dem Fettsäuremuster ist natürlich der **Gesamtfettgehalt** der Nahrung ausschlaggebend.

Weniger Fett

Im Rahmen einer cholesterinbewussten Ernährung ist vor allem auch auf die Fettaufnahme zu achten. Ein bewussterer Umgang mit Fett ist unbedingt notwendig.

Fettspartipps

- Zum Kochen und Anbraten von Speisen beschichtete Pfannen bzw. Geschirr verwenden.
- Fettarme Garmethoden bevorzugen: Kochen, Dämpfen, Dünsten, fettarmes Braten und Backen im Rohr, Grillen, Zubereitung im Wok, Kombidämpfer. Auf frittierte bzw. im Fett schwimmend herausgebackene Speisen verzichten.
- Gemüse, Geflügel oder Fisch kann man auch ganz ohne Fett in einem Dämpfeinsatz zubereiten.
- Viel lässt sich auch durch den Austausch von fettreichen durch fettarme Produkte erreichen: Zum Beispiel ersetzen Sie Schlagobers (36 % Fett) durch Kaffeeobers (10–15 % Fett) oder Joghurt (1 % Fett).
- Zum Binden von Saucen können Sie auch passiertes Gemüse oder Kartoffeln verwenden.
- Für die Zubereitung von Ragouts, Eintöpfen etc. anstelle von Speck mageren Schinken verwenden.
- Fett auf Suppen und Saucen abschöpfen.
- Salatsaucen und Dressings mit Joghurt anstelle von Obers oder Mayonnaise zubereiten.

Nahrungscholesterin: Zufuhr einschränken

Die durchschnittliche Cholesterinaufnahme mit der Ernährung beträgt derzeit ca. 600 mg / Tag. Nicht mehr als 250–300 mg Nahrungscholesterin sollten jedoch pro Tag aufgenommen werden. Das bedeutet, der Verzehr tierischer, cholesterinreicher Nahrungsmittel, wie Innereien, Schalen- und Krustentiere, ist einzuschränken.

Cholesteringehalt von Lebensmitteln → Fettähnliche Stoffe, Seite 23.

Kohlenhydrate und Ballaststoffe

Mehr Obst, Gemüse und Getreideprodukte müssen zugeführt werden. Mindestens 55 % der Nahrungsenergie sollten in Form von kohlenhydrathaltigen Nahrungsmitteln zugeführt werden. Dabei ist zu beachten, dass der Konsum von Zucker und zuckerreichen Lebensmitteln eingeschränkt und stärkehaltigen, ballaststoffreichen Lebensmitteln der Vorzug gegeben werden soll.

Wichtig ist die Zufuhr von ballaststoffreichen Lebensmitteln, da Ballaststoffe eine Cholesterin senkende Wirkung haben. → Lipoide, Seite 23.

Ballaststoffe binden im Darm Gallensäuren und bringen so das überschüssige Cholesterin zur Ausscheidung – der Cholesterinspiegel wird gesenkt und Atherosklerose wird vorgebeugt. Ein weiterer Effekt einer ballaststoffreichen Kost ist eine verzögerte Aufnahme von Traubenzucker ins Blut. Dies ist besonders bei der Ernährung von Diabetikern zu beachten. Der Blutzuckerspiegel steigt nach einer ballaststoffreichen Mahlzeit weniger an als nach dem Verzehr vergleichbarer ballaststoffarmer Lebensmittel.

Tipps für die Praxis

- Täglich sollte eine Portion Gemüse und Salat oder Rohkost auf dem Speiseplan stehen.

- Mindestens zwei Stück Obst sollten täglich gegessen werden. Obst kann auch für die Zubereitung von erfrischenden, kalorien- und fettarmen Desserts verwendet werden.
- Weißbrot und Semmeln gegen Vollkornbrot und -gebäck austauschen.
- Anstelle von Weißmehl Vollkornmehl verwenden.
- Als Beilage eignen sich gut Naturreis und Vollkornteigwaren.
- Kartoffeln sind sehr fettarm – auf eine fettarme Zubereitung achten!

Sekundäre Pflanzenstoffe

Die in fettreichen Pflanzenteilen vorkommenden **Phytosterine** haben eine Cholesterin senkende Wirkung. Sie kommen vor allem in Sonnenblumenkernen, Sesam und Sojabohnen vor. In geringen Spuren sind sie auch in Gemüse und Obst enthalten.

Phytosterine weisen eine ähnliche Struktur auf wie Cholesterin und verhindern somit die Aufnahme von Cholesterin über den Darm ins Blut (→ siehe auch Sekundäre Pflanzenstoffe, Vorkommen und Wirkung, Seite 45).

Der Cholesterin senkende Effekt kann mit der normalen Ernährung allein kaum erreicht werden. Seit einigen Jahren gibt es in Österreich eine spezielle Diätmargarine, die mit Phytosterinen angereichert ist. Eine 10–15 %ige Cholesterinsenkung, vor allem des LDL-Cholesterins, kann damit erreicht werden.

Vitamine und Mineralstoffe

Einige Vitamine haben eine besonders gefäßschützende Wirkung und sind daher im Rahmen einer fettmodifizierten Ernährung von besonderer Bedeutung:

Vitamin E ist wichtig für den Fettstoffwechsel, da es eine antioxidative Wirkung hat. Es schützt die Arterien vor Ablagerung von Cholesterin.
Vorkommen: in hochwertigen Pflanzenölen, Margarine, Sonnenblumen-

und Kürbiskernen, Gemüse, Vollkornprodukten, Eiern, Fisch.

Folsäure wirkt der Atherosklerose entgegen.
Vorkommen: in grünem Blattgemüse, vorwiegend in Spinat und Kohl, Brokkoli, Fenchel, Spargel, Weizenkeimen, Nüssen, Vollkornprodukten, Fleisch, Leber, Milch und Milchprodukten, Eiern.

Hypertriglyzeridämie

Erhöhte Triglyzeridwerte im Blut sind häufig die Folge von Übergewicht, Diabetes mellitus und Alkoholmissbrauch.

Für die Hypertriglyzeridämie gelten dieselben Grundsätze wie für die Hypercholesterinämie.

Die diätetischen Maßnahmen sind:

- Anstreben des Normalgewichtes.
- Reduktion des Fettverzehrs (auf maximal 30 % der Gesamtenergiemenge).
- Drastische Alkoholreduktion.
- Reduzierung der leicht resorbierbaren Kohlenhydrate, wie Zucker, Honig, alle Süßspeisen, sehr süße Obstsorten, Weißbrot, sehr süße Getränke etc.

Diätetische Küchentechnik bei Hyperlipidämien

Lebensmittelauswahl / Garmethoden

Suppen und Saucen
Entfettete Fleisch- oder Gemüsebouillon; Einlagen wie Teigwaren (ohne Ei), Frittaten (nur mit Eiklar und Magermilch), Gemüsejulienne.

Gemüsesuppen; Mehl und Magermilch sind zum Binden erlaubt. Vollkornmehl und Magermilch bevorzugen.

Für Saucen mitgebratenes Wurzelgemüse verwenden (pürieren), mit Magerjoghurt binden.

Fleisch / Geflügel / Fisch / Fleischwaren
Alle mageren Sorten von Schwein, Rind und Kalb (100 g pro Portion) sowie Wild erlaubt. Sichtbares Fett entfernen; Geflügel ohne Haut; Gans und Ente sind fettreichere Geflügel und sollten daher sehr selten gegessen werden.

Fettarme Wurst- und Fleischwaren: zB Puten- und Geflügelwurst, Krakauer, Schinkenwurst, Rindersaftschinken, Putenschinken, magerer Schweineschinken.

Mindestens ein- bis zweimal pro Woche eine Fischmahlzeit einplanen; Lachs, Makrele, Hering, Zander, Kabeljau, Forelle, Hecht, Seelachs, Seezunge etc. auf den Speiseplan setzen.

Fettarme Zubereitungsarten wählen; hochwertige Fette und Öle mit einem hohen Gehalt an ungesättigten Fettsäuren (Oliven-, Raps-, Sonnenblumen-, Maiskeimöl) verwenden.

Gemüse / Salate / Hülsenfrüchte / Kartoffeln
Alle Sorten, Natur zubereitet. Keine in schwimmendem Fett gebackene Gemüse oder Kartoffeln.

Rohkost ist auch gut geeignet, anstelle von Suppen serviert zu werden: mariniert mit verschiedenen Essigsorten oder Zitronensaft sowie hochwertigen Ölen oder einem Dressing aus Magerjoghurt oder Buttermilch mit Kräutern, Knoblauch etc.

Eier

Pro Woche nicht mehr als 2–3 Eidotter; Eiklar kann bedenkenlos eingesetzt werden.

Getreide / Getreideprodukte

Vollkornprodukte bevorzugen: Naturreis, Vollkornteigwaren, Vollkornmehl, Vollkornbrot und -gebäck.

Obst

Bei Übergewicht und Hypertriglyzeridämie sehr süße Obstsorten, wie Weintrauben, Zwetschken, Kirschen, sowie Trockenfrüchte sehr einschränken bzw. nicht verwenden.
Es kann auch Tiefkühlware verwendet werden – achten Sie jedoch darauf, dass das Produkt nicht gezuckert ist.

Milch / Milchprodukte / Käse

Fettarme Milch und Milchprodukte, wie Magermilch, Buttermilch, Magertopfen, Hüttenkäse, sowie Käse mit nicht mehr als 30 % F. i. Tr. verwenden.
Bedenken Sie, dass Milch und Milchprodukte mitunter viele versteckte Fette (gesättigte Fettsäuren) und Cholesterin enthalten. Obers, Crème fraîche, Rahm und fette Käsesorten daher stark einschränken bzw. meiden.

Süßspeisen und Desserts

Bei Übergewicht und Hypertriglyzeridämie Süßspeisen und Desserts sehr einschränken.

In kleinen Mengen sind Zucker, Honig, Marmelade und Fruchteis tolerierbar.

Für die Zubereitung von Kuchen und Süßspeisen sollte nur hochwertiges pflanzliches Fett verwendet werden. Teige mit einem geringen Dotterzusatz und fettreduzierte Teige bevorzugen: Gut geeignet sind ausgezogener Strudelteig, Germteig oder Baisers.
Ungeeignet sind Blätterteig, Plunderteig und Torten mit Oberscreme.

Frisches Obst, Obstsalate, Cremen aus Joghurt, Topfen, Kompotte, Mus oder Fruchtgelees eignen sich als Dessert.

Auf Schokolade und daraus hergestellte Produkte, Marzipan, Oberscremen, Nougat soll verzichtet werden.

Getränke

Tafel- und Mineralwasser, Tee, Kaffee, verdünnte Obst- und Gemüsesäfte.
Bei Hypertriglyzeridämie gilt ein striktes Alkoholverbot!

Gewürze

Alle Kräuter und Gewürze können verwendet werden.

Fette und Öle

Fette und Öle mit einem hohen Anteil an ungesättigten Fettsäuren verwenden: Oliven-, Raps-, Sonnenblumen-, Maiskeim- oder Distelöl, Diätmargarine.

Auf tierische Fette (Butter, Schmalz) sowie Kokosfett und Palmkernfett wegen ihres hohen Anteils an gesättigten Fettsäuren verzichten.

Mayonnaise und daraus hergestellte Produkte sind sehr fettreich und sollten daher sehr eingeschränkt verwendet werden.

Zubereitung der Speisen

Fettarme Zubereitungen, wie Kochen, Dünsten, Dämpfen, Braten, Grillen, Garen im Kombidämpfer, im Druckkochtopf, im Römertopf und im Wok, sind sehr gut geeignet.

Diät bei überhöhten Harnsäurewerten und Gicht – Purinreduzierte Diät

Unter Hyperurikämie versteht man eine **Erhöhung der Harnsäurekonzentration** im Blut. Gicht ist die Folge der Hyperurikämie – es kommt zu Ablagerungen von Harnsäurekristallen in Gelenken und Organen (Nieren). Hyperurikämie ist damit ein Risikofaktor für Atherosklerose und ein Vorläufer von Nierensteinen.

Die Hauptursache liegt wieder in der Überernährung, einhergehend mit hohem Fleischkonsum und Alkoholmissbrauch. Es gibt aber auch genetische Ursachen.

Normalbereich der Harnsäure im Blut
- Männer < 7 mg / dl Blut
- Frauen < 5 mg / dl Blut

Harnsäurestoffwechsel

Die Harnsäure ist das Endprodukt des Purinstoffwechsels. Purine sind als so genannte Nukleoside und Nukleotide ein wesentlicher Bestandteil der Zellkernsubstanz. Sie kommen in tierischen und pflanzlichen Zellen vor. Die Serumharnsäurekonzentration resultiert aus dem Fließgleichgewicht zwischen Harnsäurebildung und -ausscheidung. Die Menge an gebildeter Harnsäure beträgt ca. 350 mg pro Tag und ist abhängig von

- der Zufuhr von Purinen mit der Nahrung (purinreiche Nahrungsmittel sind Innereien, Fleisch, Fleischwaren, Sojabohnen, Hülsenfrüchte und Germ) und
- der Purinbildung im Organismus.

Die Harnsäure wird zu 70–80 % über die Nieren und zu 20 % über den Darm ausgeschieden. Eine Hyperurikämie entsteht, wenn Harnsäure vermehrt gebildet oder vermindert ausgeschieden wird.

Faktoren, die die Entstehung von Gicht begünstigen
- Genetische Veranlagung.
- Purinreiche Kost.
- Hochkalorische Ernährung.
- Exzessiver Alkoholkonsum.
- Nierenerkrankungen.

Ernährung bei überhöhten Harnsäurewerten und Gicht

Die Höhe des Harnsäurespiegels im Blut kann sowohl durch diätetische als auch durch medikamentöse Maßnahmen beeinflusst werden. Ziel der Therapie ist es, den Harnsäurebestand des Körpers durch folgende Maßnahmen zu vermindern:

- Normalisierung des Körpergewichtes durch eine energiereduzierte Kost (keine Fastenkuren!).
- Einschränkung des Verzehrs purinreicher Nahrungsmittel.
- Einstellung des Alkoholkonsums.
- Reichlich Flüssigkeit.

Eine Kombination aus diätetischer und medikamentöser Therapie erweist sich in der Praxis als sehr wirksam.

Eine **purinarme Ernährung** enthält pro Woche weniger als 2.000–3.000 mg Harnsäure, das entspricht 300–400 mg Harnsäure pro Tag.

1 mg Purin = 2,4 mg Harnsäure

In Lebensmitteln wird der Puringehalt in Harnsäure pro 100 g angegeben.

Erlaubt sind
- fettarme Milch und Milchprodukte, Eier.
- purinarme pflanzliche Lebensmittel bis maximal 50 mg / 100 g Lebensmittel, wie zB Karotten, Kartoffeln, Feldsalat, Gurke, Tomaten oder Zucchini.

- Getreideprodukte und Backwaren mit einem Harnsäuregehalt bis 100 mg / 100 g.
- Mindestens 2 l Flüssigkeit (bevorzugt Wasser, Mineralwasser) pro Tag.

Einzuschränken sind
- Fleisch, Wurst oder Fisch (maximal 100–120 g / Tag; auf eine fettarme Zubereitung achten!),
- Hülsenfrüchte, wie Erbsen, Linsen und Bohnen, sowie Sojaprodukte und Germ.

Zu meiden sind
- Alkoholische Getränke (Alkohol hemmt die Harnsäureausscheidung über die Niere).
- Tierische, purinreiche Lebensmittel (zB Innereien, Haut von Geflügel, Fisch).
- Fett- und zuckerreiche Lebensmittel.

Energie- und Nährstoffverteilung

55–60 % Kohlenhydrate
25–30 % Fett
10–15 % Eiweiß
Mindestens 30 g Ballaststoffe

Energiezufuhr
Liegt Übergewicht vor, so soll die Energiezufuhr auf 1.000–1.500 kcal pro Tag reduziert werden. Vom totalen Fasten wird abgeraten, da es zu einer vermehrten Bildung von Stoffwechselendprodukten und einer verminderten Harnsäureausscheidung über die Niere kommt. Dadurch kann es zu einem Anstieg des Blutharnsäurespiegels kommen.

Eiweiß
Bei pflanzlichen und tierischen Eiweißlieferanten soll auf den Puringehalt und den Fettgehalt geachtet werden. Fleisch, Fleischwaren und bestimmte Fischarten (Hering, Makrele, Ölsardinen, Sprotten) sind relativ purinreich.

Milch, Milchprodukte, Käse und Eier stellen eine bevorzugte Quelle für tierisches Eiweiß dar.

Von den pflanzlichen Eiweißlieferanten haben besonders Hülsenfrüchte und einige Sojaprodukte einen hohen Puringehalt und müssen daher eingeschränkt werden.

Fett
30 % der Gesamtenergiezufuhr sollen nach den Richtlinien einer ausgewogenen Ernährung aus Fett bestehen. Auch hier ist auf ein ausgewogenes Verhältnis der Fettsäuren zu achten (wenig gesättigte, mehr ungesättigte Fettsäuren).

Zum Kochen und Aufstreichen soll hochwertigen, pflanzlichen Fetten und Ölen der Vorzug gegeben werden. Generell soll auf eine fettarme Zubereitung geachtet werden.

Kohlenhydrate
Ballaststoffreiche Lebensmittel, wie Vollkornprodukte und Gemüse sowie Obst, stellen die wichtigsten Kohlenhydratlieferanten dar. Zu beachten ist auch der Puringehalt bei manchen pflanzlichen Lebensmitteln, der zB bei Hülsenfrüchten, Sojaprodukten, Hefeextrakt und Bierhefe sehr hoch ist. Diese Lebensmittel sind daher für eine purinarme Ernährung nur bedingt geeignet. Die oft in alternativen Ernährungsformen verwendeten Lebensmittel sind nicht purinarm bzw. purinfrei.

Da meist auch Übergewicht abgebaut werden muss, sollen Zucker und zuckerreiche Lebensmittel stark eingeschränkt bzw. vermieden werden.

Flüssigkeitszufuhr
Die Flüssigkeitszufuhr soll möglichst hoch sein – mindestens 2 l pro Tag. Günstig sind kalorienarme, zuckerfreie Getränke wie Wasser, Mineralwasser, Kräuter- und Früchtetee; Tee und Kaffee in Maßen genossen.

Alkohol hemmt die Ausscheidung von Harnsäure über die Niere und steigert die Bildung von Harnsäure. Außerdem enthält Alkohol viel Energie. Bier, Weizenbier und Spirituosen sollen gänzlich gemieden werden.

Diätetische Küchentechnik bei purinarmer Kost

Lebensmittelauswahl / Garmethoden

Suppen und Saucen

Klare Gemüsebouillons (keine Fleischbrühen) mit Einlagen, wie zB Nudeln, Grießnockerln, Frittaten usw., aber ohne Fleisch und Innereien; Haferflocken- oder Grießsuppe, auch mit Ei legiert.
Gemüse-, Kräuter-, Kartoffel-, Zwiebelsuppe.

Saucen und Fleischsaft auf Fleischbasis sollen sehr wenig verwendet werden; besser dafür Wasser oder Gemüsebrühbasis verwenden. Binden mit Mehl, Milch oder etwas Obers ist erlaubt.

Fleisch / Fleischwaren / Geflügel / Fisch

Der gesamte Verzehr von Fleisch und Fleischwaren ist auf insgesamt max. 100–120 g täglich einzuschränken. Magere Stücke auswählen, sichtbares Fett entfernen, fettarm zubereiten.

Auf folgende tierische Lebensmittel soll gänzlich verzichtet werden: Innereien, Hering, Sprotten, Ölsardinen, Anchovis, geräucherte Fische und Fischspeisen sowie geräucherte Fleischwaren wie Speck etc.

Gemüse / Salate / Hülsenfrüchte / Kartoffeln

Gemüse und Salate mit einem Puringehalt bis 50 mg pro 100 g sind zu bevorzugen. Hülsenfrüchte und Sojaprodukte sind einzuschränken. Zubereitungsarten: Natur oder gebunden. Gemüse ist sowohl als Hauptgericht als auch als Beilage gut einsetzbar. Rohkost kann im Menü auch anstelle von Suppe gereicht werden. Mariniert wird mit verschiedenen Essigsorten, Zitronensaft und Öl oder einem Dressing aus Joghurt oder Buttermilch, Kräutern, Knoblauch usw. Kartoffeln sind sehr purinarm und eignen sich bei fettarmer Zubereitung sehr gut als Beilage oder Hauptgericht.

Milch / Milchprodukte / Käse

Milch und Milchprodukte sind teilweise frei von Purinen bzw. sehr purinarm und deshalb im Rahmen dieser Kostform gut einsetzbar. Zu beachten ist vor allem der Fettgehalt. Käse mit über 30 % F. i. Tr. eher meiden.

Magerjoghurt und Magertopfen eignen sich sehr gut als Zwischenmahlzeiten und mit frischen Früchten für die Zubereitung von fettarmen Desserts.

Obst / Nüsse

Obst weist einen niedrigen Puringehalt auf und ist deshalb für die purinarme Küche sehr wichtig. Als Zwischenmahlzeit und für Desserts, wie Fruchtsalat, Sorbet, Kompott und Mus, ist Obst sehr gut geeignet.

Nüsse weisen einen mittleren Puringehalt auf. Da sie sehr fettreich sind, sollen sie nur sehr eingeschränkt eingesetzt werden.

Eier

Eierspeisen, Omeletten mit Kräutern, Gemüse und Pilzen können im Rahmen dieser Kostform gereicht werden.

Getreide / Getreideprodukte

Beilagen wie Reis, Teigwaren, Knödel, Maisgrieß (Polenta), Grünkern; auch als Hauptgerichte für fleischlose Kost einsetzen; Vollkornprodukte verwenden; auf eine fettarme Zubereitung achten.

Süßspeisen und Desserts

Wenn keine Gewichtsreduktion notwendig ist, sind Süßspeisen erlaubt. Sonst sollen Süßspeisen sehr selten und mit Süßstoff zubereitet werden.
Ein größerer Anteil von Obst oder Magermilchprodukten in den Süßspeisen (zB in Apfel- oder Topfenstrudel, Topfenknödeln) ist von Vorteil.
Gut geeignet sind frisches Obst und daraus hergestellte Desserts wie zB Fruchtsalate, Topfencremen, Joghurt oder Buttermilch mit Obst, Kompott oder Mus, Fruchtgelees und Sorbets.

Teige mit wenig Fettanteil, wie Strudelteig, oder Topfenknödel auf Fruchtspiegel, sind gut geeignet.
Ungeeignet sind in Fett gebackene Desserts sowie Torten und Schnitten mit einem hohen Anteil an Oberscremen, Schokolade und Schokoladeprodukte.

Gewürze

Alle frischen Kräuter und Gewürze können verwendet werden. Fleischextraktwürfel sind zu meiden. Mit Kochsalz sparsam umgehen.

Getränke

Alkohol nur nach ärztlicher Erlaubnis; Tafel- und Mineralwasser, verdünnte Obst- und Gemüsesäfte; keine stark gezuckerten Limonaden.
Kaffee, Tee: Ein bis zwei Tassen täglich sind erlaubt.
Bier, Hefebier und Spirituosen sind gänzlich zu meiden.

Wasser ist ein geeigneter Durstlöscher.

Puringehalt in Lebensmitteln

Lebensmittel	mg Harnsäure / 100 g
Rindfleisch	
Braten, roh	140
Filet, roh	150
Schweinefleisch	
Braten, roh	150
Filet, roh	170
Schnitzel, roh	170
Kalbfleisch	
Braten, roh	150
Haxe, roh	140
Lende, roh	160
Lammfleisch	
Braten, roh	140
Wild	
Hase, Schulter, roh	170
Hirsch, Schlögel, roh	160
Geflügel	
Ente, roh	150
Gänsebrust, roh	120
Hühnerkeule, roh	160
Putenschnitzel, roh	120
Innereien	
Kalbsbries, roh	900
Kalbsherz, roh	180
Kalbsleber, roh	260
Kalbslunge, roh	240
Kalbsniere, roh	210
Rinderzunge, roh	160
Schweinsherz, roh	180
Schweinsleber, roh	300
Schweinsniere, roh	255
Fleisch- und Wurstwaren	
Bierschinken	80
Cornedbeef	60
Fleischwurst	80
Frankfurter Würstchen	70
Landleberwurst	110
Leberkäse	70
Leberwurst	120
Mortadella (heimische)	120
Salami	100
Schinken, gekocht, mager	130
Schinken, roh, mager	160
Schinken, roh, durchwachsen	130
Schweinsbratwurst	100
Speck, fett	10
Weißwurst	70
Fische	
Forelle mit Haut	200
Heilbutt ohne Haut	170
Hering mit Haut	320
Hering ohne Haut	190
Karpfen mit Haut	150
Makrele mit Haut	170
Rotbarsch ohne Haut	130
Schellfisch ohne Haut	140
Scholle ohne Haut	130
Räucherfische	
Aal	80
Bückling ohne Haut	145
Heilbutt	200
Lachs	170
Makrele	170
Rotbarsch ohne Haut	160
Schillerlocken	140
Sprotten	500
Fischkonserven	
Anchovis, Sardellen	260
Bismarckhering	180
Brathering ohne Haut	160
Fischstäbchen	110
Hering in Gelee	90
Matjesfilet	210
Ölsardinen mit Haut und Gräten	350
Thunfisch in Öl	180
Milch, Milchprodukte, Eier	
Vollmilch	0
Joghurt	0
Topfen, 20 % F. i. Tr.	0
Camembert, 45 % F. i. Tr.	30
Emmentaler, 45 % F. i. Tr.	10
1 Ei (60 g)	3
Fette	
Butter	0
Margarine	0
Kartoffeln / Kartoffelprodukte	
Kartoffeln, roh	15
Kartoffeln, gekocht	15
Kartoffelchips, gesalzen	70
Gemüse	
Brokkoli	50
Chicorée	15
Chinakohl	25
Endivie	11
Feldsalat	24
Fenchel	16
Gewürzgurken	15
Grünkohl	30
Karfiol	45
Karotten	15
Kohlrabi	30
Kopfsalat	10
Kürbis	7
Lauch	40
Mais, Dose	50
Oliven, schwarz	30
Oliven, grün	25
Paprika, grün	10
Paprika, rot	15
Radieschen, Rettich	10
Rote Rübe, frisch	20
Rotkraut	40
Salatgurken	6
Sauerkraut	20
Schnittlauch	30
Schwarzwurzeln	70
Sellerie (Knolle)	30
Spargel	25
Spinat, frisch	50
Tomaten	10
Weißkraut	20
Zucchini	20
Zwiebeln	15
Hülsenfrüchte	
Bohnen, grün, frisch	42
Bohnen, weiß, getrocknet	180
Erbsen, grün, frisch	150
Kichererbsen	130
Linsen, getrocknet	200
Sojabohnen	220
Sojasauce	60
Sojaschrot	200
Tofu	70

Pilze

Austernpilze, frisch	90
Champignons, frisch	60
Maronenpilze, frisch	50
Steinpilze, frisch	80

Obst

Ananas	20
Äpfel	15
Aprikosen	20
Avocados	30
Bananen	25
Birnen	15
Erdbeeren	25
Grapefruits	15
Himbeeren	18
Johannisbeeren, rot	15
Kirschen, süß	15
Kiwis	19
Melone, Honigmelone	25
Melone, Wassermelone	20
Orangen	20
Pfirsiche	18
Preiselbeeren	13
Rhabarber	5
Stachelbeeren, tiefgekühlt	15
Weintrauben, weiß	20
Weintrauben, blau	20
Zwetschken	20

Trockenobst

Aprikosen	75
Datteln	50
Feigen	60
Pflaumen	60

Nüsse und Samen

Erdnüsse	70
Haselnüsse	40
Mandeln	40
Walnüsse	25
Sonnenblumenkerne	160

Brot und Backwaren

Leinsamenbrot	45
Lieken Urkorn	75
Mischbrot	45
Roggenvollkornbrot	50
Roggen-Vollkorn-Knäckebrot	120
Semmel	40
Weißbrot	40
Weizenknäckebrot	100
Weizenvollkornbrot	60
Zwieback	60

Nährmittel und Getreide

Grieß	80
Grünkern	125
Hirse	85
Nudeln, Vollkorn, gekocht	50
Nudeln, Eiernudeln, gekocht	22
Reis, Natur, gekocht	35
Reis, weiß, gekocht	25
Roggen, ganzes Korn	70
Weizenmehl	40

Süßwaren

Marzipan	50
Nougat	60
Nuss-Nougat-Creme	70
Vanilleeiscreme	10
Vollmilchschokolade	60

Alkoholfreie Getränke

Bohnenkaffee	0
Tee	0
Coca-Cola	10
Bier, hell, alkoholfrei	10
Apfelsaft	8
Grapefruitsaft	10
Orangensaft	12
Tomatensaft	5

Alkoholische Getränke*

Klarer Schnaps	0
Pils	10
Rotwein	0
Sekt	0
Vollbier, hell	15
Weißbier	15
Weißwein	0
Wermut, weiß	10

* Alkohol enthält zwar wenig Purin, da durch den Alkohol jedoch die Ausscheidung von Harnsäure über die Niere gehemmt wird, steigt die Bildung von Harnsäure an.

Natriumarme Diät

Die Zufuhr von Kochsalz ist etwa um das Zehnfache höher als der Mindestbedarf. Empfohlen werden 4–6 g Natrium pro Tag, das entspricht 10–15 g Kochsalz. Der hohe Kochsalzkonsum ergibt sich, weil in vielen Lebensmitteln Kochsalz in versteckter Form vorliegt, wie in Brot, Wurst, Käse und Fertigprodukten.

Eine Reduzierung von Kochsalz wird in den Richtlinien für eine vollwertige Ernährung prophylaktisch empfohlen. Für die meisten Stoffwechseldiäten (Fettstoffwechsel, Diabetes, Übergewicht) gilt die Forderung, Kochsalz einzuschränken.

Einsatz einer natriumarmen Kost bei
- Bluthochdruck,
- Wasseransammlung im Gewebe (Ödemen),
- Herzinsuffizienz,
- Nierenerkrankungen,
- prophylaktischer Hochdrucktherapie.

Ernährungsprinzip

Eine natriumdefinierte Diät soll den Richtlinien einer vollwertigen Kost entsprechen. Besonderes Augenmerk ist auf eine abwechslungsreiche und gute farbliche Zusammenstellung zu legen.

Einteilung der natrium- bzw. kochsalzdefinierten Kostformen

1. **Streng natriumarm**
   weniger als 400 mg Natrium
   Streng kochsalzarm
   weniger als 1 g Kochsalz

2. **Natriumarm**
   weniger als 1.200 mg Natrium
   Kochsalzarm
   weniger als 3 g Kochsalz

3. **Natriumeingeschränkt**
   weniger als 2.400 mg Natrium
   Kochsalzeingeschränkt
   weniger als 6 g Kochsalz

Eine streng natriumarme bzw. streng kochsalzarme Diät wird eher im klinischen Bereich angewendet. Das Angebot in der Gastronomie sollte den Richtlinien einer natriumarmen bzw. natriumeingeschränkten Kostform entsprechen.

Nicht geeignet sind alle Lebensmittel, die einen hohen Kochsalzgehalt aufweisen:
- Durch Salzen, Pökeln und Räuchern haltbar gemachte Lebensmittel.
- Fleisch-, Fisch- sowie Gemüsekonserven.
- Fertiggerichte: Konserven oder Tiefkühlware.
- Fertigsaucen und -suppen, Mayonnaise, Salatdressings.
- Herkömmliche Wurstwaren und Käse.
- Obstkonserven und Trockenfrüchte mit Konservierungsmitteln.
- Natriumhaltige Heil- und Mineralwässer.
- Salzgebäck, Knabbergebäck.
- Brot und Gebäck sowie Kuchen.

Diätetische Küchentechnik für natriumarme Diät

Lebensmittelauswahl / Garmethoden

Fleisch / Geflügel / Fisch
Magere Fleischsorten von Schwein, Kalb, Rind, Huhn, Pute; Innereien wie Kalbszunge, Kalbsleber; alle Wildarten, mageres Lammfleisch.
Forelle, Lachs, Karpfen, Thunfisch …

Zubereitungsarten, die Geschmack geben, wählen wie Grillen, Kurzbraten, Schmoren, Garen im Römertopf oder in der Alufolie.

Fleisch in Knoblauch- oder Kräuteröl, Rot- oder Weißweinmarinaden marinieren oder mit Zitrone beträufeln.

Zu meiden sind alle herkömmlichen Wurst-, Fleisch- und Fischwaren wie fertige Salate, Konserven, marinierte Speisen, geräucherte und gepökelte Lebensmittel.

Gemüse / Salate / Hülsenfrüchte / Kartoffeln
Frisch- oder Tiefkühlware verwenden. Bei Salaten abwechselnd verschiedene Essigsorten und Ölsorten verwenden, Zubereitung mit Knoblauch, Zwiebel, Zitrone. Dressings selbst herstellen, verschiedene Kräuter und Gewürze.

Hülsenfrüchte wie Bohnen, Linsen, Erbsen, Sojabohnen.

Kartoffeln mit Schale kochen oder dämpfen; Röstkartoffeln, Petersilkartoffeln, Folienkartoffeln, Kartoffelbrei, Kartoffelsalat, Kartoffellaibchen und -puffer; geschälte Kartoffeln in Gemüsesud, Kümmelwasser oder salzarmer Fleisch- oder Knochenbrühe kochen.

Zu meiden sind alle Fertigprodukte und Gemüsekonserven einschließlich Sauerkraut, Senf-, Salz- und Gewürzgurken, eingelegtes, mariniertes Gemüse, Kartoffelfertigprodukte wie Püree, Teig, Chips, Pommes frites und Salate.

Obst / Nüsse

Alle Obstsorten frisch oder tiefgekühlt. Mandeln, Erdnüsse, Haselnüsse, Walnüsse.

Zu meiden sind alle Obstkonserven und Trockenfrüchte mit Konservierungsmitteln (Natriumverbindungen), weiters gesalzene Mandeln und Erdnüsse.

Milch / Milchprodukte / Käse

Trinkmilch, Sauermilch, Joghurt, Kefir, Buttermilch Kondensmilch usw. haben einen hohen Natriumgehalt, dies muss bei der Kost berücksichtigt werden.

Bei einer **streng natriumarmen** Kost empfiehlt es sich, statt reiner Milch ein Gemisch aus Wasser und Milch oder Obers zu verwenden. Bei natriumarmer oder natriumeingeschränkter Diät können Milch und Milchprodukte verwendet werden, jedoch nicht als Getränk!

Käse hat einen hohen Natriumgehalt. Als Alternative bietet sich Topfen in verschiedenen Zubereitungsarten mit Kräutern und Gewürzen an.

Getreide / Getreideprodukte

Spätzle, Nockerln, Knödel und Teigwaren selbst herstellen, in Wasser kochen und mit Öl oder Butter abschmecken. Eventuell zur Abwechslung mit Kräutern, Ei oder Gemüse färben.

Reis in salzarmer Gemüse- oder Fleischbrühe dünsten, mit Zwiebeln, Tomaten, Karotten, Erbsen mischen und mit Safran, Curry usw. würzen.

Brot enthält viel Kochsalz, daher eher selbst backen.

Selbst hergestellte Kuchen und Backwaren aus Biskuit-, Blätter-, Hefe-, Knet- und Brandteig. Achtung: Backpulver enthält auch Natrium!

Zu meiden sind alle industriell hergestellten Fertigprodukte und fertige Tiefkühlerzeugnisse.

Fette und Öle

Zum Kochen hochwertige pflanzliche Fette und Öle verwenden.

Zum Aufstreichen Butter und/oder Pflanzenmargarine verwenden.

Zu meiden sind gesalzene Butter und Margarine, fertige Kräuterbutter, handelsübliche Mayonnaise und daraus hergestellte Produkte wie Saucen.

Eier

Rühreier, gekochte Eier, gefüllte Eier, für die Zubereitung von Speisen, als Omeletts, Aufstrich, Eiersalat, Eierstich …

Kräuter und Gewürze

Alle Kräuter frisch, tiefgekühlt, gefriergetrocknet und getrocknet.

Alle Gewürze und Gewürzmischungen – außer den salzhaltigen.

Kochsalzersatzmittel enthalten eine Mischung von Salzen, vorwiegend auf Kalium- und/oder Magnesiumbasis. Eine Geschmacksverbesserung durch den Einsatz dieser Mittel bedingt eine genau vorgeschriebene Anwendung und exakte Dosierung, eine Überdosierung bewirkt das Gegenteil. Nicht

alle dieser Salze sind koch- und backfest, daher ist es besser, sie zum Nachsalzen zu verwenden.

Zu meiden sind natriumhaltige Kochsalzersatzmittel wie Gewürzsalz, Selleriesalz, Kräutersalz, Knoblauchsalz, Meersalz und Jodsalz sowie fertige Würzmittel, Suppen- und Saucenpulver, Senf, Ketchup, Fleisch- und Hefeextrakte.

Quellmittel und Backhilfen

Gelatine, Pottasche, Hirschhornsalz und Hefe.
Vorsicht bei Backpulver, es enthält Natrium!

Getränke

Wasser, Kaffee, Tee, Kakao, verdünnte Gemüse- und Fruchtsäfte.

Alkoholische Getränke in kleinen Mengen – wenn ärztlich erlaubt.

Zu meiden sind Heil- und Mineralwässer mit einem hohen Natriumgehalt. Angaben auf der Etikette beachten!

Zubereitungsarten

Gerade die natriumarme Diät soll nicht gedankenlos und lieblos zubereitet werden. Große Aufmerksamkeit soll auch auf Qualität und Frische des Rohmaterials gelegt werden. Es ist die Aufgabe des Koches, durch geschmackliche Zubereitung und sinnvolles und ideenreiches Würzen dem Gast diese Diät so schmackhaft wie möglich zu gestalten.

Eine geschmackliche Verbesserung kann durch Grillen und Rösten erreicht werden. Aromaschonende Garverfahren wie Dämpfen und Dünsten unterstreichen den Eigengeschmack der Speisen.

Was wir damit gemeint haben ...

Erläuterungen zu den Rezepten

Diätbezeichnungen

VK   Vollkost
LVK   Leichte Vollkost
DIAB   Diabetikerkost
PUR   Purinarme Kost
RED   Reduktionskost
LIP   Lipidarme Kost

Die jeweils bei den Rezepten angeführten Abkürzungen bedeuten, dass dieses Rezept für die entsprechende Kost bzw. Diätform geeignet ist.

Nährwertangaben

Die Nährwertangaben beziehen sich auf die angegebenen Mengeneinheiten der Rezepte. Die Mengen sind deshalb genau abzuwiegen bzw. abzumessen und einzuhalten.
Ein Strich (–) bedeutet, dass es keine Werte gibt.
Ein Plus (+) bedeutet, dass Spuren in kaum messbaren Größen enthalten sind.

Kilokalorien / Kilojoule

1 kcal hat 4,1868 kJ.

Gewürze

Pfeffer: Es wird immer frisch gemahlener Pfeffer verwendet.

Muskat: Damit ist immer frisch geriebene Muskatnuss gemeint.

Kräuter: Wenn möglich, sollen immer frische Kräuter verwendet werden.

Knoblauch: Knoblauch wird, wenn nicht ausdrücklich anders angeführt, immer gedrückt oder durch die Knoblauchpresse gepresst.

Folie

Ist für die Zubereitung bei den Rezepten eine Folie erforderlich, so bezieht sich dieser Begriff immer auf eine lebensmittelechte, hitzebeständige Klarsichtfolie.

Wird eine Alufolie verwendet, so ist dies im Rezept angeführt.

Formen

Die Größen der Pasteten-, Auflauf- und Terrinenformen sind nicht einzeln bezeichnet. Es werden durchschnittliche Haushaltsgrößen dieser Formen verwendet.

Abkürzungen

kcal   = Kilokalorie
kJ   = Kilojoule
EW   = Eiweiß
KH   = Kohlenhydrate
Ball   = Ballaststoffe
Chol   = Cholesterin
HS   = Harnsäure
BE   = Broteinheit

EL   = Esslöffel
TL   = Teelöffel
Bl.   = Blatt
Bd.   = Bund
g   = Gramm
l   = Liter
ml   = Milliliter

Die Mengen bei den Rezepten wurden so weit wie möglich für vier Portionen angegeben. Bei verschiedenen Gerichten, wie Suppeneinlagen, Terrinen, Kuchen etc. ergeben die Mengenangaben aufgrund der Formen 10 bzw. 12 Portionen.

Die angegebenen Nährwerte entsprechen nur dann der Wirklichkeit, wenn die Zutaten genau gemessen bzw. gewogen werden. Flüssigkeiten sind daher in Liter und manches Mal auch in Gramm angeführt.

Suppen, Kaltschalen & Suppeneinlagen

Die Suppe – der kulinarische Auftakt zu einem wohlschmeckenden Menü ist auch ernährungsphysiologisch gesehen von Bedeutung. Je nach Art und Zusammensetzung unterscheidet man zwischen klaren und gebundenen Suppen. Eine klare Suppe wirkt appetitanregend und ist energiearm, hingegen hat eine gebundene Suppe einen höheren Energie- und Nährstoffanteil, trägt somit zur Sättigung bei und kann als Zwischengericht oder auch als Hauptmahlzeit eingesetzt werden. Frisches, der Saison ent-

sprechendes Gemüse, Hülsenfrüchte, Kartoffeln, nährstoffreiche Getreideprodukte wie Hafer, Dinkel oder Weizen sind eine gute Basis für gesunde Suppen. Leichte Bindungen der Suppen können mit Joghurt oder mit püriertem Gemüse kaloriensparend sein. Frische Kräuter und Gewürze geben den charakteristischen Geschmack und sind appetitanregend. Suppen sind somit der ideale Beginn einer guten Mahlzeit!

Brennnessel-rahmsuppe mit Räucherlachs-rosen

Zutaten für 4 Portionen

20 g	Zwiebel oder Lauch
60 g	Stangensellerie
15 ml	Olivenöl
20 g	Weizenvollmehl
80 ml	Magermilch
650 ml	Gemüsefond
	etwas Knoblauch, Salz, Pfeffer, Muskat, Petersilie, Thymian
60 ml	Sauerrahm
60 ml	Joghurt, 1 %
100 g	Brennnesselblätter
100 g	Vollkorntoast
60 g	Räucherlachs in Scheiben

Zubereitung

– Zwiebeln und Stangensellerie klein schneiden.
– Gemüse anschwitzen, stauben und verrühren.
– Kurz überkühlen lassen. Milch dazugießen und langsam aufwärmen.
– Mit Gemüsefond aufgießen, würzen und verkochen.
– Rahm und Joghurt mischen und mit gewaschenen Brennnesselblättern in die Suppe einrühren.
– Kurz aufkochen lassen, mixen und abseihen.
– Aus dem Vollkorntoast Kreise mit einem Durchmesser von 2 cm ausstechen und im Salamander bähen.
– Suppe aufmixen und in Teller geben.
– Toastscheiben einlegen, Räucherlachs zu Röschen formen und auf die Toastscheiben setzen.

Anmerkung: Anstelle von Räucherlachs können auch Heilbutt und andere Räucherfische oder Schinken verwendet werden.

VK | DIAB | LIP | PUR

Nährwerte pro Portion

kcal	kJ	EW	Fett	KH
164	685	7 g	10 g	10 g

Ball	Chol	HS	BE
3 g	14 mg	63 mg	1

Bachkresse-rahmsuppe mit Anglermedaillons

Zutaten für 4 Portionen

30 g	Zwiebel
40 g	Lauch
10 ml	Sojaöl
600 ml	Gemüsefond
80 ml	Acidophilusmilch
	Salz, Pfeffer, Zitronenschale, Muskat
250 g	Bachkresse
20 g	Maisstärke
40 ml	Gemüsefond
100 g	Anglermedaillons
	Salz, Pfeffer, Zitronensaft
10 ml	Olivenöl

Zubereitung

– Zwiebel und Lauch klein schneiden.
– In Sojaöl anschwitzen.
– Etwas Gemüsefond dazugießen und einkochen.
– Mit restlichem Gemüsefond und Acidophilusmilch aufgießen, würzen und fünf Minuten verkochen.
– Kresse einlegen und einmal aufkochen.
– Maisstärke mit 40 ml Gemüsefond verrühren und die Suppe damit binden.
– Alles mixen und abseihen.
– Den Angler in 5 mm dicke Scheiben schneiden, würzen und in Olivenöl kurz anbraten.
– Suppe aufmixen und anrichten.
– Anglermedaillons vorsichtig auflegen und mit Kresseblättern garnieren.

VK | DIAB | LIP

Nährwerte pro Portion

kcal	kJ	EW	Fett	KH
184	771	8 g	12 g	8 g

Ball	Chol	HS	BE
3 g	50 mg	61 mg	0,5

Fenchelcremesuppe mit Vollkorncroûtons

Zutaten für 4 Portionen

300 g	Fenchel
20 g	Diätmargarine
1/2 l	Hühnerbouillon
1 TL	Liebstöckel
200 ml	Acidophilusmilch
	Salz, Muskat
2	Scheiben Vollkorntoastbrot
	gehacktes Fenchelgrün

Zubereitung

- Fenchelherzen putzen und in feine Würfel schneiden.
- In Diätmargarine glasig anschwitzen und mit Hühnerbouillon auffüllen.
- Liebstöckel dazugeben.
- Etwa zwei Drittel der Fenchelwürfel abseihen und warm stellen.
- Ein Drittel der Fenchelwürfel pürieren.
- Den Fond mit Acidophilusmilch und dem pürierten Fenchel binden.
- Mit Salz und Muskat abschmecken.
- Vollkorntoast in kleine Würfel schneiden und im Rohr bähen.
- Fenchelsuppe in vorgewärmte Teller geben, Fenchelwürfel hineingeben, mit Vollkorncroûtons und Fenchelgrün bestreuen.

VK | LKV | DIAB | RED | LIP | PUR

Nährwerte pro Portion

kcal	kJ	EW	Fett	KH
123	513	5 g	6 g	10 g
Ball	**Chol**	**HS**	**BE**	
4 g	7 mg	27 mg	0,5	

Cremesuppe von grünem Spargel

Zutaten für 4 Portionen

Zutaten für die Suppe

250 g	grüner Spargel
30 g	Schalotten
100 g	Zuckererbsen
20 g	Diätmargarine
	Muskat, Salz
	etwas flüssiger Süßstoff
650 ml	Gemüsefond
40 ml	Acidophilusmilch
1 EL	gehackter Kerbel
10	fein geschnittene Minzeblätter

Zutaten für die Einlage

60 g	kleine Zuckererbsenschoten
50 g	kleine Zuckererbsen
	einige abgeschnittene Spargelspitzen
10 g	Diätmargarine

Zubereitung

- Spargel schälen, die Spitzen abschneiden, den Rest kochen und beiseite stellen.
- Schalotten fein schneiden.
- Gekochten Spargel in Stücke schneiden und mit Erbsen und Schalotten in Diätmargarine anschwitzen.
- Mit Salz, Muskat und Süßstoff würzen.
- Mit Gemüsefond aufgießen und ca. zehn Minuten köcheln lassen.
- Zuckererbsenschoten und kleine Erbsen kochen, mit den Spargelspitzen in Diätmargarine anschwitzen und kurz durchschwenken.
- Die Spargelsuppe mit Acidophilusmilch fein mixen.
- Zuckererbsenschoten, Zuckererbsen und Spargelspitzen auf vorgewärmte Teller aufteilen und mit Suppe übergießen.
- Mit Kerbel und Minze bestreuen und sofort servieren.

VK | DIAB | RED | LIP

Nährwerte pro Portion

kcal	kJ	EW	Fett	KH
133	555	4 g	9 g	8 g
Ball	**Chol**	**HS**	**BE**	
4 g	1 mg	101 mg	—	

Gemüsesuppe auf ländliche Art

Zutaten für 4 Portionen

Zutaten für die Suppe

40 g	Zwiebel
40 g	Tomaten
40 g	Süßkartoffeln
40 g	Karotten
40 g	Petersilienwurzel
10 g	Diätmargarine
1,2 l	Gemüsefond oder Mineralwasser
2	Lorbeerblätter
	Salz, Pfeffer
	Tabasco

Zutaten für die Einlage

50 g	Zucchini
50 g	Lauch
50 g	geschälte Tomaten frischer Majoran
1 EL	gehackte Kräuter: Basilikum, Petersilie

Zubereitung

– Gemüse waschen, schälen, klein schneiden und in Diätmargarine anschwitzen.
– Mit Gemüsefond ablöschen.
– Restlichen Gemüsefond oder Mineralwasser dazugießen und mit Lorbeerblättern einkochen lassen.
– Die Suppe mixen und durch ein Sieb gießen.
– Mit Tabasco, Salz und Pfeffer würzen.
– Die Zutaten für die Einlage in feine Streifen schneiden und in die Suppe geben.
– Mit Kräutern bestreuen.

Anmerkungen: Für purinarme Kost ohne Rotwein zubereiten!
Die Suppe kann eventuell mit einem kleinen Löffel Sauerrahm verfeinert werden.

VK | DIAB | RED | LIP | PUR

Nährwerte pro Portion

kcal	kJ	EW	Fett	KH
134	563	3 g	9 g	8 g

Ball	Chol	HS	BE
4 g	+	43 mg	0,5

Gerstensuppe

Zutaten für 4 Portionen

Zutaten für die Suppe

90 g	Gerste
70 g	Champignons
70 g	roter, gelber und grüner Paprika
90 g	Zwiebel
12 g	Olivenöl
660 ml	Gemüsefond oder Wasser Petersilie, Kerbel, Salz, Pfeffer
1	Knoblauchzehe

Zutaten für die Einlage

4 EL	Naturreis
1 EL	Sauerrahm
10 ml	Himbeeressig
70 g	Äpfel

Zubereitung

– Gerste ca. eine Stunde einweichen.
– Champignons blättrig schneiden.
– Paprika würfelig schneiden.
– Zwiebel hacken.
– Anschließend Gerste mit Zwiebel in Olivenöl anschwitzen.
– Mit etwas Fond ablöschen.
– Champignons und Paprika beigeben.
– Mit dem restlichen Fond oder Wasser aufgießen und mit Gewürzen und Himbeeressig abschmecken.
– Die Suppe einkochen lassen, mixen, passieren und in tiefen Suppentellern anrichten.
– Für die Einlage Naturreis kochen.
– Mit Naturreis, Sauerrahm und beliebig geschnittenen Äpfeln anrichten.

VK | DIAB | LIP | PUR

Nährwerte pro Portion

kcal	kJ	EW	Fett	KH
199	832	4 g	7 g	25 g

Ball	Chol	HS	BE
5 g	1 mg	54 mg	2

Grünkernsuppe mit Brokkoli und Tofuwürfeln

Zutaten für 4 Portionen

80 g	Grünkern
800 ml	Gemüsefond
	Kräutersalz, Pfeffer
1	Schalotte
1	Lorbeerblatt
100 g	Brokkoliröschen
100 ml	Magermilch
50 ml	Sauerrahm
50 ml	Acidophilusmilch

Zutaten für die Einlage

80 g	Tofu
10 ml	Olivenöl
	Salz, Knoblauch, Oregano
1 EL	gehackte Kräuter: Schnittlauch, Petersilie und Estragon

Zubereitung

– Gewaschenen Grünkern, Gemüsefond, Kräutersalz, Pfeffer und die mit Lorbeer gespickte Schalotte bei schwacher Hitze ca. 45 Minuten zugedeckt köcheln lassen.
– 4 Esslöffel Grünkern herausnehmen und als Suppeneinlage verwenden.
– Brokkoliröschen kochen.
– Restlichen Grünkern mit Milch aufkochen.
– Rahm und Acidophilusmilch beigeben und mixen.
– Die gekochten Brokkoliröschen dazugeben und abschmecken.
– Tofu in Würfel schneiden und in Olivenöl kurz braten.
– Mit Salz, Oregano und feingehacktem Knoblauch würzen und knusprig braten.
– Suppe in die mit Grünkern vorbereiteten Suppenteller gießen, mit Grünkern, Tofuwürferln und frisch gehackten Kräutern anrichten.

VK | DIAB | LIP

Nährwerte pro Portion

kcal	kJ	EW	Fett	KH
188	785	7 g	10 g	17 g

Ball	Chol	HS	BE
4 g	8 mg	59 mg	1

Holunderblütensuppe

Zutaten für 4 Portionen

40 g	Stangensellerie
160 g	Apfel
10 ml	Olivenöl
40 g	Weizenvollmehl
200 ml	Apfelsaft
600 ml	Gemüsefond
	Salz, Pfeffer, Zitronenschale
200 g	Holunderblüten
120 ml	Joghurt, 3,6 %
1	Spritzer Holunderessig

Zubereitung

– Stangensellerie und Äpfel in kleine Stücke schneiden.
– Beides in wenig Öl anschwitzen, stauben und mit Apfelsaft und Gemüsefond aufgießen.
– Gewürze dazugeben und verkochen.
– Gewaschene Holunderblüten und Holunderessig hinzufügen und noch einmal aufkochen.
– Zugedeckt 30 Minuten ziehen lassen.
– Joghurt einrühren, nochmals aufkochen, abschmecken und abseihen.
– Suppe aufmixen und in Teller füllen.
– Mit abgezupften Holunderblüten bestreuen.

Anmerkung: Als Einlage empfehlen wir Fasanknöderln → Seite 106.

VK | LKV | DIAB | RED | LIP | PUR

Nährwerte pro Portion

kcal	kJ	EW	Fett	KH
142	592	3 g	6 g	18 g

Ball	Chol	HS	BE
3 g	0,3 mg	34 mg	1

Hafersuppe mit Wachtelbohnen

Zutaten für 4 Portionen

50 g	Hafer
40 g	Wachtelbohnen
40 g	Schalotten oder Jungzwiebel oder Stangensellerie
40 g	Lauch
40 g	Petersilwurzel
10 ml	Sonnenblumenöl
800 ml	Gemüsefond
1	Lorbeerblatt
	Salz, Pfeffer, Bohnenkraut, Petersilie
80 ml	Kaffeeobers oder Sauermilch

Zubereitung

– Hafer und Wachtelbohnen am Vortag getrennt einweichen.
– Das Gemüse würfelig schneiden.
– Eingeweichten Hafer und Gemüse in Öl anschwitzen, mit Gemüsefond aufgießen, würzen und weichkochen.
– Eingeweichte Bohnen ebenfalls kochen.
– Suppe würzen und mit Kaffeeobers oder Sauermilch vollenden.
– Bohnen einlegen und mit Kräutern bestreuen.

VK | DIAB | LIP | PUR

Nährwerte pro Portion

kcal	kJ	EW	Fett	KH
150	628	4 g	10 g	11 g

Ball	Chol	HS	BE
2 g	10 mg	35 mg	0,5

Karfiol-Brokkoli-Schaumsuppe

Zutaten für 4 Portionen

125 g	Karfiol
30 g	Schalotten
20 g	Diätmargarine
700 ml	Hühnerfond
125 g	Brokkoli
250 ml	Joghurt
80 ml	Kaffeeobers
	Salz, Pfeffer, Zitronensaft
1 EL	gehacktes Kerbelkraut
	evtl. etwas Muskat

Zubereitung

– Karfiol waschen und in Röschen teilen.
– Schalotten klein schneiden und in Margarine anschwitzen.
– Zwei Drittel der Karfiolröschen dazugeben und kurz mitrösten.
– Mit Hühnerfond aufgießen und langsam köcheln lassen.
– Brokkoli in Röschen teilen, waschen und putzen.
– Brokkoliröschen mit dem letzten Drittel der Karfiolröschen knackig kochen und warm stellen.
– Joghurt mit Kaffeeobers mischen, in die Suppe geben und mit Salz, Pfeffer und Zitronensaft würzen.
– Mit dem Stabmixer pürieren und nochmals kurz aufkochen lassen.
– Karfiol- und Brokkoliröschen in vorgewärmte Suppenteller geben und Suppe darüber gießen.
– Mit frischem Kerbelkraut und evtl. mit Muskat bestreuen.

VK	DIAB	RED	LIP	PUR

Nährwerte pro Portion

kcal	kJ	EW	Fett	KH
124	518	6 g	8 g	6 g

Ball	Chol	HS	BE
3 g	12 mg	42 mg	–

Kartoffel-Karotten-Suppe mit Pilzen

Zutaten für 4 Portionen

40 g	Schalotten oder Jungzwiebeln
250 g	Kartoffeln
10 g	Diätmargarine
500 ml	Gemüsefond
150 ml	Magermilch
1	Knoblauchzehe
1	Lorbeerblatt
	Pfefferkörner
100 g	Karotten
100 ml	Gemüsefond oder Wasser
80 g	Pilze nach Saison
1 EL	gehackte Petersilie
10 g	Diätmargarine
	Salz, Muskat, Majoran und Kümmel

Zubereitung

– Schalotten fein schneiden.
– Kartoffeln schälen und in Würfel schneiden.
– Zwiebel und Kartoffeln in Margarine ansautieren.
– Mit Gemüsefond und Milch aufgießen.
– Würzen, langsam weich kochen, anschließend mixen und abschmecken.
– Karotten schälen, in Scheiben schneiden und in etwas Gemüsefond oder Wasser kochen.
– Einige gekochte Karotten in den Suppentellern als Einlage verteilen.
– Restliche Karotten pürieren und abschmecken.
– Die geputzten Pilze mit gehackter Petersilie in etwas Diätmargarine sautieren.
– Kartoffelsuppe mit dem Stabmixer aufschäumen und in die vorgewärmten Suppenteller gießen.
– Mit einem Esslöffel das Karottenpüree einziehen. Mit einem Spieß ein Muster ziehen.
– Zum Schluss die Pilze in die Suppe geben und mit gehackter Petersilie bestreuen.

Anmerkung: Für leichte Vollkost ohne Schalotten zubereiten und ausschließlich Champignons verwenden.

VK	LVK	DIAB	RED	LIP	PUR

Nährwerte pro Portion

kcal	kJ	EW	Fett	KH
107	450	4 g	4 g	13 g

Ball	Chol	HS	BE
3 g	+	30 mg	1

Klare Selleriesuppe

Zutaten für 4 Portionen

1	mittelgroße Sellerieknolle
50 g	Karotten
50 g	Kartoffeln
10 g	Diätmargarine
1 l	Wasser oder Kräuterfond
	Ingwer
1 TL	gehackte Petersilie
1 TL	geschnittener Schnittlauch
	Selleriesalz

Zubereitung

– Sellerie, Karotten, Kartoffeln in feine Würfel oder Scheiben schneiden.
– In Margarine leicht anschwitzen und ablöschen.
– Mit Wasser oder Kräuterfond aufgießen und leicht kochen, bis das Gemüse weich ist.
– Die Suppe mit Gewürzen und Kräutern abschmecken.
– 15 Minuten ziehen lassen.

Anmerkung: Als Einlage empfehlen wir Buchweizenroulade → Seite 107.

→ Seite 107.

VK	LVK	DIAB	RED	LIP	PUR

Nährwerte pro Portion

kcal	kJ	EW	Fett	KH
84	352	1 g	6 g	5 g

Ball	Chol	HS	BE
3 g	–	46 mg	–

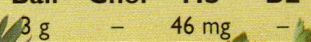

Klare Jungzwiebel-suppe mit Tomaten-streifen und Bachforellenfilet

Zutaten für 4 Portionen

100 g	Tomaten
1	Forelle
200 g	Jungzwiebel
1	Lorbeerblatt
	Pfefferkörner
	etwas frische Dille
	Salz
20 g	Diätmargarine
800 ml	Wasser

Zubereitung

– Tomaten blanchieren, die Haut abziehen, vierteln, entkernen und in Streifen schneiden.
– Forellenfilet in vier gleich große Stücke schneiden.
– Jungzwiebeln waschen und das Grüne abschneiden.
– Aus den Tomatenresten, den Jungzwieberln, der Karkasse von der Forelle, den Gewürzen und Wasser einen Fond herstellen.
– Die geschnittenen Jungzwiebel in Diätmargarine sautieren.
– Mit dem Fond aufgießen und aufkochen lassen.
– Die Tomatenstreifen und die Forellenstücke beigeben, abschmecken, kurz ziehen lassen und sofort servieren.

VK | DIAB | RED | LIP

Nährwerte pro Portion

kcal	kJ	EW	Fett	KH
139	584	11 g	9 g	4 g

Ball	Chol	HS	BE
2 g	28 mg	154 mg	–

Klare Gemüsesuppe mit Wallermedaillons

Zutaten für 4 Portionen

40 g	Lauch
140 g	Kartoffeln
20 g	Diätmargarine
1 l	leichter Fisch- oder Gemüsefond
1	Lorbeerblatt
	Salz, Pfeffer
50 g	Karotten
50 g	gelbe Rüben
50 g	Sellerie oder Kohlrabi
10 g	frische Dille
120 g	Wallerfilet
	Meersalz, Pfeffer
10 g	Diätmargarine

Zubereitung

– Lauch in Streifen schneiden.
– Kartoffeln schälen und würfelig schneiden.
– Den Lauch und die Kartoffeln in Diätmargarine anschwitzen.
– Mit Gemüse- oder Fischfond aufgießen.
– Lorbeerblatt, Salz und Pfeffer beigeben und aufkochen.
– Karotten und gelbe Rüben in Scheiben schneiden, Sellerie oder Kohlrabi würfelig schneiden.
– Wenn die Kartoffeln halb gar sind, das übrige Gemüse beigeben.
– Langsam weiterköcheln lassen und nochmals abschmecken. Die Kartoffeln sollten weich, das übrige Gemüse sollte noch knackig sein.
– Aus dem Wallerfilet vier Medaillons schneiden, mit Meersalz und Pfeffer würzen und in Diätmargarine braten.
– In vorgewärmten Suppentellern anrichten. In die Mitte das Wallermedaillon geben und mit Dillsträußchen garnieren.

Anmerkung: Für leichte Vollkost ohne Lauch, Knoblauch und Pfeffer zubereiten.

VK | LVK | DIAB | RED | LIP

Nährwerte pro Portion

kcal	kJ	EW	Fett	KH
121	508	8 g	9 g	8 g

Ball	Chol	HS	BE
3 g	26 mg	78 mg	0,5

Klare Tomatenessenz mit Schaftopfennockerln

Zutaten für 4 Portionen

Zutaten für die Suppe

1 l	Tomatensaft
	Salz, Pfeffer
40 ml	Wermut
2	Wacholderkörner
1	Lorbeerblatt
	Nelken
80 g	Tomaten
	Oregano

Zutaten für die Nockerln

80 g	Schafstopfen
1	Eiklar
20 g	Dinkelmehl
	Salz, Zitronenschale

Zubereitung

– Den Saft der Tomaten durch ein Passiertuch abseihen, mit den Gewürzen ca. zehn Minuten aufkochen und abschmecken.

– Wermut dazugießen.
– Für die Nockerln Topfen, Eiklar, Mehl, Salz und Zitronenschale verrühren und zehn Minuten kühlen.
– Anschließend Nockerln formen und pochieren.
– Tomaten enthäuten und in Streifen schneiden.
– Suppe in Tassen füllen, Nockerln und Tomatenstreifen einlegen und mit Oregano bestreuen.

VK | DIAB | RED | LIP | PUR

Nährwerte pro Portion (Suppe)

kcal	kJ	EW	Fett	KH
31	128	1 g	0,2 g	4 g

Ball	Chol	HS	BE
0,3 g	–	13 mg	–

Nährwerte pro Portion (Nockerln)

kcal	kJ	EW	Fett	KH
40	169	3 g	1 g	4 g

Ball	Chol	HS	BE
0,3 g	3 mg	6 mg	0,5

Nährwerte pro Portion (gesamt)

kcal	kJ	EW	Fett	KH
71	297	4 g	1,2 g	8 g

Ball	Chol	HS	BE
0,6 g	3 mg	19 mg	0,5

Knoblauch-Käse-Suppe mit Kräutern und Sonnenblumenkernen

Zutaten für 4 Portionen

30 g	Schalotten
2	Knoblauchzehen
20 g	Diätmargarine
20 g	frisch gemahlener Dinkel
800 ml	Gemüsefond
150 ml	Magermilch
1	Lorbeerblatt
	Kräutersalz, Pfeffer
60 g	Gouda
1 EL	Sauerrahm
1 EL	gehackte Kräuter: Kerbel, Petersilie und Schnittlauch
20 g	Sonnenblumenkerne

Zubereitung

– Schalotten fein hacken und mit dem zerdrückten Knoblauch in Margarine anschwitzen.
– Mit gemahlenem Dinkel stauben.
– Mit Gemüsefond und Milch aufgießen, würzen und aufkochen lassen.
– Käse reiben, beigeben und ca. zehn Minuten köcheln lassen.
– Sauerrahm und die Hälfte der gehackten Kräuter mit einem Stabmixer in die Suppe einrühren und nochmals abschmecken.
– Sonnenblumenkerne ohne Fett in einer Pfanne schwenken und etwas salzen.
– Suppe aufschäumen, in Suppentellern anrichten und mit den restlichen Kräutern und den Sonnenblumenkernen vollenden.

VK | DIAB | LIP | PUR

Nährwerte pro Portion

kcal	kJ	EW	Fett	KH
189	791	7 g	14 g	8 g

Ball	Chol	HS	BE
2 g	11 mg	24 mg	0,5

Saure Kartoffelsuppe mit Eierschwammerln

Zutaten für 4 Portionen

50 g	Stangensellerie
120 g	Kartoffeln
1	Knoblauchzehe
10 ml	Olivenöl
600 ml	Gemüsefond
1	Lorbeerblatt
	Salz, Pfeffer, Muskat, Kräutersalz, Kümmel
	etwas Kartoffelessig
75 ml	Sauerrahm
75 ml	Joghurt
80 g	Eierschwammerln
5 ml	Olivenöl
80 g	Kartoffeln
100 ml	Gemüsefond
	Majoran
1 EL	gehackte Petersilie

Zubereitung

– Stangensellerie, Kartoffeln und Knoblauch klein schneiden und in Öl anschwitzen.

– Gemüsefond dazugeben, würzen und verkochen.

– Suppe mit Sauerrahm und Joghurt mixen bzw. pürieren.

– Während die Suppe kocht, die Eierschwammerln in Fett kurz anrösten.

– Kartoffeln schälen und in Würfel schneiden, dazugeben, anschwitzen und mit Gemüsefond weich dünsten.

– Eierschwammerln und Kartoffelwürfel in die fertige Suppe geben und mit frischem Majoran und Petersilie bestreuen.

VK | DIAB | LIP | PUR

Nährwerte pro Portion

kcal	kJ	EW	Fett	KH
153	642	3 g	10 g	10 g

Ball	Chol	HS	BE
3 g	10 mg	28 mg	0,5

Mangoldcremesuppe

Zutaten für 4 Portionen

250 g	Mangold
40 g	Lauch
40 g	Sellerie
40 g	Petersilwurzel
10 ml	Olivenöl
20 g	Dinkelmehl
600 ml	Gemüsefond
80 ml	Acidophilusmilch
	etwas Knoblauch
	Kräutersalz, Muskat, Petersilie

Zubereitung

– Mangold entstielen und Mangoldblätter zur Seite legen.

– Lauch, Sellerie und Petersilwurzel klein schneiden.

– Mangoldstiele, Lauch, Sellerie und Petersilwurzel in Olivenöl anschwitzen.

– Mit Dinkelmehl stauben.

– Gemüsefond und Acidophilusmilch dazugeben, verkochen und würzen.

– Blättrig geschnittene Mangoldblätter einkochen, mixen und passieren.

– Suppe aufmixen.

Anmerkung: Etwa 40 g der Mangoldblätter zurückbehalten und in Streifen schneiden, kurz dünsten und als Einlage verwenden.

Als Einlage empfehlen wir Tomaten-Topfen-Nockerln → Seite 111.

VK | DIAB | RED | LIP

Nährwerte pro Portion

kcal	kJ	EW	Fett	KH
99	416	3 g	6 g	7 g

Ball	Chol	HS	BE
3 g	3 mg	66 mg	0,5

Minestrone

Zutaten für 4 Portionen

80 g	Zwiebel
40 g	magerer Schinken
20 ml	Sonnenblumenöl
40 g	Tomatenmark
800 ml	Gemüsebouillon
50 g	Karotten
50 g	Sellerie
50 g	Lauch
50 g	weiße Rüben
50 g	Kohl
40 g	Naturreis
40 g	Vollkornspaghetti
	Salz, Pfeffer, Knoblauch
	verschiedene gehackte Kräuter

Zubereitung

– Zwiebel und Schinken klein schneiden und in Öl anrösten.

– Tomatenmark dazugeben und mit Bouillon auffüllen.

– Karotten, Sellerie, Lauch und weiße Rüben klein schneiden.

– Kohl in Streifen schneiden.

– Geschnittenes Gemüse langsam mitkochen.

– Reis und Spaghetti getrennt kochen und beifügen.

– Würzen.

VK | DIAB | LIP

Nährwerte pro Portion

kcal	kJ	EW	Fett	KH
188	787	6 g	10 g	19 g

Ball	Chol	HS	BE
5 g	6 mg	73 mg	1

Schaumsuppe vom Staudensellerie mit Schinkenstreifen und Croûtons

Zutaten für 4 Portionen

200 g	Staudensellerie
50 g	Kartoffeln
30 g	Schalotten
20 g	Diätmargarine
600 ml	Gemüsefond oder Wasser
1	Lorbeerblatt
	Meersalz, Pfefferkörner verschiedene gehackte Kräuter
150 ml	Magermilch
1 EL	Sauerrahm
4 Bl.	Schinken
1 Scheibe	Vollkornbrot

Zubereitung

– Staudensellerie schälen oder die Fäden ziehen und in Würfel schneiden.
– Kartoffeln schälen und ebenfalls in Würfel schneiden.
– Schalotten fein hacken.
– Staudensellerie, Kartoffeln und Schalotten in Diätmargarine sautieren.
– Mit Gemüsefond aufgießen, würzen und weich kochen.
– Milch dazugeben, nochmals aufkochen lassen und mit Sauerrahm aufmixen.
– Vollkornbrot entrinden, würfelig schneiden und im Rohr bähen.
– Schinken in feine Streifen schneiden.
– Suppe in die vorgewärmten Teller gießen und mit Schinkenstreifen und Vollkorncroûtons anrichten.

Anmerkung: Für leichte Vollkost ohne Schalotten zubereiten.

VK | LVK | DIAB | RED | LIP

Nährwerte pro Portion

kcal	kJ	EW	Fett	KH
127	530	5 g	8 g	8 g

Ball	Chol	HS	BE
3 g	9 mg	61 mg	0,5

Schaumsuppe von Löwenzahnblüten

Zutaten für 4 Portionen

40 g	Zwiebel oder Stangensellerie oder Lauch
40 g	Karotten
30 ml	Olivenöl
30 g	Dinkelmehl
800 ml	Gemüsefond
	Salz, Pfeffer, Muskatblüten, Curcuma
140 g	Löwenzahnblütenblätter
60 ml	Acidophilusmilch
40 ml	Kaffeeobers

Zubereitung

– Zwiebel und Karotten kleinwürfelig schneiden und in Öl anschwitzen.
– Mit Mehl stauben.
– Gemüsefond dazugeben und würzen.
– Fünf Minuten verkochen, die Löwenzahnblüten beigeben und eine Minute weiterkochen.
– Zugedeckt 15 Minuten ziehen lassen.
– Anschließend Acidophilusmilch und Kaffeeobers hinzufügen, nochmals eine Minute kochen.
– Mixen oder passieren und abschmecken.

Anmerkungen: Für leichte Vollkost ohne Zwiebel zubereiten!
Als Einlage empfehlen wir Pumpernickelnockerln → Seite 109.

VK | LVK | DIAB | LIP | PUR

Nährwerte pro Portion

kcal	kJ	EW	Fett	KH
189	793	3 g	13 g	11 g

Ball	Chol	HS	BE
3 g	7 mg	39 mg	0,5

Schnittlauchsuppe

Zutaten für 4 Portionen

150 g	Äpfel
30 g	Zwiebel
10 g	Diätmargarine
600 ml	Gemüsefond
1	Ei
50 g	Kartoffeln
150 ml	Joghurt
50 ml	Sauerrahm
1 EL	geschnittener Schnittlauch
1 EL	frischer Majoran
	Muskat

Zubereitung

– Äpfel schälen, in kleine Stücke schneiden.
– Zwiebel fein hacken und mit den Äpfeln in Diätmargarine anschwitzen.
– Mit Gemüsefond aufgießen.
– Ei kochen und zerkleinert beigeben.
– Kartoffeln schälen und klein schneiden, dazugeben und leicht einkochen lassen.
– Joghurt mit Sauerrahm mischen und dazugeben.
– Schnittlauch hinzufügen.
– Die Suppe mixen, durch ein Sieb gießen und abschmecken.
– Ein Zweigerl Majoran am Rand des Tellers verleiht dem Gericht eine besondere Note.

Anmerkung: Als Einlage passen Shrimpsravioli → Seite 110.

VK | DIAB | RED | LIP | PUR

Nährwerte pro Portion

kcal	kJ	EW	Fett	KH
134	562	4 g	8 g	10 g

Ball	Chol	HS	BE
2 g	57 mg	15 mg	0,5

Tomatencremesuppe mit Camembert-knöderln

Zutaten für 4 Portionen

800 g	Tomaten
50 g	Zwiebel
12 ml	Olivenöl
300 ml	Tomatensaft
700 ml	Gemüsefond
	Salz, Pfeffer,
1	Knoblauchzehe
	etwas Himbeeressig
	Wacholderbeeren, Pfefferkörner, Lorbeerblätter
1 EL	gehackte frische Kräuter: Thymian, Majoran, Kerbel, Basilikum, Salbei, Estragon, Kresse

Zubereitung

– Tomaten waschen und vierteln.
– Zwiebeln hacken und in Olivenöl anschwitzen.
– Tomatenviertel dazugeben.
– Mit Tomatensaft und Gemüsefond aufgießen, mit Salz, Pfeffer, Knoblauch und Himbeeressig würzen. Wacholderbeeren, Pfefferkörner und Lorbeerblätter hinzufügen. Alles leicht einkochen lassen.
– Die Suppe passieren und, wenn notwendig, nachwürzen.
– Mit frischen Kräutern bestreuen.

Anmerkung: Als Einlage empfehlen wir Camembertknöderln → Seite 106.

VK | DIAB | RED | LIP | PUR

Nährwerte pro Portion

kcal	kJ	EW	Fett	KH
106	442	3 g	7 g	8 g

Ball	Chol	HS	BE
3 g	+	31 mg	–

Topinambursuppe

Zutaten für 4 Portionen

400 g	Topinambur
30 g	Schalotten
1	Knoblauchzehe
30 g	Lauch
20 ml	Olivenöl
300 g	Topinambur
600 ml	Hühner- oder Gemüsefond
1	Lorbeerblatt
	Kräutersalz, Pfeffer, Kümmel
50 ml	Buttermilch
125 ml	Sauerrahm
20 g	Bündner Fleisch
1 EL	gehackte Petersilie

Zubereitung

– Topinambur kochen, schälen. Etwa ein Viertel davon würfelig schneiden und warm stellen.
– Schalotten, Knoblauch und Lauch in Öl anschwitzen.
– Die restlichen drei Viertel Topinambur dazugeben und anschwitzen.
– Mit Fond aufgießen, kurz verkochen und würzen.
– Buttermilch und Sauerrahm dazugeben und mixen.
– Erwärmte Topinamburwürfel in Teller geben und mit Suppe aufgießen.
– Fleisch darauf legen und Petersilie darüber streuen.

VK | DIAB | LIP | PUR

Nährwerte pro Portion

kcal	kJ	EW	Fett	KH
146	610	6 g	11 g	7 g

Ball	Chol	HS	BE
13 g	19 mg	29 mg	0,5

Weizenschrotsuppe mit Gemüsewürfeln und Pignolien

Zutaten für 4 Portionen

40 g	Petersilwurzel
40 g	Kohlrabi
40 g	Karotten
40 g	Sellerie
40 g	Schalotten
20 g	Diätmargarine
600 ml	Gemüsefond
1	Lorbeerblatt
	Kräutersalz, Pfeffer
25 g	frisch geschroteter Weizen
100 ml	Magermilch
1 EL	Sauerrahm
15 g	Pignolienkerne
1 EL	gehackte Petersilie

Zubereitung

– Petersilwurzel, Kohlrabi, Karotten und Sellerie putzen und in kleine Würfel schneiden.
– Schalotten fein hacken.
– Gemüse mit den Schalotten in Diätmargarine anschwitzen.
– Mit Gemüsefond aufgießen.
– Lorbeerblatt, Salz und Pfeffer dazugeben und aufkochen lassen.
– Kalte Milch mit dem geschroteten Weizen anrühren und in die kochende Suppe einrühren.
– Fünf bis sechs Minuten köcheln lassen.
– Pignolienkerne im Rohr bei 200 °C rösten.
– Sauerrahm in die Suppe einmixen, nochmals abschmecken, mit Pignolienkernen und Petersilie garnieren.

VK | DIAB | RED | LIP | PUR

Nährwerte pro Portion

kcal	kJ	EW	Fett	KH
127	533	3 g	9 g	8 g

Ball	Chol	HS	BE
3 g	1 mg	30 mg	0,5

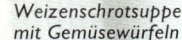

Weizenschrotsuppe mit Gemüsewürfeln

Kartoffelsuppe auf Wiener Art mit Eierschwammerln

Zutaten für 4 Portionen

Zutaten für die Suppe

70 g	Stangensellerie
150 g	Kartoffeln
1	Knoblauchzehe
1 EL	Sonnenblumenöl
50 g	trockener Weißwein
600 ml	Gemüsebouillon
1	Lorbeerblatt
	Salz, Pfeffer, Muskat
	Kräutersalz, Kümmel
	Hesperidenessig
1/16 l	Joghurt, 1 %
1/16 l	Sauerrahm

Zutaten für die Einlage

80 g	Eierschwammerln
100 g	Kartoffeln
1 TL	Sonnenblumenöl
100 ml	Gemüsebouillon
1 EL	gehackte frische Kräuter: Majoran, Petersilie

Zubereitung

– Stangensellerie putzen, waschen und in Stücke schneiden.

– Kartoffeln schälen und würfelig schneiden.

– Stangensellerie, etwas mehr als die Hälfte der Kartoffelwürfel und zerdrückten Knoblauch in Sonnenblumenöl anschwitzen, mit Wein ablöschen und einkochen. Mit 600 ml Gemüsebouillon auffüllen, Gewürze dazugeben und einkochen.

– Suppe mit Joghurt und Sauerrahm mixen bzw. pürieren.

– Während die Suppe kocht, die Eierschwammerln putzen und anschließend in Sonnenblumenöl kurz anrösten; die restlichen Kartoffelwürfel anschwitzen und mit 100 ml Gemüsebouillon weich dünsten.

– Die Eierschwammerln und die Kartoffelwürfel in die fertige Suppe geben und mit frischem Majoran und Petersilie bestreuen.

VK | DIAB | RED | LIP | PUR

Nährwerte pro Portion

kcal	kJ	EW	Fett	KH
147	617	3 g	9,5 g	10 g

Ball	Chol	HS	BE
3,4 g	8,2 mg	28,4 mg	0,5

Steirische Kürbiscremesuppe

Zutaten für 4 Portionen

1	Kürbis à 600 g
1 EL	Diätmargarine
50 g	Zwiebel
20 g	Mehl
600 ml	entfettete Rindsbouillon
1/8 l	Joghurt, 1%
1/8 l	Sauerrahm
1	Prise Zucker
	Salz, weißer Pfeffer
	gemahlener Kümmel
2 EL	Kaffeeobers
1 EL	Weinessig
1 EL	Kürbiskernöl
1 EL	geschnittener Schnittlauch

Zubereitung

– Kürbis schälen und entkernen. Kürbisfleisch klein schneiden.

– Zwiebel fein hacken und in Diätmargarine anschwitzen. Kürbis dazugeben, mit Mehl stauben und gut durchrühren.

– Mit Rindsbouillon und einem Gemisch von Joghurt und Sauerrahm aufgießen, aufkochen lassen, eine Prise Zucker dazugeben und kochen, bis der Kürbis weich ist.

– Anschließend die Suppe mit einem Pürierstab fein mixen und passieren.

– Mit Gewürzen, Kaffeeobers und Weinessig abschmecken, auf Suppentellern anrichten und mit ein paar Tropfen Kürbiskernöl beträufeln. Mit frischem Schnittlauch bestreuen.

Anmerkung: Für leichte Vollkost ohne Zwiebel und Pfeffer zubereiten.

VK | LVK | DIAB | LIP | PUR

Nährwerte pro Portion

kcal	kJ	EW	Fett	KH
237	992	4,8 g	18,6 g	12,3 g

Ball	Chol	HS	BE
1,5 g	19,5 mg	15,5 mg	1

Klare Rindsbouillon mit Gemüseschnitten

Zutaten für 6 Portionen

2 Grahamweckerln
1/8 l Magermilch
25 g Diätmargarine
1 Eidotter
20 g Lauch
50 g Karotten
50 g Gelbe Rüben
1 Knoblauchzehe
1 TL Sonnenblumenöl
50 g Spinat
1 Eiklar
Salz, Pfeffer, Muskat
1 EL gehackte Kräuter: Petersilie, Thymian

800 ml entfettete Rindsbouillon
1 EL gehackte Petersilie

Zubereitung

– Grahamweckerln in feine Scheiben schneiden und mit erwärmter Milch übergießen, erkalten lassen.
– Margarine und Eidotter schaumig rühren.
– Lauch fein schneiden, Karotten und Gelbe Rüben putzen, waschen und in kleine Würfel schneiden.
– Das Gemüse mit zerdrücktem Knoblauch in Sonnenblumenöl anschwitzen und weich dünsten.
– Spinat putzen, waschen und kurz überkochen, erkalten lassen, ausdrücken und grob hacken.
– Eiklar zu Schnee schlagen.
– Alle Zutaten mischen, Masse abschmecken, auf Backpapier aufstreichen und im Rohr bei 180 °C ca. 3–5 Minuten backen.
– Das Backgut in Schnitten teilen, in die entfettete Rindsbouillon einlegen und mit frischer Petersilie bestreuen.

Anmerkung: Für leichte Vollkost ohne Lauch und Knoblauch zubereiten. Evtl. stattdessen Sellerie zugeben.

VK | LVK | DIAB | RED | LIP | PUR

Nährwerte pro Portion (Schnitten)

kcal	kJ	EW	Fett	KH
87	366	2,9 g	5,4 g	6,7 g

Ball	Chol	HS	BE
1 g	42,2 mg	10,6 mg	0,5

Nährwerte pro Portion (Bouillon)

kcal	kJ	EW	Fett	KH
46	192	0,5 g	4,4 g	1,2 g

Ball	Chol	HS	BE
1,1 g	–	7,5 mg	–

Nährwerte pro Portion (gesamt)

kcal	kJ	EW	Fett	KH
133	558	3,4 g	9,8 g	7,9 g

Ball	Chol	HS	BE
2,1 g	42,2 mg	18,1 mg	0,5

Feine Pilzcremesuppe

Zutaten für 4 Portionen

50 g Zwiebel
200 g gemischte Waldpilze
20 g Diätmargarine
20 g Weizenvollkornmehl
750 ml Gemüsebouillon
1/8 l Sauerrahm
1/8 l Kaffeeobers
Salz, Pfeffer
1 Knoblauchzehe
100 g gemischte Waldpilze als Einlage
1 TL gehackte Petersilie
1/2 Zitrone

Zubereitung

– Zwiebel fein hacken und Pilze putzen.
– Zwiebel und 200 g Pilze in Diätmargarine anschwitzen.
– Mehl untermengen, kurz durchrösten und mit Gemüsebouillon aufgießen.
– Sauerrahm und Kaffeeobers verrühren und in die Suppe geben, kurz aufkochen, aufmixen und mit Gewürzen und zerdrücktem Knoblauch abschmecken.
– 100 g Pilze blättrig schneiden, kurz anrösten.
– Pilze und Petersilie in die Suppe geben, etwas durchziehen lassen. Mit etwas Zitronensaft verfeinern und in Suppentassen anrichten.

Anmerkung: Geröstete Vollkorncroûtons als Garnitur reichen.

VK | DIAB | RED | LIP

Nährwerte pro Portion

kcal	kJ	EW	Fett	KH
203	852	5 g	17 g	7,7 g

Ball	Chol	HS	BE
4,5 g	31,2 mg	54,7 mg	0,5

Kaltschalen

Beerenkaltschale

Zutaten für 4 Portionen

100 g	Himbeeren
100 g	Brombeeren
100 g	Heidelbeeren
100 g	Erdbeeren
1/2 l	Mineralwasser
4	Minzeblätter
20 ml	Sekt und roter Portwein
20 g	Süßstoff
80 ml	Joghurt, 1 %

Zubereitung

– Beeren gründlich waschen und mit Mineralwasser und Minzeblättern mixen.
– Sekt und Portwein dazugeben und süßen.
– Durch ein feines Sieb gießen und in vorgekühlten Suppentellern anrichten.
– Mit je einem Löffel Joghurt das Gericht garnieren.

Anmerkung: Für leichte Vollkost und purinarme Kost ohne Portwein und ohne Sekt zubereiten.

VK | LVK | DIAB | RED | PUR

Nährwerte pro Portion

kcal	kJ	EW	Fett	KH
55	229	2 g	0,7 g	7 g
Ball	Chol	HS	BE	
5 g	+	20 mg	0,5	

Geeiste Räucher-lachs-Gurkensuppe mit heurigen Kartoffeln

Zutaten für 4 Portionen

100 g	heurige Kartoffeln
240 g	geschälte Gurke
40 g	Stangensellerie
140 g	Räucherlachs
170 ml	Fischfond
170 ml	klarer Tomatensaft
1	Zitrone
170 ml	Bifidusmilch oder Joghurt
	Salz, Pfeffer, Dille, Cayennepfeffer
20 ml	Schlagobers
	Dille
4	Gurkenscheiben

Zubereitung

– Die Kartoffeln kochen oder dämpfen und warm stellen.
– Gurken schälen, entkernen und klein schneiden.
– Stangensellerie klein schneiden.
– Gurken, Stangensellerie, Räucherlachs, Fischfond, Tomaten- und Zitronensaft und Joghurt mixen, würzen, abseihen und kalt stellen.
– Schlagobers steif schlagen.
– Die Suppe nochmals mixen, in Teller füllen und mit Schlagobers, etwas Dille und einer Gurkenscheibe garnieren.
– Die Kartoffeln à part servieren.

VK | DIAB | RED | LIP

Nährwerte pro Portion

kcal	kJ	EW	Fett	KH
121	508	10 g	5 g	8 g
Ball	Chol	HS	BE	
1 g	20 mg	82 mg	0,5	

Apfel-Melonen-Kaltschale

Zutaten für 4 Portionen

2	Honigmelonen
2	Ogenmelonen
1/4	Wassermelone
2	Idared-Äpfel
	evtl. flüssiger Süßstoff
	Crashedice
50 g	Ribiseln (rote Johannisbeeren)

Zubereitung

– Honigmelone halbieren und aushöhlen.
– Aus Ogen- und Wassermelone Kugeln ausstechen.
– Äpfel halbieren und entkernen. Eine Apfelhälfte zum Garnieren aufheben. Die restlichen Apfelhälften schälen.
– Fruchtfleisch der Honigmelone, Apfelhälften und Crashedice aufmixen, wenn notwendig, mit etwas flüssigem Süßstoff würzen.
– Die flüssige Masse in die ausgehöhlten Melonenhälften füllen und die Melonenkugerln dazugeben.
– Die ungeschälte Apfelhälfte in Fächer schneiden, auf die Melone setzen und mit Ribiseln garnieren.

VK | DIAB | RED | LIP | PUR

Nährwerte pro Portion

kcal	kJ	EW	Fett	KH
124	518	2 g	0,7 g	27 g
Ball	Chol	HS	BE	
2 g	–	57 mg	2	

Kalte Avocadosuppe

Zutaten für 4 Portionen

250 g	Avocadofruchtfleisch
1/2	Zitrone
300 ml	Buttermilch
150 ml	Gemüsefond
	Salz, weißer Pfeffer
1 EL	grüne Pfefferkörner
100 g	Äpfel
10 g	Diätmargarine
	flüssiger Süßstoff
30 ml	Sauerrahm

Zubereitung

– Avocados schälen, in Würfel schneiden und mit Zitronensaft pürieren.
– Buttermilch und kalten Gemüsefond unterrühren.
– Die Suppe mit Salz, weißem Pfeffer und grünen Pfefferkörnern würzen und kalt stellen.
– Äpfel schälen, entkernen und in schmale Spalten schneiden.
– Diätmargarine schmelzen, Apfelspalten dazugeben, mit Süßstoff würzen und bei mittlerer Hitze braten.
– Die Suppe mit den heißen Äpfeln in Suppentellern anrichten und mit Sauerrahm garnieren.

Anmerkung: Für leichte Vollkost ohne Pfeffer zubereiten.

VK | LVK | DIAB | LIP | PUR

Nährwerte pro Portion

kcal	kJ	EW	Fett	KH
221	925	4 g	19 g	8 g

Ball	Chol	HS	BE	
3 g	7 mg	25 mg	0,5	

Apfel-Melonen-Kaltschale

Beerenkaltschale

Kühle Rahmsuppe von dreierlei Paprika

Zutaten für 4 Portionen

Zutaten für die Suppe mit rotem Paprika

130 g	roter Paprika
15 g	Zwiebel oder Stangensellerie
15 g	Lauch
7 ml	Olivenöl
2 g	Paprikapulver
170 ml	Gemüsefond
	Salz, Pfeffer, Zitronenschale
1	Lorbeerblatt
50 ml	Sauerrahm

Zutaten für die Suppe mit grünem Paprika

15 g	Zwiebel
15 g	Lauch
1	Knoblauchzehe
7 ml	Olivenöl
170 ml	Gemüsefond
130 g	grüner Paprika
	Salz, Pfeffer, Majoran
	etwas gehackte Petersilie
50 ml	Sauerrahm

Zutaten für die Suppe mit gelbem Paprika

130 g	gelber Paprika
15 g	Zwiebel
15 g	Lauch
7 ml	Olivenöl
	gelbes Paprikapulver
170 ml	Gemüsefond
	Salz, Pfeffer
	Zitronenschale, Curcuma
50 ml	Sauerrahm

1 EL	gemischte gehackte Kräuter

Zubereitung

- Für die erste Suppe Paprika schneiden und passieren.
- Zwiebel oder Sellerie und Lauch klein schneiden, in Olivenöl anschwitzen und vom Herd nehmen.
- Paprizieren, mit Gemüsefond aufgießen, würzen und verkochen. Das Lorbeerblatt entfernen.
- Mit Sauerrahm mixen und erkalten lassen.
- Für die zweite Suppe Zwiebel und Lauch schneiden und mit etwas Knoblauch in Olivenöl anschwitzen.
- Mit Gemüsefond aufgießen und aufkochen.
- Grünen Paprika in Streifen schneiden, beigeben und würzen.
- Mit Kräutern und Sauerrahm mixen, passieren und kalt stellen.
- Für die dritte Suppe Paprika schneiden und passieren.
- Zwiebel und Lauch klein schneiden, in Olivenöl anschwitzen und vom Herd nehmen.
- Mit gelbem Paprikapulver paprizieren, mit Gemüsefond aufgießen, mit Salz, Pfeffer, Zitronenschale und etwas Curcuma würzen und verkochen.
- Mit Sauerrahm mixen und kalt stellen.
- Die gekühlten Suppen getrennt mixen und nebeneinander in die Teller geben. Die Suppen vermischen sich leicht miteinander.
- Mit frischen Kräutern garnieren.

VK | DIAB | LIP | PUR

Nährwerte pro Portion

kcal	kJ	EW	Fett	KH
164	686	3 g	14 g	7 g

Ball	Chol	HS	BE
4 g	19 mg	21 mg	–

Kalte Tomaten-Gurkensuppe mit Mozzarella

Kühle Rahmsuppe von dreierlei Paprika

Kalte Tomaten-Gurkensuppe mit Mozzarella

Zutaten für 4 Portionen

270 g	Tomaten
300 g	Salatgurke
1/2 l	Gemüsefond
10 ml	Olivenöl
1	Knoblauchzehe
	Salz, Pfeffer
1/2	Zitrone
200 ml	Joghurt, 1 %
	Basilikum
120 g	Mozzarella
1 EL	geschnittener Schnittlauch

Zubereitung

– Tomaten kurz in kochendes Wasser geben, in Eiswasser abschrecken, enthäuten, entkernen und in Würfel schneiden.
– Die Gurke schälen und ebenfalls in Würfel schneiden.
– Zwei Drittel der Gurken und der Tomaten mit Gemüsefond, Olivenöl, Knoblauch, Salz, Pfeffer und dem Saft einer halben Zitrone mixen und zugedeckt eine Stunde kalt stellen.
– Das gekühlte Joghurt und die Hälfte des gehackten Basilikums einrühren, nochmals abschmecken und in Suppentassen anrichten.
– Mozzarella würfelig schneiden und mit den Gurken- und Tomatenwürfeln auf die Suppe geben.
– Mit dem restlichen Basilikum und dann mit fein geschnittenem Schnittlauch bestreuen.

VK | DIAB | LIP | PUR

Nährwerte pro Portion

kcal	kJ	EW	Fett	KH
163	682	9 g	11 g	6 g

Ball	Chol	HS	BE
2 g	15 mg	19 mg	–

Geeiste Spargel-püreesuppe mit Erdbeeren

Zutaten für 4 Portionen

400 g	geputzter Spargel
20 g	Mehl
20 ml	Traubenkernöl
600 ml	Spargelfond
	Salz
1	Zitrone
100 ml	Kaffeeobers
40 g	grüner Spargel
60 g	Erdbeeren

Zubereitung

– Spargel in kleine Stücke schneiden, kochen, abseihen und herausheben.
– Mehl und Traubenkernöl abmischen und den Spargelfond damit binden.
– Mit Salz, Zitronensaft und geriebener Zitronenschale würzen und fünf Minuten verkochen.
– Spargel wieder hinzufügen, mixen, passieren und einkühlen.
– Grünen Spargel kochen.
– Die gekühlte Suppe mit Kaffeeobers nochmals mixen, in gekühlten Tellern anrichten und mit gekochtem grünem Spargel und Erdbeeren garnieren.

Anmerkungen: Frische gehackte Minze ist eine zusätzliche kulinarische Bereicherung.
Für Reduktionskost anstelle von Kaffeeobers Joghurt oder Buttermilch verwenden.

VK | LVK | DIAB | RED | LIP | PUR

Nährwerte pro Portion

kcal	kJ	EW	Fett	KH
162	678	4 g	12 g	9 g

Ball	Chol	HS	BE
3 g	13 mg	39 mg	0,5

Geeiste Spargelpüreesuppe

Sellerie-Kartoffel-Kaltschale

Zutaten für 4 Portionen

30 g	Schalotten
20 g	Diätmargarine
300 g	Stangensellerie
150 g	Kartoffeln
300 ml	Gemüsefond
1/8 l	Magermilch
1/8 l	Kefir
1/8 l	Joghurt, 1 %
	weißer Pfeffer
1	Spritzer Balsamicoessig
2 EL	gehackte Kräuter: Basilikum, Estragon, Petersilie
	fein geschnittener Schnittlauch

Zubereitung

– Schalotten fein hacken und in Diätmargarine kurz anschwitzen.
– Stangensellerie schälen, putzen, in kleine Stücke schneiden und dazugeben.
– Kartoffeln schälen, in kleine Stücke schneiden und zu den Schalotten und dem Stangensellerie geben.
– Mit Gemüsefond und Magermilch aufgießen und weich dünsten.
– Einige Sellerie- und Kartoffelstücke herausnehmen und beiseite stellen.
– Kefir und Joghurt miteinander versprudeln, mit der Suppe mixen und kalt stellen.
– Kartoffel- und Selleriestückchen in kalte Tassen oder Teller geben und die Suppe aufgießen.
– Mit frischen Kräutern und Schnittlauch bestreuen und mit einem Sellerieblatt garnieren.

VK | DIAB | RED | LIP

Nährwerte pro Portion

kcal	kJ	EW	Fett	KH
128	537	5 g	6 g	12 g

Ball	Chol	HS	BE
3 g	1 mg	63 mg	1

Tomaten-Buttermilch-Kaltschale

Zutaten für 4 Portionen

3/4 l	Tomatensaft
	Zitronenschale
	Salz, Thymian, Oregano
1	Lorbeerblatt
14 g	Gelatine
100 ml	Apfelsaft
300 ml	Buttermilch
80 g	Tomaten
10 g	Kresse

Zubereitung

– Tomatensaft mit Gewürzen und Kräutern auf einen halben Liter reduzieren. Das Lorbeerblatt entfernen.
– Gelatine einweichen, in Tomatensaft auflösen und abkühlen.
– Apfelsaft und Buttermilch einrühren.
– Tomaten enthäuten und in Spalten schneiden.
– Die Suppe in Teller füllen und kalt stellen.
– Vor dem Servieren mit Tomatenspalten belegen und mit Kresse garnieren.

Anmerkungen: Die Suppe am besten am Vortag zubereiten, damit sie über Nacht stocken kann.
Gelierte Obst- und Kräuterkaltschalen werden genauso zubereitet.

VK | LVK | DIAB | RED | LIP | PUR

Nährwerte pro Portion

kcal	kJ	EW	Fett	KH
63	266	5 g	1 g	8 g

Ball	Chol	HS	BE
0,3 g	3 mg	14 mg	0,5

Melonen-Schafjoghurt-Kaltschale

Zutaten für 4 Portionen

600 g	Melonenfruchtfleisch, zB Honig-, Netz-, Zucker- oder Ogenmelone
300 ml	Schafjoghurt
40 ml	Birnendicksaft
1/2	Zitrone
100 ml	Mineralwasser
20 g	Perlsago
60 g	Brombeeren
8	Minzeblätter

Zubereitung

– Melonen aushöhlen und das Fruchtfleisch mit Schafjoghurt, Birnendicksaft und dem Saft einer halben Zitrone mixen.
– Mit Mineralwasser verrühren.
– Perlsago kochen und abgekühlt hinzufügen.
– Die Masse in Melonenhälften füllen, mit halbierten Brombeeren belegen und mit Minzeblättern dekorieren.

VK | LVK | DIAB | RED | LIP | PUR

Nährwerte pro Portion

kcal	kJ	EW	Fett	KH
120	502	4 g	3 g	17 g

Ball	Chol	HS	BE
1 g	9 mg	33 mg	1,5

Melonenkaltschale

Zutaten für 4 Portionen

1	Honigmelone
1/2	Ogenmelone
1/4 l	Mineralwasser
300 ml	Frizzante
10 ml	Madeira
8	Minzeblätter

Zubereitung

- Honigmelone schälen und in Stücke schneiden.
- Aus der Ogenmelone mit dem Parisienneausstecher kleine Kugeln ausstechen.
- Honigmelone mixen, mit Mineralwasser und Frizzante aufrühren.
- Mit Minze und Madeira abschmecken.
- In Suppentassen einfüllen, Melonenkugeln beigeben und mit Minzeblättern gefällig garnieren.

VK | DIAB | RED | LIP

Nährwerte pro Portion

kcal	kJ	EW	Fett	KH
126	527	1 g	0,4 g	17 g

Ball	Chol	HS	BE
0,5 g	–	35 mg	1,5

Weintrauben-kaltschale

Zutaten für 4 Portionen

800 g	Weintrauben
1/4 l	Mineralwasser
30 g	Akazienhonig

Zubereitung

- Die Trauben schälen, halbieren und entkernen.
- Etwa 100 g für die Einlage aufheben.
- Die übrigen Trauben mixen, mit Mineralwasser aufgießen und mit Honig abschmecken.
- Kalt stellen und mit den geschälten, halbierten Trauben garnieren.

Anmerkung: Anstelle von Mineralwasser kann zur Verfeinerung auch Champagner verwendet werden.

VK | LIP | PUR

Nährwerte pro Portion

kcal	kJ	EW	Fett	KH
165	690	1 g	0,6 g	37 g

Ball	Chol	HS	BE
2 g	–	40 mg	3

Suppeneinlagen

Brennnessel-Kalbfleisch-Strudel

Zutaten für 10 Portionen

Zutaten für den Strudelteig

50 g	Weizenvollmehl
50 g	Weizenmehl
10 ml	Öl
	Essigwasser nach Bedarf

Zutaten für die Fülle

50 g	Zwiebel
170 g	faschiertes Kalbfleisch
10 ml	Olivenöl
33 g	Weizenmehl
10 ml	Olivenöl
80 ml	Gemüsebouillon
1	Ei
	etwas gehackte Petersilie
	Salz, Pfeffer, Muskat
50 g	Brennnesseln oder Spinat
50 g	Bergkäse

Zubereitung

- Aus Mehl, Öl, Wasser und Essig einen glatten Strudelteig bereiten.
- 20 Minuten rasten lassen.
- Zwiebel klein schneiden und mit Fleisch im Öl anrösten.
- Mehl im Öl kurz aufschäumen.
- Gemüsebouillon dazugeben und verkochen.
- Kurz überkühlen. Eidotter einarbeiten und würzen.
- Brennnesseln oder Spinat blanchieren.
- Käse reiben.
- Eiklar zu Schnee schlagen und mit Spinat und Käse unter die Fleischmasse heben.
- Strudelteig ausrollen.
- Masse auf den Strudelteig aufstreichen, einrollen und bei 200 °C 25–30 Minuten im Rohr backen.

Anmerkungen: Für leichte Vollkost ohne Zwiebel zubereiten.
Sie können auch anstelle von Bärlauch Brennnesseln und anstelle von Kalbfleisch Lammfleisch verwenden,

dazu eine Tomaten-Kräuter-Sauce servieren – schmeckt als Zwischengericht köstlich.

VK	LVK	DIAB	LIP	PUR		

Nährwerte pro Portion

kcal	kJ	EW	Fett	KH
117	491	7 g	6 g	9 g

Ball	Chol	HS	BE
1 g	35 mg	38 mg	0,5

Fasanknöderln

Zutaten für 4 Portionen

120 g	Fasanenbrust
20 g	Vollkorntoastbrot
2	Eiklar
50 ml	Kaffeeobers
	Salz, Pfeffer, Thymian

Zubereitung

- Fasanenbrust und Vollkorntoast würfelig schneiden.
- Alle Zutaten vermischen, kurz ziehen lassen und cuttern.
- Knöderln formen und pochieren.

VK	LVK	DIAB	RED	LIP	PUR

Nährwerte pro Portion

kcal	kJ	EW	Fett	KH
77	324	9 g	4 g	2 g

Ball	Chol	HS	BE
0,4 g	28 mg	36 mg	–

Camembertknöderln

Zutaten für 4 Portionen

1	Eidotter
20 g	Diätmargarine
125 g	Magertopfen
50 g	Camembert
20 g	Parmesan
14 g	Mehl
10 g	Grieß
1 EL	geschnittener Schnittlauch und gehackte Petersilie
	Salz, Pfeffer, Muskat
1 l	Gemüsefond

Zubereitung

- Margarine mit Dotter schaumig rühren.
- Gut ausgedrückten Topfen beigeben.
- Würfelig geschnittenen Camembert und geriebenen Parmesan dazugeben und vermischen.
- Mehl, Grieß und Kräuter unterheben und mit den Gewürzen abschmecken.
- Die Masse eine Stunde rasten lassen.
- Knöderln formen und im Gemüsefond pochieren.

VK	DIAB	LIP	PUR

Nährwerte pro Portion

kcal	kJ	EW	Fett	KH
168	706	9 g	12 g	6 g

Ball	Chol	HS	BE
0,5 g	75 mg	6,2 mg	0,5

Haferflocken-Tofu-Schnitte

Brennnessel-Kalbfleisch-Strudel

Haferflocken-Tofu-Schnitten

Zutaten für 10 Portionen

50 g	kleinblättrige Haferflocken
100 g	großblättrige Haferflocken
50 ml	Milch
50 ml	Gemüsefond
60 g	Diätmargarine
2	Eier
2 EL	gehackte Petersilie
	Kräutersalz, Pfeffer, Muskat, Tamarin
100 g	Räuchertofu

Zubereitung

– Haferflocken getrennt linden, dh. fettlos rösten.
– Dann die Haferflocken gemeinsam in Milch und Gemüsefond einweichen.
– Margarine schaumig rühren, Dotter einrühren, Petersilie und Gewürze dazugeben.
– Räuchertofu in Würfel schneiden.
– Eiklar zu Schnee schlagen.
– Abwechselnd Schnee, Hafermasse und Tofuwürfel in die Fettmasse einrühren.
– Die Masse etwa 2 cm hoch auf Backpapier auftragen und bei 180 °C 35 Minuten backen.

VK | LVK | DIAB | RED | LIP | PUR

Nährwerte pro Portion

kcal	kJ	EW	Fett	KH
127	533	5 g	8 g	10 g

Ball	Chol	HS	BE
1 g	45 mg	22 mg	0,5

Camembertknöderln

Buchweizenroulade

Zutaten für 4 Portionen

Zutaten für den Teig

40 g	Vollmehl
1/16 l	Magermilch
1	Ei
	Salz
20 ml	Sonnenblumenöl
4	Kohlblätter

Zutaten für die Fülle

1	Eiklar
20 g	Buchweizen
30 g	Topfen
	Salz, Pfeffer
1	Eidotter

Zubereitung

– Aus Vollmehl, Magermilch, Ei und Salz einen Teig rühren.
– In einer beschichteten Pfanne mit wenig Sonnenblumenöl Palatschinken backen und erkalten lassen.
– Kohlblätter blanchieren.
– Für die Fülle das Eiklar zu Schnee schlagen und mit den restlichen Zutaten vermengen. Die Masse zehn Minuten rasten lassen.
– Masse auf die ausgekühlten Palatschinken streichen.
– Die blanchierten Kohlblätter darauf legen, die Palatschinken einrollen und in Alufolie wickeln.
– 20 Minuten bei 90 °C im Wasserbad pochieren.
– Erkalten lassen und in Scheiben schneiden.

VK | LVK | DIAB | LIP | PUR

Nährwerte pro Portion

kcal	kJ	EW	Fett	KH
163	681	7 g	9 g	14 g

Ball	Chol	HS	BE
1 g	107 mg	24 mg	1

Kleienockerln

Zutaten für 6 Portionen

40 g	Diätmargarine
1	Ei
35 g	Vollkornmehl
35 g	Weizenmehl
10 ml	Milch
10 g	Kleie
	Salz
1 EL	frische gehackte Kräuter: Kerbel, Petersilie
1 l	Gemüsebouillon

Zubereitung

– Diätmargarine und Ei schaumig rühren.
– Mit Mehl, Milch und Kleie vermengen und würzen.
– Kleine Nockerln formen und in der Suppe langsam kochen.

VK | LVK | DIAB | RED | LIP | PUR

Nährwerte pro Portion

kcal	kJ	EW	Fett	KH
101	424	3 g	7 g	8 g

Ball	Chol	HS	BE
2 g	33 mg	10 mg	0,5

Mais-Kleie-Nockerln

Zutaten für 4 Portionen

30 g	Diätmargarine
75 g	Maisgrieß (Polenta)
10 g	Haferkleie
1	Ei

Zubereitung

– Alle Zutaten miteinander verrühren.
– Die Masse rasten lassen.
– Kleine Nockerln formen und pochieren.

VK | LVK | DIAB | LIP | PUR

Nährwerte pro Portion

kcal	kJ	EW	Fett	KH
146	611	4 g	8 g	15 g

Ball	Chol	HS	BE
1,3 g	50 mg	9 mg	1

Lammschinken-tascherln

Zutaten für 10 Portionen

Zutaten für den Nudelteig

160 g	Dinkelmehl
20 ml	Sonnenblumenöl
100 ml	Gemüsefond
	Salz

Zutaten für die Fülle

80 g	Lammschinken
80 g	Lammfleisch
1	Eiklar
40 ml	Kaffeeobers
	Petersilie, Thymian

Zubereitung

– Aus Dinkelmehl, Öl, Gemüsefond und Salz einen glatten Nudelteig zubereiten.
– 20 Minuten rasten lassen.
– Fleisch, Schinken, Eiklar und Obers cuttern.
– Gehackte Kräuter dazugeben und abschmecken.
– Nudelteig dünn ausrollen und in Vierecke teilen.
– Fülle auf den Vierecken verteilen.
– Tascherln fertigen und in Salzwasser kochen.

VK | LVK | DIAB | RED | LIP

Nährwerte pro Portion

kcal	kJ	EW	Fett	KH
113	472	6 g	4 g	12 g

Ball	Chol	HS	BE
1 g	14 mg	52 mg	1

Linsenroulade

Zutaten für 6 Portionen

Zutaten für den Teig

1/8 l	Magermilch
40 g	Vollkornmehl
40 g	Weizenmehl
1	Ei
15 ml	Sonnenblumenöl

Zutaten für die Fülle

50 g	rote Linsen
100 g	Truthahnfleisch
1 EL	gehackte Kräuter: Petersilie, Estragon
1	Eiklar
	Salz, Kräutersalz, Pfeffer
1/8 l	Obers
6	Spinatblätter

Zubereitung

– Aus Milch, Mehl und Ei einen Teig herstellen.
– Palatschinken in Sonnenblumenöl backen und kalt stellen.
– Rote Linsen kernig kochen.
– Truthahnfleisch mit Kräutern, Eiklar, Salz und Pfeffer marinieren und anfrieren.
– Im Cutter mit Obers zu einer Farce aufziehen.
– Die ausgekühlten Linsen untermischen und mit Kräutersalz würzen.
– Palatschinke auf eine Folie legen und mit Farce bestreichen.
– Mit blanchierten Spinatblättern belegen, einrollen und im Kombidämpfer oder im Wasserbad 15 Minuten pochieren.

VK | DIAB | LIP | PUR

Nährwerte pro Portion

kcal	kJ	EW	Fett	KH
132	552	6 g	8 g	9 g

Ball	Chol	HS	BE
2 g	41 mg	31 mg	0,5

Gemüse-grießnockerln

Zutaten für 20 Nockerln

100 g	Grieß
1	Ei
40 g	Diätmargarine
	Salz, etwas Muskat
50 g	Karotten
50 g	Gelbe Rüben
50 g	Sellerie
50 g	Petersilienwurzel

Zubereitung

– Wurzelgemüse putzen, waschen, in kleine Würfel schneiden und weich kochen.
– Diätmargarine schaumig rühren, Ei langsam in die Margarine einrühren, Grieß, Gewürze und gekochte Gemüsewürfel untermengen.
– Etwas rasten lassen, Nockerln formen und in kochendes Salzwasser oder Suppe einlegen.
– Zirka drei Minuten kochen lassen, mit kaltem Wasser abschrecken und zehn Minuten zugedeckt ziehen lassen.

VK | LVK | DIAB | RED | LIP | PUR

Nährwerte pro Stück

kcal	kJ	EW	Fett	KH
36,4	152,5	1 g	2 g	3,7 g

Ball	Chol	HS	BE
0,6 g	11,9 mg	6,2 mg	0,3

Mangoldfrittaten

Zutaten für 4 Portionen

50 g	Mangold
50 ml	Milch
75 ml	Gemüsefond
1	Ei
25 g	Weizenvollkornmehl
25 g	Weizenmehl
20 ml	Sonnenblumenöl
	Salz, Pfeffer, Muskat, Kräutersalz
1 EL	gehackte Petersilie

Zubereitung

- Mangold blanchieren.
- Mangold, Milch, Gemüsefond, Ei und Mehl mit Salz, Pfeffer, Muskat, Petersilie und Kräutersalz mixen.
- Kurz rasten lassen.
- Aus der Masse Palatschinken in einer beschichteten Pfanne oder in wenig Sonnenblumenöl dünn backen, abkühlen und zu Frittaten schneiden.

VK | LVK | DIAB | RED | LIP | PUR

Nährwerte pro Portion

kcal	kJ	EW	Fett	KH
114	478	4 g	7 g	9 g

Ball	Chol	HS	BE
1 g	50 mg	16 mg	0,5

Polentastrudel

Zutaten für 10 Portionen

Zutaten für den Strudelteig

40 g	Vollkornmehl
40 g	Weizenmehl
40 g	Diätmargarine
200 ml	Milch
2	Eier
2 EL	gehackte Petersilie
50 ml	Sonnenblumenöl

Zutaten für die Fülle

200 ml	Magermilch
20 g	Diätmargarine
60 g	Maisgrieß (Polenta)
	Salz, Muskat, Pfeffer
50 g	Maiskörner
1	Eidotter

Zubereitung

- Aus Mehl, Milch, Eiern und Diätmargarine einen Palatschinkenteig anrühren und gehackte Petersilie darunter mischen.
- In wenig Sonnenblumenöl dünne Palatschinken backen und auskühlen lassen.
- Für die Fülle Milch und Diätmargarine aufkochen.
- Polenta einrühren und zehn Minuten quellen lassen.

- Masse vom Herd nehmen, mit Salz, Pfeffer und Muskat würzen und weitere 20 Minuten stehen lassen.
- Maiskörner kochen.
- Eidotter und gekochte Maiskörner unter die Polentamasse rühren.
- Polentamasse ca. 1 cm dick auf die Palatschinken auftragen. Die gefüllten Palatschinken in Folie einrollen, im Wasserbad pochieren, erkalten lassen und in Scheiben schneiden.

VK | DIAB | LIP | PUR

Nährwerte pro Portion

kcal	kJ	EW	Fett	KH
174	729	5 g	12 g	13 g

Ball	Chol	HS	BE
1 g	63 mg	10 mg	1

Pumpernickel-nockerln

Zutaten für 4 Portionen

80 g	Pumpernickel
1	Eiklar
10 ml	Obers
4 g	Pistazien

Zubereitung

- Pumpernickel, Eiklar und Obers cuttern.
- Grob gehackte Pistazien untermischen.
- Nockerln formen und pochieren.

VK | LVK | DIAB | RED | LIP | PUR

Nährwerte pro Portion

kcal	kJ	EW	Fett	KH
55	232	2 g	2 g	8 g

Ball	Chol	HS	BE
2 g	3 mg	11 mg	0,5

Schwammerl-schöberln

Zutaten für 8 Portionen

Zutaten für den Teig

2	Eiklar
	Salz, Pfeffer, Muskat
1	Eidotter
125 g	Topfen
50 g	Dinkelmehl
10 g	Backpulver

Zutaten für die Fülle

250 g	gemischte Pilze
20 g	Diätmargarine
40 g	Schalotten
	etwas gehackte Petersilie
	Salz, Pfeffer

Zubereitung

- Eiklar mit Salz, Pfeffer und Muskat zu Schnee schlagen.
- Dotter und Topfen dazurühren.
- Mehl mit Backpulver vermischen und vorsichtig unterheben.
- Die Masse auf Backpapier auftragen und bei 180 °C im Rohr 15 Minuten backen.
- Erkalten lassen und in Rhomben schneiden.
- Pilze mit Wiegemesser fein hacken.
- In Pflanzenfett mit Schalotten fein sautieren, Petersilie dazugeben und mit Salz und Pfeffer würzen.
- Gebackene Schöberlmasse in der Hälfte durchschneiden, die Pilzmasse auftragen, mit der zweiten Hälfte der Schöberlmasse abdecken und in rhomboidförmige Stücke schneiden.

Anmerkung: Für leichte Vollkost mit Champignons, aber ohne Schalotten zubereiten.

VK | LVK | DIAB | RED | LIP | PUR

Nährwerte pro Portion

kcal	kJ	EW	Fett	KH
71	297	5 g	3 g	5 g

Ball	Chol	HS	BE
1 g	30 mg	27 mg	0,5

Ravioli mit Ricotta und Spinat

Zutaten für 6 Portionen

Zutaten für den Teig

50 g	Vollkornmehl
50 g	Weizenmehl
10 ml	Olivenöl
2	Eidotter
	Salz, Pfeffer, Muskat

Zutaten für die Fülle

400 g	Blattspinat
10 g	Diätmargarine
300 g	Ricotta
	Salz, Muskat
100 g	Parmesan
1	Ei

Zubereitung

– Alle Zutaten zu einem glatten Nudelteig kneten.
– 20 Minuten rasten lassen.
– Blattspinat waschen, blanchieren, ausdrücken, in Diätmargarine kurz andünsten, erkalten lassen und klein hacken.
– Ricotta ausdrücken, mit Salz und Muskat würzen.
– Ricotta und Parmesan unter den Spinat heben.
– Nudelteig dünn ausrollen, auf Ravioliformen legen.
– Mit der Ricotta-Spinat-Masse füllen, Teigränder mit Ei bestreichen, mit der zweiten Teigplatte und mit einem Rollholz vorsichtig darüber rollen, ohne die Füllung zu verschieben.
– Die Ravioli aus der Form heben.
– In Salzwasser fünf Minuten bissfest kochen.

VK | DIAB | LIP | PUR

Nährwerte pro Portion

kcal	kJ	EW	Fett	KH
167	699	9 g	11 g	7 g

Ball	Chol	HS	BE	
2 g	79 mg	32 mg	0,5	

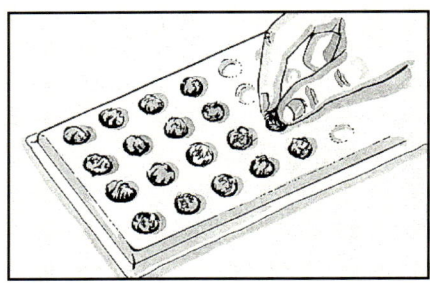

Eine dünne Teigplatte auf die Ravioliform legen, die Füllung in die Vertiefungen setzen und den Teig eventuell mit Wasser einpinseln.

Eine zweite Teigplatte darüber legen. Ganz vorsichtig mit dem Rollholz darüber rollen, ohne die Füllung zu verschieben.

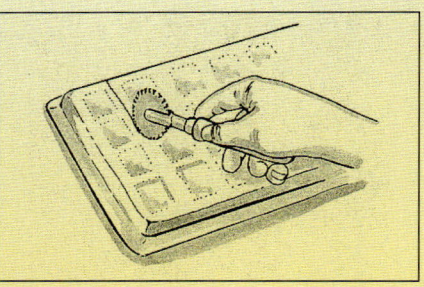

Zwischen den Füllungen den Teig fest aneinander drücken. Mit einem Teigroller Vierecke radeln.

Shrimpsravioli

Zutaten für 6 Portionen

Zutaten für den Teig

100 g	griffiges Mehl
10 ml	Olivenöl
2	Eidotter
	Salz, Pfeffer, Muskat

Zutaten für die Fülle

60 g	Shrimps
	Salz, Pfeffer
3	Dillzweige

Zubereitung

– Alle Zutaten zu einem glatten Nudelteig kneten.
– 20 Minuten rasten lassen.
– Für die Fülle die Shrimps fein hacken, würzen und Dille dazugeben.
– Nudelteig dünn ausrollen und in zwei Teile teilen.
– Eine Teigplatte auf die Ravioliform legen, die Shrimpsfüllung einsetzen und den Teig, sollte er schon angetrocknet sein, mit Wasser bepinseln.
– Teigränder evtl. mit etwas Dotter bestreichen.
– Die zweite Teigplatte darüber legen. Vorsichtig mit einem Rollholz darüber rollen, ohne die Füllung zu verschieben.
– Die Ravioli aus der Form heben.
– In Salzwasser fünf Minuten bissfest kochen.

VK | LVK | DIAB | PUR

Nährwerte pro Portion

kcal	kJ	EW	Fett	KH
113	474	5 g	5 g	12 g

Ball	Chol	HS	BE	
1 g	129 mg	14 mg	1	

Spinatschöberln

Zutaten für 4 Portionen

2	Grahamweckerln
125 ml	Magermilch
25 g	Diätmargarine
1	Eidotter
20 g	Lauch
	etwas Knoblauch
5 ml	Sesamöl
35 g	Spinat
1–2	Eiklar
	Salz, Pfeffer, Muskat
	gehackte Petersilie
	frischer Thymian

Zubereitung

– Grahamweckerln in feine Scheiben schneiden, mit erwärmter Milch übergießen und erkalten lassen.
– Abtrieb aus Margarine und Dotter herstellen.
– Lauch fein schneiden und mit Knoblauch in Sesamöl anschwitzen.
– Spinat kurz überkochen, erkalten lassen, ausdrücken und grob hacken.
– Eiklar zu Schnee schlagen.
– Alle Zutaten mischen und abschmecken.
– Auf Backpapier streichen und im Rohr 20–25 Minuten bei 180 °C backen.

Anmerkung: Für leichte Vollkost ohne Knoblauch, Lauch und Pfeffer zubereiten.

VK	LVK	DIAB	RED	LIP	PUR

Nährwerte pro Portion

kcal	kJ	EW	Fett	KH
86	362	4 g	5 g	6 g

Ball	Chol	HS	BE
1 g	38 mg	10 mg	0,5

Topfenschöberln

Zutaten für 8 Portionen

2	Eiklar
	Salz, Pfeffer, Muskat
1	Eidotter
125 g	Topfen
50 g	Dinkelmehl
10 g	Backpulver

Zubereitung

– Eiklar mir Salz, Pfeffer und Muskat zu Schnee schlagen.
– Dotter und Topfen dazurühren.
– Mehl mit Backpulver vermischen und vorsichtig unterheben.
– Die Masse auf Backpapier streichen und bei 180 °C im Rohr acht bis zehn Minuten backen.
– Erkalten lassen.

VK	LVK	DIAB	RED	LIP	PUR

Nährwerte pro Portion

kcal	kJ	EW	Fett	KH
48	201	4 g	1 g	5 g

Ball	Chol	HS	BE
0,4 g	30 mg	8 mg	0,5

Tomaten-Topfen-Nockerln

Zutaten für 4 Portionen

120 g	Magertopfen
2	Eiklar
50 g	Dinkelmehl
40 g	Tomatenwürfel
10 g	Tomatenmark
	Salz, Pfeffer, Tabasco

Zubereitung

– Alle Zutaten miteinander verrühren.
– 15 Minuten kühl rasten lassen.
– Kleine Nockerln formen und pochieren.

Anmerkung: Für leichte Vollkost ohne Tabasco zubereiten.

VK	LVK	DIAB	RED	LIP	PUR

Nährwerte pro Portion

kcal	kJ	EW	Fett	KH
81	338	6 g	1 g	11 g

Ball	Chol	HS	BE
0,9 g	3 mg	20 mg	0,5

Schaftopfennockerln

Zutaten für 4 Portionen

160 g	Schaftopfen
1	Eiklar
40 g	Dinkelmehl
	Salz, Zitronenschale

Zubereitung

– Topfen, Eiklar, Mehl, Salz und Zitronenschale verrühren und zehn Minuten kühlen.
– Anschließend Nockerln formen und pochieren.

VK	LVK	DIAB	RED	LIP	PUR

Nährwerte pro Portion

kcal	kJ	EW	Fett	KH
113	472	6 g	4 g	12 g

Ball	Chol	HS	BE
1 g	14 mg	52 mg	1

Vorspeisen

Vorspeisen, auch Entrées genannt, sind die Empfehlungskarte des Hauses. Ihre Herstellung, die Garnierung und das Servieren zeigen das fachmännische Können der Küche.

Gemüsevorspeisen – Hors- d'œuvre de légumes – erfreuen sich zunehmender Beliebtheit. Sie sind nur in kleinen Portionen anzurichten und sollen nur einen geringen

Sättigungswert haben, aber aus den besten Zutaten zubereitet sein. Schön angerichtet, regen sie den Appetit an und lassen sich gut mit Fischen, Meeresfrüchten, Geflügel oder

zartem Fleisch ergänzen. Fettarme Produkte sind zu bevorzugen.

Vorspeisen sollen ernährungsphysiologisch, thematisch und geschmacklich gut auf das Hauptgericht abgestimmt sein. Eine zarte, duftige Anrichteart soll die leichte Verdaulichkeit andeuten. Vorspeisen sollen Appetit machen und die Sinne anregen.

Kalte und warme Vorspeisen – kreativ und phantasievoll zubereitet – sind die richtige Einleitung und Einstimmung auf die weiteren Menügänge.

113

Kalte Vorspeisen

Brokkoli-Karotten-Sülze

Zutaten für 4 Portionen

24 g	Gelatine
400 ml	Gemüsefond
1	Zitrone
1 EL	gehackte Petersilie
	Salz
100 g	Karotten
150 g	Brokkoli

Zutaten für den Salat

200 g	Blattsalate: Lollo Rossa,
	Rucola- und Friséesalat
20 ml	Olivenöl
20 ml	Balsamicoessig
2 EL	Kresse
8	Cocktailtomaten

Zubereitung

– Gelatine in Gemüsefond auflösen.
– Mit Zitronensaft, Petersilie und Salz abschmecken.
– Karotten kochen und in kleine Scheiben schneiden.
– Brokkoli in Röschen teilen und kochen.
– Pastetenform mit Klarsichtfolie auslegen und Karottenscheiben die Wand entlang auflegen.
– Gekochte Brokkoliröschen einfüllen, flüssige Gelatine darüber gießen, Klarsichtfolie darüber schlagen und mindestens zwei Stunden kalt stellen.
– Blattsalate waschen und marinieren.
– Die Sülze in gefällige Stücke schneiden, auf marinierten Blattsalaten anrichten und mit Kresse und Cocktailtomaten garnieren.

VK | LVK | DIAB | RED | LIP | PUR

Nährwerte pro Portion

kcal	kJ	EW	Fett	KH
86	362	4 g	7 g	2 g

Ball	Chol	HS	BE
2 g	–	26 mg	–

Carpaccio von Kürbis und Zucchini mit Olivenjoghurt

Zutaten für 4 Portionen

Zutaten für das Carpaccio

1	mittelgroße Zucchini
200 g	Kürbis
20 ml	Sesam- oder Olivenöl
	Meersalz, Pfeffer
150 g	frischer Schafkäse

Zutaten für das Olivenjoghurt

1	Tomate
4	grüne Oliven
4	schwarze Oliven
80 g	roter Paprika
80 g	gelber Paprika
80 g	Avocado
2	Schalotten
170 ml	Buttermilch oder Magerjoghurt
	etwas Himbeer- oder Apfelessig
1 EL	gehackte Kräuter: Thymian, Kerbel, Petersilie
	geschnittener Schnittlauch
	flüssiger Süßstoff

Zubereitung

– Zucchini in hauchdünne Scheiben schneiden.
– Kürbis schälen, entkernen und ebenfalls in hauchdünne Scheiben schneiden.
– Auf dem Teller abwechselnd anrichten.
– Die Zucchini- und Kürbisscheiben mit Öl bestreichen.
– Mit Meersalz und Pfeffer würzen und mit Schafkäse garnieren.
– Tomate enthäuten, entkernen und in kleine Würfel schneiden.
– Oliven, Paprika, Avocado und Schalotten fein hacken.

– Joghurt, Essig, Kräuter und Süßstoff gut verrühren, Tomatenwürfel und fein gehackte Oliven, Paprika, Avocado und Schalotten untermischen und zum Carpaccio reichen.

VK | DIAB | LIP | PUR

Nährwerte pro Portion (Carpaccio)

kcal	kJ	EW	Fett	KH
155	648	8 g	12 g	3 g

Ball	Chol	HS	BE
2 g	17 mg	25 mg	–

Nährwerte pro Portion (Olivenjoghurt)

kcal	kJ	EW	Fett	KH
72	300	2 g	5 g	4 g

Ball	Chol	HS	BE
2 g	1 mg	10 mg	–

Nährwerte pro Portion (gesamt)

kcal	kJ	EW	Fett	KH
227	948	10 g	17 g	7 g

Ball	Chol	HS	BE
4 g	18 mg	35 mg	–

Champignon-Zucchini-Cocktail

Zutaten für 4 Portionen

250 g	Champignons
250 g	Zucchini
40 g	Tomaten
20 ml	Sonnenblumenöl
	Salz, Pfeffer
1	Zitrone
20 ml	Öl
40 g	Buchweizenkeime
1 EL	gehackte Petersilie

Zubereitung

- Champignons putzen und blättrig schneiden.
- Zucchini waschen und in Scheiben schneiden.
- Tomaten enthäuten und würfelig schneiden.
- Champignons und Zucchinischeiben getrennt in je 10 ml Öl anschwitzen, mischen, mit Salz, Pfeffer und Zitronensaft würzen und in Cocktailgläser füllen.
- Mit Tomatenwürfeln, Buchweizenkeimen und Petersilie garnieren.

VK | LVK | DIAB | RED | LIP

Nährwerte pro Portion

kcal	kJ	EW	Fett	KH
101	424	4 g	6 g	9 g
Ball	**Chol**	**HS**	**BE**	
2 g	+	70 mg	0,5	

Gefüllte Tomatensulz

Zutaten für 4 Portionen

1/4 l	Tomatensaft
	Wacholder, Lorbeerblätter, Pfefferkörner, Thymian, Zitronenschale
4 g	Gelatine
40 g	Räuchertofu
25 g	Zucchini
40 g	Hirse
	Salz, Basilikum
8	kleine Tomaten
20 g	Sesam

Zutaten für den Salat

30 ml	Sherryessig
20 ml	Sesamöl
1/2	Zitrone
	gehackte Kräuter: Petersilie, Basilikum
100 g	gemischte Blattsalate

Zubereitung

- Tomatensaft mit den Gewürzen auf 100 ml einkochen.
- Gelatine einweichen und im Tomatensaft auflösen.
- Tofu würfelig schneiden.
- Aus den Zucchini kleine Kugeln ausstechen und diese kurz kochen.
- Hirse in Salzwasser kochen.
- Tofu, Zucchinikugeln, Hirse und Basilikum in den Tomatensaft geben und abschmecken.
- Strunk und Kerngehäuse der Tomaten entfernen.
- Die Tofumasse in die Tomaten füllen und zwei bis drei Stunden stocken lassen.
- Sesam trocken rösten.
- Aus Essig, Öl, Zitronensaft, Petersilie, Basilikum und geröstetem Sesam eine Marinade herstellen, evtl. mit Gemüsefond verlängern.
- Die Blattsalate waschen, marinieren und auf vier Tellern anrichten.
- Je zwei gefüllte Tomaten darauf setzen.

VK | DIAB | RED | LIP | PUR

Nährwerte pro Portion

kcal	kJ	EW	Fett	KH
145	607	5 g	9 g	12 g
Ball	**Chol**	**HS**	**BE**	
2 g	+	39 mg	1	

Kalte Rollgerstensulz

Zutaten für 4 Portionen

50 g	Rollgerste
20 g	Karotten
20 g	gelbe Rüben
20 g	Stangensellerie
12 g	Gelatine
	Salz, Pfeffer
20 ml	Mostessig
20 g	Lauch
2 EL	geschnittener Schnittlauch, gehackte Petersilie
	Majoran
10 ml	Zitronensaft
	Salz, Pfeffer
60 g	Graukäse
30 ml	Kernöl oder Olivenöl
100 g	Salate: Radicchio, Frisée-, Rucola- und Vogerlsalat
4	Cocktailtomaten
1 EL	gehackte gemischte Kräuter

Zubereitung

– Rollgerste über Nacht einweichen, kochen, abseihen und den Fond reservieren.
– Gemüse würfelig schneiden und kochen. Den Fond teilen und ebenfalls reservieren.
– Rollgerstenfond mit der Hälfte des Gemüsefonds mischen.
– Die Gelatine darin auflösen.
– Gerste und Gemüse in diesen Fond geben, mit Salz, Pfeffer und Mostessig abschmecken.
– In eine Terrinenform geben, abkühlen und fest werden lassen.
– Lauch in Brunoise schneiden.
– Marinade aus Kräutern, Lauchbrunoise, etwas Gemüsefond, Mostessig, Zitronensaft, Salz und Pfeffer zubereiten.
– Graukäse hacken und mit dem Öl zur Marinade geben.
– Salate waschen und auf Tellern anrichten.
– Sulz stürzen, in Scheiben schneiden, auf die Salate legen, mit Marinade nappieren und mit Cocktailtomaten und Kräutern garnieren.

VK | DIAB | LIP | PUR

Nährwerte pro Portion

kcal	kJ	EW	Fett	KH
174	728	7 g	12 g	10 g

Ball	Chol	HS	BE
2 g	13 mg	21 mg	0,5

Gemüseragout

Zutaten für 4 Portionen

16	kleine junge Karotten
8	kleine weiße Rüben
16	Jungzwiebel mit Grün
160 g	grüne Bohnen
150 g	weiße Bohnen
120 g	junge Erbsen
120 g	Zuckerschoten
4	zarte, grüne Kohlblätter
50 g	gemischte Pilze
5 ml	Olivenöl
20 g	Diätmargarine
10 ml	Olivenöl
	Salz, Pfeffer
1/2	Zitrone
30	Korianderkörner
1	Bund frischer Estragon
2	Fleischtomaten

Zubereitung

– Gemüse putzen, waschen und je nach Sorte schälen und klein schneiden.
– Karotten und weiße Rüben in Salzwasser kochen.
– Die grünen Gemüsesorten getrennt in Salzwasser kochen, abschrecken.
– Das Gemüse bis zum Anrichten warm halten.
– Pilze in Olivenöl kurz anschwitzen.
– Für die Sauce etwas vom Karotten- und Rübenfond mit Diätmargarine und Olivenöl cremig aufschlagen und warm halten.
– Mit Salz, Pfeffer und Zitronensaft abschmecken.
– Koriander und fein geschnittenen Estragon zufügen.
– Tomaten enthäuten, entkernen, in kleine Würfel schneiden und hinzufügen.
– Warme Sauce auf die Teller gießen, das erwärmte Gemüse und die Pilze darauf anrichten.

VK | DIAB | LIP

Nährwerte pro Portion

kcal	kJ	EW	Fett	KH
187	781	8 g	9 g	17 g

Ball	Chol	HS	BE
10 g	+	124 mg	–

Gemüsesülzchen mit Austernpilzen

Zutaten für 8 Portionen

100 g	Karfiol
100 g	Lauch
60 g	Fisolen
60 g	Lauch
100 g	Austernpilze
24 g	Gelatine
200 ml	Gemüsebouillon
	Salz, Pfeffer, Zitronensaft
100 g	Karotten
10 ml	Sonnenblumenöl

Zubereitung

- Gemüse putzen, in größere Stücke schneiden und knackig kochen.
- Austernpilze kurz sautieren und erkalten lassen.
- Gelatine einweichen und in lauwarmer Gemüsebouillon auflösen.
- Mit Salz, Pfeffer und Zitronensaft abschmecken.
- Karotten nach dem Kochen in Streifen schneiden.
- Terrinenform mit Sonnenblumenöl bestreichen und mit Lauchblättern und Karottenstreifen so auslegen, dass sie über den Terrinenrand hängen.
- Gemüse und Austernpilze schichtweise in die Form geben und mit Bouillon übergießen.
- Karottenstreifen und Lauch einschlagen und die Terrine kalt stellen.
- Nach dem Erkalten stürzen und portionieren.

VK | DIAB | RED | LIP | PUR

Nährwerte pro Portion

kcal	kJ	EW	Fett	KH
34	141	2 g	2 g	2 g

Ball	Chol	HS	BE
2 g	+	28 mg	–

Pilzterrine auf Frühlingssalaten

Zutaten für 4 Portionen

400 g	Champignons oder gemischte Pilze
1/2 l	Gemüsefond
1 EL	Weinessig
	frischer Thymian
	Salz, Pfeffer
24 g	Gelatine
200 g	Wurzelgemüse
80 g	Brokkoli
	Salz
200 g	verschiedene Blattsalate

Zubereitung

- Pilze mit Gemüsefond, Weinessig und Thymianzweig kurz garen.
- Fond etwas reduzieren und mit Salz und Pfeffer würzen.
- Gelatine einweichen und im Fond auflösen.
- Eingeweichte Gelatine dazugeben.
- Wurzelgemüse würfelig schneiden, Brokkoli in Röschen teilen.
- Das würfelig geschnittene Wurzelgemüse bissfest dämpfen und die Brokkoliröschen kochen.
- Terrinenform mit Klarsichtfolie auslegen.
- Pilze, Brokkoli und Wurzelgemüse in die Terrinenform geben, mit Fond ausgießen und kalt stellen.
- Nach dem Erkalten stürzen, in Scheiben schneiden und mit Frühlingssalaten dekorieren.

VK | LVK | DIAB | RED | LIP

Nährwerte pro Portion

kcal	kJ	EW	Fett	KH
90	377	11 g	3 g	5 g

Ball	Chol	HS	BE
6 g	–	102 mg	–

Ziegenkäseterrine

Zutaten für 4 Portionen

16 g	Gelatine
	Zitrone
1/4 l	Gemüsefond
120 ml	Acidophilusmilch
200 g	Ziegenkäse
50 ml	Schlagobers
	Salz, Pfeffer
50 g	gehackte gemischte Kräuter
10 ml	Olivenöl
	Balsamicoessig
60 g	grüner Salat
28	Essigkirschen

Zubereitung

- Gelatine in etwas Zitronensaft und etwas Gemüsefond auflösen, restlichen Gemüsefond beigeben.
- Acidophilusmilch einrühren, Ziegenkäse dazugeben, geschlagenes Obers vorsichtig unterziehen und abschmecken.
- Eine längliche Pastetenform mit Folie auslegen und die Masse einfüllen.
- Etwa zwei bis drei Stunden kühlen lassen, anschließend aus der Form nehmen und in gehackten Kräutern wälzen.
- Aus Olivenöl und Balsamicoessig eine Marinade zubereiten.
- Salat waschen und marinieren.
- Terrine stürzen und portionieren.
- Mit dem marinierten Salat anrichten und mit Essigkirschen belegen.

VK | LVK | DIAB | LIP | PUR

Nährwerte pro Portion

kcal	kJ	EW	Fett	KH
239	1.002	12 g	18 g	7 g

Ball	Chol	HS	BE
1 g	41 mg	26 mg	–

Lammfilet in Ratatouillesulz

Zutaten für 12 Personen

180 g	pariertes Lammrückenfilet
	Salz, Pfeffer
1 EL	verschiedene gehackte Kräuter
2	Tomaten
100 g	rote, grüne und gelbe Paprika
1	mittelgroße Zucchini
50 g	Schalotten
10 ml	Olivenöl
2	Knoblauchzehen
1 l	Gemüsefond
20 g	Gelatine
	Salz, Pfeffer
2 EL	gehackte Kräuter: Petersilie, Basilikum, Oregano
40 ml	Weinessig
	Salz, Pfeffer
	flüssiger Süßstoff
30 ml	Kürbiskernöl
1 TL	geschnittener Schnittlauch

Zubereitung

– Lammrückenfilet mit Salz, Pfeffer und gehackten Kräutern würzen, in Alufolie eindrehen, ca. zwölf Minuten bei 85 °C pochieren und anschließend erkalten lassen.

– Tomaten blanchieren, enthäuten, entkernen und in Würfel schneiden.

– Paprika schälen, entkernen und in Würfel schneiden.

– Zucchini der Länge nach in zwölf dünne Streifen schneiden und in Salzwasser blanchieren. In Eiswasser abschrecken und auf ein trockenes Tuch legen. Den Rest der Zucchini würfelig schneiden.

– Schalotten fein hacken und in Olivenöl anschwitzen.

– Zucchini, Paprikawürfel und zerdrückten Knoblauch dazugeben, kurz durchrösten, mit Gemüsefond aufgießen, aufkochen lassen.

– Gelatine auflösen.

– Tomatenwürfel und aufgelöste Gelatine zum Gemüse geben und mit Salz, Pfeffer und gehackten Kräutern abschmecken.

– Die mit Klarsichtfolie ausgekleidete Terrinenform mit Zucchinistreifen, die beiderseits 3 cm über den Rand der Form reichen sollen, auslegen.

– Die Hälfte der Gemüsesulz einfüllen, das Lammfilet einlegen, mit dem Rest der Gemüsesulz bedecken und die Zucchini darüber schlagen.

– Mit Klarsichtfolie verschließen und mindestens fünf Stunden kalt stellen.

– Weinessig mit Salz, Pfeffer und etwas Süßstoff verrühren.

– Kernöl nach und nach einschlagen, fein geschnittenen Schnittlauch einrühren und abschmecken.

– Die Sulz stürzen, in Scheiben schneiden und mit Marinade anrichten.

VK | DIAB | RED | LIP | PUR

Nährwerte pro Portion

kcal	kJ	EW	Fett	KH
255	1.067	18 g	18 g	4 g

Ball	Chol	HS	BE
3 g	35 mg	109 mg	–

Perlhuhnkeule auf Getreidesalat

Zutaten für 4 Portionen

15 g	Hafer
15 g	Grünkern
15 g	Roggen
15 g	Buchweizen
40 g	Lauch
	Salz, Pfeffer
1 EL	geschnittener Schnittlauch
1 TL	Majoran
10 ml	Nussöl
30 ml	Sherryessig
20 g	Preiselbeeren
8	Perlhuhnkeulen à 50 g
	Salz, Pfeffer
20 ml	Sonnenblumenöl

Zubereitung

– Getreide getrennt einweichen und getrennt kochen, Fond aufheben.
– Lauch in kleine Scheiben schneiden und kurz dämpfen.
– Marinade aus Salz, Pfeffer, Kräutern, etwas Getreidefond, Nussöl und Essig zubereiten.
– Getreide, Lauch und Preiselbeeren dazugeben und abschmecken.
– Perlhuhnkeulen würzen und in Sonnenblumenöl goldgelb braten.
– Getreidesalat auf Tellern anrichten und Perlhuhnkeulen darauf legen.

VK | DIAB | LIP

Nährwerte pro Portion

kcal	kJ	EW	Fett	KH
225	942	16 g	13 g	10 g

Ball	Chol	HS	BE
2 g	53 mg	134 mg	0,5

Fasanenroulade mit Quitten-Keimlinsen-Salat

Zutaten für 4 Portionen

Zutaten für die Roulade

300 g	Fasanenbrust
1	Eiklar
10 g	Pumpernickel
20 ml	Obers
	Muskat
	Orangenschale
	Salz, Pfeffer
1 l	Hühnerfond

Zutaten für den Salat

100 g	Quitten
20 g	Stangensellerie
10 g	gehackte Pistazien
20 ml	Rotweinessig
20 ml	Sonnenblumenöl
40 g	Linsen: ca. drei Tage vorher zum Keimen ansetzen.
1 EL	Schnittlauch
1	Kräutersträußchen

Zubereitung

– 200 g Fasanenbrust zwischen zwei Folien ausklopfen und kühl stellen.
– Pumpernickel in kleine Stücke schneiden.
– Ein Farce aus 100 g Fasanenbrust, Eiklar, Pumpernickel, Obers, Muskat, Orangenschale, Salz und Pfeffer bereiten.
– Geklopfte Fasanenbrüstchen mit der Farce bestreichen, in Folie wickeln, in Hühnerfond pochieren und erkalten lassen.
– Für den Salat die Quitten in Julienne schneiden und dünsten.
– Stangensellerie klein schneiden.
– Quitten und Stangensellerie mit Essig, Sonnenblumenöl und gehackten Pistazien vermengen.
– Keimlinsen und Schnittlauch dazugeben und abschmecken.
– Brust aus der Folie geben, portionieren und mit dem Salat anrichten.
– Mit einem Kräutersträußchen garnieren.

VK | DIAB | LIP

Nährwerte pro Portion (Fasanenroulade)

kcal	kJ	EW	Fett	KH
126	526	17 g	6 g	1 g

Ball	Chol	HS	BE
0,2 g	59 mg	84 mg	–

Nährwerte pro Portion (Salat)

kcal	kJ	EW	Fett	KH
82	343	2 g	6 g	4 g

Ball	Chol	HS	BE
2 g	+	12 mg	–

Nährwerte pro Portion (gesamt)

kcal	kJ	EW	Fett	KH
208	869	19 g	12 g	5 g

Ball	Chol	HS	BE
2,2 g	59 mg	96 mg	–

Putenbrust mit gefüllten Dinkelkrapferln

Zutaten für 6 Portionen

Zutaten für die Putenbrust

1/16 l	Weißwein
1	Lorbeerblatt
	Wacholderbeeren, Pfefferkörner
420 g	Putenbrust
	Salz, Majoran
10 g	Diätmargarine

Zutaten für die Dinkelkrapferln

20 g	Hefe
1/16 l	Milch
50 g	feines Dinkelmehl
	Salz
2	Eidotter
20 g	Diätmargarine
1	Ei

Zutaten für den Gemüsesalat

50 g	Karotten
50 g	Sellerie
100 g	Zucchini
6	Spargel
1/16 l	Balsamicoessig
20 ml	Walnussöl
50 g	Zwiebel
	Salz
1 EL	gehackte Petersilie

Zubereitung

– Wacholderbeeren, Pfefferkörner und Lorbeerblatt drei Stunden in Weißwein marinieren.
– Putenbrust mit Salz und Majoran würzen und goldgelb in Diätmargarine braten und zur Seite stellen.
– Für die Dinkelkrapferln Hefe in Milch auflösen und mit Mehl, Salz, Dottern und Margarine zu einem geschmeidigen Teig kneten.
– Zugedeckt gehen lassen, einige Male zusammenschlagen und wieder gehen lassen.
– Kleine Laibchen formen, mit versprudeltem Ei bestreichen und 20 Minuten im Rohr bei 200 °C backen.
– Auskühlen lassen. Deckel abschneiden und aushöhlen.
– Für den Gemüsesalat Karotten, Sellerie und Zucchini in Julienne schneiden.
– Spargel in Stücke schneiden, bissfest kochen und zum Gemüse geben.
– Mit Balsamicoessig, Walnussöl und gehackten Zwiebeln marinieren, würzen und abschmecken.
– Das marinierte Gemüse in die ausgehöhlten Dinkelkrapferln füllen.
– Die Dinkellaibchen mit der Putenbrust und dem Gemüsesalat anrichten.

Anmerkung: Für leichte Vollkost Gemüsesalat ohne Zwiebel zubereiten.

VK | LVK | DIAB

Nährwerte pro Portion (Putenbrust)

kcal	kJ	EW	Fett	KH
110	459	17 g	4 g	0,2 g
Ball	**Chol**	**HS**	**BE**	
–	42 mg	84 mg	–	

Nährwerte pro Portion (Dinkelkrapferln)

kcal	kJ	EW	Fett	KH
79	330	3 g	5 g	6 g
Ball	**Chol**	**HS**	**BE**	
0,5 g	76 mg	24 mg	0,5	

Nährwerte pro Portion (Gemüsesalat)

kcal	kJ	EW	Fett	KH
43	180	0,9 g	3 g	2 g
Ball	**Chol**	**HS**	**BE**	
1 g	+	22 mg	–	

Nährwerte pro Portion (gesamt)

kcal	kJ	EW	Fett	KH
232	969	20,9 g	12 g	8,2 g
Ball	**Chol**	**HS**	**BE**	
1,5 g	118 mg	130 mg	0,5	

Geflügelcocktail

Zutaten für 4 Portionen

200 g	weißer und grüner Spargel
	Salz
10 g	Diätmargarine
1/2	Zitrone
200 g	Geflügelfleisch: Truthahn- oder Hühnerbrust
1	Tomate
	Kräutersalz, Pfeffer
10 ml	Distelöl

Zutaten für das Joghurtdressing

80 ml	Joghurt
1	Zitrone
	Kräutersalz und Pfeffer
1 EL	gehackte Kräuter: Basilikum und Kerbel
80 g	Blattsalate: Radicchio, Frisée-, Batavia- und Rucolasalat

Zubereitung

– Spargel schälen, die holzigen Enden abschneiden. Spargelspitzen abschneiden und der Länge nach halbieren. Restlichen Spargel in Scheiben schneiden.

– Für den Sud die Spargelabschnitte und Schalen mit einem Liter Wasser zum Kochen bringen, leicht salzen, zehn Minuten ziehen lassen.

– Spargelschalen herausnehmen, Diätmargarine und Saft der halben Zitrone dazugeben und den Spargel im leicht kochenden Sud bissfest garen. Anschließend in Eiswasser abschrecken und gut abtropfen lassen.

– Im Spargelfond das Geflügelfleisch pochieren, erkalten lassen und in Würfel schneiden.

– Tomaten enthäuten, entkernen und würfelig schneiden.

– Geflügelfleisch, Spargel und Tomaten mit Kräutersalz, Pfeffer, einer kleinen Menge erkaltetem Spargelsud und Distelöl marinieren.

– Joghurt mit Zitronensaft und Kräutern glatt rühren, mit Kräutersalz und Pfeffer abschmecken.

– Einige Salatblätter waschen und schneiden.

– Geschnittenen Blattsalat in Gläsern verteilen, Cocktail darauf anrichten, mit Joghurtdressing nappieren und mit Spargelspitzen und Kräutersträußchen garnieren.

– Gut gekühlt servieren.

VK | LVK | DIAB | RED | LIP

Nährwerte pro Portion

kcal	kJ	EW	Fett	KH
114	477	14 g	5 g	2 g

Ball	Chol	HS	BE	
0,9 g	31 mg	74 mg	–	

Rehrückenfilet mit Sellerienockerln

Zutaten für 4 Portionen

280 g	Rehrückenfilet
	Salz, Pfeffer
10 ml	Sonnenblumenöl
100 g	Sellerie
8 g	Gelatine
80 ml	Gemüsevelouté
1/2	Zitrone
	Salz, Pfeffer
30 ml	Schlagobers
10 ml	Olivenöl
10 ml	Sherryessig
20 ml	Orangensaft
40 g	Vogerlsalat
40 g	Orangenspalten

Zubereitung

– Rehrückenfilet salzen, pfeffern und in Öl rosa braten und zur Seite stellen.

– Sellerie schälen, kochen und pürieren.

– Gelatine in Gemüsevelouté auflösen und mit Zitronensaft, Salz und Pfeffer abschmecken.

– Pürierten Sellerie dazugeben und kalt stellen.

– Halb geschlagenes Obers unterziehen und durchkühlen lassen.

– Mit einem Löffel Nockerln ausstechen.

– Marinade aus Olivenöl, Essig und Orangensaft zubereiten.

– Geputzten, gewaschenen Vogerlsalat damit marinieren.

– Rehrückenfilet aufschneiden, auflegen.

– Nockerln dazu legen und mit Vogerlsalat und Orangenspalten garnieren.

VK | LVK | DIAB | LIP

Nährwerte pro Portion

kcal	kJ	EW	Fett	KH
158	662	17 g	9 g	2 g

Ball	Chol	HS	BE	
1 g	51 mg	97 mg	–	

Linsenkeimlingssalat mit Rehmedaillon

Zutaten für 4 Portionen

160 g	Rehrückenfilet
	Salz, Pfeffer, Knoblauch, Majoran, Oregano
170 g	Tofu
20 g	Diätmargarine
120 g	Linsenkeimlinge
100 g	Keniabohnen
120 g	Weintrauben

Zutaten für die Sauce vinaigrette

50 g	rote Zwiebel
1 EL	gehackte Petersilie
15 ml	Traubenkernöl
40 ml	Johannisbeersaft
20 ml	Balsamicoessig
	Salz
	flüssiger Süßstoff

Zubereitung

- Rehrückenfilet säubern und in Medaillons schneiden.
- Mit Salz, Pfeffer, Knoblauch, Majoran und Oregano marinieren und ca. 10–20 Minuten rasten lassen.
- Tofu in beliebige Formen schneiden und kurz in etwas Diätmargarine anbraten.
- Die Rehmedaillons ebenfalls in Diätmargarine rosa braten.
- Linsenkeimlinge blanchieren.
- Keniabohnen kochen.
- Weintrauben entkernen.
- Für die Sauce vinaigrette rote Zwiebel hacken, mit Petersilie und den übrigen Zutaten vermengen und mit Salz und Süßstoff abschmecken.
- Rehmedaillons, Tofu, Linsenkeimlinge, Keniabohnen und Weintrauben auf Tellern schön anrichten und mit Sauce vinaigrette vollenden.

VK | DIAB | LIP

Nährwerte pro Portion

kcal	kJ	EW	Fett	KH
247	1.035	20 g	11 g	17 g

Ball	Chol	HS	BE	
5 g	26 mg	100 mg	1,5	

Carpaccio von roten Rüben mit Schinken

Zutaten für 4 Portionen

200 g	gekochte rote Rüben
	Salz, Pfeffer
	etwas Zitronensaft
	Kümmelpulver
15 ml	Walnussöl
120 g	magerer Schinken
20 g	Kiwi

Zubereitung

- Rote Rüben schälen, in feine Scheiben schneiden, auf vier eiskalten Tellern anrichten und mit Salz, Pfeffer, Zitronensaft, Kümmelpulver und Öl marinieren.
- Schinken zu Rosen formen und darauf anrichten.
- Mit Kiwispalten garnieren.

Anmerkung: Diese Vorspeise kann mit magerem Schweinsschinken, Truthahnschinken, Rehschinken, San-Daniele-Schinken oder Parmaschinken zubereitet werden.

VK | LVK | DIAB | RED | LIP

Nährwerte pro Portion

kcal	kJ	EW	Fett	KH
92	385	7 g	5 g	4 g

Ball	Chol	HS	BE	
1 g	18 mg	58 mg	–	

In Sauermilch gebeizte Regenbogenforelle

Zutaten für 4 Portionen

200 ml	Sauermilch
	Zitronensaft
	Salz, Pfeffer, Senfkörner
1 EL	gehackte Kräuter: Petersilie, Dille
1	Lorbeerblatt
	Schnittlauch
4	Forellenfilets à 60 g
300 g	Kartoffeln
200 g	gemischte Blattsalate: Frisée-, Häuptel-, Radicchio-, Vogerlsalat

Zubereitung

– Sauermilch mit etwas Zitronensaft, Gewürzen und Kräutern abschmecken.
– Die Forellenfilets in die Marinade legen und zwei Tage ziehen lassen.
– Kartoffeln kochen und schälen.
– Filets aus der Marinade nehmen und abstreichen, schräg schneiden.
– Marinade abseihen.
– Salatbuketts auf den Tellern anrichten.
– Die geschnittenen Filets darauf legen und mit der Marinade nappieren.
– Kartoffeln dazulegen.

VK | LVK | DIAB | RED | LIP

Nährwerte pro Portion

kcal	kJ	EW	Fett	KH
165	691	18 g	4 g	14 g

Ball	Chol	HS	BE
2 g	48 mg	225 mg	1

Räucherforellenparfait mit bunten Paprikastückchen

Zutaten für 12 Portionen

400 g	Räucherforellenfilet
	Salz, Pfeffer, Zitronensaft, Muskat
16 g	Gelatine
1/16 l	Weißwein
100 ml	Magerjoghurt
100 ml	Obers
70 g	roter Paprika
70 g	grüner Paprika
70 g	gelber Paprika
60 g	Weizenkörner
10	Mangoldblätter

Zubereitung

– Räucherforellenfilet in Würfel schneiden, würzen, im Cutter pürieren und durch ein Haarsieb streichen.
– Gelatine einweichen, in Weißwein auflösen und mit Joghurt glatt rühren.
– Unter die Räucherforellenmasse rühren und das halb geschlagene Obers unterziehen.
– Paprika in kleine Stücke schneiden, kurz dämpfen und auskühlen lassen.
– Weizenkörner kochen.
– Paprikastückchen mit Weizenkörnern und Farce mischen.
– Eine Terrinenform mit blanchierten Mangoldblättern auskleiden und die Masse gleichmäßig darauf streichen.
– Mit Mangoldblättern verschließen und mindestens vier Stunden kalt stellen.
– Das Parfait aus der Form geben und portionieren.

Anmerkung: Für leichte Vollkost anstelle von Paprika gedünstete Karotten-, Sellerie- oder Brokkoliwürfel nehmen.

VK | DIAB | RED | LIP

Nährwerte pro Portion

kcal	kJ	EW	Fett	KH
88	368	9 g	4 g	2 g

Ball	Chol	HS	BE
0,8 g	30 mg	109 mg	–

Aufstriche

Pikanter Lachs-Dill-Aufstrich

Zutaten für 4 Portionen

250 g	Magertopfen, passiert
50 ml	Joghurt, 1 %
100 g	Räucherlachs
1 EL	fein gehackte Dille
	weißer Pfeffer
1 TL	Zitronensaft
1 TL	Kapern

Zubereitung

– Topfen mit Joghurt cremig rühren.
– Räucherlachs und Kapern fein hacken.
– Alle Zutaten vermischen und abschmecken.

Anmerkung: Dieser Aufstrich schmeckt hervorragend zu Vollkorn- oder Leinsamenbrot.

VK | DIAB | RED | LIP | PUR

Nährwerte pro Portion

kcal	kJ	EW	Fett	KH
102	427	13 g	3,6 g	3,9 g

Ball	Chol	HS	BE
0,2 g	14,9 mg	45,5 mg	–

Feines Räucherlachstatar auf Vollkorntoast

Zutaten für 4 Portionen

320 g	Räucherlachs
30 g	weiße Zwiebel
1 TL	Dillspitzen
1 TL	Olivenöl
1	Zitrone
	weißer Pfeffer
4	Scheiben Vollkorn-Toastbrot
	frische gehackte Dille
	Zitrone für die Garnitur

Zubereitung

– Räucherlachs, Zwiebel und Dillspitzen fein hacken.

– Mit Olivenöl und dem Saft einer Zitrone vermischen und mit weißem Pfeffer abschmecken. Zirka zwei Stunden im Kühlschrank ziehen lassen.
– Kleine Laibchen formen und auf getoastetes Vollkornbrot setzen. Mit frischer Dille und Zitrone fein garnieren.

VK | DIAB | RED | LIP

Nährwerte pro Portion

kcal	kJ	EW	Fett	KH
172	719	17,2 g	6,9 g	10 g

Ball	Chol	HS	BE
1 g	29,6 mg	156,4 mg	0,5

Würziger Kartoffelaufstrich

Zutaten für 4 Portionen

500 g	Kartoffeln
1/2	Becher Sauerrahm
1/2	Becher Joghurt, 1 % Fett
80 g	rote Zwiebel
40 g	gelber Paprika
	Salz, Pfeffer
	gehackte frische Kräuter: Schnittlauch, Kerbel

Zubereitung

– Kartoffeln kochen, schälen und durch eine Kartoffelpresse drücken. Auskühlen lassen.
– Zwiebel fein hacken, Paprika putzen, waschen und würfelig schneiden.
– Kartoffeln mit Sauerrahm, Joghurt, Zwiebel, gelben Paprikastückchen und den Gewürzen vermischen und abschmecken.

– Mit frischem Schnittlauch und Kerbel bestreuen.

VK | DIAB | RED | LIP | PUR

Nährwerte pro Portion

kcal	kJ	EW	Fett	KH
134	560	4,2 g	5,2 g	16,6 g

Ball	Chol	HS	BE
2,9 g	16,4 mg	18,5 mg	1

Feiner Topfenaufstrich mit gerösteten Kernen

Zutaten für 4 Portionen

250 g	Magertopfen, fein passiert
50 ml	Joghurt, 1 %
	Salz, weißer Pfeffer
1	Knoblauchzehe
100 g	fein faschierter Putenschinken
2 EL	Kürbiskerne
2 EL	Sonnenblumenkerne

Zubereitung

– Magertopfen mit Joghurt, Salz, Pfeffer und zerdrücktem Knoblauch cremig rühren.
– Fein faschierten Putenschinken dazugeben.
– Kürbis- und Sonnenblumenkerne im Rohr rösten und danach grob hacken.
– Alles vermischen und abschmecken.

Anmerkung: Für leichte Vollkost ohne Knoblauch zubereiten.

VK | LVK | DIAB | RED | LIP | PUR

Nährwerte pro Portion

kcal	kJ	EW	Fett	KH
105	438	14,7 g	3,1 g	3,8 g

Ball	Chol	HS	BE
0,3 g	20,6 mg	32 mg	

Heurigenaufstrich nach Liptauer Art

Zutaten für 4 Portionen

50 g	Quargel
250 g	Magertopfen
50 g	Joghurt, 1 %
1	kleine Zwiebel
1 EL	Kapern
1 TL	Estragonsenf
1	Knoblauchzehe
2 EL	Rosenpaprika
1 TL	gemahlener Kümmel
	Salz

Zubereitung

– Quargel fein zerdrücken und mit Topfen und Joghurt passieren, cremig rühren.
– Zwiebel und Kapern fein hacken und Knoblauch zerdrücken.
– Mit den übrigen Zutaten der Topfenmasse beifügen, gut durchmischen und abschmecken.

VK | DIAB | RED | LIP | PUR

Nährwerte pro Portion

kcal	kJ	EW	Fett	KH
91	380	12,2 g	2,1 g	5,1 g

Ball	Chol	HS	BE
0,5 g	6 mg	5,9 mg	–

Schafstopfen-aufstrich mit Dörrfrüchten

Zutaten für 4 Portionen

1	kleine rote Zwiebel
3	getrocknete Marillen
3	getrocknete Pflaumen
2 EL	Sonnenblumenkerne
250 g	Ziegentopfen
50 ml	Acidophilusmilch
1 EL	Akazienhonig
	Salz, Cayennepfeffer
2 EL	geschnittener Schnittlauch

Zubereitung

– Marillen in kleine Würfel schneiden, Zwiebel fein hacken.
– Sonnenblumenkerne hell anrösten und anschließend hacken.
– Ziegentopfen mit Acidophilusmilch und Akazienhonig glatt rühren, mit Salz und Cayennepfeffer würzen.
– Zwiebel, Marillenwürfel sowie Schnittlauch unter die Masse heben und abschmecken.
– Aufstrich in ein Töpfchen füllen und mit gehackten Sonnenblumenkernen bestreuen.

Anmerkung: Dieser Aufstrich passt gut zu einem kräftigen Bauernbrot oder Vollkornbrot.

VK | LIP | PUR

Nährwerte pro Portion

kcal	kJ	EW	Fett	KH
226	946	12,5 g	13,7 g	12,5 g

Ball	Chol	HS	BE
2 g	29,8 mg	42,4 mg	1

Gemüseverhackerts

Zutaten für 4 Portionen

70 g	Kartoffeln
50 g	Zuckerkarotten
50 g	Stangensellerie
50 g	Gurke
50 g	Kohlrabi
50 g	roter Paprika
50 g	grüner Paprika
30 g	Radieschen
50 g	Maiskörner
50 g	Jungzwiebel
400 ml	Gemüsebouillon
100 g	Magertopfen, passiert
1/16 l	Joghurt, 1 %
1/16 l	Sauerrahm
1 EL	geschnittener Schnittlauch
1 EL	gehackte Petersilie
	Salz, Pfeffer

Zubereitung

– Kartoffeln kochen und schälen. Zuckerkarotten, Stangensellerie, Gurke und Kohlrabi schälen, Paprika und Radieschen putzen und waschen.
– Alle Gemüsesorten kleinwürfelig schneiden und in Gemüsebouillon kochen. Kalt abschrecken und gut abtropfen lassen.
– Topfen, Joghurt und Sauerrahm mit den Gewürzen cremig verrühren und das Gemüse darunter mischen.
– Aufstrich mit frischem Schnittlauch und Petersilie bestreuen.

Anmerkung: Servieren Sie dazu frisches Bauernbrot.

VK | DIAB | RED | LIP | PUR

Nährwerte pro Portion

kcal	kJ	EW	Fett	KH
98	413	5,6 g	3,5 g	10,5 g

Ball	Chol	HS	BE
2,2 g	10,3 mg	19 mg	–

Warme Vorspeisen

Gebratene Fischfilets auf Blattsalaten

Zutaten für 4 Portionen

250 g	gemischte Blattsalate: Brüsseler Spitzen, Frisée-, Häuptel-, Eichblattsalat
150 g	Wassermelone
125 g	Bachsaiblingsfilet
125 g	Lachsforellenfilet
125 g	Zanderfilet
	Salz, Pfeffer, Zitronensaft
20 ml	Sonnenblumenöl
40 ml	Weißweinessig
20 ml	Gemüse- oder Fischfond
	Salz, Pfeffer, Zitronensaft, Dille
1	Prise Zucker
20 ml	Traubenkernöl
60 g	Salatgurke
100 ml	Joghurt, 1 %
1 EL	gehackte Dille
	Salz, Pfeffer
	Dill- und Kerbelsträußchen

Zubereitung

- Blattsalate waschen und trocken schleudern.
- Melone würfelig schneiden.
- Fischfilets in je vier Stücke teilen, mit Zitronensaft, Salz und Pfeffer würzen und in Sonnenblumenöl auf der Hautseite anbraten. Im Salamander garen.
- Weißweinessig und Gemüse- oder Fischfond mit Salz, Pfeffer, Zitronensaft, Dille und einer Prise Zucker glatt rühren.
- Nach und nach das Traubenkernöl einschlagen.
- Die Blattsalate damit marinieren.
- Gurken in feine Würfel schneiden oder reiben, unter das Joghurt rühren und mit Dille, Salz und Pfeffer abschmecken.
- Auf gekühlten Tellern den Blattsalat in der Mitte locker aufsetzen und mit den lauwarmen Fischstückchen umlegen. Melonenwürfel zwischen dem Blattsalat aufteilen. Mit gezupfter Dille und mit Kerbel garnieren.
- Gurken-Dill-Joghurt extra in einer Sauciere servieren.

Anmerkung: Für Diabetikerkost ohne Zucker zubereiten.

VK | LVK | DIAB | LIP

Nährwerte pro Portion

kcal	kJ	EW	Fett	KH
218	913	21 g	13 g	5 g

Ball	Chol	HS	BE
1 g	59 mg	231 mg	–

Gratinierte Heilbuttscheiben

Zutaten für 4 Portionen

160 g	Mangold
5 g	Diätmargarine
	Thymian
240 g	Heilbuttscheiben
10 ml	Olivenöl
	Salz, Pfeffer
	etwas Zitronensaft
	Thymian, Petersilie, Muskat
40 g	Gruyère Käse
40 g	Pumpernickel
100 g	Eierschwammerln
5 g	Diätmargarine
	Kerbel
1	Tomate

Zubereitung

- Mangold blanchieren, in zerlassener Diätmargarine schwenken und mit Thymian abschmecken.
- Dünne Heilbuttscheiben mit Olivenöl, Salz, Pfeffer und Zitronensaft marinieren.
- Mangold auf Tellern als Sockel anrichten und die Heilbuttscheiben darauf legen.
- Mit Gruyère Käse und fein gehacktem Pumpernickel bestreuen und gratinieren.
- Eierschwammerln in Diätmargarine anschwitzen, abschmecken und um die gratinierten Heilbuttscheiben anrichten.
- Mit Kerbel und jeweils einer Tomatenspalte garnieren.

VK | LVK | DIAB | LIP

Nährwerte pro Portion

kcal	kJ	EW	Fett	KH
179	751	19 g	9 g	5 g

Ball	Chol	HS	BE
3 g	34 mg	155 mg	0,5

Gemüsegratin

Gefüllte Kürbisse

Zutaten für 4 Portionen

4	kleine Kürbisse
300 g	Tomaten
100 g	Jungzwiebel oder Zwiebel
20 ml	Sonnenblumenöl
280 g	faschiertes mageres Rindfleisch
2 EL	verschiedene gehackte Kräuter
150 g	Schafkäse
	Salz, Pfeffer

Zubereitung

– Kürbisse aushöhlen und das Fruchtfleisch (ca. 600 g) in Würfel schneiden.
– Tomaten in Würfel schneiden.
– Jungzwiebel in Öl kurz anschwitzen.
– Faschiertes, Kräuter und Tomatenwürfel dazugeben.
– Schafkäse in Würfel schneiden, unter die Masse heben und mit Salz und Pfeffer abschmecken.
– Ausgehöhlte Kürbisse damit füllen.
– In eine Bratpfanne etwa 1 cm hoch Wasser geben, die gefüllten Kürbisse einlegen und bei 200 °C ca. eine Stunde im Rohr braten.

VK | DIAB | LIP

Nährwerte pro Portion

kcal	kJ	EW	Fett	KH
306	1.279	30 g	15 g	12 g

Ball	Chol	HS	BE
3 g	68 mg	152 mg	–

Gemüsegratin

Zutaten für 4 Portionen

100 g	Lauch
100 g	Sellerie
100 g	Karotten
100 g	Zwiebel
100 g	Bärlauch
2	Eier
2	Eiklar
400 ml	Magermilch
200 ml	Kaffeeobers
	Muskat, Salz, Pfeffer
10 g	Diätmargarine
100 g	Pizzakäse

Zubereitung

– Lauch, Sellerie, Karotten, Zwiebeln und Bärlauch in Streifen schneiden und blanchieren.
– Eier und Eiklar mit Milch und Kaffeeobers glatt rühren, würzen.
– Blanchierte Gemüsestreifen mit der Eiermasse vermischen.
– Auflaufform mit Diätmargarine befetten, die Masse einfüllen, mit geriebenem Pizzakäse bestreuen und bei 180 °C ca. 35–40 Minuten backen.

Anmerkung: Dazu passt gut eine Kräuter-Joghurt-Sauce.

VK | DIAB | LIP | PUR

Nährwerte pro Portion

kcal	kJ	EW	Fett	KH
234	978	15 g	17 g	6 g

Ball	Chol	HS	BE
3 g	137 mg	55 mg	–

Grünkernrisotto mit Steinpilzen

Zutaten für 4 Portionen

80 g	Schalotten
200 g	Grünkern
20 g	Diätmargarine
1/2 l	Hühnerbouillon
	Salz, Pfeffer
20 g	Diätmargarine
200 g	Steinpilze
100 ml	Sauerrahm
100 ml	Acidophilusmilch oder Sauermilch
50 g	Gorgonzola oder Roquefort
40 g	Frühlingszwiebel
20 ml	Sojasauce

Zubereitung

– Schalotten fein hacken.
– Grünkern mit der Hälfte der Schalotten in Diätmargarine anschwitzen.
– Mit Hühnerbouillon aufgießen, salzen, pfeffern und zugedeckt im Rohr bei ca. 150 °C eine Stunde garen.
– In einem anderen Topf die zweite Hälfte der Schalotten mit 20 g Diätmargarine anschwitzen und blättrig geschnittene Steinpilze zugeben.
– Sauerrahm und Acidophilusmilch zu der Pilzmasse geben.
– Käse einrühren, bis er schmilzt.
– Diese Masse unter das Grünkernrisotto mischen und ca. 15 Minuten im Ofen bei 200 °C garen.
– Das Risotto mit fein geschnittenen Frühlingszwiebeln und Sojasauce anrichten.

VK | DIAB | LIP

Nährwerte pro Portion

kcal	kJ	EW	Fett	KH
325	1.361	13 g	14 g	36 g

Ball	Chol	HS	BE
8 g	29 mg	115 mg	3

Artischocken-Kartoffel-Soufflee

Zutaten für 4 Portionen

8	Artischockenböden
150 g	Kartoffeln
1 l	Geflügelfond
2	Eiklar
	Salz, Pfeffer
200 g	Schafkäse

Zubereitung

- Artischockenböden in Salzwasser garen.
- Geschälte, klein geschnittene Kartoffeln im Geflügelfond weich kochen und pürieren.
- Eiklar zu Schnee schlagen und unter die erkaltete Kartoffelmasse heben, mit Salz und Pfeffer würzen.
- Schafkäse in die Artischockenböden füllen und die Kartoffelmasse darüber geben.
- Die gefüllten Artischocken bei 200 °C ca. 40 Minuten backen und sofort servieren.

Anmerkung: Dazu passt gut eine Kräuter-Joghurt-Sauce.

VK | LVK | DIAB | RED | LIP | PUR

Nährwerte pro Portion

kcal	kJ	EW	Fett	KH
186	778	15 g	10 g	9 g

Ball	Chol	HS	BE
15 g	23 mg	87 mg	0,5

Kartoffelgulasch mit Pilzen

Zutaten für 4 Portionen

4	mittelgroße Kartoffeln
1	gelbe Paprikaschote
1	rote Paprikaschote
1	grüne Paprikaschote
200 g	Zucchini
200 g	gemischte Pilze
1 TL	Olivenöl
1	Knoblauchzehe
80 g	Schalotten
10 ml	Öl
	Thymian, Majoran und Rosmarin
1 l	Gemüsefond
	Kräutersalz und Pfeffer
120 g	Tomaten
4	Kohlblätter
30 ml	Sonnenblumenöl
40 ml	Sauerrahm

Zubereitung

- Kartoffeln schälen und würfelig schneiden.
- Paprikaschoten und Zucchini putzen und in gleich große Würfel schneiden.
- Geputzte Pilze blättrig schneiden, in etwas Olivenöl anschwitzen, Knoblauch dazugeben.
- Schalotten klein schneiden, in etwas Öl mit Thymian, Majoran und Rosmarin anschwitzen und mit Gemüsefond aufgießen.
- Die Kartoffelwürfel dazugeben und kurz mitkochen.
- Nach ca. zehn Minuten Zucchini- und Paprikawürfel dazugeben, mitgaren und würzen.
- Tomaten enthäuten, in Würfel schneiden und untermischen.
- Kohlblätter blanchieren, auf Teller legen und das Kartoffelgulasch darauf appetitlich anrichten.
- Mit einem Löffel Sauerrahm garnieren.

VK | DIAB | LIP | PUR

Nährwerte pro Portion

kcal	kJ	EW	Fett	KH
259	1.085	7 g	15 g	24 g

Ball	Chol	HS	BE
8 g	5 mg	81 mg	2

Kartoffelknödel mit Mozzarella

Zutaten für 4 Portionen

Zutaten für den Kartoffelteig

500 g	Kartoffeln
100 g	Kartoffelstärke
2	Eidotter
30 g	Margarine
	Muskat
	Salz, weißer Pfeffer

Zutaten für die Fülle

16	Basilikumblätter
150 g	Mozzarella
	Salz, weißer Pfeffer
2	Knoblauchzehen
30 g	Pinienkerne
10 ml	Olivenöl
8	Cocktailtomaten

Zubereitung

– Kartoffeln schälen, in Würfel schneiden und in reichlich Salzwasser kochen.

– Die Kartoffeln durch ein Sieb streichen und das Püree mit den übrigen Zutaten zu einem homogenen Teig kneten. Etwa eine Stunde rasten lassen.

– Basilikumblätter waschen und abtropfen lassen.

– Mozzarella zerdrücken, mit Salz, Pfeffer, Knoblauch, gehackten Pinienkernen und Olivenöl gut abmischen und kalt stellen.

– Aus der Mozzarellamasse kleine Kugeln formen.

– Aus dem Kartoffelteig Kreise mit ca. 5 cm Durchmesser formen, jeweils ein Basilikumblatt darauflegen und die Mozzarellakugeln in die Mitte setzen.

– Kleine Knödel formen und in Salzwasser kochen.

– Cocktailtomaten enthäuten und mit den restlichen Basilikumblättern zu den Knödeln anrichten.

Anmerkung: Als Beilage eignet sich frisches Fleischtomatenragout.

VK | DIAB | LIP | PUR

Nährwerte pro Portion

kcal	kJ	EW	Fett	KH
389	1.627	12 g	19 g	41 g

Ball	Chol	HS	BE	
3 g	99 mg	27 mg	3	

Risotto mit grünem Spargel

Zutaten für 4 Portionen

600 g	grüner Spargel
1 l	Geflügelfond
40 g	Zwiebel
20 g	Butter
	Salz
160 g	Risottoreis
1/16 l	trockener Weißwein
	Muskat, Pfeffer
60 g	frisch geriebener Parmesan

Zubereitung

– Spargel schälen, Spitzen abschneiden und die restlichen Teile in ca. 3 cm lange Stücke schneiden.

– Geflügelfond erhitzen.

– Zwiebel fein hacken.

– Butter zerlassen, Zwiebel anschwitzen, umrühren und den Spargel, mit Ausnahme der Spitzen, dazugeben.

– Kurz dünsten, Reis hinzufügen, glasig werden lassen und salzen.

– Mit Wein ablöschen, salzen, etwas heißen Geflügelfond und die Spargelspitzen zugeben, durchrühren.

– Mit einer Prise Muskat und etwas Pfeffer abschmecken und immer wieder Geflügelfond dazugeben.

– Wenn der Reis fertig ist, vom Herd nehmen und geriebenen Parmesan darunter mischen. Zugedeckt einige Minuten stehen lassen.

– Auf Tellern anrichten und sehr heiß zu Tisch bringen.

Anmerkung: Für leichte Vollkost die Zwiebeln weglassen.

VK | LVK | DIAB | LIP | PUR

Nährwerte pro Portion

kcal	kJ	EW	Fett	KH
276	1.154	10 g	10 g	34 g

Ball	Chol	HS	BE	
2 g	24 mg	67 mg	2,5	

Vegetarische Haupt- speisen

Es muss nicht immer Fleisch sein!
Das vielfältige Angebot von frischem Gemüse und der Variationsreichtum der Zubereitungsarten er- möglichen es, dem Gast gute, gesunde, leichte und doch sättigende Haupt- speisen anzubieten. Gemüse- und Getreidege- richte sind wegen ihres hohen Gehaltes an Vitaminen, Mineralstoffen und Ballaststoffen ein un- entbehrlicher Bestandteil einer vollwertigen, gesun- den Ernährung. Vitamine und Mineralstoffe reagie- ren empfindlich auf die Einwirkung von Hitze,

Licht, Sauerstoff und Wasser. Eine sorgfältige Verarbeitung erhält weitgehend Vitamine und Mineralstoffe.

Wie bei allen Gerichten gilt auch bei den Vorspeisen, auf die sparsame Verwendung von Fett zu achten. Frische Kräuter und Gewürze sollen den Gerichten Geschmack verleihen. So erfreuen sich auch fleischlose Hauptspeisen immer größerer Beliebtheit.

Buchweizen-Sauerkraut-Auflauf

Zutaten für 4 Portionen

130 g	Buchweizen
1/4 l	Gemüsefond
1	Messerspitze Curry
2	Lorbeerblätter
40 g	Lauch
40 g	Stangensellerie
10 ml	Sojaöl
140 g	Äpfel
200 g	Sauerkraut
1/4 l	Sauerrahm
3	Eier
	Salz, Pfeffer, Kräutersalz,
1 EL	gehackte Kräuter: Salbei, Liebstöckel, Majoran
40 g	Käse

Zubereitung

– Buchweizen abspülen und im Gemüsefond mit Curry und Lorbeerblättern weich dünsten.
– Lauch in Ringe schneiden.
– Stangensellerie in kleine Stücke schneiden.
– Lauch und Stangensellerie in Sojaöl andünsten.
– Äpfel schälen, entkernen, würfelig schneiden, zum Gemüse geben und ebenfalls andünsten.
– Gedünsteten Buchweizen, Sauerkraut, Sauerrahm, Dotter, Gewürze, Kräuter und geriebenen Käse dazugeben.
– Eiklar zu Schnee schlagen und unterheben.
– In eine befettete Auflaufform füllen und bei 180 °C ca. 45 Minuten backen.

VK | DIAB | RED | LIP | PUR

Nährwerte pro Portion

kcal	kJ	EW	Fett	KH
279	1.168	12 g	11 g	29 g
Ball	**Chol**	**HS**	**BE**	
4 g	154 mg	81 mg	2,5	

Gemüsegratin mit kalter Dilljoghurtsauce

Zutaten für 4 Portionen

Zutaten für das Gratin

800 g	Kartoffeln
300 g	Lauch
300 g	Zucchini
150 g	Karotten
300 g	Fleischtomaten
	Salz, weißer Pfeffer, Muskat
2	Knoblauchzehen
50 ml	Magermilch
25 ml	Sauerrahm
2	Eier
45 g	Emmentaler

Zutaten für die Dilljoghurtsauce

1/4 l	Magerjoghurt
1 EL	gehackte Dille
	Salz, Pfeffer

Zubereitung

– Kartoffeln kochen, schälen, auskühlen lassen und in Scheiben schneiden.
– Lauch, Zucchini und Karotten waschen, putzen und in Scheiben schneiden, bissfest kochen und abkühlen lassen.
– Tomaten in Scheiben schneiden, mit dem Gemüse und den Kartoffeln abwechselnd in eine hitzefeste Auflaufform geben und würzen.
– Milch, Sauerrahm und Eier versprudeln, eventuell nachwürzen und geriebenen Emmentaler untermischen.
– Die Masse über das Gemüse geben und im vorgeheizten Rohr bei 220 °C ca. 15 Minuten überbacken.
– Für die Dilljoghurtsauce alle Zutaten mischen und zum Auflauf servieren.

VK | DIAB | RED | LIP | PUR

Nährwerte pro Portion (Gratin)

kcal	kJ	EW	Fett	KH
256	1.072	14 g	8 g	31 g
Ball	**Chol**	**HS**	**BE**	
8 g	112 mg	85 mg	2,5	

Nährwerte pro Portion (Sauce)

kcal	kJ	EW	Fett	KH
28	117	2 g	0,6 g	3 g
Ball	**Chol**	**HS**	**BE**	
0,1 g	2 mg	+	–	

Nährwerte pro Portion (gesamt)

kcal	kJ	EW	Fett	KH
284	1.189	16 g	8,6 g	34 g
Ball	**Chol**	**HS**	**BE**	
8,1 g	114 mg	85 mg	2,5	

Gemüselasagne

Zutaten für 6 Portionen

Zutaten für den Nudelteig

300 g	Hartweizengrieß oder griffiges Mehl
2	Eier
3	Eidotter
	Salz
10 ml	Olivenöl

Zutaten für das Gemüsesugo

1	Zwiebel
100 g	Lauch
80 g	Karotten
100 g	Sellerie
30 ml	Sonnenblumenöl
1 EL	Tomatenmark
4	Tomaten
1/2 l	Gemüsefond
	Salz, Pfeffer, Oregano, Basilikum
	etwas Knoblauch

Zutaten für die Béchamelsauce

30 g	Diätmargarine
25 g	Vollkornmehl
25 g	Weizenmehl
1/2 l	Magermilch
	Salz, Pfeffer, Muskat und Oregano

Zutaten für die Gemüsefülle

100 g	Brokkoli
100 g	Fisolen
100 g	Kohlrabi
100 g	gelbe Rüben

100 g	Parmesan
10 g	Diätmargarine

Zubereitung

– Aus Mehl oder Grieß, Eiern, Salz und Öl einen glatten Nudelteig zubereiten und ca. eine Stunde rasten lassen.
– Zwiebel fein hacken, Lauch schneiden, Karotten putzen und schneiden, Sellerie roh faschieren und alles in Öl anrösten.
– Tomatenmark hinzufügen und mit etwas Gemüsefond ablöschen.
– Tomaten blanchieren und enthäuten, kleinwürfelig schneiden und dem Sugo beigeben.
– Mit restlichem Gemüsefond aufgießen, würzen und abschmecken.
– Für die Béchamelsauce Mehl und Margarine zu einem Roux verarbeiten und mit Magermilch aufgießen, würzen und abschmecken.
– Brokkoli in Röschen teilen, Fisolen in kleine Stücke schneiden, Kohlrabi und gelbe Rüben blättrig schneiden und kochen.
– Aus dem Nudelteig vier dünne Blätter ausrollen.
– In eine befettete feuerfeste Form schichtweise Nudelteigblätter, Sugo, Béchamelsauce, geriebenen Parmesan und Gemüse einfüllen. Mit Béchamel und Käse abschließen.
– Bei 180 °C ca. 40 Minuten backen.

VK | DIAB | LIP | PUR

Nährwerte pro Portion

kcal	kJ	EW	Fett	KH
495	2.073	21 g	21 g	53 g

Ball	Chol	HS	BE
7 g	156 mg	84 mg	4

Gemüsepaella

Zutaten für 4 Portionen

50 g	Schalotten
20 g	Diätmargarine
1	Knoblauchzehe
200 g	Vollkornreis
1/2 l	Gemüsefond
	einige Safranfäden
	Salz, Pfeffer
150 g	Karotten
150 g	Zucchini
100 g	Zuckererbsenschoten
100 g	Champignons
100 g	Eierschwammerln
20 g	Diätmargarine
	weißer Pfeffer
400 g	Fleischtomaten
15 g	Diätmargarine
1 TL	getrocknetes Basilikum

Zubereitung

– Schalotten fein schneiden.
– In einer Pfanne Margarine zergehen lassen, Schalotten und Knoblauch dazugeben und anschwitzen.
– Reis dazugeben, glasig werden lassen, mit Gemüsefond aufgießen, Safran einstreuen, salzen und pfeffern.
– Karotten und Zucchini kleinwürfelig schneiden, mit den Zuckererbsenschoten blanchieren und kalt stellen.
– Champignons und Eierschwammerln putzen und blättrig schneiden.
– In 10 g Margarine Champignons und Eierschwammerln in 10 g Diätmargarine sautieren, blanchiertes Gemüse dazugeben und bei schwacher Hitze zwei bis drei Minuten dämpfen.
– Die Hälfte des Gemüses unter den Reis mengen, das restliche Gemüse in der restlichen Diätmargarine schwenken und warm stellen.
– Fleischtomaten kurz ins heiße Wasser geben, Strunk und Kerne entfernen, enthäuten und die Tomaten in kleine Würfel schneiden.
– 15 g Diätmargarine erwärmen, Tomatenwürfel darin sautieren, würzen.

– Gemüsepaella auf Tellern anrichten, das Tomatenragout darauf verteilen und das Gemüse um die Paella anrichten.

VK | DIAB | RED | LIP | PUR

Nährwerte pro Portion

kcal	kJ	EW	Fett	KH
363	1.518	9 g	16 g	45 g

Ball	Chol	HS	BE
8 g	+	151 mg	3,5

Kartoffel-Spinat-Auflauf

Zutaten für 4 Portionen

500 g	mehlige Kartoffeln
	Salz, Pfeffer, Majoran
170 ml	Sauerrahm
3	Eidotter
6	Eiklar
250 g	Blattspinat
10 g	Diätmargarine
	Brösel

Zubereitung

– Kartoffeln kochen, schälen, passieren und mit Salz, Pfeffer und Majoran abschmecken.
– Rahm und Eidotter unterheben und rasten lassen.
– Eiklar zu Schnee schlagen und unterheben.
– Spinat blanchieren.
– Vier Darioleformen mit Margarine ausstreichen, mit Bröseln bestreuen und mit Spinatblättern auslegen.
– Die Auflaufmasse einfüllen und bei 170 °C im Wasserbad 15 Minuten pochieren.

VK | LVK | DIAB | RED | PUR

Nährwerte pro Portion

kcal	kJ	EW	Fett	KH
258	1.079	13 g	13 g	21 g

Ball	Chol	HS	BE
4 g	191 mg	56 mg	1,5

Gemüsevollkornstrudel

Zutaten für 10 Portionen

Zutaten für den Strudelteig

120 g	Vollkornmehl
120 g	glattes Weizenmehl
1/4 l	Wasser
	Salz

Zutaten für die Fülle

400 g	Karotten
400 g	Zucchini
200 g	gelbe Rüben
250 g	Karfiol
200 g	Brokkoli
250 g	Champignons
330 ml	pflanzliche Schlagcreme
7	Eiklar
30 g	Diätmargarine

Zubereitung

– Aus Mehl, Wasser und Salz einen glatten Strudelteig zubereiten und rasten lassen.

– Karotten, Zucchini und gelbe Rüben in Streifen schneiden.

– Karfiol und Brokkoli in kleine Stücke teilen, Champignons blättrig schneiden.

– Gemüse und Champignons kurz blanchieren.

– Ein Drittel des Gemüses mit Schlagcreme kochen, bis es ganz weich ist, mit dem Mixstab pürieren und auskühlen lassen.

– Eiklar nach und nach dazugeben und verrühren.

– Das pürierte Gemüse mit dem restlichen Gemüse vermengen.

– Strudelteig ausziehen und die Gemüsemasse darauf verteilen.

– Strudel einrollen, mit zerlassener Diätmargarine bestreichen und ca. 30 Minuten goldgelb bei 200 °C backen.

Anmerkung: Als Beilage kann man eine Joghurt-Schnittlauch-Sauce → Seite 168 reichen.

VK | DIAB | RED | LIP | PUR

Nährwerte pro Portion

kcal	kJ	EW	Fett	KH
239	1.002	9 g	13 g	21 g

Ball	Chol	HS	BE	
6 g	+	68 mg	1,5	

Kärntner Kasnudeln

Zutaten für 4 Portionen

Zutaten für den Teig

400 g	Weizenvollmehl
1	Ei
	Salz
125 ml	Wasser

Zutaten für die Fülle

30 g	Grahamweckerl
150 g	Topfen, 20 %
1	Ei
	Minze, Salz, Petersilie, Knoblauch

Zubereitung

– Aus Mehl, Ei, Salz und Wasser einen glatten Teig zubereiten und rasten lassen.

– Teig ausrollen und daraus Scheiben mit ca. 8 cm Durchmesser ausstechen.

– Für die Fülle Grahamweckerl in Wasser einweichen und ausdrücken, mit Topfen, Ei und Kräutern abmischen und würzen.

– Die Topfenmasse auf den Teigscheiben verteilen, zu einem Halbkreis zusammenschlagen und die Ränder fest zusammendrücken.

– In reichlich Salzwasser 12–15 Minuten kochen, abseihen und sofort servieren.

VK | LVK | DIAB | LIP | PUR

Nährwerte pro Portion

kcal	kJ	EW	Fett	KH
400	1.676	20 g	6 g	65 g

Ball	Chol	HS	BE	
11 g	102 mg	88 mg	5	

Haferschnitzel mit Fenchelgemüse

Zutaten für 4 Portionen

Zutaten für die Haferschnitzel

80 g	Lauch
400 ml	Gemüsefond
80 ml	Kaffeeobers
	Salz
240 g	Haferschrot
30 g	Bierhefe
1 EL	gehackte Kräuter: Petersilie, Oregano, Kerbel

Zutaten für das Fenchelgemüse

400 g	Fenchel
100 g	Karotten
20 ml	Sonnenblumenöl
1/4 l	Gemüsefond
1 EL	Zitronensaft
	Kräutersalz, Pfeffer
40 ml	Crème fraîche
20 g	Mangoldblätter
40 g	Tomaten

Zubereitung

– Lauch in Ringe schneiden und mit Gemüsefond, Kaffeeobers und Salz aufkochen.
– Haferschrot einrieseln und 15 Mi-nuten quellen lassen.
– Bierhefe und Kräuter dazurühren und abschmecken.
– Aus der Masse Schnitzel formen und im Rohr ca. zehn Minuten garen.
– Fenchel und Karotten in Scheiben schneiden und in Öl anschwitzen.
– Gemüsefond beigeben und das Gemüse weich dünsten.
– Mit Zitronensaft, Kräutersalz, Pfeffer und Crème fraîche abrunden.
– Mangoldblätter blanchieren.
– Tomaten in Spalten schneiden.
– Fenchel und Karotten auf die Teller geben, Haferschnitzel dazulegen und mit Mangoldblättern und Tomatenspalten garnieren.

Anmerkung: Statt Hafer kann auch Gerste, Dinkel oder Weizen verwendet werden.

VK | DIAB | LIP | PUR

Nährwerte pro Portion

kcal	kJ	EW	Fett	KH
391	1.637	12 g	18 g	43 g

Ball	Chol	HS	BE	
10 g	14 mg	129 mg	3	

Perlweizentorte

Zutaten für 4 Portionen

400 g	Perlweizen
1 l	Wasser
80 g	Zwiebel
10 ml	Sonnenblumenöl
1/4 l	Sauerrahm
2	Eier
2 EL	gehackte frische Kräuter: Petersilie, Oregano Kräutersalz, Pfeffer, Muskat
4	Eiklar

Zubereitung

– Perlweizen acht bis zehn Minuten im Rohr bei 180 °C dünsten lassen.
– Zwiebel fein schneiden und leicht in Öl anrösten.
– Gedünsteten Perlweizen mit Rahm, Eiern und gerösteten Zwiebeln vermengen und mit Kräutern, Kräutersalz, Pfeffer und Muskat abschmecken.
– Schnee schlagen und unter den Perlweizen heben.
– Die Masse in einen befetteten Tortenring füllen und im Rohr 20 Minuten bei 180 °C backen.
– Vor dem Anrichten zehn Minuten rasten lassen.

Anmerkung: Als Beilage eignet sich Bohnenragout → Seite 181.

VK | DIAB | RED | LIP | PUR

Nährwerte pro Portion

kcal	kJ	EW	Fett	KH
511	2.139	19 g	16 g	73 g

Ball	Chol	HS	BE	
8 g	130 mg	85 mg	5	

Gemüsespieß mit Rote-Rüben-Kren-Sauce

Zutaten für 4 Portionen

Zutaten für die Spieße

1	Zucchini
2	Karotten
8	Schalotten
1	kleiner Karfiol
1	kleiner Brokkoli
2–3	Tomaten
	Kräutersalz, Pfeffer, frischer Thymian
3	Knoblauchzehen
1	Radicchio
200 g	Mozzarella

Zutaten für die Rüben-Kren-Sauce

1	rote Rübe
1/2 l	Wasser
1	kleiner Apfel
	Salz
	frischer Kren

Zubereitung

– Zucchini, Karotten und Schalotten schälen und in beliebig große Stücke schneiden.
– Karfiol und Brokkoli in Röschen teilen.
– Jede Gemüsesorte einzeln knackig kochen, in Eiswasser abschrecken und gut abtropfen lassen.
– Tomaten enthäuten und vierteln.
– Gemüse und Tomaten je nach Farbe abwechselnd auf die Spieße stecken.
– Mit Salz, Thymian, Pfeffer und gepresstem Knoblauch würzen. Zehn Minuten einwirken lassen.
– Radicchio in Streifen schneiden und auf die Spieße legen.
– Mozarella in Scheiben schneiden und ebenfalls darauf legen.
– Die Spieße im Rohr bei 150 °C fünf bis sechs Minuten gratinieren.
– Für die Sauce die rote Rübe schälen, fein reiben.
– Apfel schälen, entkernen und in Spalten schneiden.
– Geriebene rote Rübe und Apfelspalten in Salzwasser weich kochen, mixen und durch ein Sieb seihen.
– Kren reiben und darunter mischen.
– Gemüsespieße mit der Rübenkrensauce auf Tellern anrichten.

VK | DIAB | RED | LIP | PUR

Nährwerte pro Portion (Spieße)

kcal	kJ	EW	Fett	KH
181	758	14 g	10 g	7 g

Ball	Chol	HS	BE
5 g	23 mg	61 mg	–

Nährwerte pro Portion (Sauce)

kcal	kJ	EW	Fett	KH
34	142	1 g	0,1 g	7 g

Ball	Chol	HS	BE
2 g	+	16 mg	0,5

Nährwerte pro Portion (gesamt)

kcal	kJ	EW	Fett	KH
215	900	15 g	10,1 g	14 g

Ball	Chol	HS	BE
7 g	23 mg	77 mg	0,5

Vollkorncannelloni mit Eierschwammerln

Zutaten für 6 Portionen

Zutaten für den Nudelteig

125 g	Dinkelvollmehl
125 g	glattes Mehl
50 g	Hartweizengrieß
3	Eier
30 ml	Olivenöl
20 ml	Wasser
	Salz

Zutaten für die Fülle

1	Schalotte
600 g	Eierschwammerln
10 ml	Öl
	weißer Pfeffer
250 g	Magertopfen
50 ml	Kaffeeobers
	Salz
24	große Spinatblätter

Zutaten für die Sauce

400 g	Lauch
30 g	Diätmargarine
150 ml	salzarme Gemüsebouillon
	Schnittlauch
	Salz

Zubereitung

– Aus Mehl, Grieß, Eiern, Öl, Wasser und Salz einen glatten Nudelteig zubereiten und ca. 20 Minuten rasten lassen.

– Schalotten hacken, Eierschwammerln putzen und klein schneiden und gemeinsam in Öl anschwitzen, würzen und kalt stellen. Einige Eierschwammerln für die Garnierung beiseite stellen.

– Topfen und Kaffeeobers dazu geben, gut abmischen und etwas salzen.

– Spinatblätter blanchieren.

– Lauch in Scheiben schneiden, in Margarine andünsten, mit Gemüsebouillon aufgießen und weich dünsten.

– Strudelteig dünn ausrollen.

– Rechtecke in der Größe von 8x6 cm schneiden.

– Teigblätter in Salzwasser ca. drei Minuten kochen.

– Die gekochten Teigblätter mit heißem Wasser abspülen und auf ein sauberes Tuch legen.

– Blanchierten Spinat auf die Teigstücke legen und die Fülle darauf verteilen.

– Gefüllte Teigstücke zusammenrollen und über Dampf ca. drei Minuten zugedeckt heiß werden lassen.

– Cannelloni auf Tellern anrichten.

– Lauchsauce kurz erwärmen und die Cannelloni mit der Sauce überziehen.

– Mit Eierschwammerln dekorieren.

VK | DIAB | LIP | PUR

Nährwerte pro Portion (Cannelloni)

kcal	kJ	EW	Fett	KH
325	1.362	15 g	13 g	36 g

Ball	Chol	HS	BE
10 g	107 mg	84 mg	3

Nährwerte pro Portion (Sauce)

kcal	kJ	EW	Fett	KH
58	243	2 g	5 g	2 g

Ball	Chol	HS	BE
2 g	+	28 mg	–

Nährwerte pro Portion (gesamt)

kcal	kJ	EW	Fett	KH
383	1.605	17 g	18 g	38 g

Ball	Chol	HS	BE
12 g	107 mg	112 mg	3

Bunter Linseneintopf

Zutaten für 4 Portionen

120 g	Linsen
80 g	Lauch
40 g	Zwiebel
20 ml	Sonnenblumenöl
120 g	Staudensellerie
120 g	Karotten
80 g	Zucchini
1,2 l	Gemüsefond
	Muskat
1	Messerspitze Curry
	Salz, Pfeffer
2	Knoblauchzehen
1 TL	gehackte Kräuter: Oregano und Liebstöckel
40 ml	Acidophilusmilch oder saure Milch
100 g	Tofu
1 EL	geschnittener Schnittlauch

Zubereitung

- Linsen am Vortag in einem Liter Wasser einweichen.
- Linsen mit dem Einweichwasser ca. 30 Minuten weich kochen und abseihen.
- Lauch und Zwiebel fein schneiden und in Sonnenblumenöl anschwitzen.
- Staudensellerie, Karotten, Zucchini beliebig schneiden, beigeben und andämpfen.
- Mit etwa einem Liter Gemüsefond auffüllen, mit Muskat und Curry würzen und kochen lassen.
- Nach 15 Minuten Linsen, Knoblauch und fein geschnittene Kräuter dazugeben.
- Um eine gute Bindung zu erhalten, kann man einen Teil der Linsen pürieren, mit Acidophilusmilch oder saurer Milch vermengen und beigeben.
- Tofu beliebig schneiden und in den Eintopf geben.
- Vor dem Servieren mit frischem Schnittlauch bestreuen.

Anmerkung: Als Beilage eignen sich Vollkornserviettenknödel → Seite 185.

VK | DIAB | RED | LIP

Nährwerte pro Portion

kcal	kJ	EW	Fett	KH
248	1.040	12 g	13 g	21 g

Ball	Chol	HS	BE
8 g	1mg	126 mg	–

Zucchinilaibchen

Zutaten für 6 Portionen

300 g	Kartoffeln
400 g	Zucchini
1/2	Zwiebel
30 ml	Sonnenblumenöl
2	Scheiben Weißbrot
80 g	Magertopfen
3	Knoblauchzehen
	Salz, Pfeffer
	frischer Thymian, Majoran
3	Eier
100 g	Mehl
70 ml	Sonnenblumenöl

Zubereitung

- Kartoffeln kochen, schälen und reiben.
- Zucchini waschen und raspeln.
- Zwiebel klein hacken und in etwas Sonnenblumenöl anschwitzen.
- Weißbrot entrinden und in feine Würfel schneiden.
- Kartoffeln, Zucchini, Topfen, geröstete Zwiebeln und Weißbrotwürfel vermengen.
- Fein gehackten Knoblauch, Gewürze und Dotter untermischen.
- Eiklar zu Schnee schlagen.
- Mehl und Schnee unterheben.
- Laibchen formen und in Sonnenblumenöl goldbraun herausbacken.

Anmerkung: Dazu passt gut ein Mischblattsalat mit Gartenkresse → Seite 193.

VK | DIAB | RED | LIP | PUR

Nährwerte pro Portion

kcal	kJ	EW	Fett	KH
324	1.356	9 g	20 g	26 g

Ball	Chol	HS	BE
3 g	100 mg	42 mg	2

Zucchini-Kartoffel-Medaillons mit Acidophilus-Kräuter-Sauce

Zutaten für 4 Portionen

Zutaten für die Laibchen

1/2	Zwiebel
1 TL	Sonnenblumenöl
700 g	Kartoffeln
500 g	Zucchini
100 g	Karotten
3 EL	Magertopfen
1	Eidotter
	Salz, Pfeffer, Muskat
	frische gehackte Kräuter:
	Thymian, Majoran
2	Knoblauchzehen
3	Eiklar
30 g	Weizenvollkornmehl

Zutaten für die Sauce

1/4 l	Acidophilusmilch
2 EL	verschiedene gehackte Kräuter
1	Knoblauchzehe
	Salz, Pfeffer

Zubereitung

– Zwiebel fein hacken und in Sonnenblumenöl anschwitzen.
– Zucchini und Karotten putzen, Kartoffeln kochen und schälen. Zucchini, Karotten und Kartoffeln raspeln und mit Zwiebel, Topfen und Eidotter vermengen.
– Mit Salz, Pfeffer, Thymian, Majoran, Muskat und zerdrücktem Knoblauch würzen.

– Eiklar zu Schnee schlagen, mit Mehl unter die Masse heben und durchrühren.
– Laibchen formen, auf ein mit Backtrennpapier belegtes Blech setzen und bei 220 °C backen.
– Zutaten für die Acidophilus-Kräuter-Sauce vermischen, mit Salz und Pfeffer abschmecken.
– Die Laibchen auf Tellern mit der Sauce anrichten.

Anmerkungen: Für leichte Vollkost ohne Zwiebel, Knoblauch und Pfeffer zubereiten.
Als Beilage eignen sich gemischte knackige Blattsalate.

VK | LVK | DIAB | RED | LIP | PUR

Nährwerte pro Portion (Laibchen)

kcal	kJ	EW	Fett	KH
170	711	9,8 g	2,6 g	25,6 g

Ball	Chol	HS	BE
4,7 g	64,1 mg	43,3 mg	2

Nährwerte pro Portion (Sauce)

kcal	kJ	EW	Fett	KH
28	117	2,2 g	0,6 g	2,8 g

Ball	Chol	HS	BE
0,1 g	1,9 mg	0,4 mg	–

Nährwerte pro Portion (gesamt)

kcal	kJ	EW	Fett	KH
198	828	12 g	3,2 g	28,4 g

Ball	Chol	HS	BE
4,8 g	66 mg	43,7 mg	2

Vollkornknödel-Gemüse-Gröstl

Zutaten für 4 Portionen

Zutaten für die Knödel
→ Seite 185.

Zutaten für das Gemüse

100 g	Erbsenschoten
100 g	Champignons oder Eierschwammerln
100 g	Zwiebel
2 EL	Olivenöl
1 EL	verschiedene gehackte Kräuter
	Salz, Pfeffer, Muskatnuss

Zubereitung

– Zubereitung der Knödel siehe Seite 185.
– Knödel in kleine Scheiben schneiden.
– Erbsenschoten putzen und waschen, in Salzwasser bissfest kochen, abschrecken und gut abtropfen lassen.
– Pilze putzen und in Stücke schneiden.
– Zwiebel fein hacken und in einer beschichteten Pfanne mit Olivenöl anschwitzen, Pilze und Knödelscheiben dazugeben, kurz mitrösten, salzen und pfeffern.
– Gehackte Kräuter einrühren. Zum Schluss Erbsenschoten dazugeben und kurz mitrösten.
– Auf Tellern anrichten, verschiedene Blattsalate als Beilage servieren.

VK | DIAB | LIP | PUR

Nährwerte pro Portion

kcal	kJ	EW	Fett	KH
340	1.421	12,7 g	14,9 g	38,3 g

Ball	Chol	HS	BE
4,6 g	63,3 mg	94,9 mg	3

Spinatrisotto

Zutaten für 4 Portionen

300 g	junger Blattspinat
1	Zwiebel
1 EL	Olivenöl
240 g	Risottoreis
750 ml	Gemüsebouillon
40 g	Parmesan

Zubereitung

– Blattspinat putzen und kurz in kochendes Wasser geben, abschrecken und im Mixer mixen.

– Zwiebel fein hacken und in Olivenöl anschwitzen, den Risottoreis einrühren, mit etwas Gemüsebouillon aufgießen, reduzieren, nach und nach wieder mit Gemüsebouillon aufgießen und unter ständigem Rühren ohne Deckel bei kleiner Hitze köcheln lassen.

– Sobald der Reis eine breiige Konsistenz hat, den Spinat einrühren und wiederum mit etwas Suppe aufgießen. Unter ständigem Rühren garen.

– Mit Salz und Pfeffer würzen. Auf Tellern anrichten und mit geriebenem Parmesan bestreuen.

Anmerkungen: Für leichte Vollkost ohne Zwiebel zubereiten.
Als Beilage eignet sich Rucola-Tomaten-Salat.

VK | LVK | DIAB | RED | LIP | PUR

Nährwerte pro Portion

kcal	kJ	EW	Fett	KH
294	1.231	6,6 g	7,6 g	48,7 g

Ball	Chol	HS	BE
3,8 g	–	102,8 mg	4

Penne in Gemüse-Tomaten-Sauce

Zutaten für 4 Portionen

300 g	Penne
1	Knoblauchzehe
1	Selleriestange mit Grün
2	Zuckerkarotten, geschält
1	Zwiebel
2 EL	Olivenöl, kaltgepresst
1 kg	Fleischtomaten
1 EL	verschiedene gehackte Kräuter: Petersilie, Basilikum, Thymian
	Safranfäden
	Tabasco
	Cayennepfeffer, Salz, Pfeffer
500 ml	Hühnerbouillon
2 EL	Tomatenmark
	flüssiger Süßstoff
100 g	Parmesan

Zubereitung

– Penne in Salzwasser bissfest kochen, abseihen und kalt abschrecken.

– Zwiebel fein schneiden. Sellerie und Karotten schälen, waschen und feinwürfelig schneiden. Sellerieblätter hacken.

– Gemüsewürfel mit zerdrücktem Knoblauch in Olivenöl anschwitzen, Tomaten kreuzförmig einschneiden, kurz blanchieren, enthäuten und entkernen und in feine Würfel schneiden. Zum Gemüse dazugeben und kurz mitdünsten.

– Gehackte Kräuter beigeben. Mit Safran, Tabasco, Cayennepfeffer, Salz und Pfeffer würzen, mit Hühnerbouillon aufgießen, Tomatenmark einrühren, Süßstoff nach Geschmack beifügen und unter gelegentlichem Umrühren ca. 20 Minuten kochen.

– In tiefen Tellern anrichten, Gemüsesauce darauf geben und mit geriebenem Parmesan bestreuen.

Anmerkung: Für leichte Vollkost ohne Zwiebel, Tabasco und Cayennepfeffer zubereiten.

VK | LVK | DIAB | RED | LIP | PUR

Nährwerte pro Portion

kcal	kJ	EW	Fett	KH
391	1.636	13 g	6,6 g	67,9 g

Ball	Chol	HS	BE
8 g	–	92,9 mg	5,5

Hauptspeisen mit Fisch

Süßwasserfische kommen in reicher Auswahl täglich frisch auf den Markt. Auch Seefische werden meist frisch angeboten. Bei sachgemäßer Behandlung und Lagerung schadet auch das Tiefkühlen nicht. Fische sind sehr wertvolle Nahrungsmittel. Sie sind kalorienarm, leicht verdaulich und enthalten hochwertiges Eiweiß. Der Fettgehalt der Fische ist unterschiedlich. Durch den hohen Gehalt an hoch ungesättigten Fettsäuren und den hohen Vitamin- und Mineralstoffgehalt sind sie für unsere Ernährung von großer Bedeutung.

Aus diätetischer Sicht sind Fische ein Nahrungsmittel, das für die Zubereitung verschiedener Diätkostformen hervorragend eingesetzt werden kann. Ein- bis zweimal in der

Woche sollte eine Fisch-
mahlzeit auf unserem
Speiseplan stehen.
Fettarme Zubereitungsar-
ten wie Dämpfen, Düns-
ten, Grillen oder Pochie-
ren und kurze Garzeiten
ergeben leicht verdauliche
Gerichte. Zu beachten ist,
dass Magerfische beim

Garen leicht austrocknen
können.

Verfeinert mit frischen
Kräutern, Zitronensaft
oder mit Knoblauch, las-
sen sich köstliche Speisen
zubereiten.
Fischgerichte bereichern
nicht nur unseren Speise-

zettel – sie sind eine wichtige Ergänzung unserer
Ernährung und rufen Erin-
nerungen an schöne Ur-
laubstage am Meer in uns
hervor.

Auberginen mit pikanter Fischfülle

Zutaten für 4 Portionen

4	Auberginen à 350 g
150 g	Zwiebel
250 g	Tomaten
400 g	Lachs
	Salz, Pfeffer
20 ml	Olivenöl
2	Knoblauchzehen
1 EL	gehackte Petersilie
50 g	Mandeln
10 g	Diätmargarine

Zubereitung

– Auberginen waschen, im vorgeheizten Backrohr bei 200 °C ca. 15 Minuten rösten und dabei öfters umdrehen.
– Die Haut der Auberginen abziehen.
– Die geschälten Auberginen der Länge nach halbieren und das Kerngehäuse entfernen, sodass ein ca. 1 cm dicker Rand bleibt.
– Das ausgelöste Auberginenfleisch in kleine Würfel schneiden.
– Zwiebel in Ringe schneiden.
– Tomaten blanchieren, enthäuten, entkernen und in kleine Würfel schneiden.
– Lachs in ca. 2 cm große Würfel schneiden, salzen und pfeffern.
– Zwiebelringe und gehackten Knoblauch in Olivenöl anschwitzen.
– Die Tomatenstücke, die Auberginenwürfel und die Lachswürfel dazugeben.
– Mit gehackter Petersilie und gehackten Mandeln gut durchmischen.
– Diese Mischung in die ausgehöhlten Auberginenhälften einfüllen.
– Auflaufform dünn befetten und die gefüllten Auberginen hineinsetzen.
– Im vorgeheizten Rohr bei ca. 180 °C 20 Minuten garen.

VK | DIAB | RED | LIP

Nährwerte pro Portion

kcal	kJ	EW	Fett	KH
311	1.302	25 g	19 g	10 g

Ball	Chol	HS	BE
10 g	35 mg	237 mg	–

Fischkrautwickler mit Tomatenragout

Zutaten für 4 Portionen

Zutaten für die Fischkrautwickler

240 g	Lachsforellenfilet
240 g	Zanderfilet
	Salz, Pfeffer
4	Krautblätter
12	Petersilienblätter

Zutaten für die Farce

50 g	Lachsforellenfilet
50 g	Zanderfilet
	Salz, Pfeffer, Dille
1/8 l	Schlagobers
1	Eiklar
	Zitronensaft

Zutaten für das Tomatenragout

40 g	Schalotten
40 g	Karotten
20 ml	Olivenöl
20 g	Tomatenmark
6–7	Tomaten
1/3 l	Wasser oder Fischfond
1	Prise Zucker
4	frische Basilikumblätter
10 ml	Olivenöl

Zubereitung

– Lachsforellen- und Zanderfilet in je vier Stücke teilen und mit Salz und Pfeffer würzen.
– Die Krautblätter vom Strunk befreien und blanchieren.
– Für die Farce die Fischfilets und eventuell vorhandene Abschnitte in Würfel schneiden und mit Salz, Pfeffer, gehackter Dille und etwas Obers marinieren. Im Tiefkühler anfrieren lassen.
– Dann mit dem restlichem Obers und mit Eiklar und Zitronensaft im Cutter zu einer homogenen Farce aufziehen.
– Die Krautblätter mit Farce bestreichen, das Zanderfilet darauf legen, mit Petersilienblättern belegen, wieder etwas Farce aufstreichen, das Lachsforellenfilet darauf legen, wieder mit Farce bestreichen und fest einrollen.
– Die fertigen Krautwickler nebeneinander in ein befettetes Geschirr schlichten und bei 85 °C ca. 20 Minuten im Kombidämpfer oder im Rohr im Wasserbad pochieren.
– Für das Ragout die Schalotten fein hacken, die Karotten schälen und in Würfel schneiden und gemeinsam in Olivenöl anrösten.
– Tomatenmark beigeben und kurz mitrösten.
– Zwei bis drei Tomaten in Spalten schneiden. Die übrigen Tomaten enthäuten, entkernen und in Würfel schneiden.

– Tomatenspalten und die Abschnitte von den würfelig geschnittenen Tomaten dem Ragout beifügen.
– Das Ragout weiterkochen, bis die Flüssigkeit der Tomaten verdunstet ist.
– Nochmals durchrösten, mit Wasser oder Fischfond aufgießen und würzen.
– Eine halbe Stunde köcheln lassen, passieren und nochmals aufkochen lassen. Dann die Tomatenwürfel und das gehackte Basilikum dazugeben und abschmecken.
– Krautwickler mit dem Ragout anrichten.

Anmerkung: Für Diabetes- und Reduktionskost flüssigen Süßstoff verwenden.

VK | DIAB | RED | LIP

Nährwerte pro Portion (Fischkrautwickler)

kcal	kJ	EW	Fett	KH
283	1.185	31 g	16 g	1 g

Ball	Chol	HS	BE
0,2 g	125 mg	218 mg	–

Nährwerte pro Portion (Ragout)

kcal	kJ	EW	Fett	KH
19	80	1 g	0,1 g	3 g

Ball	Chol	HS	BE
1 g	–	13 mg	–

Nährwerte pro Portion (gesamt)

kcal	kJ	EW	Fett	KH
302	1.265	32 g	16,1 g	4 g

Ball	Chol	HS	BE
1,2 g	125 mg	231 mg	–

Babysteinbuttfilet im Mangoldblatt

Zutaten für 4 Portionen

Zutaten für die Filets

100 g	Babysteinbutt
	Salz, weißer Pfeffer
	frisch gemahlener Koriander
120 ml	Kaffeeobers
60 g	Karotten
8	Mangoldblätter
4	Babysteinbuttfilets à 100 g

Zutaten für die Sauce

30 g	Schalotten
15 g	Diätmargarine
1/4 l	Fischfond
100 ml	Acidophilusmilch
100 ml	Kaffeeobers
	frischer Kerbel

Zubereitung

– 100 g Babysteinbutt in Würfel schneiden, mit Salz, Pfeffer und Koriander würzen, pürieren.
– Nach und nach Kaffeeobers dazugeben. Die Farce kalt stellen.
– Karotten in kleine Würfel schneiden und blanchieren.
– Babysteinbuttfilets halbieren.

– Mangoldblätter blanchieren und auflegen, mit Farce bestreichen, Karotten und die Babysteinbuttfilets darauf verteilen.
– Die gefüllten Mangoldblätter einrollen und im Dampf acht bis zehn Minuten garen.
– Schalotten fein hacken, in Diätmargarine anschwitzen, mit Fischfond ablöschen und reduzieren.
– Mit Acidophilusmilch und Kaffeeobers aufgießen, aufkochen lassen, mixen und mit frischem Kerbel vollenden.
– Die Fischrouladen aufschneiden und auf die Sauce setzen.

Anmerkungen: Für leichte Vollkost Schalotten weglassen.
Als Beilage eignen sich Kartoffeln oder Nudeln.

VK | LVK | DIAB | RED | LIP | PUR

Nährwerte pro Portion

kcal	kJ	EW	Fett	KH
158	660	22 g	7 g	2 g

Ball	Chol	HS	BE
0,7 g	90 mg	157 mg	–

Gedämpftes Bachforellenfilet mit Bärlauch-Spargel-Gemüse

Zutaten für 4 Portionen

400 g	Forellen- oder Zanderfilet
	Pfeffer, Salz
	etwas Zitronensaft
100 g	Karotten
100 g	Stangensellerie
100 g	Petersilwurzeln
100 g	Lauch
100 g	grüner Spargel
1 Bd.	frischer Bärlauch
30 ml	Olivenöl
1	Spritzer Weinessig
1	Spritzer Kräuteressig
250 g	Hopfensprossen

Zubereitung

– Fischfilets entgräten und würzen.
– Wurzelgemüse putzen, waschen und in Julienne schneiden.
– Lauch in Ringe schneiden.
– Das Gemüse in den Dampfdrucktopf geben, die gewürzten Fischfilets darauf geben und ca. drei bis fünf Minuten dämpfen.
– Spargel schälen, kochen, mit gehacktem Bärlauch kurz in Olivenöl erwärmen und mit etwas Wein- und Kräuteressig abschmecken.
– Hopfensprossen kochen und in Olivenöl erwärmen.
– Wurzelgemüse auf Tellern anrichten, Fischfilets darauf geben und mit Spargel und Hopfensprossen garnieren.

Anmerkungen: Als Beilage eignen sich gekochte Kartoffeln.
Für leichte Vollkost Lauch, Bärlauch und Hopfensprossen weglassen und Spinat oder Mangold verwenden.

VK | LVK | DIAB | RED | LIP

Nährwerte pro Portion

kcal	kJ	EW	Fett	KH
239	999	26 g	12 g	6 g
Ball	**Chol**	**HS**	**BE**	
5 g	56 mg	369 mg	–	

Gebratenes Kabeljaufilet mit Zucchinigemüse

Zutaten für 4 Portionen

400 g	Kabeljaufilet
	Salz, weißer Pfeffer
20 ml	Olivenöl
1/2	Zitrone
30 g	reduzierter Fischfond
70 ml	Joghurt, 1 %
70 ml	Sauerrahm
	Salz, Pfeffer
	frischer Thymian
280 g	Zucchini
4	Radieschen
5 g	Diätmargarine

Zubereitung

– Kabeljaufilets würzen, in Olivenöl goldgelb braten. Aus der Pfanne nehmen.
– Den Bratenrückstand mit Zitronensaft und Fischfond ablösen.
– Mit Joghurt und Rahm aufgießen.
– Salz, Pfeffer und fein geschnittenen Thymian hinzufügen, mit dem Stabmixer mixen und abschmecken.
– Zucchini dünnblättrig schneiden.
– Kabeljaufilets mit Zucchinischeiben belegen und im Rohr drei Minuten garen.
– Für die Garnitur Radieschen in Julienne schneiden und kurz in Diätmargarine anschwitzen.
– Kabeljaufilets auf Tellern anrichten, mit Sauce überziehen und mit Radieschenstreifen garnieren.

Anmerkung: Als Beilage eignen sich gekochte Kartoffeln oder Teigwaren.

VK | DIAB | RED | LIP | PUR

Nährwerte pro Portion (Fische)

kcal	kJ	EW	Fett	KH
144	604	19 g	7 g	2 g
Ball	**Chol**	**HS**	**BE**	
0,9 g	50 mg	125 mg	–	

Nährwerte pro Portion (Sauce)

kcal	kJ	EW	Fett	KH
43	180	1 g	3 g	2 g
Ball	**Chol**	**HS**	**BE**	
0,1 g	9 mg	2 mg	–	

Nährwerte pro Portion (gesamt)

kcal	kJ	EW	Fett	KH
187	784	20 g	10 g	4 g
Ball	**Chol**	**HS**	**BE**	
1 g	59 mg	127 mg	–	

Pannonischer Fischeintopf

Zutaten für 4 Portionen

70 g	Zwiebel
20 ml	Olivenöl
2	Knoblauchzehen
30 g	Karotten
30 g	Kartoffeln
50 g	Stangensellerie
600 g	Kartoffeln
250 g	Tomaten
100 g	grüner Paprika
100 g	gelber Paprika
100 g	roter Paprika
500 g	frische Fische: Fogosch, Hecht, Forelle, Karpfen
	Salz, Pfeffer
1	Lorbeerblatt
1/8 l	Rheinriesling
1/4 l	Wasser oder Fischfond

Zubereitung

– Zwiebeln würfelig schneiden und mit den zerdrückten Knoblauchzehen in Olivenöl anschwitzen.
– Karotten, 30 g Kartoffeln und Stangensellerie kleinwürfelig schneiden, dazugeben und dünsten.
– 600 g Kartoffeln schälen und in dünne Scheiben schneiden.

– Tomaten blanchieren, enthäuten, entkernen und in Viertel schneiden.
– Paprika in Streifen schneiden.
– Die Zutaten schichtweise in den Topf geben: auf die Zwiebeln die Karottenmischung, die Paprikastreifen und die Tomatenviertel.
– Fünf Minuten dämpfen.
– Auf diese Gemüsemischung einige Fischstücke legen, mit Salz und Pfeffer würzen und ein Lorbeerblatt dazugeben.
– Mit der Hälfte der in Scheiben geschnittenen Kartoffeln bedecken, die restlichen Fischstücke darauf legen, würzen und abschließend mit den übrigen Kartoffelscheiben abdecken.
– Den Weißwein dazugeben und Wasser oder Fischfond darüber gießen.
– Garen bis die Kartoffeln weich sind.

VK | DIAB | RED | LIP

Nährwerte pro Portion

kcal	kJ	EW	Fett	KH
298	1.246	29 g	4 g	30 g

Ball	Chol	HS	BE
7 g	82 mg	275 mg	2,5

Szegediner Fischgulasch

Zutaten für 4 Portionen

400 g	Fischfilet, zB St.-Peters-Fisch
	Salz, Pfeffer
	etwas Paprikapulver
120 g	Zwiebel
80 g	Schinken
600 g	Sauerkraut
60 g	Tomatenmark
1/2 l	Fischfond
100 g	Kartoffeln
1	Becher Joghurt, 1 %

Zubereitung

– Fischfilets würzen und in kleine Stücke schneiden und mit Paprika bestäuben.
– Zwiebeln fein schneiden.
– Schinken klein schneiden und mit den Zwiebeln kurz anrösten.
– Sauerkraut, Tomatenmark und Fischfond zugeben und 20 Minuten dünsten.
– Kartoffeln schälen, noch roh reiben und als Bindung dazugeben.
– Mit Joghurt abschmecken.
– Fischwürfel darauf legen und zugedeckt ca. acht Minuten garen.

VK | DIAB | RED | LIP

Nährwerte pro Portion

kcal	kJ	EW	Fett	KH
210	878	31 g	3 g	12 g

Ball	Chol	HS	BE
7 g	74 mg	215 mg	0,5

Vollkornpizza mit Fischen

Zutaten für 4 Portionen

Zutaten für den Teig

150 g	Vollkornmehl
150 g	glattes Weizenmehl
1	Eidotter
25 g	Hefe
1/8 l	Magermilch
1	Prise Salz
20 g	Diätmargarine

Zutaten für die Tomatensauce

70 g	Gemüse: Lauch, Zwiebel, Stangensellerie, Karotten
1 EL	Olivenöl
500 g	Tomaten
	Salz, Pfeffer
1	Prise Zucker
1–2	Knoblauchzehen
	frischer Thymian
1	Lorbeerblatt

Zutaten für den Belag

3	mittelgroße Tomaten
	Oregano, Salz, Pfeffer
80 g	Seeteufelfilet
80 g	St.-Peters-Fisch
	Salz, Pfeffer
1 ml	Olivenöl
	etwas Basilikum oder Petersilie
50 g	Emmentaler

Zubereitung

– Für den Teig alle Zutaten vermengen, kurz gehen lassen, ausrollen und in eine mit Diätmargarine bestrichene Springform mit 26 cm Durchmesser geben.
– Den Teig im vorgeheizten Rohr bei 220 °C backen.
– Gemüse würfelig schneiden, Tomaten enthäuten, entkernen und ebenfalls würfelig schneiden.
– Gemüse- und Tomatenwürfel in Olivenöl anlaufen lassen und würzen.
– Eine halbe Stunde kochen lassen, durch ein Sieb streichen und abschmecken.
– Für den Belag die Tomaten enthäuten, entkernen und in Würfel schneiden.

– Die Fischfilets in dünne Scheiben schneiden und in Olivenöl kurz anbraten, salzen und pfeffern.
– Die Hälfte der Tomatensauce sowie die Tomatenwürfel auf den Teig geben und würzen.
– Die Fische auf die Pizza legen und die restliche Tomatensauce auf den Fischen verteilen.
– Eventuell mit gehacktem Basilikum oder mit gehackter Petersilie bestreuen.
– Geriebenen Emmentaler darüber streuen und im Rohr bei 220 °C zwei bis drei Minuten überbacken.

VK | DIAB | LIP | PUR

Nährwerte pro Portion

kcal	kJ	EW	Fett	KH
459	1.922	23 g	16 g	54 g

Ball	Chol	HS	BE	
7 g	76 mg	145 mg	4	

Pochierter St.-Peters-Fisch mit Kohlrüben auf Zitronensauce

Zutaten für 4 Portionen

100 g	Champignons
2	Schalotten
300 ml	Fischfond
2	Zitronen
400 g	St.-Peters-Fisch
200 g	junge Kohlrabi
160 g	Kartoffeln
	Honig oder Süßstoff
20 g	Diätmargarine
50 ml	Sauerrahm
50 ml	Joghurt, 1 %

Zubereitung

– Die Champignons blättrig schneiden, Schalotten fein hacken, mit Fischfond ca. zehn Minuten bei mäßiger Hitze zugedeckt ziehen lassen und anschließend abseihen.
– Eine Zitrone schälen und filetieren.

– Fischfilets in eine leicht befettete Pfanne geben, mit dem Fond bedecken und mit Zitronenspalten belegen. Zugedeckt bei geringer Hitze sieden lassen.
– Kohlrabi und Kartoffeln schälen, mit dem Gemüsehobel grob hobeln, salzen und mit etwas Honig oder Süßstoff süßen.
– Kohlrabi und Kartoffeln mit wenig Wasser ca. zehn Minuten leicht köcheln lassen und warm halten.
– Filets und Zitronenstücke aus dem Fond nehmen.
– Den Fond mit Champignons, Schalotten, Sauerrahm, Joghurt und mit dem Saft einer Zitrone aufmixen.
– Kohlrabi und Kartoffeln auf Tellern verteilen, mit den Fischfilets und den Zitronenstücken belegen und mit Sauce nappieren.

Anmerkung: Als Beilage eignet sich Safran-Kartoffel-Püree → Seite 189.

VK | DIAB | RED | LIP | PUR

Nährwerte pro Portion

kcal	kJ	EW	Fett	KH
238	995	21 g	7 g	15 g

Ball	Chol	HS	BE	
4 g	57 mg	149 mg	1	

Pot-au-feu mit Meeresfischen

Zutaten für 4 Portionen

Zutaten für den Pot-au-feu

400 g	verschiedene Meeresfische
4	Garnelen
8	Miesmuscheln
50 ml	Fischfond
150 g	Karotten
100 g	Stangensellerie

Zutaten für die Sauce

100 ml	Sauerrahm
100 ml	Joghurt
	etwas Orangensaft
1	Messerspitze Ingwer
	Salz, Pfeffer

Zubereitung

– Fische, Garnelen und Muscheln bei 90 °C pochieren, aus dem Fond nehmen und den Fischfond auf die Hälfte reduzieren.

– Karotten und Stangensellerie schneiden, in wenig Flüssigkeit dämpfen und abseihen.
– Den Gemüsefond zum Fischfond geben.
– Rahm und Joghurt mischen und zum Fond geben.
– Fond reduzieren lassen und mit etwas Orangensaft, Ingwer, Salz und Pfeffer abschmecken.
– Fische mit Gemüse auf Tellern anrichten und die Sauce darüber gießen.

Anmerkung: Als Beilage können Kartoffeln gereicht werden.

VK | DIAB | RED | LIP

Nährwerte pro Portion (Fische)

kcal	kJ	EW	Fett	KH
157	657	28 g	3 g	3 g
Ball	**Chol**	**HS**	**BE**	
2 g	128 mg	241 mg	–	

Nährwerte pro Portion (Sauce)

kcal	kJ	EW	Fett	KH
56	234	2 g	4 g	3 g
Ball	**Chol**	**HS**	**BE**	
+	13 mg	3 mg	–	

Nährwerte pro Portion (gesamt)

kcal	kJ	EW	Fett	KH
213	891	30 g	7 g	6 g
Ball	**Chol**	**HS**	**BE**	
2 g	141 mg	244 mg	–	

Zanderfilet auf Linsencreme mit Krensauce

Zutaten für 4 Portionen

Zutaten für Zander auf Linsencreme

80 g	Karotten
80 g	Lauch
60 g	Sellerie
40 g	Zwiebel
20 ml	Sonnenblumenöl
150 g	braune Linsen
400 ml	Gemüsefond
	Salz, Pfeffer
400 g	Zanderfilet
	Salz, Pfeffer
20 g	Mehl
20 ml	Sonnenblumenöl

Zutaten für die Krensauce

400 ml	Fischfond
100 ml	Sauerrahm
100 ml	Joghurt
1 EL	Stärkemehl
20 g	Kren
	Salz
100 g	Tomaten
2 EL	geschnittener Schnittlauch und gehackter Kerbel

Zubereitung

– Gemüse in Brunoise schneiden, Zwiebeln fein schneiden und zusammen in Sonnenblumenöl andämpfen. Ein Drittel des Gemüses für die Garnitur verwenden.

– Linsen dem übrigen Gemüse beifügen, mit Bouillon aufgießen und kochen.

– Mit Salz und Pfeffer würzen.

– Zanderfilet würzen, mit Mehl bestäuben und vorsichtig in Öl braten.

– Fischfond reduzieren, Rahm und Joghurt dazugeben und mit Stärkemehl binden.

– Mit geriebenem Kren und Salz würzen.

– Tomaten enthäuten und in Würfel schneiden.

– Das Gemüse in der Mitte der Teller anrichten, gebratenes Zanderfilet darauf legen und ringsum mit Sauce nappieren.

– Mit dem zurückbehaltenen Gemüse, den Tomatenwürfeln, Schnittlauch und Kerbel garnieren.

Anmerkung: Zanderfilet für Diabetiker ohne Mehl braten.

VK | DIAB | LIP

Nährwerte pro Portion (Zanderfilet)

kcal	kJ	EW	Fett	KH
145	608	20 g	6 g	4 g

Ball	Chol	HS	BE	
0,2 g	70 mg	112 mg	–	

Nährwerte pro Portion (Linsencreme)

kcal	kJ	EW	Fett	KH
195	815	10 g	7 g	22 g

Ball	Chol	HS	BE	
6 g	+	105 mg	1	

Nährwerte pro Portion (Krensauce)

kcal	kJ	EW	Fett	KH
71	299	2 g	4 g	6 g

Ball	Chol	HS	BE	
0,9 g	13 mg	8 mg	0,5	

Nährwerte pro Portion (gesamt)

kcal	kJ	EW	Fett	KH
411	1.722	32 g	17 g	32 g

Ball	Chol	HS	BE	
7,1 g	83 mg	225 mg	1,5	

Lachsforelle und Zander auf Krensauce

Zutaten für 4 Portionen

Zutaten für die Fische

300 g	Lachsforelle
300 g	Zander
	Selleriesalz, Zitronensaft

Zutaten für die Krensauce

2	mittelgroße Zwiebeln
12 ml	Olivenöl
1/2 l	Fischfond
2	Scheiben Toastbrot
50 g	Kren
	Salz, Pfeffer
	Dille

Zubereitung

– Filetierte Fische mit Selleriesalz und Zitronensaft marinieren. Eine halbe Stunde ziehen lassen.

– Fische in Alufolie ca. 5 Minuten dämpfen.

– Zwiebeln klein schneiden und in Olivenöl anschwitzen.

– Mit Fischfond ablöschen und leicht einkochen.

– Toastbrot entrinden und dazugeben.

– Mit frisch geriebenem Kren, Gewürzen und Dillspitzen abschmecken.

– Die Sauce in den Mixer geben und gut schaumig rühren.
– Fischfilets auf Tellern anrichten und mit Sauce nappieren.

Anmerkung: Für leichte Vollkost anstelle der Krensauce eine Kräutersauce servieren.

VK | LVK | DIAB | RED | LIP

Nährwerte pro Portion (Fische)

kcal	kJ	EW	Fett	KH
175	733	31 g	5 g	0,9 g

Ball	Chol	HS	BE
+	91 mg	224 mg	–

Nährwerte pro Portion (Sauce)

kcal	kJ	EW	Fett	KH
78	328	2 g	3 g	8 g

Ball	Chol	HS	BE
2 g	+	18 mg	0,5

Nährwerte pro Portion (gesamt)

kcal	kJ	EW	Fett	KH
253	1.061	33 g	8 g	8,9 g

Ball	Chol	HS	BE
2 g	91 mg	242 mg	0,5

Grillfischspießchen auf Paprikaratatouille

Zutaten für 4 Portionen

Zutaten für die Spießchen

120 g	St.-Peters-Fisch
120 g	Welsfilet
120 g	Maischolle
120 g	Lachsfilet
	Estragon, Salbei, Petersilie
	frisch gemahlener Koriander
	Salz, Pfeffer

Zutaten für die Ratatouille

100 g	roter Paprika
100 g	grüner Paprika
100 g	gelber Paprika
100 g	Zwiebel
10 ml	Olivenöl
	Salz, Pfeffer

Zubereitung

– Fische in Stücke schneiden, abwechselnd auf Holz- oder Aluspieße stecken, würzen und im vorgeheizten Rohr in der Alufolie grillen.
– Paprika in 2 cm große Quadrate schneiden und mit fein gehackten Zwiebeln in Olivenöl weich dünsten und würzen.

– Die gegrillten Fischspießchen auf der Ratatouille anrichten.

Anmerkung: Für leichte Vollkost das Paprikagemüse weglassen.

VK | LVK | DIAB | RED | LIP | PUR

Nährwerte pro Portion (Spieße)

kcal	kJ	EW	Fett	KH
149	623	23 g	6 g	0,4 g

Ball	Chol	HS	BE
0,2 g	89 mg	168 mg	–

Nährwerte pro Portion (Ratatouille)

kcal	kJ	EW	Fett	KH
51	212	1 g	3 g	5 g

Ball	Chol	HS	BE
3 g	+	13 mg	–

Nährwerte pro Portion (gesamt)

kcal	kJ	EW	Fett	KH
200	835	24 g	9 g	5,4 g

Ball	Chol	HS	BE
3,2 g	89 mg	181 mg	–

Lachsfilet, zart gedämpft, mit Spargel und Bärlauch

Zutaten für 4 Portionen

4	Lachsfilets à 120 g
600 g	Wurzelgemüse: Karotten, Sellerie, Petersilienwurzel und Lauch
400 g	weißer und grüner Spargel
1	Prise Zucker
	Salz, Pfeffer
1	Zitrone
1 Bd.	Bärlauch
3 EL	Olivenöl
	Kräutersalz

Zubereitung

- Wurzelgemüse schälen, waschen und in Streifen schneiden. In den Dampftopf geben. Die mit Salz, Pfeffer und dem Saft einer Zitrone gewürzten Lachsfilets darauf legen und fünf Minuten dämpfen.
- Spargel putzen und waschen, in Wasser mit etwas Zucker und Salz kochen.
- Bärlauch hacken, in Olivenöl kurz erwärmen, geschnittenen Spargel dazugeben, mit etwas Kräutersalz abschmecken.
- Lachs mit den übrigen Zutaten gefällig anrichten.

Anmerkung: Als Beilage eignen sich gekochte Salzkartoffeln.

Nährwerte pro Portion

kcal	kJ	EW	Fett	KH
155	650	8,8 g	9,8 g	7,8 g

Ball	Chol	HS	BE
5,8 g	10,8 mg	100 mg	–

Gebratenes Lachsmittelstück auf Gartengemüse mit Trauben

Zutaten für 4 Portionen

500 g	Lachsmittelstück
1	Zitrone
2	kleine rote Zwiebeln
1	Stange Lauch
100 g	Stangensellerie
2 EL	Olivenöl
1/8 l	Fischfond
2	Lorbeerblätter
2 EL	Acidophilusmilch
1 TL	Maisstärke
250 g	weiße Trauben, entkernt
	Salz, Pfeffer
1 EL	gehackter Kerbel

Zubereitung

- Lachsfilet mit dem Saft einer Zitrone marinieren.
- Zwiebel fein hacken, Lauch putzen und in Ringe schneiden, Stangensellerie putzen und in zentimeterdicke Stücke schneiden.
- Lachs trockentupfen, mit Salz und Pfeffer würzen und in einer beschichteten Pfanne mit Olivenöl zwei bis drei Minuten braten. Herausnehmen und zur Seite stellen.
- In den Bratrückstand Zwiebel, Lauch und Sellerie geben und anschwitzen, mit Fischfond ablösen. Lorbeerblätter hinzufügen und zwei bis drei Minuten ziehen lassen. Anschließend Acidophilusmilch mit Stärke verrühren und in die Sauce geben. Weintrauben dazugeben und kurz aufkochen lassen. Die Lorbeerblätter entfernen und die Sauce mit Salz und Pfeffer abschmecken.
- Den Lachs auf Teller geben, Sauce und Gemüse rund um den Lachs anrichten und mit Kerbel garnieren.

Anmerkung: Als Beilage eignen sich junge gekochte Kartoffeln oder Teigwaren.

Nährwerte pro Portion

kcal	kJ	EW	Fett	KH
275	1.152	24,5 g	13,4 g	13,4 g

Ball	Chol	HS	BE
1,8 g	44,5 mg	248,8 mg	I

Gebratenes Seewolffilet mit Zucchini-Tomaten-Gemüse auf Basmatireis

Zutaten für 4 Portionen

4	Seewolffilets à 120 g
20 g	Mehl
2 EL	Olivenöl
200 g	Zucchini
10 g	Diätmargarine
	Salz, weißer Pfeffer
	Thymian
150 g	Tomaten
160 g	Basmatireis
60 g	Zwiebel
10 g	Diätmargarine
	Wasser, Salz
	Nelken
1	Zitrone

Zubereitung

– Tomaten kreuzförmig einschneiden, kurz blanchieren, schälen, entkernen und würfelig schneiden.

– Seewolffilets würzen und mit Mehl stauben. In Olivenöl goldgelb braten.

– Zucchini in Würfel schneiden und in Diätmargarine anschwitzen, mit Salz, Pfeffer und Thymian würzen. Die Tomatenwürfel dazugeben, durchrühren und abschmecken.

– Für den Reis die Zwiebel fein hacken und in Diätmargarine anschwitzen, Reis beigeben und mit Wasser oder Suppe aufgießen, salzen. Nelken dazugeben und zugedeckt ca. 30 Minuten dämpfen.

– Filet, Gemüse und Reis auf Tellern anrichten und mit Zitronenscheibe und frischem Thymianzweig garnieren.

VK | DIAB | RED | LIP

Nährwerte pro Portion

kcal	kJ	EW	Fett	KH
328	1.373	22 g	11,4 g	33,8 g

Ball	Chol	HS	BE
1,7 g	30 mg	206,8 mg	2,5

Haupt-speisen mit Fleisch

Fleisch versorgt unseren Körper mit hochwertigem Eiweiß, mit Mineralstoffen, vor allem mit Eisen, und mit verschiedenen Vitaminen der B-Gruppe. Fleisch enthält aber auch nicht erwünschte Stoffe, wie Cholesterin, gesättigte Fettsäuren und Purine. Hier gilt der weise Spruch des Paracelsus: Die Menge macht das Gift. Gerade bei Fleisch kommt es auf Qualität und Quantität an. Es stehen uns von Schwein, Rind und Kalb, Huhn, Pute oder Wild auch fettarme Fleischsorten zur Verfügung. Daraus lassen sich bekömmliche

Lammkotelett in Orangensauce mit Duchesseroggen

fettarme Gerichte zubereiten.
Wenn Fleischspeisen mit vegetarischen Speisen und Fischgerichten abwechselnd auf unserem Speisezettel vertreten

sind, so dürfen wir sie auch unbeschwert genießen.
Bekannte und beliebte Rezepte wurden den Grundsätzen der verschiedenen Ernährungsformen ange-

passt. Neue Rezepte wurden kreiert, um dem Fleischliebhaber Zusätzliches anzubieten, das den gesunden Richtlinien entspricht.

Naturreisfleisch mit Gemüse

Zutaten für 4 Portionen

50 g	Zwiebel
20 ml	Olivenöl
280 g	Fleisch (Kalbsschulter, Trut-hahn- oder Hühnerbrust)
30 g	Tomatenmark
1 EL	Paprikapulver
800 ml	Gemüsefond
200 g	Naturreis
3	Lorbeerblätter
	Kräutersalz, Pfeffer
80 g	Karotten
80 g	Kohlrabi
80 g	Brokkoli
80 g	roter Paprika
80 g	gelber Paprika
40 g	Parmesan

Zubereitung

– Zwiebeln fein hacken und in Oli-venöl goldgelb rösten.
– Fleisch würfelig schneiden, dazu-geben und weiterrösten.
– Tomatenmark beigeben und wei-terrösten.
– Paprikapulver hinzufügen und kurz durchrühren.
– Mit wenig Fond aufgießen. Halb weich dünsten und ständig Fond nachgießen.
– Reis dazugeben und mit restlichem Fond aufgießen.
– Gewürze beigeben und langsam köcheln lassen, bis der Reis weich, aber noch bissfest ist.
– Lorbeerblätter entfernen.
– Karotten und Kohlrabi schälen und in kleine Stücke schneiden.
– Brokkoli in Röschen teilen.
– Paprikaschoten schälen, entkernen und in kleine Stücke schneiden.
– Das Gemüse sortengetrennt biss-fest kochen und unter das Reis-fleisch mischen.
– Abschmecken und mit geriebenem Parmesan bestreuen.

Anmerkung: Für leichte Vollkost ohne Zwiebeln zubereiten und anstelle der Paprikaschoten Sellerie verwenden.

VK	LVK	DIAB	RED	LIP	PUR

Nährwerte pro Portion

kcal	kJ	EW	Fett	KH
369	1.545	26 g	11 g	42 g

Ball	Chol	HS	BE	
4 g	50 mg	181 mg	3	

Gefüllter Rostbraten

Zutaten für 4 Portionen

4	Rostbratenscheiben à 100 g
	Salz, Pfeffer
12	Spinatblätter
6	mittelgroße Champignons
1	Ei
2 EL	gehackte Kräuter: Petersilie, Rosmarin
1 EL	fein geschnittener Schnittlauch
20 ml	Sonnenblumenöl

Zubereitung

– Rostbraten dünn ausklopfen und mit Salz und Pfeffer würzen.
– Spinatblätter blanchieren und auf die Rostbratenscheiben legen.
– Champignons putzen und blättrig schneiden, mit versprudeltem Ei und Kräutern vermengen.
– Diese Masse auf die Rostbraten-scheiben geben.
– Die Rostbraten zusammenrollen, in Sonnenblumenöl kurz anbraten und dann im Rohr bei 170 °C ca. sechs Minuten garen.

VK	LVK	DIAB	RED	LIP	PUR

Nährwerte pro Portion

kcal	kJ	EW	Fett	KH
204	854	31 g	9 g	0,3 g

Ball	Chol	HS	BE
0,6 g	73 mg	186 mg	–

Filetsteak mit Blauschimmelkäse

Zutaten für 4 Portionen

4	Rindersteaks à 100 g
	Salz, Pfeffer
10 ml	Olivenöl
40 g	Vollkornbrot oder Pumpernickel
110 g	Blauschimmelkäse
20 g	Vollkornbrösel
1	Eiklar
	Basilikum, Oregano
	Salz, Pfeffer
100 ml	Sauce demi-glace
30 ml	Balsamicoessig
360 g	Chicorée
10 g	Diätmargarine
	Salz, Pfeffer
50 ml	entfettete Rindsuppe

Zubereitung

– Steaks würzen und in Olivenöl bra-ten.
– Vollkornbrot oder Pumpernickel in Würfel schneiden.

– Käse, Brotwürfel, Brösel, Eiklar, Basilikum, Oregano, Salz und Pfeffer verrühren.
– Steaks damit bestreichen und gratinieren.
– Steaks aus der Pfanne nehmen und warm stellen.
– Bratensatz mit Sauce demi-glace und einem Teil des Essigs aufkochen, abschmecken und abseihen.
– Chicorée in Diätmargarine anschwitzen, mit Salz und Pfeffer würzen und mit Rindsuppe und Balsamicoessig braisieren.
– Chicorée und Steaks auf Tellern anrichten und mit der Sauce nappieren.

Anmerkung: Als Beilage eignen sich Bulgurgnocchi → Seite 186.

VK | DIAB | RED | LIP | PUR

Nährwerte pro Portion

kcal	kJ	EW	Fett	KH
319	1.337	30 g	18 g	8 g

Ball	Chol	HS	BE
3 g	98 mg	137 mg	0,5

Kalbfleischroulade
Zutaten für 4 Portionen

60 g	Weizenkörner
50 g	Haselnüsse
	Salz, Pfeffer, Kardamom
600 g	Kalbsrückenfilet
20 g	Mehl
20 g	Sonnenblumenöl
30 g	Zwiebel
30 g	Karotten
10 g	Sellerie
60 ml	Apfelwein
1/8 l	weiße Bouillon
	frischer Thymian
30 g	milder Senf
40 g	getrocknete Marillen
	Salz, Pfeffer

Zubereitung

– Eingeweichte Weizenkörner kochen, abtropfen lassen und fein hacken.
– Haselnüsse reiben, mit den Weizenkörnern vermengen und mit Salz, Pfeffer und Kardamom würzen.
– Vom Kalbsrückenfilet acht gleich große Medaillons schneiden und dünn ausklopfen.
– Die Weizenfarce dünn auf die Medaillons streichen. Die Medaillons einrollen, mit Küchengarn binden, mit Mehl stauben und in Sonnenblumenöl sautieren.
– Rouladen herausnehmen.
– Zwiebel hacken, Karotten und Sellerie in Würfel schneiden und im Bratenfond kurz dünsten.
– Rouladen wieder dazugeben.
– Mit Apfelwein ablöschen und reduzieren.
– Bouillon dazugeben und zugedeckt garen.
– Rouladen wieder herausnehmen und warm stellen.
– Die Sauce fein mixen und aufkochen lassen.
– Senf unterrühren. Nicht mehr kochen lassen!
– Getrocknete Marillen in hauchdünne Streifen schneiden und beifügen. Mit Salz und Pfeffer abschmecken.

Anmerkungen: Für leichte Vollkost ohne Zwiebel zubereiten.
Als Beilage eignet sich feines Kürbisgemüse → siehe Seite 181.

VK | LVK | DIAB | RED | LIP

Nährwerte pro Portion

kcal	kJ	EW	Fett	KH
396	1.659	35 g	18 g	22 g

Ball	Chol	HS	BE
5 g	105 mg	264 mg	1,5

Kalbsragout mit grünem Spargel

Zutaten für 4 Portionen

400 g	Kalbfleisch
400 g	Wurzelgemüse
150 g	Kartoffeln
200 g	Zwiebel
1	Bouquet garni
1,25 l	Wasser oder Gemüsefond
1/8 l	Acidophilusmilch oder saure Milch
	Salz, Muskat
1/2	Zitrone
1 EL	gehackte Petersilie
300 g	grüner Spargel
4	Radieschen

Zubereitung

– Fleisch würfelig schneiden.
– Wurzelgemüse und Kartoffeln in Würfel schneiden.
– Zwiebeln klein schneiden.
– Fleisch, Gemüse, Kartoffeln, Zwiebeln und Bouquet garni in Wasser oder im Gemüsefond weich kochen.
– Fond abseihen.
– Ein Drittel des Gemüses und der Kartoffeln passieren und mit Acidophilusmilch oder saurer Milch mischen und zum Ragout geben.
– Mit Salz, Muskat und Zitronensaft abschmecken.
– Grünen Spargel in Salzwasser acht bis zehn Minuten kochen.
– Das Ragout mit grünem Spargel, geschnittenen Radieschen und Petersilie anrichten.

Anmerkung: Für leichte Vollkost ohne Zwiebeln und ohne Radieschen zubereiten.

VK | LVK | DIAB | RED | LIP

Nährwerte pro Portion

kcal	kJ	EW	Fett	KH
215	901	26 g	5 g	15 g

Ball	Chol	HS	BE
7 g	74 mg	210 mg	0,5

Kalbsrückenfilet auf Gemüsereis

Zutaten für 4 Portionen

480 g	Kalbsrückenfilet
	Salz, Pfeffer, Rosmarin
1	Eiklar
20 g	gehackte Kräuter: Kerbel, Basilikum, Estragon
5 g	Diätmargarine
120 g	Naturreis
20 g	Diätmargarine
300 ml	Wasser oder Gemüsefond
80 g	Karotten
80 g	gelbe Rüben
80 g	Paprika

Zubereitung

– Kalbsrückenfilet parieren, mit Salz, Pfeffer und etwas Rosmarin einreiben. Mindestens eine Stunde ziehen lassen.
– Eiklar leicht schlagen und gehackte Kräuter untermischen. Das Filet darin wenden.
– Klarsichtfolie mit Diätmargarine befetten, die Filets andrücken und fest eindrehen.
– Bei 80 °C ca. 35 Minuten im Kombidämpfer oder im Wasserbad pochieren.
– Naturreis in Diätmargarine kurz anschwitzen und mit Wasser oder Gemüsefond aufgießen. Langsam fertig kochen.
– Karotten und gelbe Rüben schälen und in Julienne schneiden.
– Paprika entkernen, schälen und ebenfalls in Julienne schneiden.
– Das Gemüse sortengetrennt bissfest kochen, unter den fertigen Reis mischen und abschmecken.
– Gemüsereis locker auf den Tellern verteilen. Das Kalbsrückenfilet tranchieren und auf dem Reis anrichten.

Anmerkung: Die Broteinheiten können individuell gestaltet werden: 100 g gekochter Reis entsprechen zB 2 Broteinheiten, 150 g Reis 3 Broteinheiten etc., siehe Austauschtabelle.

VK | LVK | DIAB | RED | LIP

Nährwerte pro Portion

kcal	kJ	EW	Fett	KH
307	1.285	28 g	10 g	25 g

Ball	Chol	HS	BE
3 g	84 mg	220 mg	2

Kalbslungenbraten mit Quinoa-Pistazien-Fülle in Portweinsauce

Zutaten für 4 Portionen

Zutaten für den Kalbslungenbraten

40 g	Quinoa (Perureis) oder Natur- oder Wildreis
80 ml	Gemüsefond
10 g	Pistazien
10 ml	Crème fraîche
2 EL	gehackte Kräuter: Petersilie, Basilikum
360 g	Kalbslungenbraten
	Salz, Pfeffer
10 g	Diätmargarine

Zutaten für die Sauce

50 ml	weißer Portwein
150 ml	Kalbsjus

Zutaten für die Beilage

200 g	grüner Spargel
200 g	weißer Spargel
300 g	Kartoffeln
10 g	Diätmargarine
20 g	roter Paprika

Zubereitung

– Quinoa im Gemüsefond dünsten und erkalten lassen.
– Pistazien, Crème fraîche, Petersilie, Tamari und Basilikum dazugeben und abschmecken.
– Lungenbratenstücke einschneiden, mit Quinoa-Pistazien-Fülle füllen, würzen und in einer beschichteten Pfanne in Diätmargarine bei 220 °C 15–20 Minuten braten. Fleisch aus der Pfanne nehmen.
– Für die Sauce den Bratensatz mit Portwein und Jus lösen, aufkochen und abschmecken.
– Spargel putzen und kochen.
– Kartoffeln kochen und mit dem Spargel in Diätmargarine schwenken.
– Paprika in Rhomboide schneiden und blanchieren.
– Spargel und Kartoffeln kreisförmig auflegen, Sauce darauf gießen, Fleisch auflegen und mit blanchierten Paprikastücken garnieren.

Anmerkungen: Für leichte Vollkost und purinarme Kost anstelle der Portweinsauce nur Natursaft reichen.
Für leichte Vollkost ohne roten Paprika zubereiten.

VK | LVK | DIAB | RED | LIP | PUR

Nährwerte pro Portion

kcal	kJ	EW	Fett	KH
253	1.059	22 g	10 g	15 g

Ball	Chol	HS	BE	
4 g	64 mg	174 mg	1	

Kalbsbrust mit Gemüsefülle

Zutaten für 6 Portionen

1 kg	Kalbsbrust
	Salz, Pfeffer
100 g	Karotten, Sellerie und Erbsen
100 g	Vollkorntoastbrot
1 EL	Semmelbrösel
1/8 l	Magermilch
1	Eiklar
1 EL	gehackte Petersilie und fein geschnittener Schnittlauch
20 g	Diätmargarine

Zubereitung

– Kalbsbrust würzen.
– Karotten und Sellerie würfelig schneiden und mit den Erbsen bissfest kochen.
– Für die Fülle Vollkorntoastbrot, Semmelbröseln, Milch und Gemüse vermengen.
– Eiklar zu Schnee schlagen, unterheben und mit Petersilie und Schnittlauch würzen.
– Die Kalbsbrust füllen und im Rohr langsam bei 180 °C ca. eineinhalb Stunden braten.
– Mit Wasser aufgießen und öfters glacieren.
– Bratenrückstand entfetten und Natursaft machen.
– Gefüllte Kalbsbrust in Scheiben schneiden und anrichten.

Anmerkung: Als Beilage eignet sich ein bunter Sommersalat → siehe Seite 194.

VK | LVK | DIAB | RED | LIP

Nährwerte pro Portion

kcal	kJ	EW	Fett	KH
307	1.286	34 g	14 g	12 g

Ball	Chol	HS	BE	
2 g	123 mg	265 mg	0,5	

Lammkotelett in Orangensauce mit Duchesseroggen

Zutaten für 4 Portionen

Zutaten für die Lammkoteletts

400 g	Lammkarree
	Salz, Pfeffer
20 ml	Sonnenblumenöl
1	Salbeiblatt
1/16 l	roter Portwein
1	Blutorange
10 g	Diätmargarine
1/16 l	Orangensaft

Zutaten für den Duchesseroggen

300 g	Roggen
200 ml	Gemüsebouillon
50 g	Zwiebel
10 g	Diätmargarine
50 g	Magertopfen
100 ml	Gemüsebouillon
1	Ei
	Salz, Pfeffer, Muskat
10 g	Diätmargarine

Zubereitung

– Lammkarree parieren und acht kleine Koteletts schneiden. Salzen und pfeffern.
– Koteletts in Sonnenblumenöl auf den Punkt sautieren und das Salbeiblatt dazu geben.
– Lammkoteletts herausnehmen und warmstellen.
– Bratenfond mit wenig Portwein aufkochen.
– Blutorange schälen, die Schale in Julienne schneiden und blanchieren.
– Orange auspressen. Orangenjulienne in Diätmargarine anschwitzen, mit Orangensaft aufgießen und zum Bratenfond geben.
– Sauce kurz aufkochen lassen und abschmecken.
– Roggen mit Gemüsebouillon kochen.
– Zwiebeln hacken, in Diätmargarine kurz anschwitzen und zum Roggen geben.
– Topfen unter den noch heißen Roggen mischen und mit Gemüsebouillon aufgießen.

– Ei untermengen, mit Salz, Pfeffer und Muskat würzen. Die Masse eine halbe Stunde rasten lassen.
– Mit einem Dressiersack die Masse auf ein befettetes Blech dressieren und im Rohr bei 180 °C ca. 15 Minuten backen.
– Lammkoteletts auf Tellern mit den Duchesseroggenspitzen und der Sauce anrichten.

VK | DIAB | LIP

Nährwerte pro Portion (Kotelett mit Sauce)

kcal	kJ	EW	Fett	KH
257	1.077	27 g	16 g	0,2 g

Ball	Chol	HS	BE
0,9 g	77 mg	203 mg	–

Nährwerte pro Portion (Duchesseroggen)

kcal	kJ	EW	Fett	KH
277	1.159	10 g	5 g	46 g

Ball	Chol	HS	BE
11 g	51 mg	56 mg	4

Nährwerte pro Portion (gesamt)

kcal	kJ	EW	Fett	KH
534	2.236	37 g	21 g	46,2 g

Ball	Chol	HS	BE
11,9 g	128 mg	259 mg	4

Lammschale mit Topinambur und Rosmaringemüse

Zutaten für 4 Portionen

420 g	Lammschale
	Salz, Pfeffer
20 g	Diätmargarine
30 g	Zwiebel
1–2	Knoblauchzehen
	Thymian, Rosmarin

400 g	Topinambur
	Salz
10 g	Diätmargarine
80 ml	Gemüsefond

60 g	Lauch
1	Knoblauchzehe
10 g	Diätmargarine
80 g	violette Melanzane
80 g	weiße Melanzane
	Salz
100 g	gelbe Zucchini
100 g	grüne Zucchini
60 g	roter Paprika
	Rosmarin
40 ml	Sauerrahm

Zubereitung

– Lammschale würzen und in Diätmargarine braten.
– Zwiebel, Knoblauch und Kräuter dazugeben und im Rohr bei 190 °C ca. 35 Minuten fertig braten.
– Topinambur in Scheiben schneiden und mit Salz würzen.
– In Diätmargarine anbraten und mit Gemüsefond weich dünsten.
– Lauch fein schneiden und mit Knoblauch in Diätmargarine anschwitzen.
– Melanzane in Würfel schneiden, salzen und zum Lauch geben.
– Zucchini und Paprika würfelig schneiden und ebenfalls dazugeben.
– Gemüse mit Rosmarin würzen und mit Sauerrahm vollenden.
– Lammschale in Scheiben schneiden.
– Topinambur und Gemüse anrichten und die Lammscheiben auflegen.

VK | DIAB | RED | LIP

Nährwerte pro Portion

kcal	kJ	EW	Fett	KH
345	1.445	33 g	20 g	8 g

Ball	Chol	HS	BE
15 g	86 mg	253 mg	0,5

Lammrücken im Karottenmantel mit Schalottensauce

Zutaten für 4 Portionen

Zutaten für den Lammrücken

500 g	Lammrücken
	Majoran, Thymian, Rosmarin
4	mittelgroße Karotten
80 g	Truthahnfleisch
1/16 l	Kaffeeobers
	Salz, Pfeffer
3	Eiklar
4	kleinere Kohlblätter
10 g	Diätmargarine

Zutaten für die Schalottensauce

2–3	Schalotten
1	Knoblauchzehe
10 g	Diätmargarine
20 ml	Sojasauce
1/4 l	brauner Lammfond
	Salz, Pfeffer

Zubereitung

– Lammrücken auslösen und mit Gewürzen einreiben.
– Karotten bissfest kochen.
– Truthahnfleisch würfelig schneiden, mit Kaffeeobers, Karotten, Salz und Pfeffer vermengen und kühl stellen.

– Gekühltes Fleisch mit Eiklar in den Cutter geben und eine cremige Farce herstellen.
– Kohlblätter blanchieren.
– Alufolie hauchdünn mit Diätmargarine bestreichen und die Hälfte der Farce aufstreichen.
– Kohlblätter auflegen und die restliche Farce darauf verteilen.
– Lammrücken darauf setzen und mit der Folie zusammenrollen. Bei 180 °C ca. 20 Minuten im Rohr rosa braten.
– Für die Sauce Schalotten und Knoblauch fein hacken, goldbraun in Diätmargarine anrösten und Sojasauce dazugeben.
– Die Sauce mit Lammfond aufgießen und mit Salz und Pfeffer abschmecken.
– Lammrücken aus dem Rohr nehmen, kurz rasten lassen und aus der Folie geben. In Scheiben schneiden und auf der Schalottensauce anrichten.

Anmerkung: Als Beilage eignet sich Polenta-Topfen-Auflauf → Seite 183.

VK | DIAB | LIP | PUR

Nährwerte pro Portion (Lammrücken)

kcal	kJ	EW	Fett	KH
252	1.056	36 g	11 g	2 g

Ball	Chol	HS	BE
0,7 g	97 mg	229 mg	–

Nährwerte pro Portion (Sauce)

kcal	kJ	EW	Fett	KH
8	32	0,7 g	0,6 g	0,4 g

Ball	Chol	HS	BE
0,3 g	–	6 mg	–

Nährwerte pro Portion (gesamt)

kcal	kJ	EW	Fett	KH
260	1.088	36,7 g	11,6 g	2,4 g

Ball	Chol	HS	BE
1 g	97mg	235 mg	–

Gekochtes Scherzel mit Tomatenkraut

Zutaten für 4 Portionen

500 g	weißes Scherzel
2 Bd.	Suppengemüse
	Salz, weiße und schwarze Pfefferkörner
1	Lorbeerblatt

Zutaten für das Tomatenkraut

80 g	Zwiebel
10 g	Knoblauch
10 g	Diätmargarine
400 g	Weißkraut
100 g	Fleischtomaten
50 g	Tomatenmark
20 g	Kristallzucker
1	Lorbeerblatt
	einige Wacholderbeeren, Pfefferkörner
1/4 l	Gemüsebouillon

Zubereitung

– Meisel mit Suppengemüse, Salz, Pfefferkörnern und Lorbeerblatt kochen.
– Für das Tomatenkraut Zwiebel und Knoblauch fein hacken und in Diätmargarine anschwitzen.
– Kraut fein schneiden, dazugeben und mit anschwitzen.
– Enthäutete, entkernte Tomaten kleinwürfelig schneiden und mit dem Tomatenmark beifügen.
– Zucker und Gewürze dazugeben.
– Mit Gemüsebouillon weich dünsten.
– Das Lorbeerblatt entfernen.
– Meisel auf dem Tomatenkraut anrichten.

Anmerkungen: Für Diabetes- und Reduktionskost flüssigen Süßstoff anstelle des Zuckers verwenden.
Als Beilage eignen sich gekochte Kartoffeln oder Röstkartoffeln.
Für leichte Vollkost ohne Tomatenkraut servieren.

VK | LVK | DIAB | RED | LIP | PUR

Nährwerte pro Portion

kcal	kJ	EW	Fett	KH
253,5	1.062	29 g	8,5 g	14,3 g

Ball	Chol	HS	BE
5,1 g	87,5 mg	180,2 mg	–

Süßsaures Schweinsragout

Zutaten für 4 Portionen

300 g	Schweinsschulter
20 ml	Sonnenblumenöl
40 g	Schalotten
40 g	Jungzwiebel
10 g	Knoblauch
1	Messerspitze Ingwer
1/2	Zitrone
10 ml	Balsamicoessig
1/8 l	Gemüsebouillon
	Pfeffer, Salz
50 g	Tomaten
20 ml	Sojasauce
30 g	Zucker
150 g	Ananas
150 g	Bananen
	Zitronenmelisse

Zubereitung

– Schweinefleisch in Würfel schneiden.
– Das Fleisch in Öl kurz auf allen Seiten anbraten, herausnehmen und warm stellen.
– Schalotten fein hacken und Jungzwiebeln in Scheiben schneiden.
– Ingwer raspeln.
– Schalotten, Jungzwiebel, zerdrückten Knoblauch und geraspelten Ingwer im Bratenrückstand anlaufen lassen.
– Mit Zitronensaft, Essig und Bouillon aufgießen, salzen und pfeffern.
– Tomaten in Würfel schneiden, dazugeben und ca. fünf Minuten kochen.
– Das Fleisch hinzufügen und mit Sojasauce und Zucker würzen.
– Ananas und Bananen in kleine Stücke schneiden, unter das Ragout mischen und kurz aufkochen.
– Auf Tellern anrichten und mit gehackter Zitronenmelisse bestreuen.

Anmerkungen: Für Diabetes- und Reduktionskost Süßstoff verwenden.
Als Beilage eignet sich gedünsteter Reis gemischt mit Wildreis.

VK | DIAB | RED | LIP | PUR

Nährwerte pro Portion

kcal	kJ	EW	Fett	KH
283	1.183	17 g	13 g	24 g

Ball	Chol	HS	BE
2 g	53 mg	141 mg	2

Schweinsmedaillons mit Mangosauce

Zutaten für 4 Portionen

480 g	Schweinsfilet
	Salz, Pfeffer
20 g	Diätmargarine
500 g	Mangos
20 ml	Orangensaft
1/8 l	Weißwein
	Salz, Pfeffer
1/2	Zitrone
	Zimt
20 g	Zitronenmelisse

Zubereitung

– Aus dem Filet Medaillons schneiden, salzen und pfeffern.
– Die Medaillons in Diätmargarine auf beiden Seiten anbraten und bei mäßiger Hitze garen. Medaillons herausnehmen und warm stellen.
– 250 g Mangos in Würfel schneiden mit Orangensaft und Weißwein zum Bratenrückstand geben und acht bis zehn Minuten kochen.
– Die Sauce mit dem Mixstab pürieren und mit Salz, Pfeffer, Zitronensaft und Zimt würzen.
– Die restlichen Mangos in Spalten schneiden und auf Tellern anrichten. Medaillons dazugeben, mit Sauce übergießen und mit Zitronenmelisse garnieren.

Anmerkung: Als Beilage eignen sich hausgemachte Nudeln.

VK | LVK | DIAB | RED | LIP

Nährwerte pro Portion

kcal	kJ	EW	Fett	KH
269	1.126	27 g	7 g	17 g

Ball	Chol	HS	BE	
2 g	84 mg	201 mg	1,5	

Truthahnroulade mit Paprikafülle

Zutaten für 4 Portionen

400 g	Truthahnbrust
1/8 l	Obers
75 g	roter und gelber Paprika
20 g	Diätmargarine
	Pastetengewürz, Salz, Pfeffer
100 g	Mangold
1	Schweinsnetz oder Kollagenfolie

Zubereitung

– Truthahnfleisch parieren und plattieren.
– Für die Farce 100 g Truthahnfleisch fein faschieren und mit Obers cuttern.
– Paprika in Würfel schneiden und in Diätmargarine sautieren.
– Farce mit Pastetengewürz, Salz, Pfeffer und den sautierten Paprikawürfeln vermengen.
– Mangold blanchieren und auf ein Schweinsnetz oder eine Kollagenfolie legen.
– Truthahnbrust auf die blanchierten Mangoldblätter legen, mit Farce bestreichen und einrollen.
– In einer Bratpfanne bei 160 °C 10–15 Minuten im Rohr braten.

Anmerkung: Für leichte Vollkost anstelle der Paprikawürfel Karotten, Schwarzwurzeln oder Brokkoli verwenden.

VK | LVK | DIAB | RED | LIP | PUR

Nährwerte pro Portion

kcal	kJ	EW	Fett	KH
154	644	25 g	5 g	2 g

Ball	Chol	HS	BE	
1 g	60 mg	136 mg	–	

Topfenteigtascherln mit Geflügelfülle und Joghurtsauce

Zutaten für 6 Portionen

Zutaten für den Teig

50 g	Margarine
1	Ei
	Salz
250 g	Topfen
150 g	Vollmehl
150 g	Weizenmehl
1	Eiklar

Zutaten für die Fülle

250 g	Truthahn- oder Hühnerfleisch
60 g	Schalotten
20 g	Diätmargarine
1/16 l	Weißwein
75 g	Kartoffeln
1	Eidotter
30 g	geriebener Parmesan
	Salz, Pfeffer, Rosmarin

Zutaten für die Gemüsebeilage

90 g	Kohlrabi
90 g	Lauch
90 g	gelbe Rüben
	etwas Gemüsefond, Salz

Zutaten für die Sauce

250 ml	Joghurt
1	Knoblauchzehe
2 EL	Schnittlauch
	Salz, Pfeffer

Zubereitung

– Margarine, Ei und Salz schaumig rühren.
– Mit Topfen und Mehl gut verarbeiten. Kühl rasten lassen.
– Geflügelfleisch in kleine Würfel schneiden.
– Schalotten fein hacken, in Diätmargarine sautieren, Fleischwürfel dazugeben und kurz anbraten.
– Mit Weißwein ablöschen und kochen, bis der Wein verdunstet und das Fleisch gar ist.
– Kartoffeln kochen und passieren.
– Eidotter, Parmesan und die Gewürze beigeben. Kartoffelmasse und Fleischwürfel gut vermengen und abschmecken.
– Den Topfenteig ca. 2 mm dick ausrollen.
– Mit einer runden Form Kreise mit ca. 5 cm Durchmesser ausstechen, die Ränder mit Eiklar bestreichen und die Fülle in die Mitte setzen.
– Die Topfenteigtascherln zusammenklappen und die Ränder mit einer Gabel fest andrücken.
– Fünf Minuten in Salzwasser kochen.
– Für die Beilage Gemüse schälen, in Streifen schneiden und im Gemüsefond bissfest dünsten, salzen.
– Für die Sauce alle Zutaten vermischen und in einer Sauciere anrichten.
– Gemüse auf Tellern anrichten und die Tascherln darauf setzen.

Anmerkung: Für leichte Vollkost die Fülle ohne Schalotten und ohne Knoblauch zubereiten, evtl. klein geschnittene Karotten beigeben und die Joghurtsauce ohne Knoblauch, dafür mit frischen Kräutern zubereiten.

VK | LVK | DIAB | LIP | PUR

Nährwerte pro Portion (Topfenteigtascherln)

kcal	kJ	EW	Fett	KH
428	1.794	23 g	21 g	34 g

Ball	Chol	HS	BE
5 g	110 mg	116 mg	3

Nährwerte pro Portion (Gemüsebeilage)

kcal	kJ	EW	Fett	KH
14	57	0,9 g	0,1 g	2 g

Ball	Chol	HS	BE
2 g	–	16 mg	–

Nährwerte pro Portion (Joghurtsauce)

kcal	kJ	EW	Fett	KH
21	88	2 g	0,4 g	2 g

Ball	Chol	HS	BE
0,2 g	1 mg	1 mg	–

Nährwerte pro Portion (gesamt)

kcal	kJ	EW	Fett	KH
463	1.939	25,9 g	21,5 g	38 g

Ball	Chol	HS	BE
7,2 g	111 mg	133 mg	3

Überbackenes Hühnerbrüstchen

Zutaten für 4 Portionen

4	Hühnerbrüstchen à 120 g mit Knochen
	Salz, Pfeffer, Rosmarin
25 g	Diätmargarine
120 g	Naturreis
2 EL	gehackte Kräuter: Basilikum, Kerbel, Estragon, Petersilie
30 g	Parmesan
1	Ei
4	Tomaten
500 g	Blattspinat
	Salz, Pfeffer, Knoblauch

Zubereitung

– Von den Hühnerbrüstchen die Haut abziehen und die Knochen auslösen.

– Mit Salz, Pfeffer und etwas Rosmarin würzen und einziehen lassen.

– Die Hühnerbrüstchen in Diätmargarine auf beiden Seiten anbraten, aus der Pfanne nehmen und überkühlen lassen.

– Reis kochen.

– Die gehackten Kräuter, die Hälfte des geriebenen Parmesans und das Ei unter den etwas abgekühlten Reis mischen und abschmecken.

– Diese Masse auf den Hühnerbrüstchen verteilen, mit dem restlichen Parmesan bestreuen und bei 180 °C ca. zehn Minuten im Rohr überbacken.

– Tomaten waschen, oben in die Haut ein Kreuz schneiden und im Rohr grillen.

– Blattspinat dämpfen, mit Salz, Pfeffer und zerdrücktem Knoblauch würzen.

– Die Hühnerbrüstchen auf dem Spinat anrichten und mit den gegrillten Tomaten garnieren.

VK | LVK | DIAB | RED | LIP

Nährwerte pro Portion

kcal	kJ	EW	Fett	KH
363	1.518	39 g	11 g	24 g

Ball	Chol	HS	BE	
5 g	128 mg	263 mg	2	

Gefülltes Hühnerbrüstchen

Zutaten für 4 Portionen

20 g	Lauch
20 g	Karotten
20 g	Sellerie
100 g	Naturreis
200 ml	Wasser

400 g	Hühnerbrustfilet
	Salz, Pfeffer, Estragon
10 g	Diätmargarine
1/8 l	Hühnerfond
1/16 l	Kaffeeobers

200 g	Mangold
	Salz
1 EL	verschiedene gehackte Kräuter

Zubereitung

– Gemüse putzen, waschen und in kleine Würfel schneiden.
– Naturreis mit dem Gemüse dünsten.
– Hühnerbrustfilets plattieren, würzen, mit der Gemüsereismischung füllen und einschlagen.
– Hühnerbrüstchen kurz in Diätmargarine anbraten und im Rohr leicht glacieren.
– Bratenrückstand mit Fond aufgießen, reduzieren und mit Obers vollenden.
– Mangold blanchieren und würzen.
– Hühnerbrüstchen durchschneiden, auf den Mangold setzen und mit Sauce umkränzen.

Anmerkung: Für leichte Vollkost ohne Lauch zubereiten.

VK	LVK	DIAB	RED	LIP	PUR

Nährwerte pro Portion

kcal	kJ	EW	Fett	KH
277	1.158	28 g	6 g	24 g

Ball	Chol	HS	BE	
2 g	68 mg	189 mg	2	

Putengeschnetzeltes mit Sojasprossen

Zutaten für 4 Portionen

400 g	Truthahnbrust
	Salz, Pfeffer
30 g	Dinkelmehl
10 ml	Sojaöl
100 g	Lauch
150 g	Karotten
150 g	Sojasprossen
10 g	Diätmargarine
200 ml	Hühnerfond
	Zitronenschale, Sojasauce, Petersilie
	Minze, Salz, Pfeffer, Ingwer
2 EL	Traminer

Zubereitung

– Truthahnbrust schnetzeln, würzen, mit 20 g Mehl stauben und in Sojaöl rasch anbraten.
– Lauch in Ringe schneiden.
– Karotten in Stäbchen schneiden und kochen.

– Sojasprossen blanchieren und in der Diätmargarine mit Lauch und Karotten anschwitzen.
– Mit dem restlichen Mehl stauben.
– Mit Hühnerfond aufgießen und kochen lassen.
– Mit Zitronenschale, Sojasauce, Petersilie, Minze, Salz, Pfeffer, Ingwer und Wein abschmecken.

Anmerkungen: Als Beilage eignet sich ein Naturreisdunstkoch → Seite 187. Für leichte Vollkost anstelle von Lauch Sellerie, Zucchini oder Brokkoli verwenden. Für Diabetesdiät ohne Mehl zubereiten.

VK | LVK | DIAB | RED | LIP | PUR

Nährwerte pro Portion

kcal	kJ	EW	Fett	KH
245	1.025	31 g	9 g	10 g

Ball	Chol	HS	BE
3 g	75 mg	176 mg	–

Buchweizencrêpes mit Wildfleisch und Pilzen

Zutaten für 4 Portionen

Zutaten für die Fülle

300 g	Rehfleisch (Nuss)
20 g	Diätmargarine
	Salz, Pfeffer
20 ml	Wildfond
10 g	Schalotten
150 g	Waldpilze
10 g	Diätmargarine

Zutaten für die Crêpes

80 g	Buchweizenmehl
150 ml	Magermilch
2	Eier
	Salz, Pfeffer
20 g	Diätmargarine

Zubereitung

– Rehnüsschen blättrig schneiden und in Diätmargarine kurz sautieren. Mit Salz und Pfeffer würzen.
– Mit etwas Wildfond ablöschen.
– Schalotten fein hacken.
– Waldpilze kleinwürfelig schneiden.
– Schalotten und Waldpilze in Diätmargarine sautieren und würzen.
– Fleisch und Pilze vermengen.
– Aus Buchweizenmehl, Milch, Eiern, Salz und Pfeffer den Palatschinkenteig herstellen und daraus acht Crêpes in einer beschichteten Pfanne mit wenig Diätmargarine backen.
– Crêpes mit der Fülle bestreichen und zusammenlegen.

Anmerkung: Sie können die Crêpes mit im Rohr gebratenen Kastanien und Birnenfächern aus Kompottbirnen garnieren.

VK | DIAB | RED | LIP | PUR

Nährwerte pro Portion (ohne Garnierung)

kcal	kJ	EW	Fett	KH
253	1.061	23 g	10 g	18 g

Ball	Chol	HS	BE
1 g	144 mg	120 mg	1,5

Rehgeschnetzeltes mit Pilzen

Zutaten für 4 Portionen

320 g	Rehschlögel
200 g	Pilze: Eierschwammerln, Steinpilze, Austernpilze …
20 ml	Sonnenblumenöl
30 g	Diätmargarine
100 g	Schalotten
1/8 l	Rotwein
600 ml	Wildgrundsauce
1	Lorbeerblatt
	einige Wacholderbeeren
1 EL	Preiselbeeren
10 g	Mehl
10 ml	Sauerrahm
	Salz, Pfeffer, Thymian
	Bouquet garni

Zubereitung

- Rehfleisch parieren und in Streifen schneiden.
- Pilze putzen und schneiden.
- Pilze und Fleisch in Öl kurz anrösten; das Fleisch soll noch rosa sein. Aus der Pfanne nehmen und warm stellen. Öl abgießen.
- Diätmargarine zum Bratenrückstand geben.
- Schalotten fein hacken und darin anschwitzen, dabei den Bratensatz lösen.
- Mit Rotwein ablöschen.
- Einkochen lassen und mit Wildgrundsauce aufgießen.
- Lorbeerblatt und zerdrückte Wacholderbeere dazugeben und etwas einkochen lassen.
- Preiselbeeren, Mehl und Sauerrahm dazugeben und abschmecken.
- Mit dem Stabmixer die Sauce kurz durchmixen und durch ein feines Sieb passieren.
- Fleisch und Pilze in die Sauce geben und kurz ziehen lassen, eventuell nochmals abschmecken.
- Rehragout anrichten und mit etwas Sauerrahm und Kräutern garnieren.

Anmerkung: Dazu passen sehr gut glacierte Apfelspalten und Bärlauchserviettenknödel → Seite 180.

VK	DIAB	RED	LIP

Nährwerte pro Portion

kcal	kJ	EW	Fett	KH
336	1.406	30 g	20 g	4 g

Ball	Chol	HS	BE
2 g	105 mg	213 mg	–

Rehpfeffer mit Austernpilzen

Zutaten für 4 Portionen

160 ml	Rotwein
10 ml	Sonnenblumenöl
20 ml	Rotweinessig
70 g	Wurzelgemüse
	Wacholderbeeren,
	Pfefferkörner
1	Lorbeerblatt
	Thymian, Piment
480 g	Rehschlögel
30 g	Diätmargarine
20 g	Vollkornmehl
100 ml	Wildfond
10 g	Senf
20 g	Preiselbeeren
40 ml	Kaffeeobers
300 g	Austernpilze

Zubereitung

- Rotwein, Öl, Essig und Wurzelgemüse mit den Gewürzen 15 Minuten kochen. Abkühlen lassen.
- Fleisch würfelig schneiden, in die Beize einlegen und zwei Tage stehen lassen.
- Fleisch herausnehmen, abtrocknen, in 20 g Diätmargarine anbraten und herausnehmen.
- Gemüse abseihen und im selben Topf anbraten.
- Mit Vollkornmehl stauben und mit der Beize und dem Wildfond aufkochen.
- Senf und Preiselbeeren dazugeben und das Fleisch wieder beifügen.

Alles weich dünsten, umstechen und mit Kaffeeobers vollenden.
- Austernpilze putzen, waschen und in der restlichen Diätmargarine anbraten.
- Das Ragout gefällig anrichten und mit Austernpilzen vollenden.

Anmerkungen: Als Beilage eignen sich Spinatknöderl → Seite 180.
Für leichte Vollkost anstelle der Austernpilze Champignons verwenden.

VK	LVK	DIAB	LIP	PUR

Nährwerte pro Portion

kcal	kJ	EW	Fett	KH
239	1.001	29 g	10 g	3 g

Ball	Chol	HS	BE
2 g	77 mg	180 mg	–

Rehfilet mit Sesamschupfnudeln und Kohlknödeln

Zutaten für 4 Portionen

Zutaten für die Sesamschupfnudeln

300 g	Kartoffeln
150 g	Mehl
40 g	Grieß
1	Ei
	Salz, Muskat
50 g	Sesam
10 g	Diätmargarine

Zutaten für die Kohlknödeln

16	grüne Kohlblätter
	Salz, Muskat
8 Bl.	dünn geschnittener magerer Schinken
20 g	Diätmargarine
20 ml	Weißwein

Zutaten für die Filets

400 g	Rehrückenfilet
	Salz, Pfeffer, Wacholderbeeren
20 ml	Sonnenblumenöl

Zubereitung

– Für die Schupfnudeln Kartoffeln kochen, schälen und noch warm durch die Kartoffelpresse drücken.

– Mehl, Grieß, Ei, Salz, Muskat und etwas Sesam dazugeben und abmischen.

– Fingerdick auf bemehltem Brett ausrollen. 5 cm lange Stücke schneiden und mit den Händen etwas nachformen.

– Die Schupfnudeln in kochendem Salzwasser ca. fünf Minuten kochen, herausnehmen, abschrecken und gut abtropfen lassen.

– Die Schupfnudeln in Diätmargarine erwärmen, restlichen Sesam dazugeben, leicht braun rösten, salzen und gut durchschwenken.

– Für die Kohlknödeln Kohlblätter blanchieren und mit Salz und Muskat würzen. Acht kleine Knödeln formen und mit Schinkenblatt umwickeln.

– Diese Knödeln in eine befettete Gratinierschüssel geben.

– Mit Weißwein aufgießen und zehn Minuten bei 200 °C im Backrohr lassen.

– Rehrückenfilet würzen, in Sonnenblumenöl anbraten und ca. zehn Minuten bei 180 °C im Backrohr garen. Das Filet soll noch rosa sein.

– Rehfilets aufschneiden, auf vorgewärmten Tellern mit den Beilagen gefällig anrichten.

Anmerkung: Für leichte Vollkost anstelle der Kohlknödel beliebiges Gemüse servieren.

VK | LVK | DIAB | LIP | PUR

Nährwerte pro Portion (Rehfilet)

kcal	kJ	EW	Fett	KH
142	595	21 g	6 g	–

Ball	Chol	HS	BE
–	60 mg	105 mg	–

Nährwerte pro Portion (Schupfnudeln)

kcal	kJ	EW	Fett	KH
319	1.334	10 g	10 g	46 g

Ball	Chol	HS	BE
5 g	50 mg	46 mg	4

Nährwerte pro Portion (Kohlknödeln)

kcal	kJ	EW	Fett	KH
58	242	3 g	5 g	0,4 g

Ball	Chol	HS	BE
0,8 g	5 mg	18 mg	–

Nährwerte pro Portion (gesamt)

kcal	kJ	EW	Fett	KH
519	2.171	34 g	21 g	46,4 g

Ball	Chol	HS	BE
5,8 g	115 mg	169 mg	4

Wiener Kalbsgulasch

Zutaten für 4 Portionen

500 g	magere Kalbsschulter oder Kalbsvögerl
150 g	Zwiebel
2 EL	Sonnenblumenöl
30 g	Rosenpaprika
300 ml	Wasser
1	ungespritzte Zitrone
	Salz, Pfeffer
1/16 l	Sauerrahm
1/16 l	Joghurt, 1 %
30 g	Weizenvollkornmehl

Zubereitung

– Kalbfleisch in Würfel schneiden.
– Zwiebel fein hacken und in Sonnenblumenöl anschwitzen, Rosenpaprika beigeben, Kalbfleischwürfel dazugeben und schnell durchrühren.
– Mit kaltem Wasser ablöschen, salzen, Saft und geriebene Schale einer Zitrone dazugeben und das Fleisch kernig weich dünsten.
– Fleisch aus dem Saft heben, Sauerrahm, Joghurt und Mehl gut verrühren und zügig in den kochenden Saft einrühren. Einige Minuten kochen lassen, würzen und mixen.
– Fleisch in den Saft geben und kurz aufkochen.

Anmerkung: Als Beilage eignen sich Teigwaren oder Nockerln und knackiger Häuptelsalat.

VK	DIAB	RED	LIP

Nährwerte pro Portion

kcal	kJ	EW	Fett	KH
267	1.117	28,2 g	12,5 g	10,1 g

Ball	Chol	HS	BE
3 g	95,8 mg	212,8 mg	0,5

Faschiertes Kalbsbutterschnitzel auf zartem Gartengemüse

Zutaten für 4 Portionen

500 g	mageres faschiertes Kalbfleisch
2	Scheiben Vollkorntoastbrot
1	Ei
1/16 l	Kaffeeobers
	Salz
	Muskatnuss
1 EL	gehackte Petersilie
20 g	Diätmargarine
100 ml	Kalbsfond
100 g	Babykarotten
100 g	Kohlrabi
100 g	Brokkoliröschen
100 g	junge Erbsen

Zubereitung

– Toastbrot in Wasser einweichen und ausdrücken. Mit Ei, Kaffeeobers und frischer Petersilie zum faschierten Kalbfleisch geben, würzen und gut durchmischen.
– Kleine Laibchen formen und in beschichteter Pfanne mit wenig Diätmargarine braten. Die Laibchen aus der Pfanne geben, den Bratrückstand mit braunem Kalbsfond oder Suppe ablöschen und einkochen.
– Gemüse putzen und waschen. In gefällige Stücke schneiden und in etwas Gemüsebouillon kochen.

Anmerkungen: Für leichte Vollkost ohne Erbsen zubereiten.
Als Beilage eignet sich Kartoffelpüree oder gedünsteter Reis.

VK	LVK	DIAB	RED	LIP

Nährwerte pro Portion

kcal	kJ	EW	Fett	KH
285	1.195	31,7 g	11,8 g	12,7 g

Ball	Chol	HS	BE
4,4 g	148 mg	250 mg	1

Kalbsnaturreisfleisch mit Gemüse

Zutaten für 4 Portionen

320 g	Kalbsschulter
50 g	Zwiebel
1 EL	Sonnenblumenöl
1 EL	Tomatenmark
1	gehäufter EL Rosenpaprika
1 1/2 l	Gemüsebouillon
2	Lorbeerblätter
	Kräutersalz, Pfeffer
1	Knoblauchzehe
400 g	Naturreis
100 g	Karotten
100 g	Kohlrabi
100 g	Brokkoliröschen
100 g	roter Paprika
100 g	gelber Paprika
40 g	Parmesan

Zubereitung

– Zwiebel fein hacken und in Olivenöl goldgelb rösten, würfelig geschnittenes Fleisch dazugeben und weiterrösten. Tomatenmark, Rosenpaprika und etwas Gemüsebouillon, zerdrückten Knoblauch und Gewürze beifügen und durchrühren. Fleisch halb weich dünsten und dabei immer Bouillon nachgießen.
– Anschließend Reis dazugeben, mit restlicher Bouillon aufgießen und langsam kochen, bis der Reis weich ist. Lorbeerblätter entfernen.
– Währenddessen Karotten, Kohlrabi und Paprika putzen und schälen. Das Gemüse sortengetrennt bissfest kochen und unter das Reisfleisch mischen, abschmecken und mit Parmesan bestreut servieren.

Anmerkung: Als Beilage eignen sich gemischte Blattsalate.

VK	DIAB	LIP

Nährwerte pro Portion

kcal	kJ	EW	Fett	KH
541	2.264	28,6 g	11 g	80,3 g

Ball	Chol	HS	BE
5,9 g	64,2 mg	258,6 mg	6,5

Feine gefüllte Rindsrouladen

Zutaten für 4 Portionen

4	Rindsschnitzel (Schale) à 120 g
	Salz, Pfeffer
	Estragonsenf
50 g	Karotten
50 g	Gelbe Rüben
50 g	Sellerie
50 g	Essiggurkerl
50 g	Schinken, mager
1	Zwiebel
30 g	Weizenvollkornmehl
2 EL	Sonnenblumenöl
50 g	Zwiebel, nudelig geschnitten
400 ml	entfettete Rindsbouillon oder Wasser
2 EL	Kapern
1/16 l	Sauerrahm
1/16 l	Joghurt, 1%

Zubereitung

– Rindsschnitzel klopfen, salzen, pfeffern und mit Senf bestreichen.

– Karotten, Gelbe Rüben, Sellerie schälen, putzen und in Streifen schneiden. Essiggurkerl und Schinken in Streifen und Zwiebel in Viertelstücke schneiden. Alles auf die Rindsschnitzel legen, einrollen und mit Zahnstocher fixieren.

– Rouladen mit Mehl bestauben und in heißem Sonnenblumenöl beiderseits braun anbraten. Aus der Kasserolle nehmen.

– 50 g Zwiebel nudelig schneiden und hell anschwitzen, Mehl dazugeben und kurz mitrösten. Mit Suppe aufgießen, glatt rühren. Rouladen sowie gehackte Kapern dazugeben und zugedeckt – evtl. im Schnellkochtopf – dünsten.

– Rouladen aus der Sauce heben. Sauerrahm und Joghurt versprudeln und in die Sauce rühren. Kurz aufkochen, mit Senf und Pfeffer abschmecken. Rouladen in die fertige Sauce geben und kurz erwärmen.

Anmerkung: Als Beilagen eignen sich Teigwaren und ein knackiger Eisbergsalat.

VK | DIAB | RED | LIP

Nährwerte pro Portion

kcal	kJ	EW	Fett	KH
355	1.486	31 g	21 g	11 g

Ball	Chol	HS	BE
3,1 g	100,2 mg	193,3 mg	–

Hühnersuppentopf mit Gemüse und Nudeln

Zutaten für 4 Portionen

1	Suppenhuhn (ca. 1 1/2 kg)
180 g	Karotten
180 g	Gelbe Rüben
100 g	Petersilienwurzel
100 g	Knollensellerie
1	Stange Lauch
80 g	junge Erbsen
5 EL	geschnittener Schnittlauch
1	Hühnerbouillonwürfel
50 g	dünne Goldfadennudeln
	Pfefferkörner
	Salz

Zubereitung

– Das gewaschene, geputzte Suppenhuhn in einem Suppentopf mit Wasser bedecken.

– Karotten, Gelbe Rüben, Petersilienwurzel, Knollensellerie und Lauch putzen und schälen. Mit Pfefferkörnern und Hühnerbouillonwürfel dem Suppenhuhn beigeben, schwach salzen und weich kochen.

– Erbsen extra kochen und abseihen.

– Gekochte Karotten, Gelbe Rüben und Sellerie in Würfel schneiden.

– Fadennudeln in Salzwasser kochen, abseihen und kalt abschrecken.

– Das Huhn aus der Suppe nehmen, Haut abziehen, aufschneiden und auslösen.

– Hühnerteile, Nudeln und Gemüse in einen Suppentopf geben, mit Schnittlauch bestreuen und servieren.

Anmerkung: Für leichte Vollkost ohne Erbsen und Lauch zubereiten.

VK | LVK | DIAB | RED | LIP

Nährwerte pro Portion

kcal	kJ	EW	Fett	KH
217	908	34,3 g	1,9 g	14,7 g

Ball	Chol	HS	BE
4,6 g	86,8 mg	217 mg	1

Sautierte Schweinsmedaillons mit Dörrfrüchten und Jungzwiebeln

Zutaten für 4 Portionen

320 g	Schweinsmedaillons
5	getrocknete Marillen
5	getrocknete Zwetschken
4	Jungzwiebeln mit Grün
	frischer Ingwer
	Orangen- und Zitronensaft
	Honig
1 EL	Olivenöl
1/2 TL	Maisstärke
	Salz, Pfeffer

Zubereitung

- Medaillons salzen und pfeffern, in einer beschichteten Pfanne mit Olivenöl beidseitig braten.
- Die Dörrfrüchte klein schneiden und in einer Pfanne mit Honig und etwas Wasser zugedeckt köcheln, Orangen- und Zitronensaft dazugeben, pfeffern und frisch geriebenen Ingwer dazugeben. Den Saft mit etwas Stärkemehl binden.
- Jungzwiebeln putzen, in Salzwasser kurz blanchieren und zu der Dörrfrüchtesauce geben.
- Die gebratenen Medaillons auf vorgewärmte Teller geben, mit Sauce und Jungzwiebeln übergießen.

Anmerkung: Als Beilage eignet sich Basmatireis oder eine Wildreismischung.

VK | RED | LIP | PUR

Nährwerte pro Portion

kcal	kJ	EW	Fett	KH
193	807	19 g	4,4 g	18 g

Ball	Chol	HS	BE
3 g	56 mg	152,8 mg	1,5

Gefüllte Paprika in Tomatensauce

Zutaten für 4 Portionen

Zutaten für die gefüllten Paprika

4 Stück	grüne Paprika
4 Stück	gelbe Paprika
100 g	Vollkorntoastbrot
1/8 l	Magermilch
250 g	faschiertes mageres Rindfleisch
250 g	faschiertes Putenfleisch
250 g	Naturreis
50 g	Zwiebel
1 EL	Sonnenblumenöl
1 EL	gehackte Petersilie
1 TL	gehackter Majoran
2	Knoblauchzehen
	Salz, Pfeffer

Zutaten für die Tomatensauce

700 g	vollreife Fleischtomaten
80 g	Zwiebel
20 g	Diätmargarine
20 g	glattes Mehl
250 ml	Gemüsebouillon
2 EL	Tomatenmark
1	Lorbeerblatt
	Pfefferkörner, Salz, Zucker

Zubereitung

- Naturreis weich dünsten.
- Die Paprika abkappen, aushöhlen und waschen. Die Kappen aufheben.
- Toastbrot in Milch einweichen und gut ausdrücken.
- Faschiertes mit gedünstetem Naturreis und eingeweichtem Toastbrot vermengen; Zwiebel fein hacken, in Sonnenblumenöl anschwitzen, mit Gewürzen, gehacktem Knoblauch und Kräutern zum Faschierten geben und gut mischen.
- In die Paprika füllen und die Kappe aufsetzen.
- Für die Sauce die Tomaten waschen, vierteln. Zwiebel fein hacken und in Diätmargarine anschwitzen, Tomaten dazugeben, anlaufen lassen und Mehl dazugeben. Mit Gemüsebouillon aufgießen und glatt rühren. Tomatenmark und Gewürze dazugeben und weich dünsten. Durch ein Sieb streichen und abschmecken.
- Die Sauce in eine Kasserolle füllen, gefüllte Paprika einlegen und zugedeckt ca. 30–35 Minuten dünsten.

Anmerkung: Als Beilage eignen sich frisch gekochte Kartoffeln.

VK | DIAB | RED | LIP

Nährwerte pro Portion

kcal	kJ	EW	Fett	KH
475	1.989	37,3 g	15,7 g	44,5 g

Ball	Chol	HS	BE
8,9 g	75,3 mg	241,8 mg	3,5

Rosa gebratenes Lammrückenfilet mit Curry-Kürbis-Risotto

Zutaten für 4 Portionen

Zutaten für das Filet

600 g	zugeputztes Lammrückenfilet
	Salz, Pfeffer
	Thymian, Rosmarin
1	Knoblauchzehe
1 EL	Estragonsenf
1 EL	Olivenöl

Zutaten für das Risotto

200 g	Risottoreis
400 g	Muskatkürbis
1	Zwiebel
2 EL	Olivenöl
2 EL	Currypulver
1 TL	gemahlener Kümmel
1 l	Gemüsebouillon

Zubereitung

– Lammkarree würzen, mit zerdrücktem Knoblauch und Senf bestreichen und beiderseits in Olivenöl anbraten. Im vorgeheizten Backrohr bei ca. 200 °C rosa braten, einmal wenden.

– Aus dem Rohr nehmen, 5 Minuten rasten lassen und erst dann aufschneiden.

– Für das Risotto den Reis waschen. Zwiebel fein hacken, in Olivenöl anschwitzen, Reis zugeben und unter ständigem Rühren nach und nach mit Gemüsebouillon aufgießen.

– Kürbis schälen und würfelig schneiden. Kurz bevor der Reis weich ist, untermengen, fertig dünsten und mit Curry und gemahlenem Kümmel abschmecken.

– Risotto auf Tellern anrichten, Lammrückenstücke darauf setzen und mit gerösteten Kürbiskernen bestreuen.

VK | DIAB | RED | LIP

Nährwerte pro Portion

kcal	kJ	EW	Fett	KH
464	1.943	29,9 g	18 g	45 g

Ball	Chol	HS	BE	
4,4 g	79,3 mg	262,1 mg	3,5	

Beilagen

In der ernährungsbewussten Küche spielen Beilagen eine wichtige Rolle. Den neuesten Erkenntnissen der Ernährungswissenschaft entsprechend sollten wir mehr als die Hälfte unseres Tagesenergiebedarfes mit kohlenhydrathaltigen Nahrungsmitteln decken. Die bekannten „klassischen" Beilagen, wie Kartoffeln, Reis und Teigwaren, wurden vor einigen Jahren noch – zu Unrecht – als Dickmacher bezeichnet. Gerade diese Lebensmittel enthalten kein Fett oder nur wenig Fett, liefern aber Kohlenhydrate, Vitamine, Mineralstoffe und Ballaststoffe. Allerdings sollte Naturreis und Vollkornteigwaren der Vorzug gegenüber den herkömmlichen Sorten gegeben werden. Bei der Zubereitung soll, wie auch bei den anderen Gerich-

*Zucchini-Pilz
Kartoffel-Gröstl*

ten, mit Fett gespart werden.

Getreidegerichte und Kartoffeln ergeben zusammen mit Gemüse wohlschmeckende und bekömmliche Beilagen.

Durch eine auf die einzelnen Hauptgerichte abgestimmte Auswahl der Beilagen aufgrund von Form, Farbe, Zubereitungsart und Nährstoffgehalt gelingt eine Zusammenstellung, die den Wünschen und Bedürfnissen des Gastes entspricht.

Auch bei sehr strenger Diätkost kann durch die wohl überlegte Zusammenstellung von Hauptgericht und Beilage dem Gast das Gefühl vermittelt werden, schlemmen zu dürfen und nicht hungern zu müssen.

Bärlauch-serviettenknödel
Zutaten für 4 Portionen

40 g	Lauch
5 g	Diätmargarine
250 g	Grahamweckerln oder Vollkorntoastbrot
125 g	Bärlauch
2	Eier
	Salz, Pfeffer, Muskat, Petersilie

Zubereitung
- Lauch in Brunoise schneiden und in Diätmargarine anschwitzen.
- Grahamweckerln oder Vollkorntoastbrot blättrig schneiden.
- Bärlauch putzen und mit den Eiern mixen.
- Lauch und blättrig geschnittenes Brot unter die Eimasse geben, würzen und kurz rasten lassen.
- Die Masse in einer Klarsichtfolie zu einer Rolle formen und pochieren.
- Aus der Folie nehmen und portionieren.

Anmerkung: Anstelle von Bärlauch kann auch Lauch, Mangold oder Spinat verwendet werden.

VK | DIAB | LIP | PUR
Nährwerte pro Portion

kcal	kJ	EW	Fett	KH
197	825	9 g	5 g	28 g
Ball	**Chol**	**HS**	**BE**	
4 g	100 mg	54 mg	2	

Spinatknöderln
Zutaten für 4 Portionen

125 g	Kartoffeln
125 g	Blattspinat
1	Eidotter
50 g	Vollkornbrösel
20 g	Dinkelmehl
1 EL	gehackte Petersilie
1	Knoblauchzehe
	Salz, Muskat
2	Eiklar

Zubereitung
- Kartoffeln kochen, schälen und passieren.
- Blattspinat kochen und fein hacken.
- Kartoffeln und Spinat vermengen.
- Dotter, Brösel, Mehl, Petersilie und Knoblauch beifügen und die Masse gut durchmischen.
- Mit Salz und etwas Muskat würzen.
- Aus Eiklar Schnee schlagen und vorsichtig unter die Masse heben.
- Kleine Knödeln formen und in Salzwasser kochen.

VK | LVK | DIAB | RED | LIP | PUR
Nährwerte pro Portion

kcal	kJ	EW	Fett	KH
112	470	6 g	2 g	18 g
Ball	**Chol**	**HS**	**BE**	
2 g	49 mg	38 mg	1,5	

Spinatauflauf
Zutaten für 4 Portionen

90 g	Vollkornknäckebrot
90 ml	Sauerrahm
40 g	Diätmargarine
1	Eidotter
2	Eiklar
50 g	Lauch
5 g	Haselnüsse
60 g	Spinat
5 ml	Haselnussöl
	Thymian, Salz
	Petersilie
	Knoblauch

Zubereitung
- Knäckebrot grob schneiden und mit Sauerrahm befeuchten.
- Aus Diätmargarine, Dotter und einem Eiklar einen Abtrieb herstellen.
- Lauch in Brunoise schneiden.
- Nüsse hacken.
- Spinat blanchieren und klein hacken.
- Nüsse und Lauch in Öl anschwitzen und mit der Knäckebrotmasse zum Abtrieb geben.
- Klein gehackten Spinat hinzufügen.
- Das zweite Eiklar zu Schnee schlagen und vorsichtig unter die Masse heben.
- Kräuter und Gewürze dazugeben und abschmecken.
- Form mit Folie auslegen, die Masse einfüllen und im Wasserbad bei 150 °C garen.

Anmerkung: Anstelle von Spinat können auch frische Brennnesseln verwendet werden.

VK | LVK | DIAB | LIP | PUR
Nährwerte pro Portion

kcal	kJ	EW	Fett	KH
244	1.020	7 g	17 g	17 g
Ball	**Chol**	**HS**	**BE**	
3 g	68 mg	38 mg	1,5	

Feines Kürbisgemüse

Zutaten für 4 Portionen

500 g	gelber Kürbis
500 g	weißer Kürbis
	Salz
10 g	Diätmargarine
1/4 l	Hühnerfond
125 ml	Rahm
125 ml	Joghurt, 1 %
1	Kartoffel
	Dille, Selleriesalz
100 g	Karotten

Zubereitung

- Kürbisse schälen, fein schneiden, salzen und ausdrücken.
- Kürbisfleisch in Diätmargarine anschwitzen, mit Fond aufgießen und weich dünsten.
- Rahm und Joghurt gut versprudeln und zum Kürbisgemüse geben.
- Die rohe Kartoffel fein reiben und die Masse damit binden.
- Kürbisgemüse kurz aufkochen und mit Dille und Selleriesalz abschmecken.
- Karotten in Scheiben schneiden und kochen und unter das Kürbisgemüse mischen.

VK | LVK | DIAB | RED | LIP | PUR

Nährwerte pro Portion

kcal	kJ	EW	Fett	KH
152	638	5 g	8 g	12 g

Ball	Chol	HS	BE
3 g	16 mg	19 mg	–

Bohnenragout

Zutaten für 4 Portionen

70 g	Bohnen
20 g	Zwiebel
20 g	roter Paprika
20 g	gelber Paprika
20 g	grüner Paprika
10 g	Diätmargarine
200 ml	Gemüsefond
100 ml	Joghurt
	Salz, Muskat
1 EL	frisches Bohnenkraut

Zubereitung

- Bohnen über Nacht einweichen und dann weich kochen.
- Zwiebel fein hacken.
- Paprika in Würfel schneiden, in Diätmargarine anschwitzen.
- Mit Gemüsefond aufgießen und mit Joghurt verfeinern.
- Mit Salz, Muskat und Bohnenkraut würzen.

Anmerkung: Für eine dickere Konsistenz der Sauce kann ein Teil der Bohnen püriert werden.

VK | DIAB | RED | LIP

Nährwerte pro Portion

kcal	kJ	EW	Fett	KH
75	314	4 g	3 g	7 g

Ball	Chol	HS	BE
3 g	+	26 mg	–

Basilikumnudeln mit Tomaten

Zutaten für 4 Portionen

145 g	glattes Mehl
145 g	Vollkornmehl
1	Ei
5 ml	Olivenöl
50 ml	Wasser
100 g	Tomaten
1 EL	gehacktes Basilikum

Zubereitung

- Aus Mehl, Ei, Öl und Wasser einen glatten Teig kneten und 20 Minuten rasten lassen.
- Teig dünn ausrollen, dünne Nudeln schneiden und in Salzwasser kochen.
- Tomaten enthäuten, entkernen und würfelig schneiden.
- Gekochte Nudeln mit Tomatenwürfeln und Basilikum vermischen.

VK | LVK | DIAB | LIP | PUR

Nährwerte pro Portion

kcal	kJ	EW	Fett	KH
279	1.170	10 g	5 g	47 g

Ball	Chol	HS	BE
6 g	50 mg	51 mg	4

Spargel-Erbsen-Gemüse

Zutaten für 4 Portionen

150 g	Erbsen
250 g	Spargel
5 g	Zucker
15 g	Weizenvollkornmehl
10 g	Diätmargarine
200 ml	Kalbsfond
30 ml	Acidophilusmilch
	Salz, Pfeffer
1 EL	gehackte Petersilie
	Minze

Zubereitung

– Erbsen kochen.
– Spargel mit Zucker kochen.
– Mehl in Diätmargarine anschwitzen und mit Kalbsfond und Acidophilusmilch aufgießen und verkochen.
– Abschmecken und würzen.
– Erbsen und Spargel beigeben und nochmals kurz aufkochen.
– Mit Petersilie abschmecken und mit Minzeblättern garnieren.

VK | DIAB | RED | LIP

Nährwerte pro Portion

kcal	kJ	EW	Fett	KH
88	367	6 g	3 g	10 g

Ball	Chol	HS	BE	
3 g	4 mg	82 mg	0,5	

Linsen-Kürbis-Gemüse

Zutaten für 4 Portionen

40 g	Lauch
1	Knoblauchzehe
20 g	Diätmargarine
200 g	Kürbis
100 g	Linsen
100 ml	Gemüsefond
70 ml	Acidophilusmilch
1	Spritzer Essig
	Salz, Pfeffer
	frischer Thymian

Zubereitung

– Lauch fein schneiden und mit zerdrücktem Knoblauch in Diätmargarine anschwitzen.
– Kürbis schälen und raffeln.
– Geraffelten Kürbis zum Lauch geben und mit anschwitzen.
– Linsen halb weich kochen und ebenfalls beigeben.
– Mit Gemüsefond aufgießen und fertig dünsten.
– Mit Acidophilusmilch vollenden und und mit einem Spritzer Essig, Salz, Pfeffer und frischem Thymian abschmecken.

VK | DIAB | RED | LIP | PUR

Nährwerte pro Portion

kcal	kJ	EW	Fett	KH
96	402	4 g	5 g	8 g

Ball	Chol	HS	BE
2 g	2 mg	27 mg	–

Gegrillter Radicchio

Zutaten für 4 Portionen

400 g	Radicchio
	Salz, Pfeffer, Thymian
20 ml	Olivenöl

Zubereitung

– Radicchio halbieren und würzen.
– Mit Öl beträufeln und kurz grillen.

VK | DIAB | RED | LIP | PUR

Nährwerte pro Portion

kcal	kJ	EW	Fett	KH
58	241	1 g	5 g	2 g

Ball	Chol	HS	BE
2 g	+	10 mg	–

Karottenrotkraut

Zutaten für 4 Portionen

250 g	Rotkraut
80 g	Jungzwiebel oder Lauch
15 g	Margarine
30 ml	Rotwein
100 ml	Gemüsefond
80 ml	Apfelsaft
1/2	Zitrone
	Salz, Pfeffer, Thymian, Nelken
1	Zimtstange
	Orangenschale
150 g	Karotten

Zubereitung

– Rotkraut fein schneiden.
– Jungzwiebeln oder Lauch fein schneiden und in Margarine anschwitzen.
– Rotkraut dazugeben und mit anschwitzen.
– Mit Rotwein, Gemüsefond, Apfelsaft und dem Saft einer halben Zitrone aufgießen.
– Gewürze dazugeben und dünsten lassen.
– Karotten raffeln, zum Kraut geben und mitdünsten.
– Abschmecken.

VK | DIAB | RED | LIP | PUR

Nährwerte pro Portion

kcal	kJ	EW	Fett	KH
85	356	2 g	4 g	8 g

Ball	Chol	HS	BE
3 g	+	43 mg	–

Karottenflan

Zutaten für 4 Portionen

200 g	Karotten
120 g	Kartoffeln
20 g	Mehl
50 ml	Kaffeeobers
2	Eidotter
	Muskat, Salz
	flüssiger Süßstoff
3	Eiklar

Zubereitung

- Karotten und geschälte Kartoffeln kochen und passieren.
- Mehl, Kaffeeobers und Dotter verrühren, würzen und mit dem Karotten-Kartoffel-Püree vermengen.
- Eiklar zu Schnee schlagen und unter die Masse heben.
- Die Masse in eine Auflaufform füllen und im Wasserbad bei 150 °C ca. 25 Minuten pochieren.

Anmerkung: Dieser Flan kann auch mit anderen Gemüsesorten zubereitet werden.

VK	LVK	DIAB	RED	LIP	PUR

Nährwerte pro Portion

kcal	kJ	EW	Fett	KH
112	468	6 g	5 g	10 g

Ball	Chol	HS	BE
3 g	120 mg	16 mg	0,5

Rote-Rüben-Kren

Zutaten für 4 Portionen

300 g	rote Rüben
40 g	Lauch
5 g	Margarine
	Salz, Pfeffer, Thymian
1	Spritzer Essig
1	Lorbeerblatt
150 ml	Gemüsefond
60 ml	Acidophilusmilch
10 g	Dinkelmehl
	etwas Kren
	gemahlener Kümmel

Zubereitung

- Gekochte rote Rüben raffeln.
- Lauch fein schneiden und in Margarine anschwitzen.
- Die geraffelten Rüben zum Lauch geben, würzen und mit dem Gemüsefond aufkochen.
- Acidophilusmilch mit Mehl mischen und zum Binden einrühren.
- Mit frisch geriebenem Kren und gemahlenem Kümmel abschmecken.

VK	DIAB	RED	LIP	PUR

Nährwerte pro Portion

kcal	kJ	EW	Fett	KH
61	254	2 g	2 g	7 g

Ball	Chol	HS	BE
2 g	2 mg	24 mg	–

Rote-Rüben-Polenta-Nockerln

Zutaten für 4 Portionen

200 ml	Rote-Rüben-Saft
80 g	Maisgrieß (Polenta)
20 ml	Sauerrahm
	Muskat, Salz, Pfeffer
1	Eidotter
1	Eiklar
10 g	Diätmargarine

Zubereitung

- Rote-Rüben-Saft aufkochen und Maisgrieß einkochen.
- Sauerrahm, Muskat, Salz, Pfeffer und Dotter einrühren.
- Eiklar halbfest aufschlagen und unterheben.
- Mit einem Löffel Nockerln ausstechen und in Diätmargarine backen.

VK	DIAB	RED	LIP	PUR

Nährwerte pro Portion

kcal	kJ	EW	Fett	KH
131	549	5 g	7 g	12 g

Ball	Chol	HS	BE
0,5 g	56 mg	14 mg	1

Polenta-Topfen-Auflauf

Zutaten für 4 Portionen

350 ml	Magermilch oder Gemüsefond
	Salz, Pfeffer, Muskat
100 g	Maisgrieß (Polenta)
2	Eidotter
150 g	Magertopfen
3	Eiklar
20 g	Vollkornmehl
1 EL	geschnittener Schnittlauch

Zubereitung

- Milch oder Gemüsefond mit Maisgrieß und Salz, Pfeffer und Muskat aufkochen und ausquellen lassen. Während des Ausquellens öfter umrühren.
- Dotter und Topfen nach und nach einrühren.
- Eiklar zu Schnee schlagen.
- Schnee und Mehl unterheben und Schnittlauch darunter mischen.
- In Darioleformen geben und im Wasserbad bei 180 °C ca. 40 Minuten pochieren.
- Stürzen und anrichten.

VK	LVK	DIAB	PUR

Nährwerte pro Portion

kcal	kJ	EW	Fett	KH
211	884	16 g	7 g	21 g

Ball	Chol	HS	BE
1 g	123 mg	10 mg	2

Vollkorngrieß- schnitten

Zutaten für 4 Portionen

1/4 l	Magermilch
1/4 l	Gemüsefond
	Salz, Pfeffer, Muskat
20 g	Diätmargarine
250 g	Vollkorngrieß
1	Ei
20 g	Margarine

Zubereitung

– Milch und Gemüsefond mit Salz, Pfeffer, Muskat und Margarine aufkochen.
– Grieß einrühren und kurz ausquellen lassen.
– Ei einrühren.
– Die Masse auf ein Gastronormblech aufstreichen und erkalten lassen.
– In Stücke schneiden und in Margarine braten.

VK | LVK | DIAB | LIP | PUR

Nährwerte pro Portion

kcal	kJ	EW	Fett	KH
239	998	7 g	10 g	31 g

Ball	Chol	HS	BE
3 g	33 mg	35 mg	3

Grießroulade mit Gemüsefüllung

Zutaten für 4 Portionen

170 ml	Magermilch
10 g	Diätmargarine
85 g	Weizengrieß
2	Scheiben Vollkorntoastbrot
2	Eier
30 g	gelbe Rüben
30 g	Zucchini
10 g	Margarine
30 g	Maiskörner
1/16 l	Gemüsefond
1 EL	gehackte Petersilie
	Salz, Muskat
8	Spinatblätter
1	Ei

Zubereitung

– Milch mit Margarine aufkochen.
– Grieß einrühren und überkühlen lassen.
– Toastbrot entrinden und würfelig schneiden.
– In die Grießmasse Eier einrühren und die Toastbrotwürfeln untermischen.
– Auf eine befettete Alufolie die Grießmasse mit Hilfe einer Frischhaltefolie rechteckig ca. 5 mm dick ausrollen.
– Gelbe Rüben und Zucchini in Würfel schneiden und in Margarine kurz anschwitzen.
– Maiskörner kochen und dazu geben, mit Gemüsefond aufgießen und alles bissfest dünsten.
– Gehackte Petersilie, Salz und Muskat darunter mengen.
– Spinatblätter blanchieren und auf die ausgerollte Grießmasse legen.
– Gemüse auf die Spinatblätter geben, dabei das obere Drittel frei lassen.
– Mit Hilfe der Folie zusammenrollen und die Enden fest zusammendrehen.
– Roulade mit Ei bestreichen.
– Im Wasserbad bei ca. 85 °C 35 Minuten pochieren.

VK | LVK | DIAB | LIP | PUR

Nährwerte pro Portion

kcal	kJ	EW	Fett	KH
214	894	9 g	8 g	24 g

Ball	Chol	HS	BE
3 g	129 mg	34 mg	2

Dinkelnockerln

Zutaten für 4 Portionen

120 g	feines, ausgesiebtes Dinkelmehl
1	Ei
100 ml	Magermilch
	Salz
50 g	Zwiebel
20 g	Diätmargarine
	Kräutersalz
3 EL	geschnittener Schnittlauch

Zubereitung

– Mehl, Ei, Milch und Salz glatt rühren.
– Den Teig durch ein Nockerlsieb in kochendes Salzwasser streichen.
– Nockerln kochen, abseihen und kalt abspülen.
– Zwiebeln hacken und in Diätmargarine kurz anschwitzen, Nockerln dazugeben.
– Mit Kräutersalz und fein geschnittenem Schnittlauch würzen.

Anmerkung: Für leichte Vollkost ohne Zwiebeln zubereiten.

VK | LVK | DIAB | LIP | PUR

Nährwerte pro Portion

kcal	kJ	EW	Fett	KH
172	721	6 g	6 g	24 g

Ball	Chol	HS	BE
2 g	50 mg	42 mg	2

Dinkel-Topfen-Nockerln mit Petersilie

Zutaten für 4 Portionen

3 EL	gehackte Petersilie
250 g	Magertopfen
50 g	Dinkelmehl
1	Ei
	Salz, Pfeffer
80 g	Zucchinistreifen

Zubereitung

- Alle Zutaten miteinander verrühren und rasten lassen.
- Kleine Nockerln formen und in Salzwasser kochen.

VK | LVK | DIAB | RED | LIP | PUR

Nährwerte pro Portion

kcal	kJ	EW	Fett	KH
118	496	10 g	3 g	12 g

Ball	Chol	HS	BE
0,7 g	55 mg	16 mg	1

Dinkellaibchen mit Paprika

Zutaten für 4 Portionen

250 ml	Gemüsefond
	Salz
1	Lorbeerblatt
100 g	Dinkelschrot
90 g	Paprika
1	Ei
	Petersilie
	Muskat, Oregano
60 ml	Acidophilusmilch
50 g	Brösel
20 ml	Sonnenblumenöl

Zubereitung

- Gemüsefond mit Salz und Lorbeerblatt aufkochen.
- Dinkelschrot einkochen.
- Paprika in Würfel schneiden.
- Ei, Petersilie, Gewürze und Paprikawürfel einrühren, aufkochen und kalt stellen.
- Mit Acidophilusmilch mischen.
- Kleine Laibchen formen, in Bröseln wenden und in Sonnenblumenöl langsam braten.

VK | DIAB | LIP | PUR

Nährwerte pro Portion

kcal	kJ	EW	Fett	KH
193	808	6 g	7 g	27 g

Ball	Chol	HS	BE
4 g	52 mg	43 mg	2

Vollkornserviettenknödel

Zutaten für 4 Portionen

250 g	Vollkornbrot
20 g	Walnüsse
1/8 l	Magermilch
3	Eier
	Salz, Muskat
1 EL	gehackte Petersilie
20 g	Diätmargarine

Zubereitung

- Vollkornbrot würfelig schneiden.
- Walnüsse hacken.
- Brotwürfel mit Milch, Eidotter, Salz, Muskat, Nüssen und Petersilie vermengen.
- Eiklar zu Schnee schlagen und unter die Masse heben.
- Eine Stoffserviette mit Diätmargarine bestreichen, die Masse darauf verteilen, einrollen und zubinden.
- In Salzwasser 20–25 Minuten kochen.
- Aus der Serviette nehmen und portionieren.

VK | LVK | DIAB | PUR

Nährwerte pro Portion

kcal	kJ	EW	Fett	KH
256	1.073	11 g	12 g	26 g

Ball	Chol	HS	BE
6 g	149 mg	41 mg	2

Bulgurgnocchi

Zutaten für 4 Portionen

75 g	Bulgur
150 ml	Gemüsefond
1	Ei
30 ml	Sauerrahm
60 g	Dinkelmehl
	Muskat, Salz, Pfeffer
1 EL	gehackte Petersilie
10 g	Diätmargarine
8	Spinatblätter

Zubereitung

- Bulgur im Gemüsefond kochen und ausdünsten lassen.
- Dotter, Sauerrahm, Mehl, Muskat, Salz, Pfeffer und Petersilie einrühren.
- Eiklar zu Schnee schlagen und unter die Masse heben.
- Aus dem Teig daumendicke Rollen in beliebiger Länge formen und in 3 cm lange Stücke schneiden. Mit einem Gabelrücken die typischen Rillen anbringen.
- Gnocchi in wenig Diätmargarine braten.
- Spinatblätter blanchieren.
- Die gebratenen Bulgurgnocchi auf den Spinatblättern anrichten.

VK | LVK | DIAB | RED | LIP | PUR

Nährwerte pro Portion

kcal	kJ	EW	Fett	KH
169	707	5 g	6 g	24 g

Ball	Chol	HS	BE
3 g	53 mg	35 mg	2

Bulgur:

Bei Bulgur handelt es sich um entspelzten, in Dampf gegarten und getrockneten Hartweizen, der anschließend in verschiedene Feinheitsgrade gebrochen wird. Aufgrund des Vorkochens und Dörrens ist Bulgur rasch zuzubereiten. Im Verhältnis 2:1 in Brühe oder Wasser bei milder Hitze ca. 20 Minuten ausquellen lassen oder in kaltem Wasser mehrere Stunden einweichen und auspressen. Für süße und pikante Vollwertgerichte geeignet.

Schwarzbrot-dunstkoch

Zutaten für 4 Portionen

40 g	Lauch
1	Knoblauchzehe
5 g	Diätmargarine
125 g	altbackenes Brot
80 ml	Magermilch
20 ml	Sauerrahm
20 g	Diätmargarine
2	Eier
	Petersilie
	Kümmel, Majoran, Muskat
200 g	Spinatblätter

Zubereitung

- Lauch in Ringe schneiden und mit Knoblauch in Diätmargarine anschwitzen.
- Brot würfelig schneiden und mit Milch und Sauerrahm befeuchten.
- Aus Diätmargarine und Eidotter einen Abtrieb machen.
- Lauch, Brotwürfel, gehackte Petersilie und Gewürze in den Abtrieb rühren.
- Eiklar zu Schnee schlagen und unter die Masse heben.
- In Darioleformen füllen und im Wasserbad bei 150 °C pochieren.
- Spinatblätter pochieren, auf Teller legen und das Dunstkoch darauf stürzen.

VK | LVK | DIAB | RED | LIP | PUR

Nährwerte pro Portion

kcal	kJ	EW	Fett	KH
167	698	6 g	9 g	16 g

Ball	Chol	HS	BE
2 g	102 mg	21 mg	1

Laugen-scheiterhaufen

Zutaten für 4 Portionen

100 g	altbackenes Laugengebäck
60 g	Lauch
5 g	Diätmargarine
90 ml	Magermilch
75 ml	Kaffeeobers
1	Ei
80 g	Äpfel
6 g	Brotgewürz

Zubereitung

- Laugengebäck schneiden.
- Lauch in Ringe schneiden und die Hälfte davon in Diätmargarine anschwitzen.
- Milch, 25 ml Kaffeeobers, ein halbes Ei und Gewürze hinzufügen und abmischen.
- Äpfel schälen und in Spalten schneiden.
- Den restlichen Lauch mit den Apfelspalten anschwitzen.
- Die Hälfte des Laugengebäcks in eine Auflaufform geben und mit Apfelfülle belegen.
- Den zweiten Teil der Laugengebäckmasse darauf geben und mit dem restlichen Ei und dem restlichen Kaffeeobers übergießen.
- Im Rohr bei 180 °C ca. 40 Minuten backen.

VK | DIAB | RED | LIP | PUR

Nährwerte pro Portion

kcal	kJ	EW	Fett	KH
165	690	6 g	6 g	22 g

Ball	Chol	HS	BE
2 g	59 mg	20 mg	1,5

Gemüsenaturreis

Zutaten für 4 Portionen

50 g	Zwiebel
25 g	Karotten
30 g	Champignons
50 g	Brokkoli
20 g	Diätmargarine
120 g	Naturreis
	Salz
200 ml	Wasser

Zubereitung

– Zwiebel fein schneiden.
– Karotten und Champignons würfelig schneiden.
– Brokkoli in Röschen teilen.
– Gemüse in Diätmargarine anschwitzen.
– Naturreis dazugeben, salzen, durchrühren, mit Wasser aufgießen und dünsten.

Anmerkung: Für leichte Vollkost ohne Zwiebeln zubereiten.

VK | LVK | DIAB | RED | LIP | PUR

Nährwerte pro Portion

kcal	kJ	EW	Fett	KH
150	627	3 g	5 g	24 g

Ball	Chol	HS	BE
2 g	–	54 mg	2

Tomatenrisotto

Zutaten für 4 Portionen

160 g	Risottoreis
15 g	Diätmargarine
	etwas Weißwein
40 ml	Tomatensaft
1/8 l	Gemüsefond
4	Tomaten
	Salz, Pfeffer
5	frische Basilikumblätter
40 g	Parmesan

Zubereitung

– Reis waschen und gut abtropfen lassen.
– Reis in Diätmargarine anschwitzen und mit Weißwein ablöschen.
– Abwechselnd mit Tomatensaft und Gemüsefond unter ständigem Rühren einkochen, bis der Reis bissfest ist.
– Tomaten enthäuten, entkernen, in Würfel schneiden und unter den Reis mengen.
– Mit Salz und Pfeffer abschmecken.
– Klein geschnittene Basilikumblätter untermischen.
– Mit frisch geriebenem Parmesan vollenden.

Anmerkung: Für purinarme Kost ohne Weißwein zubereiten.

VK | DIAB | LIP | PUR

Nährwerte pro Portion

kcal	kJ	EW	Fett	KH
228	954	7 g	8 g	33 g

Ball	Chol	HS	BE
1 g	8 mg	43 mg	2,5

Naturreisdunstkoch

Zutaten für 4 Portionen

60 g	Naturreis
20 g	Stangensellerie
20 g	Karotten
20 g	Diätmargarine
2	Eidotter
60 ml	Magermilch
60 ml	Gemüsefond
40 g	Dinkelmehl
	Muskat, Salz, Pfeffer
1 EL	gehackte Petersilie
2	Eiklar

Zubereitung

– Naturreis kochen.
– Stangensellerie und Karotten würfelig schneiden und blanchieren.
– Abtrieb aus Margarine und Dotter zubereiten.
– Mehl mit Milch verrühren und mit dem Gemüsefond aufkochen, kurz überkühlen lassen und zum Abtrieb geben.
– Blanchiertes Gemüse, Reis, Gewürze und Petersilie dazugeben.
– Eiklar zu Schnee schlagen und unter die Masse heben.
– Eine Auflaufform mit Folie auskleiden, die Masse einfüllen und im Wasserbad bei 160 °C pochieren.

Anmerkung: Anstelle von Naturreis kann auch Wildreis verwendet werden.

VK | LVK | DIAB | RED | LIP | PUR

Nährwerte pro Portion

kcal	kJ	EW	Fett	KH
165	690	5 g	7 g	19 g

Ball	Chol	HS	BE
1 g	95 mg	38 mg	1,5

Gratinierte Kartoffeln

Zutaten für 4 Portionen

120 g	Kartoffeln
1	Ei
40 g	Parmesan
1/16 l	Magermilch
	Salz, Pfeffer, Muskat, gemahlener Kümmel
50 g	Schalotten
15 g	Diätmargarine
50 g	Pilze
1 EL	gehackte Kräuter: Petersilie, Majoran, Thymian
1 EL	geschnittener Schnittlauch
4	mittelgroße Kartoffeln

Zubereitung

– Kartoffeln kochen und schälen.
– Ei, die Hälfte des geriebenen Parmesans, Milch, Kartoffeln und Gewürze mixen, sodass eine dickflüssige Sauce entsteht.
– Schalotten klein schneiden und in Diätmargarine anschwitzen.
– Pilze schneiden und mit den Kräutern zu den Schalotten geben, durchschwenken, erkalten lassen und unter die Sauce mischen.
– Die Sauce abschmecken.
– Vier Kartoffeln in der Schale kochen, schälen und in Scheiben schneiden.
– Die Kartoffelscheiben fächerförmig auflegen und mit einem Löffel die Gratiniersauce großzügig darüber ziehen.
– Den restlichen geriebenen Parmesan darüber streuen und im Rohr ca. 35 Minuten goldgelb überbacken.

VK | DIAB | LIP | PUR

Nährwerte pro Portion

kcal	kJ	EW	Fett	KH
211	885	9 g	8 g	24 g

Ball	Chol	HS	BE
4 g	58 mg	37 mg	2

Kartoffel-Pilz-Krapfen

Zutaten für 4 Portionen

300 g	mehlige Kartoffeln
80 g	Pilze
15 g	Diätmargarine
1	Eidotter
	Salz, Pfeffer
	Majoran, Muskat
1–2	Golden-Delicious-Äpfel

Zubereitung

– Kartoffeln schälen, kochen, abseihen, ausdampfen lassen und passieren.
– Pilze schneiden und in Diätmargarine sautieren.
– Die Pilze mit Eidotter und passierten Kartoffeln vermengen und würzen.
– Äpfel schälen, in Würfel schneiden, kurz überkochen und abkühlen lassen.
– Äpfel unter die Pilz-Kartoffel-Masse mengen.
– Pilz-Kartoffel-Masse mit dem Dressiersack auf ein Blech dressieren und im Rohr bei 180 °C ca. zehn Minuten goldbraun backen.

Anmerkungen: Für leichte Vollkost nur Champignons verwenden.
Diese Beilage passt gut zu Wild oder Wildgeflügel.

VK | LVK | DIAB | RED | LIP | PUR

Nährwerte pro Portion

kcal	kJ	EW	Fett	KH
124	519	3 g	5 g	17 g

Ball	Chol	HS	BE
3 g	57 mg	32 mg	1,5

Safrankartoffel-püree

Zutaten für 4 Portionen

600 g	mehlige Kartoffeln
	Salz
	einige Fäden Safran
20 g	Diätmargarine
1/4 l	Magermilch
	Salz, Muskat, Pfeffer

Zubereitung

– Kartoffeln schälen und vierteln.
– Mit Salz und Safranfäden kochen, abseihen und kurz ausdampfen lassen.
– Die Kartoffeln passieren.
– Margarine und Milch einrühren.
– Mit Salz, Pfeffer und Muskat gut abschmecken.

Anmerkung: Diese Beilage passt sehr gut zu Fisch- oder Geflügelgerichten.

VK | LVK | DIAB | RED | LIP | PUR

Nährwerte pro Portion

kcal	kJ	EW	Fett	KH
162	680	5 g	4 g	24 g

Ball	Chol	HS	BE
4 g	+	24 mg	2

Kartoffelpudding

Zutaten für 4 Portionen

150 g	Kartoffeln
20 g	Mehl
50 ml	Sauerrahm
2	Eidotter
	Salz, Muskat
3	Eiklar

Zubereitung

– Kartoffeln kochen, schälen und passieren.
– Mehl, Sauerrahm, Dotter, Salz und Muskat dazugeben und gut vermischen.
– Eiklar zu Schnee schlagen und unterheben.
– In eine Form füllen und im Wasserbad bei 150 °C pochieren.
– Stürzen und anrichten.

VK | LVK | DIAB | RED | LIP | PUR

Nährwerte pro Portion

kcal	kJ	EW	Fett	KH
105	441	6 g	5 g	9 g

Ball	Chol	HS	BE
1 g	118 mg	9 mg	0,5

Zucchini-Pilz-Kartoffel-Gröstl

Zutaten für 4 Portionen

300 g	Kartoffeln
1 TL	Curry
150 g	Zucchini
100 g	Pilze
20 ml	Maiskeimöl
	Salz, Pfeffer, Thymian

Zubereitung

– Kartoffeln schälen und in Currywasser kochen.
– Kartoffeln, Zucchini und Pilze in beliebige Form schneiden und in Maiskeimöl leicht sautieren.
– Mit Salz, Pfeffer und frischem Thymian würzen.

VK | DIAB | RED | LIP | PUR

Nährwerte pro Portion

kcal	kJ	EW	Fett	KH
108	451	3 g	5 g	12 g

Ball	Chol	HS	BE
3 g	+	35 mg	1

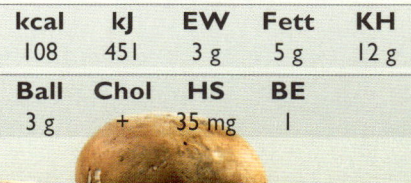

189

Salate & Rohkost

Salate, aus den unterschiedlichsten Rohstoffen hergestellt, sind eine weitere Ergänzung der Hauptspeise. Sie eignen sich aber auch sehr gut als kalte Vorspeise oder als kleiner Imbiss zwischendurch.

Salate sind meist roh und deshalb optimale Vitamin- und Mineralstofflieferanten. Zur Erhaltung der Vitamine und Mineralstoffe und wegen des Geschmackes sollen Salate immer aus besten, möglichst erntefrischen Rohstoffen frisch zubereitet

werden. Blattsalate sollen unter fließendem Wasser gut gewaschen werden. Lässt man Salate längere Zeit im Wasser liegen, entstehen Vitamin- und Mineralstoffverluste durch Auslaugen.
Entscheidend für die Optik sind die Schnittformen

und die farbliche Zusammenstellung. Die geschmackliche Vollendung erhalten Salate durch die genau abgestimmten Salatsaucen. Hochwertige Pflanzenöle, wie Oliven-, Walnuss-, Sesam-, Kürbis- oder Sonnenblumenöl, geben den Salaten die besondere Note und versorgen unseren Körper mit den lebensnotwendigen ungesättigten Fettsäuren und mit Vitamin E. Dressings und Marinaden auf Joghurtbasis, vermischt mit frischen Kräutern, sind fettarm und für die Diätküche sehr gut geeignet.

Frische Kräuter und entsprechend ausgewählte Gewürze ermöglichen die Reduzierung von Speisesalz, liefern zusätzliche Vitamine und geben den Salaten den typischen Geschmack.

Apfel-Kohlrabi-Frischkost
Zutaten für 4 Portionen

400 g	Kohlrabi
200 g	Äpfel
50 ml	Sauerrahm
30 g	Walnüsse
	flüssiger Süßstoff
	etwas Zitronensaft

Zubereitung
– Kohlrabi putzen und raspeln.
– Äpfel waschen, entkernen und raffeln.
– Gemüse und Äpfel mit Sauerrahm und gehackten Walnüssen vermengen und abschmecken.

VK | DIAB | RED | LIP | PUR

Nährwerte pro Portion

kcal	kJ	EW	Fett	KH
119	500	4 g	7 g	12 g

Ball	Chol	HS	BE
3 g	6 mg	39 mg	0,5

Apfel-Rotkraut-Rohkost
Zutaten für 4 Portionen

400 g	Rotkraut
200 g	Äpfel
50 g	Zwiebel
20 ml	Sonnenblumenöl
20 ml	Zitronensaft
20 g	Honig
50 ml	Cumberlandsauce

Zubereitung
– Rotkraut und Äpfel in sehr feine Streifen schneiden.
– Zwiebel in feine Würfel schneiden und mit Rotkraut und Äpfeln mischen.
– Öl, Zitronensaft, Honig und Cumberlandsauce darunter mischen, etwas ziehen lassen und abschmecken.

Anmerkung: Für Reduktions- und Diabeteskost anstelle des Honigs Süßstoff verwenden.

VK | DIAB | RED | LIP | PUR

Nährwerte pro Portion

kcal	kJ	EW	Fett	KH
142	594	2 g	5 g	20 g

Ball	Chol	HS	BE
4 g	–	51 mg	0,5

Blattsalate mit Schafkäse
Zutaten für 4 Portionen

280 g	gemischte Blattsalate: Lollo Rossa, Sauerampfer, Frisée-, Rucola-, Vogerlsalat
1	rote Zwiebel
4	Cocktailtomaten
1	Knoblauchzehe
1	Spritzer Sherryessig
30 ml	steirisches Kürbiskernöl
160 g	steirischer Schafkäse
1 EL	gehackte Petersilie
4	Kapuzinerkressenblüten

Zubereitung
– Blattsalate putzen, waschen und gut abtrocknen.
– Zwiebel in Ringe schneiden.
– Tomaten halbieren.
– Marinade aus zerdrückter Knoblauchzehe, Sherryessig und Öl zubereiten, über die Blattsalate geben und Zwiebel und Tomaten dazugeben.
– Schafkäse in gehackter Petersilie wälzen, in Scheiben schneiden und mit dem Salat auf Tellern anrichten.
– Mit Kapuzinerkressenblüten garnieren.

VK | DIAB | LIP | PUR

Nährwerte pro Portion

kcal	kJ	EW	Fett	KH
182	764	9 g	15 g	2 g

Ball	Chol	HS	BE
2 g	18 mg	56 mg	–

Blattsalate mit Joghurtdressing
Zutaten für 4 Portionen

320 g	gemischte Blattsalate
250 ml	Magerjoghurt
20 ml	frisch gepresster Orangensaft
5 ml	Zitronensaft
4 EL	gehackte Zitronenmelisse Zitronenpfeffer (Zitronenzesten mit grob geschrotetem weißem Pfeffer)

Zubereitung
– Blattsalate waschen und in mundgerechte Stücke teilen.
– Joghurt mit Orangensaft, Zitronensaft, einem Teil der Zitronenmelisse und dem Zitronenpfeffer gut mixen und abschmecken.
– Salat gefällig anrichten, mit Dressing überziehen und mit der restlichen Zitronenmelisse bestreuen.

VK | LVK | DIAB | RED | LIP | PUR

Nährwerte pro Portion

kcal	kJ	EW	Fett	KH
82	343	3 g	4 g	6 g

Ball	Chol	HS	BE
1 g	2 mg	26 mg	–

Lollo Rossa mit Orangenfilets
Zutaten für 4 Portionen

2	Lollo Rossa
200 g	Orangen
50 g	Karotten
50 g	Dörrpflaumen
60 ml	Apfelessig
12 ml	Distelöl
	Schnittlauch

Zubereitung
– Geputzten und gewaschenen Lollo Rossa in mundgerechte Stücke teilen.
– Orangen schälen und filetieren.
– Karotten in Julienne schneiden.
– Dörrpflaumen klein schneiden.

- Orangen, Karotten und Dörrpflaumen unter den Lollo Rossa mischen.
- Aus Essig und Öl eine Marinade bereiten, den Salat damit nappieren und mit nicht zu fein geschnittenem Schnittlauch bestreuen.

VK | DIAB | RED | LIP | PUR

Nährwerte pro Portion

kcal	kJ	EW	Fett	KH
114	478	3 g	5 g	12 g

Ball	Chol	HS	BE
4 g	–	36 mg	1

Löwenzahnsalat mit Sesamvinaigrette

Zutaten für 4 Portionen

300 g	gebleichter Löwenzahn
300 g	grüner Löwenzahn
	Salz
40 ml	Sherryessig
	Pfeffer
	Zitronenschale
40 ml	Sesamöl
40 g	Sesamsaat

Zubereitung

- Löwenzahn putzen und waschen.
- Salz in Essig auflösen, gemahlenen Pfeffer und geriebene Zitronenschale dazugeben.
- Sesamöl einrühren.
- Sesamsaat in einer trockenen Pfanne hell anrösten und zur Sauce vinaigrette geben.
- Die Marinade über den Salat geben und mit Sesamsaat bestreuen.

VK | DIAB | LIP | PUR

Nährwerte pro Portion

kcal	kJ	EW	Fett	KH
145	607	2 g	13 g	5 g

Ball	Chol	HS	BE
2 g	+	34 mg	–

Mischblattsalat mit Gartenkresse

Zutaten für 4 Portionen

60 ml	Rotwein- oder Balsamicoessig
20 ml	Distel- oder Sonnenblumenöl
	Salz, Pfeffer
50 g	Eisbergsalat
50 g	Radicchio
50 g	Eichblattsalat
50 g	Bataviasalat
100 g	Chicorée
30 g	Gartenkresse

Zubereitung

- Essig, Öl und Gewürze verrühren.
- Salate gründlich waschen und in mundgerechte Stücke zerteilen.
- Mischblattsalat mit Marinade und Gartenkresse vermengen, appetitlich anrichten und sofort servieren.

VK | LVK | DIAB | RED | LIP | PUR

Nährwerte pro Portion

kcal	kJ	EW	Fett	KH
64	269	2 g	5 g	2 g

Ball	Chol	HS	BE
2 g	–	16 mg	–

Radicchio mit Orangen-Zitronen-Marinade

Zutaten für 4 Portionen

1	Radicchio
1	Friséesalat
80 g	Rucolasalat
10 ml	Olivenöl
1	Zitrone
1/8 l	frisch gepresster Orangensaft
10 g	Honig
1 EL	gehackter Estragon

Zubereitung

- Salate putzen, waschen, trocknen und in mundgerechte Stücke teilen.
- Aus Öl, Zitronensaft, Orangensaft und Honig eine Marinade bereiten, über die Salate geben und mit gehacktem Estragon bestreuen.

Anmerkung: Für Reduktions- und Diabeteskost anstelle des Honigs Süßstoff verwenden.

VK | LVK | DIAB | RED | LIP | PUR

Nährwerte pro Portion

kcal	kJ	EW	Fett	KH
90	378	2 g	5 g	8 g

Ball	Chol	HS	BE
1 g	+	19 mg	–

Rohkostsalat

Zutaten für 4 Portionen

2	grüne Paprika
1	roter Paprika
70 g	Karotten
100 g	Avocado
100 g	Salatgurke
70 g	Äpfel
70 g	Birnen
70 g	Tomaten
1 Bd.	Frühlingszwiebeln
30 g	Radieschen
30 ml	Rotweinessig
20 ml	Sonnenblumenöl
1	Knoblauchzehe
2 EL	gehackte Kräuter: Basilikum, Minze, Dille
	Salz, Pfeffer
	flüssiger Süßstoff

Zubereitung

- Gemüse und Obst waschen, putzen und in gefällige Stücke schneiden.
- Aus Rotweinessig, Sonnenblumenöl, zerdrückter Knoblauchzehe und den Gewürzen eine Marinade zubereiten und über das Gemüse geben.

VK | DIAB | LIP | PUR

Nährwerte pro Portion

kcal	kJ	EW	Fett	KH
155	650	2 g	11 g	10 g

Ball	Chol	HS	BE
6 g	–	31 mg	0,5

Bunter Sommersalat
Zutaten für 4 Portionen

100 g	Radicchio
200 g	Friséesalat
100 g	Rucolasalat
300 g	Fleischtomaten
200 g	Salatgurken
80 g	Champignons
100 g	gelber Paprika
80 g	Zwiebel
30 ml	Weinessig
20 ml	Sonnenblumenöl
80 g	passierte Tomaten
30 g	Kren
30 g	Senf
1/8 l	Acidophilusmilch
20 g	verschiedene gehackte Gartenkräuter

Zubereitung
- Blattsalate putzen, waschen und in mundgerechte Stücke zupfen.
- Tomaten, Gurken, Champignons und Paprikaschoten in Scheiben bzw. Würfel schneiden.
- Für die Marinade Zwiebel feinwürfelig schneiden, mit Essig, Öl, den passierten Tomaten, frisch geriebenem Kren und Senf vermengen und zum Schluss Acidophilusmilch unterziehen.
- Vor dem Servieren die Mariande über den Salat geben und mit Gartenkräutern bestreuen.

VK | DIAB | RED | LIP | PUR

Nährwerte pro Portion

kcal	kJ	EW	Fett	KH
131	548	6 g	7 g	10 g

Ball	Chol	HS	BE
5 g	4 mg	52 mg	–

Feldsalat mit Krevetten
Zutaten für 4 Portionen

300 g	Feldsalat und Kapuzinerkresse
2 EL	gehackte Kräuter: Basilikum, Petersilie, Estragon, Liebstöckel
5 ml	Zitronensaft
20 ml	trockener Weißwein
100 ml	Geflügelfond
10 ml	Walnussöl
20 ml	kaltgepresstes Olivenöl Salz, weißer Pfeffer
200 g	Krevetten

Zubereitung
- Feldsalat und Kapuzinerkresse putzen, waschen und gut abtrocknen.
- Gehackte Kräuter mit Zitronensaft, Weißwein, Geflügelfond, Walnussöl und Olivenöl mischen und mit frisch gemahlenem weißem Pfeffer abschmecken.
- Salat auf Tellern anrichten, Krevetten darauf setzen und mit Marinade nappieren.

Anmerkung: Für Fettstoffwechseldiät und purinarme Kost ohne Krevetten zubereiten.

VK | DIAB | RED | LIP | PUR

Nährwerte pro Portion

kcal	kJ	EW	Fett	KH
159	667	12 g	11 g	2 g

Ball	Chol	HS	BE
2 g	76 mg	52 mg	–

Bohnen-Tomaten-Salat mit Schafkäse
Zutaten für 4 Portionen

400 g	Fisolen
30 ml	Sonnenblumenöl
30 ml	Essig
1	Knoblauchzehe Salz, Pfeffer
1 EL	gehackte Kräuter: Basilikum, Thymian, Oregano
270 g	Tomaten
50 g	Jungzwiebel
120 g	Schafkäse

Zubereitung
- Bohnen kochen.
- Aus Öl, Essig, Knoblauch, Gewürzen und Kräutern eine Marinade bereiten.
- Tomaten und Jungzwiebel klein schneiden.
- Fisolen in kleine Stücke schneiden und mit Tomaten und Zwiebeln mischen.
- Die Marinade über die Fisolen, Tomaten und Zwiebeln geben.
- Schafkäse in Würfel schneiden und mit den Kräutern auf dem Salat verteilen.

VK | DIAB | LIP

Nährwerte pro Portion

kcal	kJ	EW	Fett	KH
181	757	8 g	14 g	6 g

Ball	Chol	HS	BE
4 g	14 mg	60 mg	–

Brunnenkressesalat mit Mungobohnenkeimlingen
Zutaten für 4 Portionen

20 g	Honig Salz, Pfeffer
30 ml	Himbeeressig
5 ml	Zitronensaft
30 ml	Traubenkernöl
400 g	Brunnenkresse
150 g	Mungobohnenkeimlinge
70 g	frische Himbeeren

Zubereitung

- Honig mit Salz und frisch gemahlenem Pfeffer in Himbeeressig lösen.
- Zitronensaft dazugeben und Traubenkernöl langsam einrühren.
- Die geputzte Brunnenkresse mit Mungobohnenkeimlingen vermischen.
- Mit der Marinade beträufeln und mit Himbeeren garnieren.

Anmerkung: Für Reduktions- und Diabeteskost anstelle des Honigs Süßstoff verwenden.

VK | DIAB | RED | LIP | PUR

Nährwerte pro Portion

kcal	kJ	EW	Fett	KH
119	496	3 g	8 g	8 g

Ball	Chol	HS	BE
6 g	–	38 mg	0,5

Gemüsesalat mit Tofu

Zutaten für 4 Portionen

200 g Tofu
frischer Rosmarin
1/2 Knoblauchzehe
1 Zitrone
70 g Karotten
70 g gelbe Rüben
70 g Salatgurke
50 g roter Paprika
1 kleine rote Zwiebel
2 Tomaten
Kräutersalz, Pfeffer
30 ml Weißweinessig
Basilikumblätter
20 g Oliven
30 ml Olivenöl
100 g Sojasprossen

Zubereitung

- Tofu abtropfen lassen und in Würfel schneiden.
- Mit Rosmarin, zerdrücktem Knoblauch und dem Saft einer Zitrone etwa eine Stunde marinieren.
- Karotten und gelbe Rüben schälen, in Streifen schneiden, kurz blan-

chieren, abschrecken und gut abtropfen lassen.
- Gurken schälen und in Würfel schneiden.
- Paprika in Rauten schneiden.
- Rote Zwiebel in Streifen schneiden.
- Tomaten in Spalten schneiden und entkernen.
- Oliven entkernen und hacken.
- Essig, gehackte Basilikumblätter und Oliven mit Kräutersalz und Pfeffer verrühren.
- Mit einer Schneerute nach und nach das Olivenöl einschlagen.
- Marinierten Tofu mit Gemüsestücken und Sojasprossen vermengen, mit Marinade gut durchmischen und abschmecken.

VK | DIAB | LIP

Nährwerte pro Portion

kcal	kJ	EW	Fett	KH
177	739	8 g	13 g	7 g

Ball	Chol	HS	BE
4 g	+	56 mg	–

Bunter Sprossensalat

Zutaten für 4 Portionen

120 g Schalotten
200 g Tomaten
200 g Radieschen
100 g Vogerlsalat
20 ml Olivenöl
1 TL Senf
Salz, Pfeffer
1/2 Zitrone
flüssiger Süßstoff
160 g Sojakeimlinge

Zubereitung

- Gemüse in mundgerechte Stücke schneiden.
- Vogerlsalat gut waschen.
- Aus Olivenöl, Senf, Salz, Pfeffer, dem Saft einer halben Zitrone und Süßstoff eine Marinade zubereiten.

- Die Marinade mit Sojakeimlingen, Gemüse und Vogerlsalat mischen und den Salat gefällig anrichten.

VK | DIAB | RED | LIP | PUR

Nährwerte pro Portion

kcal	kJ	EW	Fett	KH
96	402	4 g	6 g	6 g

Ball	Chol	HS	BE
3 g	+	27 mg	–

Fitness-Salat

Zutaten für 4 Portionen

125 g Salatgurken
75 g grüner Paprika
50 g Karotten
30 g Radieschen
225 g Sellerie
350 g Weißkraut
30 g Radicchio
75 g Lauch
50 ml Obers
30 g Mayonnaise, 25 %
15 g Senf
10 g Ketschup
30 ml Essig
Salz und Pfeffer

Zubereitung

- Salatgurken in Scheiben schneiden.
- Paprika, Karotten, Radieschen und Sellerie in Streifen schneiden.
- Kraut fein hobeln.
- Radicchio waschen und in kleine Stücke schneiden.
- Lauch in Ringe schneiden.
- Alles vermischen.
- Aus Obers, Mayonnaise, Senf, Ketschup, Essig, Salz und Pfeffer eine Marinade bereiten und über den Salat geben.

VK | DIAB | RED | LIP

Nährwerte pro Portion

kcal	kJ	EW	Fett	KH
119	496	4 g	7 g	9 g

Ball	Chol	HS	BE
6 g	17 mg	75 mg	–

Lauchsalat mit Tomaten und Paprika
Zutaten für 4 Portionen

200 g	Lauch
1	roter Paprika
1	grüner Paprika
2 EL	Olivenöl
1/16 l	Weißwein
1	Lorbeerblatt
	einige Korianderkörner
2 TL	Zitronensaft
1 EL	gehackte Petersilie
	flüssiger Süßstoff
200 g	Tomaten

Zubereitung
- Lauch waschen und in Julienne schneiden.
- Rote und grüne Paprikaschoten in Würfel schneiden.
- Olivenöl erwärmen und den Lauch mit den Paprikawürfeln darin anschwitzen.
- Mit Weißwein aufgießen, Lorbeerblatt und Koriander hinzufügen und kernweich dünsten.
- Auskühlen lassen.
- Lorbeerblatt und Koriander herausnehmen.
- Für die Marinade Zitronensaft mit etwas Wasser und Petersilie vermischen und mit etwas Süßstoff abschmecken.
- Tomaten enthäuten und vierteln.
- Lauch und Paprika marinieren und Tomatenviertel untermischen.

VK | DIAB | RED | LIP | PUR

Nährwerte pro Portion

kcal	kJ	EW	Fett	KH
135	565	2 g	10 g	5 g

Ball	Chol	HS	BE
3 g	+	31 mg	–

Gurken-Mais-Salat
Zutaten für 4 Portionen

400 g	Salatgurken
80 g	Maiskörner (aus der Dose)
120 ml	Joghurt
1 TL	gehackte Dille
1 TL	Kerbel
	Gewürzsalz
	Pfeffer, Sojasauce
30 g	Radieschen

Zubereitung
- Gurken gründlich waschen, in Scheiben schneiden und mit den Maiskörnern mischen.
- Joghurt, Dille und Kerbel über den Salat geben.
- Mit Salz, Pfeffer und Sojasauce kurz durchmischen und mit geschnittenen Radieschen garnieren.

VK | DIAB | RED | LIP | PUR

Nährwerte pro Portion

kcal	kJ	EW	Fett	KH
49	207	2 g	0,8 g	8 g

Ball	Chol	HS	BE
2 g	+	14 mg	–

Marinierte Paprikastückchen
Zutaten für 4 Portionen

300 g	roter Paprika
300 g	gelber Paprika
300 g	grüner Paprika
1–2	Knoblauchzehen
	frischer Thymian
2 ml	Rotweinessig
30 ml	Olivenöl
	weißer Pfeffer
8	Cocktailtomaten

Zubereitung
- Paprika in kochendes Wasser legen, kalt abschrecken und anschließend die Haut abziehen.
- Paprika in Stücke schneiden und in eine Schüssel geben.
- Knoblauch in Scheiben schneiden, mit Thymianblättern, Essig und Öl verrühren und mit frisch gemahlenem Pfeffer würzen.
- Diese Mischung über die Paprikastücke geben.
- Etwa 30 Minuten ziehen lassen.
- Cocktailtomaten enthäuten und die Paprikastückchen damit garnieren.

VK | DIAB | RED | LIP | PUR

Nährwerte pro Portion

kcal	kJ	EW	Fett	KH
125	525	2 g	8 g	10 g

Ball	Chol	HS	BE
7 g	+	22 mg	–

Selleriesalat mit grünem Paprika
Zutaten für 4 Portionen

120 g	säuerliche Äpfel
120 g	feste Birnen
120 g	Stangensellerie
120 g	Paprika
1	Zitrone
12 ml	Distelöl
	Salz, Pfeffer
	verschiedene Blattsalate als Garnitur

Zubereitung
- Äpfel und Birnen schälen, entkernen und in kleine Stücke schneiden.
- Sellerie schälen und klein schneiden.
- Paprika klein schneiden.
- Obst- und Gemüsestücke mischen und mit dem Saft einer Zitrone, Öl, Salz und Pfeffer abschmecken.
- Salatblätter waschen und den Selleriesalat darauf anrichten.

VK | DIAB | RED | LIP | PUR

Nährwerte pro Portion

kcal	kJ	EW	Fett	KH
86	361	1 g	5 g	9 g

Ball	Chol	HS	BE
3 g	–	33 mg	0,5

Spargelsalat mit Haselnüssen

Zutaten für 4 Portionen

500 g	Spargel
100 ml	Spargelfond
30 ml	Rahm
20 ml	Joghurt
20 ml	Haselnussöl
10 ml	Weißweinessig
5 g	frischer Majoran
	Salz, Cayennepfeffer
4	Radieschen
20 g	geriebene Haselnüsse

Zubereitung

– Spargel kochen und in 2 cm lange Stücke schneiden. Die Spitzen beiseite legen.
– Spargelfond auf die Hälfte einkochen.
– Den Spargelfond mit Rahm, Joghurt, Haselnussöl und Weinessig gut mischen und mit Majoran, Salz und Cayennepfeffer abschmecken.
– Die Spargelstücke mit der Sauce mischen und auf Teller geben.
– Radieschen stäbchenförmig schneiden, über den Spargel verteilen und mit den Spargelspitzen garnieren.
– Fein geschnittene Haselnüsse in einer trockenen Bratpfanne anrösten und über den Salat streuen.

Anmerkungen: Für leichte Vollkost ohne Pfeffer, Cayennepfeffer und Radieschen zubereiten.
Das Gericht kann mit weißem und grünem Spargel zubereitet werden.

VK | LVK | DIAB | RED | LIP | PUR

Nährwerte pro Portion

kcal	kJ	EW	Fett	KH
100	418	3 g	8 g	3 g

Ball	Chol	HS	BE
2 g	4 mg	35 mg	–

Kartoffel-Gurken-Salat

Zutaten für 4 Portionen

450 g	Salatkartoffeln
140 g	Salatgurken
40 g	Radieschen
70 g	Jungzwiebel
80 g	roter Paprika
60 ml	Obstessig
1/8 l	Rindsuppe
40 ml	Sonnenblumenöl
1 TL	Senf
	Salz, Pfeffer
1 EL	geschnittener Schnittlauch

Zubereitung

– Kartoffeln waschen, in der Schale kochen, heiß schälen und in Scheiben schneiden.
– Gurke waschen, schälen, der Länge nach halbieren, entkernen und in Scheiben schneiden.
– Radieschen in Scheiben schneiden.
– Jungzwiebel und roten Paprika waschen und schneiden.
– Aus Essig, Rindsuppe, Öl, Senf, Salz und frisch gemahlenem Pfeffer eine Marinade bereiten.
– Kartoffeln, Gurken, Radieschen, Zwiebel und Paprika mit der Marinade vermischen und mit fein geschnittenem Schnittlauch und Radieschenscheiben garnieren.

VK | DIAB | LIP | PUR

Nährwerte pro Portion

kcal	kJ	EW	Fett	KH
196	823	4 g	11 g	20 g

Ball	Chol	HS	BE
4 g	2 mg	34 mg	1,5

Lauwarmer Kartoffelsalat

Zutaten für 4 Portionen

1 kg	Salatkartoffeln
1/2 l	Rindsuppe
40 ml	Sonnenblumenöl
30 ml	Hesperidenessig
	Salz, Pfeffer
2	Radieschen
	Schnittlauch
1	Zwiebel

Zubereitung

– Kartoffeln waschen, kochen und schälen und in Scheiben schneiden.
– Rindsuppe erhitzen, Öl, Essig, Salz und frisch gemahlenen Pfeffer beigeben und über die Kartoffeln gießen. Vorsichtig durchmengen!
– Radieschen in Scheiben schneiden und mit dem fein geschnittenen Schnittlauch über den Kartoffelsalat geben.

Anmerkung: Kartoffelsalat immer nur frisch servieren!

VK | DIAB | LIP | PUR

Nährwerte pro Portion

kcal	kJ	EW	Fett	KH
252	1.056	7 g	11 g	30 g

Ball	Chol	HS	BE
5 g	7 mg	54 mg	2,5

Hirsesalat

Zutaten für 4 Portionen

100 g	Hirse
75 g	tiefgekühlte Maiskörner
75 g	Kidneybohnen
75 g	roter Paprika
125 g	Zucchini
50 g	Zwiebel
50 ml	Sonnenblumenöl
30 ml	Weinessig
	Salz, Pfeffer
	etwas Knoblauch

Zubereitung

– Hirse fünf bis zehn Minuten in Wasser im Verhältnis 1 Teil Hirse zu 2,5 Teilen Wasser kochen.
– 15 Minuten quellen lassen und kalt stellen.
– Maiskörner und Kidneybohnen kochen.
– Paprika, Zucchini und Zwiebel in feine Würfel schneiden und unter die Hirse mischen.
– Maiskörner und Kidneybohnen ebenfalls dazugeben.
– Aus Sonnenblumenöl, Weinessig, Salz, Pfeffer und etwas zerdrücktem Knoblauch eine Marinade bereiten und über das Gemüse geben.

VK | DIAB | LIP | PUR

Nährwerte pro Portion

kcal	kJ	EW	Fett	KH
278	1.165	8 g	14 g	29 g

Ball	Chol	HS	BE
9 g	–	60 mg	2,5

Gerstensalat

Zutaten für 4 Portionen

125 g	Gerste
50 g	gemischte Pilze
150 g	Salatgurke
25 g	Radieschen
10 ml	Sonnenblumenöl
20 ml	Sherryessig
10 g	Waldhonig
1 EL	geschnittener Schnittlauch, gehacktes Basilikum
1	Messerspitze Curry
	Meersalz, Thymian

Zubereitung

– Gerstenkörner über Nacht in Wasser einweichen.
– Gerste mit dem Einweichwasser bei kleiner Hitze 20 Minuten kochen.
– 40 Minuten quellen und abkühlen lassen.
– Pilze sautieren.
– Salatgurke und Radieschen in kleine Würfel schneiden und mit den sautierten Pilzen vermengen.
– Aus Sonnenblumenöl, Sherryessig, Honig, etwas Schnittlauch und Basilikum eine Marinade bereiten, mit den Gewürzen abschmecken und mit dem Salat vermischen.
– Auf Tellern oder in Cocktailschalen anrichten und servieren.

Anmerkung: Für Reduktions- und Diabeteskost anstelle des Honigs Süßstoff verwenden.

VK | DIAB | RED | LIP | PUR

Nährwerte pro Portion

kcal	kJ	EW	Fett	KH
71	298	2 g	3 g	9 g

Ball	Chol	HS	BE
2 g	–	25 mg	0,5

Grünkernsalat mit Tomaten und Zucchini

Zutaten für 4 Portionen

200 g	Grünkern (Dinkel)
1/2 l	Gemüsefond
2	Lorbeerblätter
	Pfefferkörner
	Kräutersalz
1/32 l	Balsamicoessig
30 ml	Olivenöl
2	Knoblauchzehen
	Pfeffer
70 g	Jungzwiebel
100 g	Tomaten
70 g	Zucchini
70 g	grüne, gelbe und rote Paprika
2 EL	verschiedene gehackte Kräuter

Zubereitung

– Grünkern waschen, mit Gemüsefond, Lorbeerblättern, Pfefferkörnern und Kräutersalz kochen.
– Etwa 45 Minuten köcheln und zehn Minuten ziehen lassen.
– Anschließend auskühlen, abseihen und abtropfen lassen.
– Mit Essig, Öl und den Gewürzen marinieren und mindestens eine Stunde ziehen lassen.
– Jungzwiebel in Scheiben schneiden.
– Tomaten enthäuten, entkernen und in Würfel schneiden.
– Zucchini und Paprika in Würfel schneiden.
– Tomaten, Zucchini, Zwiebel und Paprika kurz vor dem Servieren unter den Grünkern mischen, eventuell nochmals abschmecken und mit frischen Kräutern bestreuen.

VK | DIAB | LIP | PUR

Nährwerte pro Portion

kcal	kJ	EW	Fett	KH
164	685	3 g	10 g	14 g

Ball	Chol	HS	BE
4 g	+	40 mg	1

Exotischer Reissalat

Zutaten für 4 Portionen

200 g	Reis
240 g	Hühnerbrust
	Salz
20 g	Diätmargarine
200 g	frische Ananas
200 g	reife Mango
2	Tomaten
1	kleiner Pfefferoni
1/4 l	Hühnerfond
20 ml	Sonnenblumenöl
20 ml	Weinessig
20 ml	Limettensaft
	Pfeffer
12	schwarze Oliven

Zubereitung

– Reis kochen, abseihen und kalt abschrecken.
– Hühnerbrüstchen salzen, in dünne Scheiben schneiden und in Diätmargarine kurz braten.
– Ananas und Mangos würfelig schneiden.
– Tomaten enthäuten, halbieren, entkernen und das Fruchtfleisch in Würfel schneiden.
– Pfefferoni entkernen und in Streifen schneiden.
– Hühnerfond mit Pfefferoni bis zur Hälfte einkochen, erkalten lassen und mit Öl, Essig und Limettensaft zu einer Salatsauce rühren und würzen.
– Hühnerbrüstchen auf dem Reis anrichten und die Ananas-, Mango- und Tomatenwürfel darauf verteilen.
– Salatsauce darüber gießen und mit schwarzen Oliven garnieren.

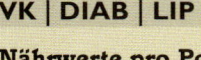

VK | DIAB | LIP

Nährwerte pro Portion

kcal	kJ	EW	Fett	KH
419	1.753	19 g	14 g	53 g

Ball	Chol	HS	BE
3 g	36 mg	140 mg	4,5

Sauerkraut-Sellerie-Potpourri

Zutaten für 4 Portionen

40 g	Schalotten
150 g	Äpfel (Cox' Orange)
150 g	Birnen
50 g	Champignons
150 g	Knollensellerie
200 g	Sauerkraut
1	Zitrone
	Salz
20 ml	Olivenöl
1/8 l	Sauerrahm
20 g	Sonnenblumenkerne
30 g	Gartenkresse

Zubereitung

– Schalotten fein würfelig schneiden.
– Äpfel und Birnen mit der Schale in Scheiben schneiden.
– Champignons und Sellerie in Scheiben schneiden und dazugeben.
– Sauerkraut untermischen.
– Mit Zitronensaft, geriebener Zitronenschale und etwas Salz würzen, mit Olivenöl abmischen.
– Auf Tellern gefällig anrichten, Sauerrahm darüber geben, mit Sonnenblumenkernen und Gartenkresse sowie Zitronenspalten dekorieren.

VK | DIAB | LIP

Nährwerte pro Portion

kcal	kJ	EW	Fett	KH
186	778	4 g	13 g	12 g

Ball	Chol	HS	BE
5 g	16 mg	67 mg	1

Sauerkrautrohkost mit Mungobohnenkeimlingen

Zutaten für 4 Portionen

70 g	Karotten
10 g	Sellerie
70 g	Äpfel
70 g	Salatgurke
270 g	mildes Sauerkraut
40 g	Mungobohnenkeimlinge
	etwas Apfelessig
	Salz

Zubereitung

– Karotten, Sellerie, Äpfel und Gurke in Julienne schneiden.
– Sauerkraut untermischen und mit Apfelessig und Salz abschmecken.

VK | DIAB | RED | LIP | PUR

Nährwerte pro Portion

kcal	kJ	EW	Fett	KH
29	122	2 g	0,3 g	4 g

Ball	Chol	HS	BE
4 g	–	23 mg	–

Salat von Fettuccine mit Rucola-Treviso-Blättern und gebratenen Hühnerstückchen

Zutaten für 4 Portionen

Zutaten für den Salat

200 g	Fettuccine
160 g	ausgelöstes Hühnerbrüstchen
	Salz, weißer Pfeffer
10 g	Diätmargarine
100 g	junge Rucola- und Treviso-salatblätter
1	rote Zwiebel
	frisches gehacktes Basilikum

Zutaten für die Marinade

1/2 Becher	Joghurt, 1 %
1/2 Becher	Sauerrahm
	Salz, Pfeffer
1	Knoblauchzehe

Zubereitung

– Teigwaren in Salzwasser al dente kochen und kalt abschrecken.
– Hühnerbrüstchen würzen und in Diätmargarine in einer beschichteten Pfanne goldgelb braten. Anschließend in Scheiben schneiden.
– Salatblätter putzen und waschen. Zwiebel fein hacken.
– Aus Joghurt, Rahm, Salz, Pfeffer und zerdrücktem Knoblauch eine cremige Sauce rühren (evtl. 1 EL Balsamicoessig beifügen).
– In einer Porzellanschüssel Salatblätter, Fettuccine, Hühnerbrüstchen und Zwiebel anrichten, mit cremiger Salatsauce überziehen und mit Basilikum bestreuen.

Anmerkung: Für leichte Vollkost ohne Zwiebel und Knoblauch zubereiten.

VK | LVK | DIAB | LIP | PUR

Nährwerte pro Portion

kcal	kJ	EW	Fett	KH
310	1.299	18,6 g	8,9 g	37,9 g
Ball	**Chol**	**HS**	**BE**	
3,2 g	87,4 mg	86,3 mg	3	

Dinkel-Gemüse-Salat

Zutaten für 4 Portionen

200 g	Dinkel
750 ml	Gemüsebouillon
2	Lorbeerblätter
	Pfefferkörner, Kräutersalz
3	Tomaten
150 g	Zucchini
200 g	Jungzwiebel
1/8 l	Apfelessig
4 EL	Sonnenblumen- oder Distelöl
	verschiedene gehackte Kräuter
	Salz, Pfeffer

Zubereitung

– Dinkel waschen und mit Gemüsebouillon, Lorbeerblättern, Pfefferkörnern und Kräutersalz aufkochen. 45 Minuten köcheln und zehn Minuten ziehen lassen. Auskühlen und abtropfen lassen.
– Mit Essig, Öl und den Gewürzen marinieren und mindestens eine Stunde ziehen lassen.
– Zucchini waschen und in Würfel schneiden, in Sonnenblumenöl kurz anschwitzen und überkühlen.
– Tomaten kreuzförmig einschneiden, kurz blanchieren, enthäuten, entkernen und in Würfel schneiden. Jungzwiebel putzen und in feine Scheiben schneiden.
– Jungzwiebel, Tomaten- und Zucchiniwürfel kurz vor dem Servieren unter den Dinkel mischen, abschmecken und mit frischen Kräutern bestreuen.

VK | DIAB | LIP | PUR

Nährwerte pro Portion

kcal	kJ	EW	Fett	KH
307	1.285	6,9 g	14,8 g	35,1 g
Ball	**Chol**	**HS**	**BE**	
6,2 g	–	79,4 mg	3	

Marinierter Gemüsesalat mit Mozzarellastückchen und Olivenöl

150 g	Frischgurke
80 g	Tomaten
60 g	Jungzwiebel
50 g	Zucchini
80 g	roter, grüner und gelber Paprika
4 EL	kaltgepresstes Olivenöl
2 EL	milder Balsamicoessig
1	Knoblauchzehe
100 g	Büffelmozzarella
	Salz, Pfeffer

Zubereitung

– Gurken schälen und entkernen. Tomaten kreuzförmig einschneiden, kurz blanchieren, schälen und entkernen.
– Restliches Gemüse putzen und waschen.
– Jungzwiebel, Gurken, Tomaten, Zucchini und Paprikaschoten in Würfel schneiden.
– Mit 3 EL Olivenöl, Balsamicoessig und zerdrücktem Knoblauch marinieren und mit Salz und Pfeffer abschmecken.
– Mozzarella würfelig schneiden und vorsichtig unter den Salat mischen.
– Mit 1 EL Olivenöl beträufeln.

VK | DIAB | RED | LIP | PUR

Nährwerte pro Portion

kcal	kJ	EW	Fett	KH
180	752	6,1 g	15,3 g	4,5 g
Ball	**Chol**	**HS**	**BE**	
2,7 g	11,6 mg	16,9 mg	–	

Gemüse-Bulgur-Salat mit Rosinen und Minze

Zutaten für 4 Portionen

160 g	Bulgur
4	Tomaten
4	kleine weiße Zwiebeln
2 EL	gehackte Petersilie
3 EL	Olivenöl
50 g	Rosinen
	Salz, grob gemahlener Pfeffer
1	ungespritzte Zitrone
	Minzeblätter

Zubereitung

– Bulgur nach Anleitung kochen.
– Tomaten kreuzförmig einschneiden, blanchieren, enthäuten und in kleine Würfel schneiden.
– Zwiebel fein hacken und mit Petersilie in Olivenöl anschwitzen. Rosinen waschen.
– Bulgur mit Tomaten, Zwiebeln und Rosinen vermischen und würzen.
– Auf flachen Tellern anrichten und mit Minze und Zitronendreiecken garnieren.

Anmerkung: Für Diabetiker ohne Rosinen zubereiten.

VK | DIAB | RED | LIP | PUR

Nährwerte pro Portion

kcal	kJ	EW	Fett	KH
252	1.056	4,8 g	8,1 g	38,9 g

Ball	Chol	HS	BE
5,9 g	–	51,2 mg	3

Pikanter Rindfleischsalat vom Mageren Meisel mit Kernölmarinade

Zutaten für 4 Portionen

320 g	gekochtes Mageres Meisel
100 g	rote Zwiebel
60 g	Essiggurkerl
50 g	gelber Paprika
1	große Fleischtomate
2 EL	geschnittener Schnittlauch
	Hesperidenessig
	Salz, Pfeffer
	etwas Zucker oder flüssiger Süßstoff
3 EL	Kürbiskernöl

Zubereitung

– Das gekochte Rindfleisch in Streifen schneiden; Zwiebel, Gurkerl und Paprika fein nudelig schneiden.
– Fleischtomate in kleine Spalten schneiden.
– Hesperidenessig mit Wasser verdünnen, Salz, Pfeffer und Zucker dazugeben.
– Die Essigmischung mit Rindfleisch und dem Gemüse mischen und ein bis zwei Stunden im Kühlschrank ziehen lassen.
– Kürbiskernöl und Schnittlauch darauf geben und anrichten.

VK | DIAB | RED | LIP | PUR

Nährwerte pro Portion

kcal	kJ	EW	Fett	KH
204	852	23,9 g	10,7 g	2,7 g

Ball	Chol	HS	BE
1,3 g	58,4 mg	143,3 mg	–

Marinaden, Dressings, Salatsaucen

Buttermilch-kräutersauce

Zutaten für 4 Portionen

150 ml Buttermilch
2 EL gehackte Kräuter: Petersilie, Dille, Sauerampfer, Borretsch
Pfeffer
10 ml Kräuteressig

Zubereitung

– Buttermilch mit Kräutern und Kräuteressig gut vermischen und würzen.

Anmerkung: Eignet sich gut für alle Blattsalate sowie für Gurken- und Tomatensalat.

VK | LVK | DIAB | RED | LIP | PUR

Nährwerte pro Portion

kcal	kJ	EW	Fett	KH
17	72	1 g	0,3 g	2 g

Ball	Chol	HS	BE
0,1 g	1 mg	0,3 mg	–

Kartoffeldressing

Zutaten für 4 Portionen

100 g Kartoffeln
100 ml Bouillon
25 ml Sherryessig
20 ml Olivenöl
25 g Zwiebel
Schnittlauch
flüssiger Süßstoff
Pfeffer

Zubereitung

– Kartoffeln schälen, kochen, durch-

pressen, mit Rindsuppe aufgießen und pürieren.
– Sherryessig und Olivenöl untermischen.
– Zwiebel und Schnittlauch fein schneiden, hinzufügen und abschmecken.

Anmerkungen: Dieses Dressing eignet sich sehr gut für Fleischsalate. Für leichte Vollkost ohne Zwiebel zubereiten.

VK | LVK | DIAB | RED | LIP | PUR

Nährwerte pro Portion

kcal	kJ	EW	Fett	KH
70	293	0,7 g	5 g	4 g

Ball	Chol	HS	BE
1 g	+	6 mg	–

Kräuterjoghurt-sauce

Zutaten für 4 Portionen

20 g Kapern
30 g Schalotten
1 Knoblauchzehe
20 g Stangensellerie
250 ml Joghurt
10 ml Balsamicoessig
weißer Pfeffer
2 EL gehackte Kräuter: Pimpernelle, Thymian, Rosmarin, Petersilie

Zubereitung

– Kapern hacken.
– Schalotten fein hacken und mit den Kapern und dem zerdrücktem Knoblauch mischen.

– Sellerie klein schneiden und darunter mischen.
– Abschließend mit Joghurt, Essig, Pfeffer und Kräutern gut abmischen.

Anmerkung: Dieses Dressing eignet sich sehr gut für Fleisch- oder Nudelsalate.

VK | DIAB | RED | LIP | PUR

Nährwerte pro Portion

kcal	kJ	EW	Fett	KH
56	236	3 g	2 g	7 g

Ball	Chol	HS	BE
1 g	2 mg	7 mg	–

Melissenjoghurt-sauce

Zutaten für 4 Portionen

250 ml Joghurt
40 ml Orangensaft
20 ml Zitronensaft
Salz, weißer Pfeffer
2 EL gehackte Zitronenmelisse

Zubereitung

– Joghurt mit Orangen- und Zitronensaft, Salz und frisch gemahlenem weißem Pfeffer abmischen.
– Frische Zitronenmelisse hacken und beigeben.

Anmerkung: Dieses Dressing eignet sich sehr gut für alle Blattsalate.

VK | LVK | DIAB | RED | LIP | PUR

Nährwerte pro Portion

kcal	kJ	EW	Fett	KH
38	160	2 g	0,7 g	5 g

Ball	Chol	HS	BE
0,1 g	2 mg	4 mg	–

Salatsauce für Fische und Meeresfrüchte
Zutaten für 4 Portionen

50 g	Schalotten
2	Sardellen
1	Ei
1 EL	gehackte Dille
1 EL	geschnittener Schnittlauch
1 EL	gehacktes Basilikum
20 ml	Weinessig
40 ml	Sonnenblumenöl
	Salz, Pfeffer

Zubereitung
– Schalotten fein hacken.
– Sardellen zerdrücken.
– Ei hart kochen und klein schneiden.
– Die Zutaten mischen, Kräuter hinzufügen und mit Essig, Öl, Salz und frisch gemahlenem Pfeffer abschmecken.

VK | DIAB | PUR

Nährwerte pro Portion

kcal	kJ	EW	Fett	KH
120	503	3 g	12 g	2 g

Ball	Chol	HS	BE
0,7 g	50 mg	15 mg	–

Topfendressing
Zutaten für 4 Portionen

80 g	Magertopfen
40 ml	Magermilch
1 TL	gehackte Petersilie
1 TL	gehackte Dille
1 TL	geschnittener Schnittlauch
10 g	Zwiebel
10 ml	Zitronensaft
	flüssiger Süßstoff
	weißer Pfeffer

Zubereitung
– Topfen mit Milch verrühren.
– Zwiebel fein hacken.
– Kräuter und Zwiebel unter den Topfen mischen, mit Zitronensaft, Süßstoff und frisch gemahlenem Pfeffer abschmecken.

Anmerkungen: Eignet sich gut für Gurken, Radieschen und Kartoffeln. Für leichte Vollkost ohne Zwiebel zubereiten.

VK | LVK | DIAB | RED | LIP | PUR

Nährwerte pro Portion

kcal	kJ	EW	Fett	KH
25	103	3 g	0,5 g	2 g

Ball	Chol	HS	BE
0,4 g	2 mg	0,8 mg	–

Topfen-Paprika-Dressing
Zutaten für 4 Portionen

80 g	Magertopfen
60 ml	Sauerrahm
1/2	Zitrone
30 ml	Magermilch
3 g	Paprikapulver
	Salz
	flüssiger Süßstoff

Zubereitung
– Topfen aufschlagen, Sauerrahm, Zitronensaft und Magermilch unterrühren und abschmecken.

Anmerkung: Dieses Dressing eignet sich sehr gut für Gemüsesalate und Rohkost.

VK | DIAB | RED | LIP | PUR

Nährwerte pro Portion

kcal	kJ	EW	Fett	KH
48	201	3 g	3 g	2 g

Ball	Chol	HS	BE
0,3 g	9 mg	0,4 mg	–

Zitronendressing
Zutaten für 4 Portionen

30 ml	Sonnenblumenöl
20 ml	Zitronensaft
70 ml	Gemüsefond
	flüssiger Süßstoff
	Selleriesalz
	Paprika, Pfeffer

Zubereitung
– Alle Zutaten miteinander gut abmischen.

Anmerkungen: Eignet sich sehr gut für alle Chicorréearten und für Endiviensalat. Für leichte Vollkost ohne Paprika zubereiten.

VK | LVK | DIAB | RED | LIP | PUR

Nährwerte pro Portion

kcal	kJ	EW	Fett	KH
74	311	0,6 g	8 g	1 g

Ball	Chol	HS	BE
0,7 g	–	1 mg	–

Desserts

Das Dessert bildet den kulinarischen Abschluss eines Menüs. Gut auf die vorangegangenen Menügänge abgestimmt, ist es die Krönung der Mahlzeit. Auch in der Diätküche ist die Verwirklichung süßer Träume ohne Reue erlaubt.

Die herkömmlichen Zutaten der Patisserie, wie weißes Mehl, Zucker, Butter, Obers, Schokolade und viele Eier, werden zum Teil ersetzt oder nur sehr sparsam eingesetzt. Desserts sollen eine Freude für das Auge sein, Leichtigkeit zeigen und

dem Gast nochmals bestätigen, auch bei Diätkost schlemmen zu dürfen, keine Einbußen machen zu müssen und am Schluss einer Mahlzeit auch wirklich satt zu sein. Bei der Zubereitung von Desserts für Diabetiker sind die angegebenen

Broteinheiten zu berücksichtigen und die Zutaten genau abzuwiegen. Zucker wird durch Süßstoff ersetzt.

Die große Auswahl an Obst, die uns beinahe das ganze Jahr über zur Verfügung steht, ermöglicht eine Vielfalt an süßen Schlemmereien. Nach Möglichkeit sollen aber wegen der Reife und des Geschmackes sowie wegen des Nährstoffgehaltes Früchte der Saison verwendet werden. Frische Früchte, pur oder verarbeitet, bilden die Basis leichter Desserts. In Verbindung mit fettarmen Milchprodukten, wie Joghurt oder Topfen, lassen sich köstliche fruchtige Nachspeisen herstellen.

Ananassorbet mit Dattelmakronen

Zutaten für 4 Portionen

Zutaten für das Sorbet

600 g	Ananas
100 g	Erdbeeren
5 g	Kokosraspel
20 ml	Cointreau
8	Orangenminzeblätter

Zutaten für die Makronen

50 g	Datteln
1	Eiklar
30 g	gemahlene Sesamkörner
2 g	Vanillezucker
	geriebene Zitronenschale
4	Backoblaten

Zubereitung

– Das Ananasfruchtfleisch pürieren, Kokosraspel und Cointreau dazugeben, in einer Schüssel anfrieren und regelmäßig umrühren.
– Für die Makronen die Datteln klein schneiden.

– Eiklar zu Schnee schlagen und unter die Datteln mischen.
– Diese Dattelmasse auf Oblaten dressieren und bei ca. 180 °C fünf Minuten backen.
– In Terrinenform füllen, Erdbeeren einlegen und frieren.
– Stürzen, portionieren, auf Orangenminzeblättern anrichten und die Dattelmakronen dazulegen.

Anmerkung: Für Reduktions- und Diabeteskost ohne Makronen servieren.

VK	DIAB	RED	LIP	PUR

Nährwerte pro Portion (Sorbet)

kcal	kJ	EW	Fett	KH
121	506	0,4 g	1 g	22 g

Ball	Chol	HS	BE	
3 g	–	30 mg	1,7	

Nährwerte pro Portion (Makronen)

kcal	kJ	EW	Fett	KH
85	355	2 g	4 g	9 g

Ball	Chol	HS	BE	
2 g	–	7 mg	0,8	

Nährwerte pro Portion (gesamt)

kcal	kJ	EW	Fett	KH
206	861	2,4 g	5 g	31 g

Ball	Chol	HS	BE	
5 g	–	37 mg	2,5	

Apfelsorbet

Zutaten für 4 Portionen

4	Äpfel (Cox'-Orange mit Blättern)
1	Zitrone
400 g	Äpfel
50 g	Puderzucker
1/8 l	Weißwein

Zubereitung

– Die Cox'-Orange-Äpfel auf der Stängelseite kappen, aushöhlen, mit dem Saft einer Zitrone einreiben und kalt stellen.
– Die übrigen Äpfel schälen, entkernen, klein schneiden, passieren, zuckern, mit Wein verrühren und cremig frieren.
– Die ausgehöhlten Äpfel mit Sorbet füllen, Kappe aufsetzen, mit Apfelblättern garnieren und sofort servieren.

Anmerkung: Für Diabetes- und Reduktionskost statt Zucker Süßstoff verwenden.

VK	LVK	DIAB	RED	LIP	PUR

Nährwerte pro Portion (ohne Zucker)

kcal	kJ	EW	Fett	KH
74	312	0,4 g	0,4 g	12 g

Ball	Chol	HS	BE	
2 g	–	15 mg	1	

Nährwerte pro Portion (mit Zucker)

kcal	kJ	EW	Fett	KH
125	403	0,4 g	0,4 g	24 g

Ball	Chol	HS	BE	
2 g	–	15 mg	2	

Apfelsorbet

Birnensalat mit Himbeeren

Zutaten für 4 Portionen

400 g	Birnen
20 ml	Zitronensaft
	flüssiger Süßstoff
10 ml	Himbeergeist
260 g	Himbeeren

Zubereitung

– Birnen schälen, entkernen und in dünne Spalten schneiden.
– Zitronensaft mit Süßstoff und Himbeergeist abschmecken und zu den Birnen geben.
– In Portionsschalen anrichten.

VK | LVK | DIAB | RED | LIP | PUR

Nährwerte pro Portion

kcal	kJ	EW	Fett	KH
79	333	1 g	0,5 g	17 g

Ball	Chol	HS	BE
7 g	–	28 mg	1,5

Birnensorbet auf Heidelbeerspiegel

Zutaten für 4 Portionen

Zutaten für das Sorbet

400 g	Birnen
	Zimt, Nelken
1	Zitrone
80 ml	Weißwein
	flüssiger Süßstoff

Zutaten für den Heidelbeerspiegel

200 g	Heidelbeeren
	flüssiger Süßstoff
	etwas Zitronensaft
8	Melissenblätter
	Orangenzesten

Zubereitung

– Birnen schälen und entkernen. In etwas Wasser mit Zimt, Nelken und etwas Zitronensaft pochieren.
– 400 g der pochierten Birnen pürieren und die restlichen 100 g für die Garnierung übrig lassen.

– Pürierte Birnen mit Weißwein und Süßstoff abschmecken und einfrieren. Alle zehn Minuten gut durchrühren.
– 150 g Heidelbeeren pürieren und mit Süßstoff und Zitronensaft vermischen.
– Den Rest der pochierten Birnen in Fächer schneiden und auf kalte Teller legen.
– Mit einem Esslöffel das Sorbet portionieren und zu den Birnenfächern legen.
– Mit Heidelbeersauce, den Melissenblättern, den restlichen Heidelbeeren und den Orangenzesten garnieren.

VK | LVK | DIAB | RED | LIP | PUR

Nährwerte pro Portion (Sorbet)

kcal	kJ	EW	Fett	KH
90	379	0,7 g	0,3 g	12 g

Ball	Chol	HS	BE
4 g	–	19 mg	1

Nährwerte pro Portion (Sauce)

kcal	kJ	EW	Fett	KH
21	88	0,3 g	0,3 g	4 g

Ball	Chol	HS	BE
2 g	–	10 mg	–

Nährwerte pro Portion (gesamt)

kcal	kJ	EW	Fett	KH
111	467	1 g	0,6 g	16 g

Ball	Chol	HS	BE
6 g	–	29 mg	1

Beeren mit feinem Topfenhäubchen

Zutaten für 4 Portionen

150 g	Ribiseln
150 g	Erdbeeren
150 g	Heidelbeeren
150 g	Brombeeren
150 g	Himbeeren
	Nelkenpulver
	flüssiger Süßstoff
1	Zitrone
500 g	Magertopfen
1	Eidotter
2	Eiklar
20 g	gemahlener Zimt

Zubereitung

– Früchte waschen, abtropfen lassen und in eine feuerfeste Form geben.
– Einige Nelken dazugeben.
– Mit Süßstoff und Zitronensaft beträufeln.
– Topfen mit Eidotter verrühren.
– Eiklar zu Schnee schlagen und unter die Topfenmasse heben.
– Die Beeren mit der Topfenmasse übergießen und im Rohr acht bis zehn Minuten bei 180 °C backen.
– Mit Zimt bestreuen und servieren.

VK | LVK | DIAB | LIP | PUR

Nährwerte pro Portion

kcal	kJ	EW	Fett	KH
204	855	20 g	5 g	16 g

Ball	Chol	HS	BE
10 g	67 mg	35 mg	1

Beeren mit feinem Topfenhäubchen

Buttermilchgelee mit Weintrauben

Zutaten für 4 Portionen

1/2 l	Buttermilch
	flüssiger Süßstoff
20 g	Gelatine
200 g	blaue und weiße
	Weintrauben
8	Minzeblätter

Zubereitung

– Buttermilch mit Süßstoff glatt rühren.
– Eingeweichte Gelatine mit zwei Esslöffeln der Buttermilch warm auflösen und zur restlichen Buttermilch geben.
– Weintrauben enthäuten, halbieren und entkernen. Einige Weintraubenhälften für die Garnierung beiseite legen.
– Weintrauben in Darioleformen geben, mit der noch flüssigen Buttermilch auffüllen und etwa fünf Stunden kalt stellen.
– Danach stürzen und mit Weintrauben und Minzeblättern garnieren.

Anmerkung: Für leichte Vollkost und Diabeteskost anstelle der Weintrauben Pfirsiche ohne Haut verwenden.

VK | DIAB | RED | LIP | PUR

Nährwerte pro Portion

kcal	kJ	EW	Fett	KH
95	399	7 g	1 g	13 g

Ball	Chol	HS	BE
0,4 g	5 mg	10 mg	1

Buttermilchterrine mit Marillen

Zutaten für 10 Portionen

Zutaten für die Marilleneinlage

100 g	Marillen
3 g	Gelatine
12 ml	Wasser
	flüssiger Süßstoff

Zutaten für die Buttermilchcreme

350 ml	Buttermilch
80 g	Magertopfen
10 ml	Zitronensaft
60 g	Fruchtzucker
10 ml	Marillengeist
16 g	Gelatine
60 ml	Wasser
2	Eiklar

Zutaten für die Marillensauce

200 g	Marillen
	flüssiger Süßstoff
1	Zitrone
10 ml	Marillenlikör

Zubereitung

– Marillen passieren und die Gelatine in Wasser auflösen.
– Das Marillenmark mit der aufgelösten Gelatine und dem Süßstoff verrühren.
– Auf einem Gastronormblech zwischen zwei Leisten (in Pastetenformgröße) gießen und tiefkühlen.
– Buttermilch mit Topfen, Zitronensaft, Fruchtzucker und Marillengeist glatt rühren.
– Gelatine in Wasser auflösen und beimengen.
– Eiklar zu Schnee schlagen und unter die Masse heben.
– Eine Pastetenform mit Folie auslegen, zwei Drittel der Creme einfüllen, die tiefgekühlte Marilleneinlage darauf setzen, das restliche Drittel der Creme darauf verteilen und etwa vier Stunden kühl stellen.
– Für die Marillensauce die Marillen pürieren und mit Süßstoff, dem Saft einer Zitrone und mit Marillenlikör abschmecken.
– Anschließend die Buttermilchcreme stürzen und portionieren und mit Marillensauce anrichten.

VK | DIAB | RED | LIP | PUR

Nährwerte pro Portion

kcal	kJ	EW	Fett	KH
108	451	7 g	0,9 g	15 g

Ball	Chol	HS	BE
0,7 g	3 mg	8 mg	1

Brombeersülzchen

Zutaten für 4 Portionen

48 g	Gelatine
400 g	Brombeeren
1/4 l	Wasser
	flüssiger Süßstoff
20 ml	Zitronensaft
1	Birne
	Brombeeren zum Garnieren

Zubereitung

– Gelatine in etwas Wasser einweichen.
– Brombeeren in kochendes Wasser geben, mit Süßstoff und etwas Zitronensaft abschmecken und einmal aufkochen.
– Die Brombeeren passieren.
– Gut ausgedrückte Gelatine in die Brombeermasse geben und auflösen.
– Masse in kleine, kalt ausgespülte Formen füllen und erstarren lassen.
– Birne schälen, vom Kerngehäuse befreien, in Spalten schneiden und mit Zitronensaft beträufeln.
– Gelee stürzen und mit den Birnenspalten und einigen Brombeeren garnieren.

VK | LVK | DIAB | RED | LIP | PUR

Nährwerte pro Portion

kcal	kJ	EW	Fett	KH
70	294	6 g	1 g	7 g

Ball	Chol	HS	BE
8 g	–	22 mg	0,5

Exotisches Früchtesülzchen

Zutaten für 4 Portionen

200 ml	Orangensaft
200 ml	Apfelsaft
1	Vanilleschote
200 g	Mangos
60 g	Litschi
20 g	Kiwi
16 g	Gelatine
1/2	Karambolfrucht
3	Kumquatfrüchte

Zubereitung

– Orangensaft und Apfelsaft mit einer Vanilleschote auf 1/4 l reduzieren.
– Mangostücke und geschälte Litschi dazugeben und eine Minute kochen.
– Kiwi in Scheiben schneiden und beifügen.
– Gelatine auflösen und ebenfalls hinzufügen.
– In eine Terrinenform oder in Darioleformen geben und kalt stellen.
– Die Karambolfrucht kurz blanchieren.
– Kumquatfrüchte schneiden.
– Aus der Terrinenform stürzen und portionieren. Darioleformen stürzen.
– Früchtesülzchen mit Karambol und Kumquat garnieren.

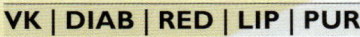

VK | DIAB | RED | LIP | PUR

Nährwerte pro Portion

kcal	kJ	EW	Fett	KH
111	466	3 g	0,8 g	21 g

Ball	Chol	HS	BE
2 g	–	29 mg	2

Herbstlicher Obstsalat

Zutaten für 4 Portionen

150 g	Äpfel
150 g	Birnen
150 g	Zwetschken
150 g	blaue und weiße Weintrauben
1	Zitrone
	flüssiger Süßstoff
10 ml	Grand Marnier
8	Melissenblätter

Zubereitung

– Äpfel und Birnen schälen und schneiden.
– Zwetschken waschen, entkernen und schneiden.
– Weintrauben halbieren, entkernen und schneiden.
– Alle Zutaten mischen, mit dem Saft einer Zitrone, Süßstoff und Grand Marnier abschmecken.
– In Schalen anrichten und mit Melissenblättern verzieren.

VK | RED | LIP | PUR

Nährwerte pro Portion

kcal	kJ	EW	Fett	KH
103	431	0,8 g	+	21 g

Ball	Chol	HS	BE
3 g	–	27 mg	1,5

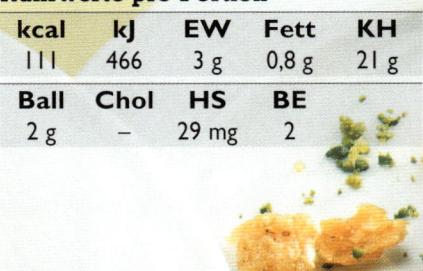

Kastanienknödel auf Moosbeerkompott

Zutaten für 4 Portionen

Zutaten für die Knödel

320 g	Kastanienpüree
30 g	Puderzucker
2 g	Vanillezucker
80 g	Mandeln

Zutaten für das Moosbeerkompott

1/8 l	Rotwein
	flüssiger Süßstoff
	Zimt, Nelken
300 g	Moosbeeren
8	Minzeblätter

Zubereitung

- Kastanienpüree (geschälte passierte Maroni) mit Puder- und Vanillezucker vermischen und daraus Knödel formen.
- Mandeln im Rohr rösten, stiftelig schneiden und die Kastanienknödel darin wälzen.
- Für das Moosbeerkompott Rotwein mit Süßstoff, Zimt und Nelken auf ein Drittel reduzieren.
- Moosbeeren dazugeben und dünsten.
- Anschließend auskühlen lassen.
- Die kleinen Knödel auf Teller geben, Kompott dazugeben und mit Minzeblättern dekorieren.

VK | LVK | LIP | PUR

Nährwerte pro Portion (Knödel)

kcal	kJ	EW	Fett	KH
283	1.183	6 g	12 g	37 g

Ball	Chol	HS	BE
10 g	–	8 mg	3

Nährwerte pro Portion (Kompott)

kcal	kJ	EW	Fett	KH
47	199	0,3 g	0,5 g	4 g

Ball	Chol	HS	BE
3 g	–	11 mg	0,5

Nährwerte pro Portion (gesamt)

kcal	kJ	EW	Fett	KH
330	1.382	6,3 g	12,5 g	41 g

Ball	Chol	HS	BE
13 g	–	19 mg	3,5

Mandarinen-Kefir-Terrine mit Moosbeersauce

Zutaten für 4 Portionen

Zutaten für die Terrine

10 ml	Zitronensaft
50 ml	Birnendicksaft
8 g	Gelatine
150 ml	Kefir
100 ml	Schlagobers
240 g	Mandarinen

Zutaten für die Moosbeersauce

120 g	Moosbeeren
120 ml	Wasser
	flüssiger Süßstoff
1 g	Guarkernmehl

Zubereitung

- Zitronensaft und Birnendicksaft vermischen.
- Gelatine darin auflösen und mit Kefir vermischen.
- Schlagobers steif schlagen und vorsichtig unterheben.
- Mandarinen schälen, in Spalten teilen und acht Spalten für die Garnitur übrig lassen. Die restlichen Mandarinenspalten unter die Obersmasse heben und kühl stellen.
- Für die Moosbeersauce Beeren mit Wasser, Süßstoff und Guarkernmehl einmal aufkochen und eventuell passieren.
- Die Obersmasse in Cocktailgläsern anrichten, mit Mandarinenspalten garnieren und die Sauce dazu servieren.

VK | LVK | DIAB | LIP | PUR

Nährwerte pro Portion (Terrine)

kcal	kJ	EW	Fett	KH
157	657	3 g	10 g	12 g

Ball	Chol	HS	BE
1 g	32 mg	14 mg	1

Nährwerte pro Portion (Sauce)

kcal	kJ	EW	Fett	KH
12	50	0,3 g	0,2 g	1 g

Ball	Chol	HS	BE
1 g	–	5 mg	–

Nährwerte pro Portion (gesamt)

kcal	kJ	EW	Fett	KH
169	707	3,3 g	10,2 g	13 g

Ball	Chol	HS	BE
2 g	32 mg	19 mg	1

Müsliteller

Zutaten für 4 Portionen

30 g	Dörrpflaumen
80 g	Müsli
20 g	Weizenkleie
400 ml	Joghurt, 1 %
	flüssiger Süßstoff
50 g	Erdbeeren
50 g	Trauben
50 g	Himbeeren
	flüssiger Süßstoff
	Zitronensaft

Zubereitung

– Dörrpflaumen einweichen.
– Müsli mit Weizenkleie und Joghurt abmischen, mit Süßstoff süßen und quellen lassen.
– Erdbeeren und Dörrpflaumen klein schneiden, Trauben halbieren und entkernen, Himbeeren teilen.
– Die Früchte mit etwas Süßstoff und Zitronensaft marinieren.
– Joghurtmüsli anrichten, das Früchtegemisch in die Mitte setzen und mit einigen Beeren und Trauben garnieren.

VK | LIP | PUR

Nährwerte pro Portion

kcal	kJ	EW	Fett	KH
166	696	7 g	3 g	25 g

Ball	Chol	HS	BE
6 g	3 mg	45 mg	2

Pfefferminzterrine mit Zitronengrasgelee

Zutaten für 4 Portionen

Zutaten für die Terrine

200 ml	Joghurt, 1 %
	flüssiger Süßstoff
20 g	Limonensaft
	abgeriebene Limonenschale
20 ml	Milch
12 g	Gelatine
1 EL	fein geschnittene Pfefferminze
2	Eiklar
80 ml	Obers

Zutaten für das Gelee

2	Stangen Zitronengras
1/8 l	trockener Weißwein
1/4 l	Mineralwasser mit wenig Kohlensäure
	flüssiger Süßstoff
	Zimtstange
30 ml	Limonensaft
30 ml	Orangensaft
1 g	frischer Ingwer
12 g	Gelatine
80 g	Himbeeren
	Pfefferminzblätter

Zubereitung

– Joghurt mit Süßstoff, Limonensaft und abgeriebener Schale der Limone gut verrühren.
– Milch erwärmen, eingeweichte, gut ausgedrückte Gelatine darin auflösen.
– Anschließend langsam unter das Joghurt ziehen.
– Fein geschnittene Pfefferminze unter die Masse rühren.
– Eiklar zu Schnee schlagen, Obers steif schlagen, vorsichtig unterheben.
– Eine Terrinenform mit Klarsichtfolie auslegen, Masse einfüllen und mindestens 30 Minuten kaltstellen.
– Zitronengras in schräge, grobe Stücke schneiden.
– Für das Gelee Weißwein und Mineralwasser mit Süßstoff, Zitronengras, Zimt, Limonen- und Orangensaft, abgeriebenen Schalen von Limone und Orange und Ingwer erwärmen. Zehn Minuten ziehen lassen und passieren.
– Die eingeweichte und gut ausgedrückte Gelatine dazugeben, abkühlen lassen und kalt stellen, bis ein leichtes Gelee entsteht.
– Pfefferminzterrine stürzen, in Scheiben schneiden und mit Gelee, Himbeeren und Pfefferminzblättern anrichten.

Anmerkung: Eine frische Ingwerwurzel wird geschält und davon zwei dünne Blätter abgehobelt oder abgeschnitten.

VK | LVK | DIAB | RED | LIP | PUR

Nährwerte pro Portion (Terrine)

kcal	kJ	EW	Fett	KH
128	537	6 g	8 g	6 g

Ball	Chol	HS	BE
0,4 g	25 mg	1 mg	0,5

Nährwerte pro Portion (Gelee)

kcal	kJ	EW	Fett	KH
40	166	1 g	0,2 g	0,2 g

Ball	Chol	HS	BE
0,2 g	–	4 mg	–

Nährwerte pro Portion (gesamt)

kcal	kJ	EW	Fett	KH
168	703	7 g	8,2 g	6,2 g

Ball	Chol	HS	BE
0,6 g	25 mg	5 mg	0,5

Himbeer-joghurtcreme

Zutaten für 4 Portionen

4 g	Gelatine
150 ml	Joghurt, 1 %
20 g	Honig
1	Zitrone
100 ml	Obers
130 g	Himbeeren

Zubereitung

– Gelatine einweichen und auflösen.
– Joghurt mit Honig und dem Saft einer Zitrone verrühren und die aufgelöste Gelatine untermischen.
– Obers steif schlagen und mit den Himbeeren unterheben.
– In Portionsschalen füllen und erkalten lassen.
– Stürzen und mit einigen Himbeeren garnieren.

Anmerkung: Für Reduktions- und Diabeteskost anstelle von Honig Süßstoff verwenden.

VK | LVK | DIAB | LIP | PUR

Nährwerte pro Portion

kcal	kJ	EW	Fett	KH
129	540	3 g	9 g	8 g

Ball	Chol	HS	BE	
2 g	31 mg	6 mg	0,5	

Nährwerte pro Portion (ohne Honig)

kcal	kJ	EW	Fett	KH
114	475	3 g	9 g	4 g

Ball	Chol	HS	BE	
2 g	31 mg	6 mg	0,5	

Karibischer Früchteteller

Zutaten für 4 Portionen

320 g	Mango
130 g	Kiwi
1	Tamarillo
8	Litschis
240 g	rosa Grapefruit
180 g	Hawaiananas
1	Maracuja
	flüssiger Süßstoff
8	Minzeblätter

Zubereitung

– Mangos entkernen, das Fruchtfleisch mit einem Löffel aus der Schale lösen und in Spalten schneiden.
– Kiwi und Tamarillo schälen und in Scheiben schneiden.
– Litschis schälen.
– Grapefruit schälen, in Spalten teilen und filetieren.
– Ananas schälen und in Stücke schneiden.
– Maracuja halbieren, das Fruchtfleisch auslösen, mit Süßstoff zwei bis drei Minuten kochen.
– Früchte gefällig auf Tellern anrichten, mit Maracujasauce überziehen und mit Minzeblättern dekorieren.

VK | DIAB | LIP | PUR

Nährwerte pro Portion

kcal	kJ	EW	Fett	KH
206	864	2 g	1 g	40 g

Ball	Chol	HS	BE	
5 g	9 mg	51 mg	3	

Potpourri aus gedünsteten Früchten

Zutaten für 4 Portionen

100 g	Äpfel
100 g	Birnen
100 g	Pfirsiche
	flüssiger Süßstoff
	etwas Zitronensaft
	Zitronenzeste
	Nelken, Zimtrinde, Sternanis
300 ml	Wasser
50 g	Brombeeren
50 g	Himbeeren
100 g	Mandarinen

Zubereitung

– Äpfel, Birnen und Pfirsiche schälen, entkernen und gefällig schneiden.
– Mit Süßstoff, Zitronensaft, Gewürzen und Wasser weich dünsten.
– Auskühlen lassen.
– Mandarinen schälen und filetieren.
– Die Masse in Gläser füllen und mit den Beeren und den Mandarinenspalten garnieren.

VK | LVK | DIAB | RED | LIP | PUR

Nährwerte pro Portion

kcal	kJ	EW	Fett	KH
57	238	1 g	Spuren	12 g

Ball	Chol	HS	BE	
4 g	–	21 mg	1	

Schneenockerln auf Zitronenschaum

Zutaten für 4 Portionen

Zutaten für die Nockerln

4	Eiklar
80 g	Zucker
320 ml	Milch
1	Vanilleschote

Zutaten für den Zitronenschaum

1/2	Zitrone
1	Eidotter
20 g	Zucker
12	Himbeeren

Zubereitung

– Eiklar mit Zucker zu festem Schnee schlagen.
– Milch mit Vanilleschote zum Kochen bringen.
– Aus der Schneemasse mit einem Esslöffel Nockerln formen, in die kochende Milch legen, zwei Minuten ziehen lassen, umdrehen und weitere zwei Minuten am Herdrand ziehen lassen.
– Nockerln aus der Milch nehmen und auf ein Haarsieb legen.
– Die halbe Zitrone auspressen und den Saft mit etwas Wasser verdünnen.
– Für den Zitronenschaum Eidotter, Zucker und Zitronensaft über Dampf dickschaumig aufschlagen.
– Zitronenschaum in die Mitte der Teller gießen, Nockerln darauf setzen und mit Himbeeren garnieren.

VK | LVK | RED | LIP | PUR

Nährwerte pro Portion (Nockerln)

kcal	kJ	EW	Fett	KH
150	626	6 g	3 g	24 g

Ball	Chol	HS	BE
–	10	–	2

Nährwerte pro Portion (Zitronenschaum)

kcal	kJ	EW	Fett	KH
45	190	1 g	2 g	6 g

Ball	Chol	HS	BE
1 g	63 mg	4 mg	0,5

Nährwerte pro Portion (gesamt)

kcal	kJ	EW	Fett	KH
195	816	7 g	5 g	30 g

Ball	Chol	HS	BE
1 g	73 mg	4 mg	2,5

Topfensoufflee mit Himbeersauce

Zutaten für 4 Portionen

225 g	Magertopfen
3	Eidotter
1	Zitrone
3	Eiklar
85 g	Kristallzucker
10 g	Margarine

Zutaten für die Himbeersauce

200 g	Himbeeren
	flüssiger Süßstoff

Zubereitung

– Magertopfen passieren und mit Dotter, Süßstoff und dem Saft einer Zitrone schaumig rühren.
– Eiklar mit 65 g Zucker zu steifem Schnee schlagen und unter die Topfenmasse heben.
– Cocotteformen (feuerfeste Formen in Portionsgröße) mit Margarine hauchdünn ausstreichen, mit dem restlichen Kristallzucker ausstreuen und kalt stellen.
– Masse in die Formen füllen und bei 190 °C im Rohr im Wasserbad 25 Minuten pochieren.
– Für die Sauce Himbeeren passieren, mit Süßstoff abschmecken.
– Das Soufflee kann in den Formen serviert oder gestürzt und mit der Himbeersauce umkränzt werden.

Anmerkung: Für Diabeteskost die Formen nicht mit Zucker ausstreuen.

VK | LVK | RED | PUR

Nährwerte pro Portion (Soufflee)

kcal	kJ	EW	Fett	KH
215	899	12 g	8 g	24 g

Ball	Chol	HS	BE
0,3 g	153 mg	2 mg	2

Nährwerte pro Portion (Sauce)

kcal	kJ	EW	Fett	KH
17	71	0,6 g	0,1 g	2,4 g

Ball	Chol	HS	BE
3,3 g	–	9 mg	–

Vanillejoghurtcreme

Zutaten für 4 Portionen

1/4 l	Magermilch
30 g	Vanillecremepulver
150 g	Pfirsich
250 ml	Joghurt
50 g	Honig
	Vanillezucker
10 g	Gelatine
50 ml	Obers

Zubereitung

- Milch aufkochen, Cremepulver nach Vorschrift einrühren, nochmals aufkochen und anschließend abkühlen lassen.
- Pfirsiche enthäuten und klein schneiden.
- Joghurt mit Honig, Pfirsichstückchen und Vanillezucker vermengen.
- Gelatine in wenig Flüssigkeit auflösen und unter das Joghurt rühren.
- Obers steif schlagen.
- Joghurt- und Vanillepuddingmasse miteinander vermengen, Obers unterheben.
- Formen mit kaltem Wasser ausspülen, die Masse einfüllen und erkalten lassen.
- Nach dem Erkalten stürzen und anrichten.

Anmerkung: Für Reduktions- und Diabeteskost anstelle von Honig Süßstoff verwenden.

VK | LVK | DIAB | RED | LIP | PUR

Nährwerte pro Portion

kcal	kJ	EW	Fett	KH
181	759	7 g	5 g	26 g
Ball	**Chol**	**HS**	**BE**	
0,9 g	17 mg	7 mg	2	

Nährwerte pro Portion (ohne Honig)

kcal	kJ	EW	Fett	KH
143	599	7 g	5 g	16 g
Ball	**Chol**	**HS**	**BE**	
0,9 g	17 mg	7 mg	1	

Vollkorntopfen-knödel im Kürbis-mantel auf Zwetschkenmousse

Zutaten für 4 Portionen

Zutaten für den Vollkorntopfenteig

250 g	Magertopfen
60 ml	Sauerrahm
25 g	Dinkelgrieß
10 g	Weizenvollmehl
5 g	Zucker
1	Ei

Zutaten für die Mousse

280 g	entkernte Zwetschken
	Nelken-, Zimtpulver
	etwas Zitronensaft
	flüssiger Süßstoff
	evtl. etwas Rum
80 g	Kürbiskerne

Zubereitung

- Topfen mit Rahm, Grieß, Mehl, Zucker und Ei zu einem Teig verarbeiten und ca. eine Stunde kalt stellen.
- Mit einem Eisportionierer Knödel aus der Masse stechen und in Salzwasser ca. zehn Minuten mehr ziehen als kochen lassen.
- Für die Mousse Zwetschken kochen und anschließend pürieren.
- Mit Nelken, Zimt, Zitronensaft, Süßstoff und eventuell etwas Rum verfeinern.

- Die Knödel mit gehackten, gerösteten Kürbiskernen panieren und mit Zwetschkenzimtmousse servieren.

VK | LIP | PUR

Nährwerte pro Portion (Knödel)

kcal	kJ	EW	Fett	KH
244	1.023	15 g	14 g	12 g
Ball	**Chol**	**HS**	**BE**	
3 g	62 mg	10 mg	1	

Nährwerte pro Portion (Mousse)

kcal	kJ	EW	Fett	KH
35	148	0,4 g	0,9 g	7 g
Ball	**Chol**	**HS**	**BE**	
2 g	–	15 mg	0,5	

Nährwerte pro Portion (gesamt)

kcal	kJ	EW	Fett	KH
279	1.171	15,4 g	14,9 g	19 g
Ball	**Chol**	**HS**	**BE**	
5 g	62 mg	25 mg	1,5	

Vollkorntopfenknödel im Kürbismantel auf Zwetschkenmousse

Zitronencassiscreme

Zutaten für 4 Portionen

Zutaten für die Cassiscreme

40 g	Magertopfen
40 ml	Joghurt
25 g	Cassismark (pürierte schwarze Johannisbeeren)
	flüssiger Süßstoff
5 ml	Cassislikör
2 g	Gelatine
8 ml	Wasser
1	Eiklar

Zutaten für die Zitronencreme

40 g	Magertopfen
40 ml	Joghurt
	flüssiger Süßstoff
15 ml	Zitronensaft
	Zitronenschale
2 g	Gelatine

Zutaten für die Joghurtcreme

40 ml	Joghurt
4 g	Honig
20 g	Cassismark

Zubereitung

– Für die Cassiscreme Topfen, Joghurt, Fruchtmark, Süßstoff und Cassislikör glatt rühren.
– Gelatine in Wasser auflösen und einrühren.
– Eiklar zu Schnee schlagen und 30 g davon vorsichtig unter die Masse heben. Den restlichen Eischnee im Kühlschrank aufbewahren.
– Die Masse in Portionsformen füllen und kurz in den Tiefkühler stellen.
– Für die Zitronencreme Topfen, Joghurt, Süßstoff, geriebene Zitronenschale und Zitronensaft glatt rühren.
– Die in Wasser aufgelöste Gelatine einrühren.
– Den restlichen Schnee nochmals kurz aufschlagen und vorsichtig unterheben.
– Die Cassiscreme stürzen und die Zitronencreme über die feste Cassiscreme verteilen.
– Joghurt mit Honig und Fruchtmark (für die Farbe) verrühren und dazu anrichten.

Anmerkung: Für Diabetes- und Reduktionskost anstelle von Honig Süßstoff verwenden.

VK	LVK	DIAB	RED	LIP	PUR

Nährwerte pro Portion

kcal	kJ	EW	Fett	KH
61	255	6 g	0,8 g	6 g

Ball	Chol	HS	BE	
0,4 g	3 mg	2 mg	0,5	

Zwetschkentörtchen auf Zimtjoghurt

Zutaten für 4 Portionen

Zutaten für die Zwetschkentörtchen

600 g	Zwetschken
1/8 l	Wasser
	flüssiger Süßstoff
1	kleine Zimtrinde
1	Zitrone
	Gewürznelken
28 g	Gelatine
60 g	Mandeln
20 ml	Zwetschkenbrand

Zutaten für das Zimtjoghurt

250 ml	Joghurt, 1 %
1 TL	Zimt
1 EL	Honig

Zubereitung

– Zwetschken waschen, halbieren und entkernen.
– Wasser mit Süßstoff, Zimtrinde, etwas Zitronensaft und Gewürznelken aufkochen.
– Zwetschken darin langsam bissfest dünsten und herausnehmen.
– Den Fond durch ein Sieb gießen und etwas reduzieren.
– Gelatine in kaltem Wasser einweichen, ausdrücken und im Zwetschkenfond auflösen.
– Mandeln grob hacken.
– Zwetschken, Mandeln, abgeriebene Zitronenschale und Zwetschkenbrand mit dem Fond vermischen.
– Portionsformen mit kaltem Wasser ausspülen und die Zwetschkenmasse einfüllen. Im Kühlschrank mindestens vier Stunden fest werden lassen.
– Joghurt mit Zimt und Honig gut verrühren.
– Törtchen auf Teller stürzen und mit Zimtjoghurt servieren.

VK	LIP	PUR

Nährwerte pro Portion

kcal	kJ	EW	Fett	KH
221	927	9 g	9 g	22 g

Ball	Chol	HS	BE	
6 g	2 mg	36 mg	1,5	

Zitronencassiscreme

Vollkornbuchteln mit Vanillesauce

Zutaten für 4 Portionen

Zutaten für die Buchteln

80 ml	Magermilch
20 g	Hefe
40 g	Zucker
200 g	Weizenvollkornmehl
100 g	Diätmargarine
1	Ei
1	Prise Salz
	Staubzucker zum Bestreuen

Zutaten für die Vanillecreme

1/2 l	Magermilch
50 g	Zucker
	flüssiger Süßstoff
2	Eidotter
1	Vanilleschote
20 g	Vanillecremepulver

Zubereitung

- Für den Teig die Magermilch erwärmen.
- Aus zerbröselter Hefe, der Hälfte der lauwarmen Milch und etwas Mehl ein Dampfl herstellen. Mit Mehl bestauben und zugedeckt rasten lassen.
- Das Dampfl zum Mehl geben und langsam 50 g zerlassene Margarine, die man mit der restlichen lauwarmen Milch, Salz und dem Ei vermengt hat, einrühren.
- Den Teig seidig schlagen und an einer warmen Stelle zugedeckt gehen lassen.
- Anschließend den Teig auf einem bemehlten Brett zu einer Rolle formen. Gleich große Stücke herunterschneiden und zu Kugerln formen. Kurz in die restliche flüssige Diätmargarine tunken.
- Mit der glatten Fläche nach oben in eine befettete Pfanne setzen und nach nochmaligem Aufgehen im Rohr bei 180 °C ca. 20 Minuten goldgelb backen.
- Mit wenig Staubzucker bestreuen.
- Für die Vanillesauce die halbe Menge Milch mit Zucker aufkochen.
- Restliche Milch mit Süßstoff, Eidottern, ausgedrückter Vanilleschote

und Cremepulver glatt rühren, in die kochende Milch einrühren und gut aufkochen lassen.
- Die Sauce warm stellen.

Anmerkung: Die Buchteln kann man auch mit Marillen- oder Powidlmarmelade füllen.

VK | LIP | PUR

Nährwerte pro Portion (Buchteln)

kcal	kJ	EW	Fett	KH
317	1.326	8,9 g	12,9 g	40,9 g

Ball	Chol	HS	BE
5 g	59,6 mg	62,2 mg	3,5

Nährwerte pro Portion (Sauce)

kcal	kJ	EW	Fett	KH
143	598	5,7 g	2,9 g	22,9 g

Ball	Chol	HS	BE
0,5 g	114,2 mg	Spuren	2

Nährwerte pro Portion (gesamt)

kcal	kJ	EW	Fett	KH
460	1.292	14,6 g	15,8 g	63,8 g

Ball	Chol	HS	BE
5,5 g	173,8 mg	62,2 mg	5,5

Soufflee von Dörrpflaumen mit Zimtsabayon

Zutaten für 4 Portionen

Zutaten für das Soufflee

1	Eidotter
1/8 l	Magermilch
1 EL	Vanillezucker
1 EL	Rum
1	Prise Zimt
170 g	Dörrpflaumen, in Rumaroma mariniert
180 g	Brioche
1	Eiklar
30 g	Zucker

Zutaten für das Sabayon

1	Eidotter
1	Schuss Weißwein
1	Schuss Armagnac
2 EL	Zucker
1 EL	Zimt

Zubereitung

- Milch, Eidotter, Vanillezucker, Rum und Zimt mit einem Schneebesen verschlagen.
- In Rum marinierte Dörrpflaumen dazugeben, in Würfel geschnittene Brioche hinzufügen, durchmischen und eine halbe Stunde ziehen lassen.
- Mit Zucker aufgeschlagenes Eiklar unter die Masse heben.
- Kleine Auflaufförmchen mit Diätmargarine wenig befetten, anzuckern und die Masse einfüllen.
- Im Wasserbad ca. 18 bis 20 Minuten pochieren.
- In der Zwischenzeit aus einem Eidotter und den übrigen Zutaten ein Sabayon aufschlagen.
- Soufflee stürzen und mit Sabayon anrichten.

VK | LIP

Nährwerte pro Portion (Soufflee)

kcal	kJ	EW	Fett	KH
296	1.237	7,6 g	6,2 g	49,1 g

Ball	Chol	HS	BE
5,1 g	101 mg	65,5 mg	4

Nährwerte pro Portion (Zimtschaum)

kcal	kJ	EW	Fett	KH
49	203	0,8 g	1,6 g	5,3 g

Ball	Chol	HS	BE
Spuren	63 mg	0,5 mg	0,5

Nährwerte pro Portion (gesamt)

kcal	kJ	EW	Fett	KH
345	1.440	8,4 g	7,8 g	54,4 g

Ball	Chol	HS	BE
5,1 g	164 mg	66 mg	4,5

Feine Marillencreme mit Haferkleie

Zutaten für 4 Portionen

400 g	frische, reife Marillen (oder Marillen aus der Dose)
2	Bananen
500 ml	Joghurt, 1 %
	flüssiger Süßstoff
1	Zitrone
1 Msp.	gemahlener Zimta
1 Msp.	Vanillezucker
4 EL	Haferkleie
	Melissenblätter zum Garnieren

Zubereitung

– Marillen (eine Marille als Garnitur zurückbehalten), Bananen, Joghurt, den Saft einer Zitrone und Süßstoff mixen und mit der Haferkleie vermischen.
– Creme in Gläser füllen und mit Marillenspalten und Melissenblatt hübsch garnieren.

VK | DIAB | RED | LIP | PUR

Nährwerte pro Portion

kcal	kJ	EW	Fett	KH
142	595	5,9 g	1,6 g	23,7 g

Ball	Chol	HS	BE	
2,8 g	3,8 mg	32,4 mg	2	

Kirschenstrudel

Zutaten für 12 Portionen

Zutaten für den Strudelteig
→ Seite 139

Zutaten für die Kirschfülle

1 kg	Kirschen, entkernt (Kompottkirschen oder frische)
	flüssiger Süßstoff
1/2	Zitrone
1 TL	Zimt
70 g	Semmelbrösel
1 EL	Weizenkleie
40 g	Diätmargarine
	Diätmargarine zum Bestreichen
	Staubzucker zum Bestreuen

Zubereitung

– Strudelteig zubereiten.
– Kirschen mit Süßstoff, dem Saft einer halben Zitrone und Zimt abschmecken.
– Semmelbrösel und Weizenkleie vermischen und in Diätmargarine goldgelb rösten, kalt stellen.
– Mit den Kirschen vermengen.
– Strudelteig auf ein bemehltes Tuch legen, Kirschenmasse darauf verteilen, straff einrollen und Enden gut verschließen.
– Auf ein mit Backtrennpapier ausgelegtes Blech legen, mit wenig Diätmargarine bestreichen und im vorgeheizten Backrohr bei 190 °C ca. 25 bis 30 Minuten backen.
– Strudel in zwölf Stücke teilen.

VK | DIAB | RED | LIP | PUR

Nährwerte pro Portion

kcal	kJ	EW	Fett	KH
137	574	2,4 g	3,5 g	23 g

Ball	Chol	HS	BE	
2,3 g	Spuren	21 mg	2	

Apfel-Birnen-Zimt-Kuchen

Masse für 20 Stück

300 g	Weizenmehl
300 g	Weizenvollkornmehl
1 Pkg.	Backpulver
200 g	Diätmargarine
1 TL	flüssiger Süßstoff
1	Prise Salz
1/4 l	Magermilch
700 g	Äpfel
700 g	Birnen
1	ungespritzte Zitrone
1 TL	Zimt
100 g	Rosinen
100 g	Mandeln
2 EL	ungezuckerte Kondensmilch
	Backtrennpapier

Zubereitung

– Die beiden Mehlsorten und Backpulver versieben. Mit Diätmargarine, Milch, Süßstoff und Salz zu einem glatten Teig verarbeiten und kalt stellen.
– Mandeln hacken; Äpfel und Birnen schälen, grob raspeln und mit dem Saft und der abgeriebenen Schale einer Zitrone und Zimt vermischen. Süßstoff, Rosinen und Mandeln dazugeben.
– Den Teig ausrollen und halbieren. Die eine Teighälfte auf ein mit Backtrennpapier belegtes Blech legen und die Apfel-Birnen-Fülle darauf verteilen.
– Die zweite Teighälfte darauf legen, mit Kondensmilch bestreichen und mit einer Gabel ein Muster einstechen.
– Kuchen in das vorgeheizte Rohr schieben und bei 180 °C 20 bis 30 Minuten backen.
– Den Kuchen in 20 Portionen teilen.

VK | DIAB | LIP | PUR

Nährwerte pro Portion

kcal	kJ	EW	Fett	KH
256	1.070	5,1 g	11,6 g	32,5 g

Ball	Chol	HS	BE	
4,8 g	–	36,6 mg	3	

Topfen-Himbeer-Torte

Masse für 12 Stück

Zutaten für die Masse

125 g	Diätmargarine
125 g	Zucker
2	Eier
1	ungespritzte Zitrone
1	ungespritzte Orange
125 g	Weizenvollkornmehl
1 TL	Backpulver
	Diätmargarine für die Form
	Staubzucker zum Bestreuen

Zutaten für die Topfencreme

250 g	Magertopfen
100 ml	Joghurt, 1 %
	flüssiger Süßstoff
100 ml	Orangensaft
3 Bl.	Gelatine
200 g	Himbeeren

Zubereitung

– Diätmargarine flaumig rühren. Zucker, Eier, abgeriebene Schale einer Zitrone und einer Orange dazugeben.
– Mehl und Backpulver versieben und unter die Masse ziehen. In eine befettete Springform füllen und in das vorgeheizte Rohr schieben. Bei 160 °C ca. 25 bis 30 Minuten backen.
– Aus Topfen, Joghurt, Süßstoff und Orangensaft eine Creme bereiten. Eingeweichte, aufgelöste Gelatine dazugeben, gut durchrühren und kalt stellen.
– Torte nach dem Erkalten in der Mitte durchschneiden. Den unteren Tortenteil mit Himbeermarmelade und Creme bestreichen und mit Himbeeren belegen. Den oberen Tortenteil wieder darauf legen, anzuckern und auch mit Himbeeren garnieren.

VK | LVK | DIAB | RED | LIP | PUR

Nährwerte pro Portion

kcal	kJ	EW	Fett	KH
195	816	6 g	10,3 g	19,1 g

Ball	Chol	HS	BE
2,2 g	41,7 mg	12,3 mg	1,5

Kaiserschmarren mit frischem Marillenröster

Zutaten für 4 Portionen

Zutaten für den Schmarrenteig

1/4 l	Magermilch
	Safranfäden
1 TL	Sonnenblumenöl
75 g	Weizenmehl, glatt
75 g	Weizenvollkornmehl
1	Prise Salz
4	Eiklar
2 EL	Zucker
1 EL	Diätmargarine
	Staubzucker zum Bestreuen

Zutaten für den Marillenröster

400 g	entkernte Marillen (evtl. Kompottmarillen)
1	ungespritzte Zitrone
	Nelken
1	Zimtrinde
	flüssiger Süßstoff
1/8 l	Wasser

Zubereitung

– Für den Teig Safran in etwas warmer Milch aufgehen lassen, bis die Milch die gelbe Farbe annimmt, anschließend abseihen.
– Die Milch mit Sonnenblumenöl vermischen, Mehl und Salz dazugeben und ca. 15 Minuten rasten lassen.
– In der Zwischenzeit aus dem Eiklar und dem Zucker einen cremigen Eischnee schlagen und unter den Schmarrenteig heben.

– In einer beschichteten Pfanne die Margarine erwärmen und den Teig einfüllen. Eine flaumige Omelette backen und mit einer Gabel in mundgerechte Stücke teilen.
– Für den Marillenröster die gewaschenen Marillen mit ca. 1/8 l Wasser, Saft und geriebener Schale einer Zitrone, Nelken, Zimtrinde und Süßstoff kochen und reduzieren.
– Schmarren gefällig anrichten, mit etwas Staubzucker bestreuen und servieren, Marillenröster separat servieren.

VK | DIAB | RED | LIP | PUR

Nährwerte pro Portion (Schmarren)

kcal	kJ	EW	Fett	KH
189	790	9,5 g	4,2 g	27,7 g

Ball	Chol	HS	BE
2,6 g	Spuren	22,9 mg	2

Nährwerte pro Portion (Röster)

kcal	kJ	EW	Fett	KH
44,7	187,2	1 g	0,1 g	9 g

Ball	Chol	HS	BE
1,9 g	–	20,5 mg	0,5

Nährwerte pro Portion (gesamt)

kcal	kJ	EW	Fett	KH
233,7	977,2	10,5 g	4,3 g	36,7 g

Ball	Chol	HS	BE
4,5 g	Spuren	43,4 mg	2,5

Joghurt-Topfen-Nockerln mit Waldbeerenpüree und Pistazien

Zutaten für 4 Portionen

Zutaten für die Nockerln

3	Eiklar
2 Bl.	Gelatine
1/2	Zitrone
	flüssiger Süßstoff
125 g	Magertopfen, passiert
250 ml	Joghurt, 1 %
1/2	Vanilleschote

Zutaten für das Waldbeerenpüree

320 g	gemischte Beerenfrüchte
1/2	Zitrone
1 EL	Blütenhonig
1 EL	gehackte Pistazienkerne

Zubereitung

– Eiklar zu Schnee schlagen.
– Gelatine einweichen, auflösen, den Saft einer halben Zitrone, das Mark der halben Vanilleschote und Süßstoff dazugeben. Passierten Topfen dazurühren, Joghurt und Eischnee unterziehen, Masse kühl stellen.
– Die Beeren passieren (einige als Garnitur zurückbehalten), mit dem Saft einer halben Zitrone und Blütenhonig abschmecken.
– Sauce auf Tellern verteilen, Nockerln ausstechen und auf die Sauce setzen.
– Mit Waldbeeren garnieren und mit gehackten Pistazienkernen bestreuen.

VK | LVK | DIAB | RED | LIP | PUR

Nährwerte pro Portion

kcal	kJ	EW	Fett	KH
149	625	10,3 g	3 g	18,8 g

Ball	Chol	HS	BE	
1 g	4,5 mg	16,1 mg	1,5	

Früchte-Reis-Savarin auf Erdbeeren-Akazienhonig-Sauce

Zutaten für 4 Portionen

Zutaten für den Savarin

200 g	gemischte Früchte
1 EL	Maraschino
1/4 l	Magermilch
20 g	Kristallzucker
	flüssiger Süßstoff
1 Prise	Vanillezucker
1	ungespritzte Zitrone
1 Prise	Salz
60 g	Rundkornreis
3 Bl.	Gelatine
1/8 l	Schlagobers
125 g	Magertopfen, passiert
	Melissenblätter zum Garnieren

Zutaten für die Sauce

200 g	Erdbeeren
50 g	Akazienhonig
	Zitronensaft
	gehackte Zitronenmelisse

Zubereitung

– Gemischte Früchte (zB verschiedene Beeren – davon einige für die Garnitur aufheben – Trauben, Kirschen, Pfirsiche etc.) in kleine Stücke schneiden und mit Maraschino marinieren.
– Milch, Zucker, Süßstoff, Vanillezucker, geriebene Schale einer Zitrone und Salz aufkochen, Reis dazugeben und zugedeckt im vorgeheizten Rohr bei 180 °C dünsten lassen.
– Gelatine in kaltem Wasser einweichen, ausdrücken und in den heißen Reis einrühren. Masse erkalten lassen.
– Danach geschlagenes Obers, Topfen und marinierte gemischte Früchte unter die Masse heben. In kleine Auflaufförmchen füllen, ca. drei Stunden im Kühlschrank kühlen. Anschließend Formen in heißes Wasser tauchen und Reis auf einen Teller stürzen.
– Für die Sauce Erdbeeren, Honig und den Saft einer Zitrone mixen und zum Schluss die gehackte Zitronenmelisse dazugeben.
– Reis mit frischen Beeren und Melissenblättern garnieren.

VK | LVK | DIAB | LIP | PUR

Nährwerte pro Portion

kcal	kJ	EW	Fett	KH
314	1.314	9,8 g	12,5 g	38 g

Ball	Chol	HS	BE
2,6 g	40,1 mg	36,2 mg	3

Säfte, Drinks & Müslis

Für das Frühstück, als Aperitif vor den Mahlzeiten oder als belebende Zwischenmahlzeit eignen sich gesunde, erfrischende Obst- oder Gemüsesäfte und Saftmischungen, um den Appetit anzureigen, den Durst oder kleinen Hunger zu stillen und die notwendige Flüssigkeitszufuhr zu gewährleisten.

Frisches Obst und Gemüse mit Mineralwasser oder mit fettarmen Milchprodukten garantieren eine ausreichende Vitaminversorgung. Die Säfte sollen kurz vor dem Genuss zubereitet werden, um Vitamine und Mineralstoffe zu erhalten. Drinks auf Gemüsebasis können zu-

Orangen-Karotten-Saft

Würziger Gemüsesaft

Grapefruitdrink

Mangoicedrink

sätzlich mit frischen Kräutern angereichert werden. Müsli und Frischkornbreie zum Frühstück oder als Zwischenmahlzeit erfreuen sich zunehmender Beliebtheit und liefern die wichtigen Ballaststoffe.

Vollwertige Getreideprodukte, kombiniert mit frischen Früchten, Nüssen und Honig, sind sehr sättigend und nährstoffreich. Sie sollten täglich auf unserem Speisezettel stehen.

Ananas-Melonen-Drink

Zutaten für 4 Portionen

300 g	Babyananas
750 g	Zuckermelone
250 g	Hawaiiananas
1	Zitrone
	flüssiger Süßstoff
	Crashedice
1	Cantaloupemelone

Zubereitung

– Babyananas am oberen Ende kappen, aushöhlen und das Fruchtfleisch pürieren.
– Zuckermelone schälen, in Stücke schneiden und pürieren.
– Pürierte Ananas und Melone vermischen und mit Zitronensaft und Süßstoff abschmecken.
– Mit Crashedice mixen.
– Diese Früchtemasse in die ausgehöhlten Ananas füllen.
– Die gefüllten Ananas in eine Schüssel mit Crashedice setzen.
– Aus der Cantaloupmelone Kugeln ausstechen, auf Trinkhalme spießen und die Drinks damit garnieren.

VK | DIAB | RED | LIP

Nährwerte pro Portion

kcal	kJ	EW	Fett	KH
170	714	2 g	0,5 g	30 g

Ball	Chol	HS	BE
1 g	–	57 mg	2,5

Cremige Bananenmilch

Zutaten für 4 Portionen

250 g	geschälte Bananen
50 g	Zitroneneis
300 ml	frisch gepresster Orangensaft
300 ml	Magermilch
3	Zitronen
	flüssiger Süßstoff
4	Minzeblätter

Zubereitung

– Bananen pürieren.
– Eis und Orangensaft verrühren.
– Milch und Bananen hinzufügen und verrühren.
– Mit Süßstoff und dem Saft der Zitronen abschmecken und in Gläser geben.
– Mit frischen Minzeblättern dekorieren.

VK | DIAB | RED | LIP | PUR

Nährwerte pro Portion

kcal	kJ	EW	Fett	KH
158	663	5 g	1 g	30 g

Ball	Chol	HS	BE
1 g	15 mg	32 mg	2,5

Frühlingscocktail

Zutaten für 4 Portionen

200 ml	Schafjoghurt
50 g	Erdbeeren
30 ml	Ahornsirup
20 ml	Zitronensaft
50 g	Karotten
50 g	Stangensellerie
10 ml	Leinöl
2 EL	gehackte Kräuter: Kerbel, Sauerampfer
50 ml	Mineralwasser
	geschnittener Schnittlauch

Zubereitung

– Alle Zutaten mixen, in Gläser füllen und mit Schnittlauch anrichten.

Anmerkung: Für Diabetes- und Reduktionskost anstelle von Ahornsirup Süßstoff verwenden.

VK | LVK | DIAB | RED | LIP | PUR

Nährwerte pro Portion

kcal	kJ	EW	Fett	KH
97	407	3 g	4 g	11 g

Ball	Chol	HS	BE
1 g	6 mg	15 mg	–

Geeiste Wassermelonenmilch

Zutaten für 4 Portionen

800 g	Wassermelone
300 ml	Magermilch
100 ml	Mandelsirup
100 g	Crashedice

Zubereitung

– Wassermelone von den Kernen befreien. Vier Kugeln aus dem Fruchtfleisch für die Garnitur ausstechen.
– Das übrige Fruchtfleisch der Wassermelone mit Milch, Sirup und Crashedice mixen und kalt stellen.
– In Longdrinkgläser füllen.
– Je eine Melonenkugel auf einen Trinkhalm spießen und die Gläser damit garnieren.

VK | LVK | DIAB | LIP | PUR

Nährwerte pro Portion

kcal	kJ	EW	Fett	KH
182	761	4 g	0,4 g	27 g

Ball	Chol	HS	BE
0,5 g	+	40 mg	2,5

Grapefruitdrink

Zutaten für 4 Portionen

60 g	Himbeermark
1/4 l	frisch gepresster Saft von rosa Grapefruits
1/4 l	Tonicwater
	Crashedice

Zubereitung

– Himbeermark in einen Krug geben.
– Grapefruit auspressen, zum Himbeermark dazugeben und verrühren.
– Mit Tonicwater aufspritzen und kurz umrühren.
– Crashedice in Gläser geben, mit Grapefruitdrink auffüllen und servieren.

VK | DIAB | RED | LIP | PUR

Nährwerte pro Portion

kcal	kJ	EW	Fett	KH
97	407	0,7 g	0,4 g	21 g

Ball	Chol	HS	BE
2 g	–	14 mg	1,5

Joghurthimbeermix

Zutaten für 4 Portionen

250 ml	Joghurt
20 ml	Weinbrand
20 ml	Grand Marnier
400 g	Himbeeren
	flüssiger Süßstoff

Zubereitung

– Joghurt, Weinbrand und Grand Marnier vermengen.
– 300 g Himbeeren mixen.
– Himbeeren mit der Joghurtmasse mischen, mit Süßstoff süßen und in Cocktailgläser füllen.
– Mit den restlichen ganzen Himbeeren garnieren.

VK | LVK | DIAB | RED | LIP | PUR

Nährwerte pro Portion

kcal	kJ	EW	Fett	KH
96	402	3 g	0,9 g	10 g

Ball	Chol	HS	BE
7 g	2 mg	18 mg	0,5

Kefirkräutercocktail

Zutaten für 4 Portionen

300 ml	Kefir
100 g	Radieschen
20 g	Jungzwiebel
100 g	Äpfel
100 g	Kirschen
20 ml	Distelöl
30 ml	Zitronensaft
2 EL	gehackte Kräuter: Ysop, Petersilie, Basilikum, einige Mangoldblätter Bohnenkraut fein geschnittener Schnittlauch
100 ml	Mineralwasser
	Kerbel

Zubereitung

– Alle Zutaten mixen, in Gläser füllen und mit Kerbel dekorieren.

VK | DIAB | LIP | PUR

Nährwerte pro Portion

kcal	kJ	EW	Fett	KH
182	761	3 g	13 g	12 g

Ball	Chol	HS	BE
2 g	28 mg	14 mg	1

Heidelbeer-Sauermilch-Shake

Zutaten für 4 Portionen

1/4 l	Magermilch
1/4 l	Sauermilch
500 g	Heidelbeeren
8	Eiswürfel
	flüssiger Süßstoff

Zubereitung

– Alle Zutaten gut durchmixen.
– In Cocktailgläser füllen und mit einigen Heidelbeeren garnieren.

VK | LVK | DIAB | RED | LIP | PUR

Nährwerte pro Portion

kcal	kJ	EW	Fett	KH
133	558	5 g	5 g	15 g

Ball	Chol	HS	BE
6 g	16 mg	25 mg	1

Kirschenapfelsaft mit Pfirsichstückchen

Zutaten für 4 Portionen

2	Pfirsiche
	Crashedice
1/2 l	Apfelsaft
1/4 l	Kirschensaft
100 g	Himbeeren
4	Kirschen
4	Apfelspalten

Zubereitung

– Pfirsiche pochieren, Haut abziehen, halbieren, entkernen und in kleine Stücke schneiden.
– Crashedice in Gläser füllen.
– Säfte mischen und in die Gläser geben.
– Pfirsichstücke und Himbeeren beifügen.
– Gläserrand mit Kirsche und Apfelspalte garnieren.

VK | DIAB | RED | LIP | PUR

Nährwerte pro Portion

kcal	kJ	EW	Fett	KH
130	544	2 g	0,7 g	27 g
Ball	**Chol**	**HS**	**BE**	
4 g	–	43 mg	2	

Kiwibirnenmix

Zutaten für 4 Portionen

4	Kiwis
2	Messerspitzen gemahlener Zimt
10	frische Pfefferminzblätter
200 ml	Apfelsaft
100 ml	Birnensaft
200 ml	Mineralwasser

Zubereitung

– Kiwis schälen, schneiden und mit Zimt und den Pfefferminzblättern pürieren.
– Mit Apfel- und Birnensaft mixen, mit Mineralwasser aufspritzen und sofort servieren.

VK | LVK | DIAB | RED | LIP | PUR

Nährwerte pro Portion

kcal	kJ	EW	Fett	KH
81	338	1 g	0,7 g	16 g
Ball	**Chol**	**HS**	**BE**	
3 g	–	25 mg	1,5	

Mangoicedrink mit frischer Minze

Zutaten für 4 Portionen

800 g	geschälte Mangos
1/4 l	Mineralwasser
1/2	Zitrone
20 ml	Drambuie
	Crashedice
4	Minzeblätter

Zubereitung

– Das Fruchtfleisch der Mango in den Mixer geben und durchmixen.
– Mit Mineralwasser auffüllen, mit dem Saft der halben Zitrone und Drambuie abschmecken.
– Das Crashedice hinzufügen und kurz mixen.
– In eiskalte Gläser füllen, mit Minzeblättern garnieren und sofort servieren.

VK | DIAB | RED | LIP | PUR

Nährwerte pro Portion

kcal	kJ	EW	Fett	KH
145	607	1 g	0,9 g	28 g
Ball	**Chol**	**HS**	**BE**	
4 g	–	33 mg	2,5	

Maracuja-Ananas-Cocktail

Zutaten für 4 Portionen

400 g	Maracuja
400 g	Ananas
2	Zitronen
4	Minzeblätter

Zubereitung

– Maracujas und Ananas schälen, in Stücke schneiden und mixen.
– Von einer Zitrone vier Scheiben für die Garnierung schneiden.
– Die restlichen Zitronen pressen und den Saft zu den Früchten mischen.
– In kalte Tumblergläser gießen, mit Zitronenscheiben und Ananasblättern garnieren.

VK | DIAB | RED | LIP | PUR

Nährwerte pro Portion

kcal	kJ	EW	Fett	KH
144	603	1 g	0,7 g	31 g
Ball	**Chol**	**HS**	**BE**	
3 g	–	40 mg	2,5	

Mokkamilchshake

Zutaten für 4 Portionen

1/2 l	Magermilch
250 ml	Joghurt, 1 %
80 ml	Instantkaffee
40 g	Zucker
100 g	Schokoladeeis
	etwas Weinbrand
20 ml	Schlagobers
	Kakaopulver

Zubereitung

– Milch mit Joghurt, Instantkaffee, Zucker, Eis und Weinbrand mixen.
– Mokkamilchshake in Gläser füllen und mit einem kleinen Tupfer geschlagenem Obers und Kakaopulver garnieren.

Anmerkung: Für Diabeteskost anstelle von Zucker Süßstoff verwenden.

VK | DIAB | LIP | PUR

Nährwerte pro Portion (mit Zucker)

kcal	kJ	EW	Fett	KH
254	1.065	11 g	5 g	37 g

Ball	Chol	HS	BE
0,5 g	38 mg	21 mg	3

Nährwerte pro Portion (ohne Zucker)

kcal	kJ	EW	Fett	KH
213	895	11 g	5 g	27 g

Ball	Chol	HS	BE
0,5 g	38 mg	21 mg	2

Orangen-Karotten-Saft

Zutaten für 4 Portionen

> 1/2 l frisch gepresster
> Orangensaft
> 1/4 l frisch gepresster Karottensaft
> Saft einer Limette
> Crashedice
> 4 Melissenblätter

Zubereitung

– Säfte mischen, mit Crashedice kurz mixen, in Gläser füllen und mit Melissenblättern dekorieren.

VK | DIAB | RED | LIP | PUR

Nährwerte pro Portion

kcal	kJ	EW	Fett	KH
93	388	2 g	0,7 g	17 g

Ball	Chol	HS	BE
0,5 g	–	41 mg	1

Pfirsichshake mit Joghurt

Zutaten für 4 Portionen

> 500 g sehr reife Pfirsiche
> 250 ml Joghurt, 1 %
> 1/4 l Magermilch
> flüssiger Süßstoff
> einige Eiswürfel

Zubereitung

– Pfirsiche schälen, halbieren und entkernen. Einige Pfirsichstückchen für die Garnierung beiseite legen.
– Restliche Pfirsiche mit Joghurt, Milch, Süßstoff und Eiswürfeln mixen.
– In einem gekühlten Glas mit Pfirsichstücken gefällig anrichten.

VK | DIAB | RED | LIP | PUR

Nährwerte pro Portion

kcal	kJ	EW	Fett	KH
118	494	5 g	3 g	17 g

Ball	Chol	HS	BE
3 g	9 mg	23 mg	1

Piña Champagner

Zutaten für 4 Portionen

> 500 g geschälte Ananas
> 100 ml Ananassirup
> flüssiger Süßstoff
> Crashedice
> 200 ml Champagner

Zubereitung

– Ananas in Stücke schneiden.
– Alle Zutaten mit einem Schuss Champagner mixen, in vorgekühlte Gläser gießen und mit dem restlichen Champagner auffüllen.

VK | DIAB | LIP

Nährwerte pro Portion

kcal	kJ	EW	Fett	KH
130	546	0,7 g	0,2 g	22 g

Ball	Chol	HS	BE
2 g	–	28 mg	2

Stangensellerie-Fitdrink

Zutaten für 4 Portionen

> 300 g Stangensellerie
> 2 Bananen
> 1/2 l frisch gepresster
> Orangensaft
> 40 g Joghurt
> 4 EL Haferkleie
> 80 ml Zitronensaft

Zubereitung

– Stangensellerie in kleinere Stücke schneiden.
– Bananen schälen und ebenfalls in Stücke schneiden.
– Sellerie und Bananen mit Orangensaft und Joghurt mixen.
– Kleie und Zitronensaft unterrühren, kurz quellen lassen und in Gläser füllen.

VK | DIAB | LIP

Nährwerte pro Portion

kcal	kJ	EW	Fett	KH
171	715	4 g	1 g	33 g

Ball	Chol	HS	BE
4 g	+	104 mg	2,5

Wachauer Marillendrink

Zutaten für 4 Portionen

1 kg	entkernte Wachauer Marillen
1/4 l	Wasser
100 g	Zucker
40 ml	Marillenlikör
1/4 l	Sekt
1/8 l	Mineralwasser
100 g	frische Himbeeren

Zubereitung

– Marillen blanchieren, enthäuten und in Wasser mit Zucker weich dünsten.
– Kalt stellen, anschließend fein pürieren und mit Marillenlikör abschmecken.
– Die Marillenmasse mit Sekt und Mineralwasser spritzen.
– Den Drink in Gläser füllen, mit frischen Himbeeren garnieren und sofort servieren.

VK | LIP

Nährwerte pro Portion

kcal	kJ	EW	Fett	KH
248	1.039	3 g	0,3 g	40 g

Ball	Chol	HS	BE
6 g	–	55 mg	3

Waldbeerenfrappee

Zutaten für 4 Portionen

1/4 l	Magermilch
1/2 l	Joghurt, 1 %
1 P.	Vanillezucker
30 g	Zucker
400 g	gemischte Waldbeeren
1/2	Zitrone
4	Erdbeerblätter

Zubereitung

– Magermilch mit Joghurt, Vanillezucker, Zucker, 300 g Waldbeeren und dem Saft einer halben Zitrone mixen.
– Die restlichen Beeren darunter mischen.
– In Cocktailgläser füllen und mit Erdbeerblättern garnieren.

Anmerkung: Für Diabetes- und Reduktionskost ohne Vanillezucker zubereiten und anstelle von Zucker Süßstoff verwenden.

VK | LVK | DIAB | RED | LIP | PUR

Nährwerte pro Portion (mit Zucker und Vanillezucker)

kcal	kJ	EW	Fett	KH
133	556	5 g	1 g	23 g

Ball	Chol	HS	BE
5 g	2 mg	20 mg	2

Nährwerte pro Portion (ohne Zucker und ohne Vanillezucker)

kcal	kJ	EW	Fett	KH
83	346	5 g	1 g	12 g

Ball	Chol	HS	BE
5 g	2 mg	19 mg	1

Wellnesscocktail

Zutaten für 4 Portionen

300 ml	Ananassaft
300 ml	Grapefruitsaft
300 ml	Orangensaft
100 ml	Zitronensaft
100 ml	Batida de Coco
4	Orangenscheiben
4	Zitronenscheiben

Zubereitung

– Säfte mischen und in Longdrinkgläser füllen.
– Mit Orangen- und Zitronenscheiben garnieren.

VK | DIAB | LIP

Nährwerte pro Portion

kcal	kJ	EW	Fett	KH
225	942	2 g	0,4 g	35 g

Ball	Chol	HS	BE
0,2 g	–	47 mg	3

Würziger Gemüsesaft

Zutaten für 4 Portionen

2	Stangen Sellerie
1	kleine Salatgurke
10 ml	Zitronensaft
8	Tropfen Tabascosauce
2	Frühlingszwiebeln
400 g	Tomaten
	Salz
5 g	Zucker
1/2 TL	gemahlener Ingwer
1	Karotte

Zubereitung

– Stangensellerie schälen, Fäden ziehen und die Stangen in 3 cm lange Stücke schneiden.
– Die Salatgurke schälen, entkernen und grob hacken.
– Gurke mit Zitronensaft und Tabascosauce kurz pürieren.
– Zwiebel fein hacken.
– Tomaten blanchieren und entkernen und mit Gurkenpüree, Salz, Zucker, Zwiebel und Ingwer mischen. Kurz mixen bis die Masse glatt ist.
– Mindestens 40 Minuten kalt stellen.
– Karotte der Länge nach vierteln.
– Gemüsesaft in Cocktailgläser füllen und mit Sellerieblättern und Karottenstückchen garnieren.

Anmerkung: Für Diabetes- und Reduktionskost anstelle von Zucker Süßstoff verwenden.

VK | DIAB | RED | LIP

Nährwerte pro Portion

kcal	kJ	EW	Fett	KH
48	202	2 g	0,5 g	8 g

Ball	Chol	HS	BE
4 g	–	54 mg	–

Frischkornbreie, Müslis

Aktivmüsli

Zutaten für 4 Portionen

20 g	Weizenkleie
600 ml	Joghurt
100 g	Äpfel
100 g	Birnen
100 g	geschälte Bananen
100 g	entkernte Marillen
30 g	Cornflakes

Zubereitung

- Weizenkleie in Joghurt etwas aufquellen lassen.
- Äpfel und Birnen schälen, entkernen und in kleine Stücke schneiden.
- Banane in dünne Scheiben schneiden.
- Marillen klein schneiden.
- Die klein geschnittenen Früchte mit Cornflakes unter die Joghurtmasse mischen.
- Müsli in Portionsschalen anrichten.

VK | LIP

Nährwerte pro Portion

kcal	kJ	EW	Fett	KH
256	1.074	20 g	6 g	28 g

Ball	Chol	HS	BE
6 g	39 mg	131 mg	2,5

Exotisches Frischkornmüsli

Zutaten für 4 Portionen

400 g	exotische Früchte, zB Mango, Papaya, Kiwi, Litschi, Hawaiiananas
600 ml	Joghurt, 1 %
40 g	Haferflocken
10 g	Weizenschrot

Zubereitung

- Früchte schälen und in mundgerechte Stücke schneiden.
- Joghurt mit Haferflocken und Weizenschrot abmischen und aufquellen lassen.
- Die Früchte mit der Joghurtmasse vermischen.
- In Portionsschalen geben und mit Melonenstückchen dekorieren.

VK | DIAB | RED | LIP | PUR

Nährwerte pro Portion

kcal	kJ	EW	Fett	KH
157	656	7 g	3 g	24 g

Ball	Chol	HS	BE
3 g	5 mg	29 mg	2

Hafermüsli

Zutaten für 4 Portionen

100 g	Hafer, ganzes Korn
1/4 l	Wasser
500 g	Äpfel
1	Zitrone
40 g	Honig
300 g	Brombeeren

Zubereitung

- Die Haferkörner in Wasser etwa 10–12 Stunden einweichen.
- Äpfel schälen und raspeln.
- Die eingeweichten Haferkörner und die geraspelten Äpfel mit dem Saft einer Zitrone, Honig und Brombeeren vermischen.
- Müsli in Portionsschalen geben und mit einigen Brombeeren garnieren.

Anmerkung: Für Diabetes- und Reduktionskost ohne Honig zubereiten.

VK | DIAB | RED | LIP

Nährwerte pro Portion (mit Honig)

kcal	kJ	EW	Fett	KH
229	958	5 g	3 g	43 g

Ball	Chol	HS	BE
9 g	–	60 mg	3,5

Nährwerte pro Portion (ohne Honig)

kcal	kJ	EW	Fett	KH
198	830	5 g	3 g	36 g

Ball	Chol	HS	BE
9 g	–	60 mg	3

Waldbeerenmüsli

Zutaten für 4 Portionen

| 250 g gemischte Waldbeeren |
| 500 ml Joghurt, 1 % |
| 50 g Müslimischung ohne Zucker |
| 20 g Weizenkleie |

Zubereitung

– Die Hälfte der Waldbeeren pürieren.
– Joghurt mit Müslimischung und Kleie vermengen und quellen lassen.
– Von den ganzen Beeren einige für die Garnierung aufheben. Den Rest der ganzen Beeren und die pürierten Beeren unter die Joghurt-Müsli-Mischung heben.
– In Portionsschalen geben und mit einigen Beeren dekorieren.

VK | LVK | DIAB | RED | LIP | PUR

Nährwerte pro Portion

kcal	kJ	EW	Fett	KH
91	380	5 g	2 g	11 g

Ball	Chol	HS	BE
5 g	4 mg	16 mg	1

Kleiemüsli

Zutaten für 4 Portionen

| 40 g Weizenkleie |
| 375 ml Joghurt, 1 % |
| 3/8 l Magermilch |
| 250 g geschälte Bananen |
| Zitronensaft |
| 40 g Kürbiskerne |

Zubereitung

– Kleie in Joghurt und Milch einweichen.
– Bananen zerdrücken und beifügen.
– Zitronensaft dazugeben.
– Kürbiskerne hacken.
– Müsli in Portionsschalen geben und Kürbiskerne darüber streuen.

VK | LVK | DIAB | RED | LIP | PUR

Nährwerte pro Portion

kcal	kJ	EW	Fett	KH
205	858	11 g	6 g	24 g

Ball	Chol	HS	BE
7 g	3 mg	30 mg	2

Kleiekeimmüsli

Zutaten für 4 Portionen

| 40 g Weizenkleie |
| 40 g Keime |
| 375 ml Joghurt, 1 % |
| 300 g Karotten |
| 300 g Äpfel |
| 20 g Honig |
| 40 g beliebige Nüsse |

Zubereitung

– Kleie und Keime in Joghurt einweichen.
– Karotten und Äpfel waschen, raspeln und darunter mischen.
– Mit Honig süßen.
– Müsli in Portionsschalen geben.
– Nüsse hacken oder grob reiben und darüber streuen.

Anmerkung: Für Diabetes- und Reduktionskost mit Süßstoff zubereiten.

VK | DIAB | LIP

Nährwerte pro Portion

kcal	kJ	EW	Fett	KH
227	952	10 g	9 g	26 g

Ball	Chol	HS	BE
11 g	3 mg	124 mg	2

Weizenbrei

Zutaten für 4 Portionen

| 120 g gemahlener Weizen |
| 1/4 l Wasser |
| 1 Zitrone |
| 20 g Honig |
| 300 g Äpfel |
| 100 g Früchte der Saison |

Zubereitung

– Weizen mit Wasser, dem Saft einer Zitrone und Honig vermischen.
– Äpfel schälen, entkernen, in gefällige Stücke schneiden und darunter mischen.
– Mit Früchten der Saison mischen und in Bechern oder auf Tellern anrichten.

Anmerkung: Für Diabetes- und Reduktionskost mit Süßstoff zubereiten.

VK | DIAB | RED | LIP | PUR

Nährwerte pro Portion (mit Honig)

kcal	kJ	EW	Fett	KH
162	678	4 g	1 g	33 g

Ball	Chol	HS	BE
6 g	–	45 mg	2,5

Nährwerte pro Portion (ohne Honig)

kcal	kJ	EW	Fett	KH
142	596	4 g	1 g	28 g

Ball	Chol	HS	BE
6 g	–	45 mg	2

Menü-
vorschläge,
Küchen-
Technik,
Register

Menüvorschläge für Vollkost

Menü 1

	Seite
Schaumsuppe von Löwenzahnblüten	96
Gemüsepaella	138
Vanillejoghurtcreme	214

kcal	kJ	EW	Fett	KH
733	3.069	19 g	34 g	82 g

Ball	Chol	HS	BE	
12 g	24 mg	197 mg	5	

Menü 2

	Seite
Hafersuppe mit Wachtelbohnen	91
Pannonischer Fischeintopf	151
Zwetschkentörtchen auf Zimtjoghurt	215

kcal	kJ	EW	Fett	KH
669	2.800	42 g	23 g	63 g

Ball	Chol	HS	BE	
15 g	94 mg	346 mg	4,5	

Menü 3

	Seite
Carpaccio von Kürbis und Zucchini mit Olivenjoghurt	114
Rehfilet mit Sesamschupf-nudeln und Kohlknöderln	173
Herbstlicher Obstsalat	209

kcal	kJ	EW	Fett	KH
849	3.553	45 g	38 g	74 g

Ball	Chol	HS	BE	
13 g	133 mg	231 mg	-	

Menüvorschläge für leichte Vollkost

Menü 1

	Seite
Kartoffel-Karotten-Suppe mit Pilzen	92
Kalbsrückenfilet auf Gemüsereis	162
Potpourri aus gedünsteten Früchten	212

kcal	kJ	EW	Fett	KH
498	2.088	33 g	14 g	50 g

Ball	Chol	HS	BE	
10 g	84 mg	272 mg	4	

Menü 2

	Seite
Holunderblütensuppe	91
Babysteinbuttfilet im Mangoldblatt	149
Safrankartoffeln (70 g)	
Himbeerjoghurtcreme	212

kcal	kJ	EW	Fett	KH
485	2.032	30 g	22 g	40 g

Ball	Chol	HS	BE	
6,5 g	121 mg	209 mg	2,5	

Menü 3

	Seite
Champignon-Zucchini-Cocktail	115
Kärntner Kasnudeln	139
Mischblattsalat mit Gartenkresse	193
Zitronencassiscreme	215

kcal	kJ	EW	Fett	KH
626	2.624	32 g	18 g	82 g

Ball	Chol	HS	BE	
15 g	105 mg	176 mg	6	

Menüvorschläge für Diabetesdiät

Menü 1 – Diabetikermenü mit 3 BE

	Seite
Würziger Gemüsesaft	226
Überbackenes Hühnerbrüstchen	169
Löwenzahnsalat mit Sesamvinaigrette	193
Mandarinen-Kefir-Terrine mit Moosbeersauce	210

kcal	kJ	EW	Fett	KH
725	3.033	46 g	35 g	50 g

Ball	Chol	HS	BE	
13 g	160 mg	370 mg	3	

Menü 2 – Diabetikermenü mit 4 BE

	Seite
Kühle Rahmsuppe von dreierlei Paprika	102
Fischkrautwickler auf Tomatenragout	148
2 BE Petersilkartoffeln (140 g)	
Apfelsorbet	206

kcal	kJ	EW	Fett	KH
707	2.958	40 g	31 g	59 g

Ball	Chol	HS	BE	
13 g	144 mg	267 mg	4	

Menü 3 – Diabetikermenü mit 5 BE

	Seite
Schaumsuppe vom Staudensellerie	96
Vollkorncannelloni mit Eier-schwammerln	142
Radicchio mit Orangen-Zitronen-Marinade	193
Beeren mit feinem Topfenhäubchen	207

kcal	kJ	EW	Fett	KH
804	3.368	44 g	36 g	70 g

Ball	Chol	HS	BE	
26 g	183 mg	227 mg	5	

Menüvorschläge für Reduktionskost

Menü 1

	Seite
Brunnenkressesalat mit Mungobohnenkeimlingen	194
Truthahnroulade mit Paprikafülle	167
Gemüsenaturreis	187
Brombeersülzchen	209

kcal	kJ	EW	Fett	KH
493	2.062	37 g	19 g	41 g

Ball	Chol	HS	BE
17 g	60 mg	250 mg	3

Menü 2

	Seite
Pilzterrine auf Frühlingssalaten	117
Lachsforelle und Zander auf Krensauce	154
Safrankartoffeln (70 g)	
Birnensorbet auf Heidelbeerspiegel	207

kcal	kJ	EW	Fett	KH
473	1.985	40 g	10 g	43 g

Ball	Chol	HS	BE
13 g	91 mg	319 mg	3

Menü 3

	Seite
Karfiol-Brokkoli-Schaumsuppe	92
Buchweizen-Sauerkraut-Auflauf	136
Buttermilchgelee mit Weintrauben	208

kcal	kJ	EW	Fett	KH
498	2.085	25 g	20 g	48 g

Ball	Chol	HS	BE
7,4 g	171 mg	133 mg	3,5

Menüvorschläge für Fettstoffwechseldiät

Menü 1

	Seite
Selleriesalat mit grünem Paprika	196
Kalbslungenbraten mit Quinoa-Pistazien-Fülle mit Spargel und Kartoffeln	163
Ananassorbet mit Dattelmakronen	206

kcal	kJ	EW	Fett	KH
537	2.248	25 g	20 g	54 g

Ball	Chol	HS	BE
11 g	64 mg	244 mg	4

Menü 2

	Seite
Mangoldcremesuppe	95
Pochierter St.-Peters-Fisch mit Kohlrüben auf Zitronensauce	152
Safrankartoffelpüree	189
Birnensalat mit Himbeeren	207

kcal	kJ	EW	Fett	KH
578	2.424	30 g	18 g	63 g

Ball	Chol	HS	BE
18 g	60 mg	267 mg	4,5

Menü 3

	Seite
Fasanroulade mit Quitten-Keimlinsen-Salat	119
Gemüsevollkornstrudel	139
Exotisches Früchtesülzchen	209

kcal	kJ	EW	Fett	KH
558	2.337	31 g	26 g	47 g

Ball	Chol	HS	BE
10 g	59 mg	193 mg	5,5

Menüvorschläge für purinarme Kost

Menü 1

	Seite
Radicchio mit Orangen-Zitronen-Marinade	193
Vollkornpizza mit Fischen	152
Pfefferminzterrine mit Zitronengrasgelee	211

kcal	kJ	EW	Fett	KH
717	3.003	32 g	29 g	68 g

Ball	Chol	HS	BE
9 g	101 mg	169 mg	4,5

Menü 2

	Seite
Saure Kartoffelsuppe mit Eierschwammerln	95
Gemüselasagne	137
Blattsalate mit Joghurtdressing	192
Buttermilchterrine mit Marillen	208

kcal	kJ	EW	Fett	KH
838	3.509	34 g	36 g	84 g

Ball	Chol	HS	BE
11 g	171 mg	146 mg	5,5

Menü 3

	Seite
Klare Gemüsebouillon mit Eierschwammerlschöberln	108
Zucchinilaibchen	143
Rohkostsalat	193
Topfensoufflee mit Himbeersauce	213

kcal	kJ	EW	Fett	KH
651	2.730	31 g	41 g	41 g

Ball	Chol	HS	BE
12 g	294 mg	86 mg	4,5

Die richtige Küchentechnik

Vorbereitung

Frische Lebensmittel wie Obst, Gemüse, Salate, Kartoffeln und Fleisch müssen vor der Zubereitung und dem Verzehr entsprechend vorbereitet werden. Die richtige Vorbereitung ist auch für den ernährungsphysiologischen Wert dieser Lebensmittel bestimmend. Besonders der Vitamin- und Mineralstoffgehalt von Obst, Gemüse, Salat und Kartoffeln wird durch Putzen, Waschen und Schälen nachhaltig beeinflusst.

Vorbereitungstechniken

Vorbereitung	Erklärung	Praktische Durchführung	Ernährungsphysiologische Bewertung
Waschen	Entfernung von Staub, Schmutz, Erde, Krankheitskeimen und auf der Oberfläche anhaftenden Schadstoffen.	• Unzerkleinert unter fließendem, kaltem Wasser waschen. • Nicht wässern. • Empfindliche Lebensmittel in stehendem Wasser waschen.	Langes Waschen und warmes Wasser laugen lebensnotwendige, wasserlösliche Vitamine, Mineralstoffe und Eiweiß aus.
Wässern	Entfernen von unerwünschten wasserlöslichen Stoffen wie Salz oder Bitterstoffen.	Lebensmittel einige Stunden in Wasser legen, um Salz und Bitterstoffe zu entziehen, zB bei Salzheringen oder Schafkäse.	Wertvolle Inhaltsstoffe können ausgelaugt werden.
Einweichen	Getrockneten Lebensmitteln wie Hülsenfrüchten, Gemüse und Trockenobst wird Wasser wieder zugeführt, um den Garprozess zu ermöglichen. Blattgelatine wird eingeweicht, damit das Eiweiß aufquellen kann.	Getrocknete Lebensmittel werden in reichlich kaltem Wasser eingeweicht.	Ein Teil der wasserlöslichen Vitamine und Mineralstoffe geht in das Einweichwasser über. Eventuell kann das Einweichwasser zum Garen verwendet werden.
Putzen	Entfernung von wertlosen, welken oder harten Bestandteilen wie Stängel, Stiele, Kerngehäuse und Steine.	Pflanzenteile mit Hilfe eines Messers vorsichtig entfernen.	In Stielen und Strünken ist der Nitratgehalt oftmals erhöht, daher, wenn möglich, entfernen.
Schälen	Harte, ungenießbare Schalen und Häute werden entfernt.	• Mit einem Schälmesser, Sparschäler oder einer Schälmaschine möglichst dünn schälen. • Geschältes Obst und Gemüse nicht an der Luft liegen lassen. • Es ist abzuwägen, ob ein Lebensmittel nur gewaschen oder auch geschält werden muss.	• Umweltschadstoffe lassen sich durch Schälen besser entfernen. • Die Schalen enthalten aber meist wertvolle Ballaststoffe. • Geschältes Obst und Gemüse rasch weiterverarbeiten, da der Sauerstoff Vitamine zerstört.

Vorbereitung	Erklärung	Praktische Durchführung	Ernährungsphysiologische Bewertung
Zerkleinern	Lebensmittel werden durch Zerkleinern leichter verdaulich gemacht. Es gibt verschiedene Arten der Zerkleinerung: • schneiden • hobeln und raspeln • reiben und hacken • passieren und pürieren.	• Mit Hilfe eines Küchenmessers in Scheiben, Würfel oder Streifen schneiden. • Mit einer Rohkostreibe oder einem Schnitzelwerk der Küchenmaschine blättrig schneiden oder grob oder fein raspeln. • Mit dem Wiegemesser fein hacken. • Durch ein Passiersieb drücken oder mit einem Pürierstab zu einer weichen, breiigen Masse zerkleinern.	• Durch Zerkleinerung wird die Lebensmitteloberfläche vergrößert, dh. die Angriffsfläche für Sauerstoff und Wasser ist größer, daher rasche Verarbeitung. • Durch Zugabe von Essig oder Zitronensaft wird der Vitamin–C–Abbau vermindert. • Wenn nötig, zerkleinerte Lebensmittel zugedeckt im Kühlschrank aufbewahren.

Garmethoden

Garmethode	Definition	Praktische Durchführung	Ernährungsphysiologische Bewertung
Kochen	Garen bei Temperaturen um 100 °C in viel wallender Flüssigkeit.	In einem hohen Topf mit fest schließendem Deckel. Anwendung für Speisen, bei denen • Inhaltsstoffe in Kochflüssigkeit übergehen, zB Suppen, Saucen. • Flüssigkeit aufgenommen wird, zB Reis, Teigwaren, Hülsenfrüchte.	• **Große Nährstoffverluste.** • Wasserlösliche und hitzeempfindliche Vitamine werden herausgelöst und teilweise zerstört. • Mineralstoffe werden gelöst. • Kochflüssigkeit weiter verwenden oder verzehren.
Garziehen	Garen unter dem Siedepunkt mit wenig oder viel Flüssigkeit bei Temperaturen zwischen 70 und 95 °C.	• Flüssigkeit zum Sieden bringen und Lebensmittel zugeben. • Wärmezufuhr verringern und unterhalb des Siedepunktes garen. • Für Lebensmittel, die leicht zerfallen oder platzen können wie Fisch, junges Geflügel, Kompotte, Würste und Knödel.	• **Große Nährstoffverluste.** • Wasserlösliche und hitzeempfindliche Vitamine werden herausgelöst und teilweise zerstört. • Mineralstoffe werden gelöst.
Überkochen oder Blanchieren	Meist vorbereitendes Garverfahren. Kurzes Vorkochen in wallender Flüssigkeit bei etwa 100 °C.	• Vorbereitete Lebensmittel kurz in siedende Flüssigkeit geben. • Gemüse wie Kohl oder Spinat werden grün erhalten. • Geruch und Bitterstoffe verschwinden.	• **Mäßige Nährstoffverluste.** • Vitamine und Mineralstoffe werden durch die kurzzeitige Erhitzung in einem tolerierbaren Umfang herausgelöst bzw. zerstört.

233

Garmethode	Definition	Praktische Durchführung	Ernährungsphysiologische Bewertung
Dämpfen	Garen in Wasserdampf in strömender feuchter Hitze bei etwa 100 °C.	• Gargefäß mit Siebeinsatz, welches das Lebensmittel vom Wasser trennt, mit gut verschließbarem Deckel. • Besonders geeignet für Fische, zartes Fleisch, Gemüse, Kartoffeln, Knödeln und Mehlspeisen.	• **Nährstoffschonendes Garen.** • Kochgut wird nicht ausgelaugt, der Eigengeschmack der Speisen bleibt besser erhalten. • Hitzeempfindliche Vitamine werden nur in geringem Ausmaß zerstört.
Dämpfen mit Druck	Schnelles Garen durch Hochdruckdampf in einem druckdichten Gargefäß oder Steamer bei Überdruck bei etwa 120 °C.	• Rasches Garen von Lebensmitteln. • Topf mit wenig Flüssigkeit füllen. • Siebeinsatz mit Lebensmitteln dazugeben, Topf verriegeln und ankochen. • Kurz vor Erreichen der gewünschten Garstufe Energiezufuhr verringern. • Garzeit einhalten, Überdruck abbauen und Topf öffnen. • Besonders für große Stücke von Gemüse, Kartoffeln, Teigwaren, Geflügel und Fisch.	• **Nährstoffschonendes Garen.** • Garzeiten genau einhalten. • Durch die kurze Dämpfzeit ist eine schonende Garung und ein geringer Nährstoffverlust gewährleistet.
Dünsten	Garen in wenig Flüssigkeit, meist unter Zugabe von wenig Fett bei 120–140 °C.	• Etwas Fett erhitzen und Lebensmittel darin anschwitzen. • Sobald sich etwas Flüssigkeit gebildet hat, Wärmezufuhr verringern und mit Deckel gut schließen. • Bei Temperaturen um den Siedepunkt fortgaren. • Geeignet für Fleisch, Gemüse, Fisch.	• **Nährstoffschonendes Garen.** • Vitamine und Mineralstoffe werden kaum herausgelöst. • Hitzeempfindliche Vitamine werden in geringem Umfang zerstört.
Kurzbraten	Zwei Arten: • Braten auf dem Herd: Sautieren zwischen 180–200 °C. • Rösten in der Pfanne: Bei 160–240 °C.	• Bratgeschirr mit wenig Fett erhitzen. • Trockenes Lebensmittel einlegen und von allen Seiten bräunen. • Bis zum gewünschten Garzustand fortbraten. • Geeignet für Fleisch, Fisch, Gemüse, Getreideprodukte, Eier.	• Hitzeempfindliche und wasserlösliche Vitamine werden teilweise zerstört bzw. herausgelöst. • Fettgehalt der Speisen ist abhängig vom Gehalt der versteckten Fette des zu bratenden Lebensmittels sowie der Fettzugabe für das Braten.

Garmethode	Definition	Praktische Durchführung	Ernährungsphysiologische Bewertung
Braten im Rohr	Braten bei 110–250 °C in heißer Luft unter Beigabe von etwas Fett und Flüssigkeit.	• Ganze Stücke von Fleisch, Wild, Geflügel oder große Fische werden im Rohr gebraten. • Das Bratgut öfters mit Bratfett übergießen.	• Hitzeempfindliche und wasserlösliche Vitamine werden teilweise zerstört bzw. herausgelöst. • Fettgehalt der Speisen ist abhängig vom Gehalt der versteckten Fette des zu bratenden Lebensmittels sowie der Fettzugabe für das Braten.
Grillen	Garen unter Bräunung bei 150–250 °C durch Strahlungs- oder Kontaktwärme.	• Kontaktgrillen: abgetrocknetes Gargut auf die aufgeheizte Grillfläche legen und bräunen. • Strahlungsgrillen: mariniertes, gewürztes Gargut auf einem Spieß oder auf einem Rost der vorgeheizten Wärmequelle aussetzen und bräunen. • Beide Arten sind geeignet für Fleisch, Geflügel, Fisch, Gemüse, Kartoffeln und Obst.	• **Fettarme Zubereitungsart.** • Vitamine und Mineralstoffe werden teilweise herausgelöst, hitzeempfindliche Vitamine werden zerstört. • Bildung von Röst- und Aromastoffen.
Backen im Rohr	Garen von Teigen in heißer Luft bei 140–250 °C.	Den vorbereiteten Teig formen bzw. die Backmasse in eine Form füllen und im Backrohr backen.	• Hitzeempfindliche Vitamine werden teilweise zerstört. • Keine Auslaugeverluste.
Frittieren	Garen unter Bräunung im heißen Fettbad bei 140–180 °C.	• Trockenes Gargut wird paniert oder in einen Teig getaucht. • Frittiergut in heißes Fett geben und schwimmend ausbacken. • Herausnehmen und auf einem saugfähigen Papier gut abtropfen lassen. • Für Fleisch, Fisch, Geflügel, Gemüse, Kartoffeln, Gebäck. • Geeignete Fritierfette mit hoher Hitzebeständigkeit verwenden! • Höherer Fettgehalt der Speisen muss berücksichtigt werden. • Für fettarme Kostformen und leichte Vollkost ungeeignete Zubereitungsart. • Wasserlösliche Vitamine und Mineralstoffe werden nicht ausgelaugt. • Hitzeempfindliche Vitamine werden teilweise zerstört.	• Höherer Fettgehalt der Speisen muss berücksichtigt werden. • Für fettarme Kostformen und leichte Vollkost ungeeignet. • Wasserlösliche Vitamine und Mineralstoffe werden nicht ausgelaugt. • Hitzeempfindliche Vitamine werden teilweise zerstört.

Nährwerttabelle

Lebensmittel je 100 g verzehrbarer Anteil	kcal	kJ	Eiweiß g	Fett g	KH g	Ball g	Chol mg
Milch und Milchprodukte							
Vollmilch 3,6 % Fett	65	273	3,3	3,6	4,8	0	12
Magermilch	35	145	3,4	+*	4,9	0	+*
Sauermilch 3,6 % Fett	64	268	3,3	3,6	4	0	13,4
Buttermilch 1 % Fett	41	172	3,3	1	4	0	4
Joghurt 3,6 % Fett	71	297	4,1	3,6	4,9	0	11,6
Joghurt 1 % Fett	42	178	3,4	1	4,1	0	3
Sauerrahm 16 % Fett	160	670	3	15	3,2	0	49,5
Kaffeeobers	160	671	3	15	3,8	0	50,3
Schlagobers 36 % Fett	340	1.422	2,3	36	3	0	118,8
Crème fraîche	338	1.416	2,3	36	2,2	0	34,6
Käse							
Butterkäse	299	1.250	21,7	23,5	0	0	54
Camembert	288	1.204	21	22,8	0	0	70
Edamer 45 % F. i. Tr.	324	1.355	24,5	25	0	0	54,6
Emmentaler 45 % F. i. Tr.	369	1.543	29,5	28	0	0	85,9
Fetakäse	236	990	17	18,8	0	0	45
Gervais 55 % F. i. Tr.	302	1.266	15,4	25,9	2	0	83,1
Gouda 45 % F. i. Tr.	322	1.346	24	25	0	0	50,9
Gorgonzola	356	1.492	19,4	31,2	0	0	102
Hüttenkäse	91	379	11,2	4,1	1,8	0	13,3
Mozzarella	255	1.066	19	19,8	0	0	46
Parmesan	439	1.842	32,3	34,8	0	0	82
Rahmbrie 55 % F. i. Tr.	308	1.291	17	27	0	0	73,9
Schmelzkäse Doppelrahmstufe	328	1.371	13,2	30,4	0,9	0	85
Topfen mager	73	303	12,6	0,2	4,2	0	0,7
Topfen 10 % F. i. Tr.	90	376	12,1	2,4	4,2	0	8,4
Topfen 20 % F. i. Tr.	104	434	11	4,7	3,7	0	17
Topfen 40 % F. i. Tr.	137	573	10,3	9	3,2	0	30,3
Eier							
Hühnerei	154	646	12,9	11,2	0,7	0	396
Eidotter	349	1.459	16,1	31,9	0,3	0	1.300
Eiklar	50	208	11,1	0,2	0,7	0	0
1 St. Hühnerei 60 g	81	341	6,8	5,9	0,4	0	208,8
Fette und Öle							
Butter	741	3.101	0,67	83,2	0,6	0	240
Schweineschmalz	882	3.693	0,1	99,7	0	0	86
Pflanzenmargarine	709	2.970	0,2	80	0,4	0	7
Diätmargarine	708	2.967	0,2	80	0,2	0	+
Halbfettmargarine	362	1.514	1,6	40	0,4	0	4
Maiskeimöl	883	3.696	0	99,9	0	0	+
Olivenöl	881	3.689	0	99,6	0,2	0	+
Distelöl	879	3.682	0	99,5	0	0	0
Sonnenblumenöl	882	3.693	0	99,8	0	0	+

* + = *in Spuren vorhanden*

Lebensmittel je 100 g verzehrbarer Anteil	kcal	kJ	Eiweiß g	Fett g	KH g	Ball g	Chol mg
Fleisch, Innereien, Wild, Geflügel							
Kalbfleisch							
Filet	111	467	20,2	3,3	0	0	70
Kotelett	147	613	19,1	7,8	0	0	70
Schulter	107	447	19,8	3	0	0	70
Bries	100	418	17,2	3,4	0	0	268
Herz	105	441	17,2	4	0,8	0	104
Hirn	117	488	10,3	8,2	0,5	0	2.000
Leber	139	582	20,1	4,4	4,6	0	360
Niere	112	470	15,8	5	1	0	364
Rindfleisch							
Filet	121	508	21,2	4	0	0	70
Rindersaftschinken	247	1.034	27,1	14,6	1,3	0	78,4
Rindersaftbraten	111	466	18,9	3,9	0	0	50,6
Schnitzel, mager	121	508	20,6	4,3	0	0	70
Schulter, mager	129	540	20,2	5,3	0	0	60
Leber	139	581	20,5	3,9	5,3	0	354
Milz	96	401	18,6	2,3	0	0	263
Hirn	127	532	9,6	9,6	0,8	0	2.000
Schweinefleisch							
Filet	107	448	22	2	0	0	70
Kotelett, mager	133	558	21,6	5,2	0	0	60
Schulter, fett	187	785	19,6	12,2	0	0	69
Bauchfleisch	390	1.634	13,9	37,8	0	0	59
Speck durchwachsen	697	2.918	4,7	76,7	0	0	57
Leber	117	488	19,4	3,3	2,1	0	340
Niere	110	462	16,5	4,5	0,8	0	365
Hase	116	485	22	3	0	0	65
Hirsch	113	474	20,6	3,3	0	0	50
Reh	122	512	22,4	3,5	0	0	70
Ente, mit Haut	226	944	18,1	17,2	0	0	76
Fasan	135	567	22	5,2	0	0	71
Gans, mit Haut	338	1.414	15,7	31,0	0	0	86
Huhn mit Haut	166	694	19,9	9,6	0	0	81
Brust, ohne Haut	102	426	23,5	0,7	0	0	66
Truthahn							
Fleisch mit Haut	216	905	20,6	15	0	0	74
Brust	107	446	24,1	0,99	0	0	60
Fleisch- und Wurstwaren							
Blutwurst	316	1.322	11,7	30,2	0,2	0	53,2
Bratwurst	275	1.150	13,8	24,7	0	0	59,7
Cornedbeef	160	670	22	8	0	0	77,7
Frankfurter Würstel	257	1.077	12,3	23,4	0	0	54,7
Käswurst	288	1.204	20,6	22,9	0	0	75
Krakauer	150	628	19,1	7,7	0,7	0	60,6
Leberkäse	299	1.253	15,7	26,3	0,53	0	435,3
Leberpastete	316	1.322	12,2	30	0,16	0	57,3
Mortadella	342	1.431	15	31,7	0	0	65,4

Lebensmittel je 100 g verzehrbarer Anteil	kcal	kJ	Eiweiß g	Fett g	KH g	Ball g	Chol mg
Putenextrawurst	167	699	11,5	13,6	0	0	33,9
Salami, ungarische Art	315	1.327	17,2	27,8	0,19	0	65
Schinkenwurst	118	495	19,1	4	0,66	0	51,5
Fische und Meeresfrüchte							
Barsch	82	342	18,4	0,8	0	0	72
Flunder	95	399	16,5	3,2	0	0	50
Forelle	113	474	20,6	3,4	0	0	56
Hecht	82	344	18,4	0,85	0	0	70
Heilbutt	97	405	20,1	1,7	0	0	32
Hering	207	864	18,2	15	0	0	91
Kabeljau	77	321	17,4	0,67	0	0	50
Karpfen	116	484	18	4,8	0	0	67
Kaviar	259	1.085	26,1	15,5	4	0	300
Lachs	131	547	18,4	6,3	0	0	35
Makrele	182	763	19	11,9	0	0	75
Rotbarsch	108	450	18,6	3,6	0	0	42
Sardine	119	498	19,4	4,5	0	0	15
Scholle	90	375	17,9	1,9	0	0	42
Seehecht	92	387	17,2	2,5	0	0	50
Seezunge	83	348	17,5	1,4	0	0	50
Steinbutt	83	348	16,7	1,7	0	0	60
Thunfisch	222	929	22	15	0	0	70
Wels	162	678	15,3	11,3	0	0	152
Zander	84	353	19,2	0,7	0	0	70
Garnele	101	425	20,3	1,7	0,9	0	152
Hummer	86	361	18,8	0,9	0,5	0	95
Languste	102	428	20,6	1,5	1,3	0	140
Getreide und Getreideprodukte							
Buchweizen	340	1.425	9,1	1,7	71	3,7	0
Buchweizenvollkornmehl	341	1.426	10,9	2,7	67,1	3,6	0
Gerste	320	1.338	9,8	2,1	64,3	9,8	0
Grünkern, Dinkel	324	1.358	10,8	2,7	63,2	8,8	0
Grünkern, Mehl	344	1.441	9,6	2	70,8	6	0
Hafer	353	1.478	11,7	7,1	59,8	5,6	0
Haferflocken	370	1.548	12,5	7	63,3	5,4	0
Hirse, Vollkornflocken	354	1.481	9,8	3,9	68,8	3,8	0
Maisgrieß	345	1.444	8,8	1,1	73,8	5	0
Reis, ungeschält, gegart	112	469	2,6	0,77	23,3	0,81	0
Roggen	294	1.231	9	1,7	59,7	14	0
Roggenmehl	324	1.355	6,4	1	71	6,5	0
Roggenvollkornmehl	294	1.231	9	1,7	59,7	14	0
Weizen	313	1.310	11,7	2	61	10,3	0
Weizengrieß	326	1.363	9,6	0,79	68,9	7,1	0
Weizenmehl	337	1.409	9,8	1	70,9	4	0
Weizenvollkornmehl	309	1.293	11,4	2,4	59,5	10	0
Weizenstärke	351	1.470	0,4	0,14	85,8	1,2	0
Weizenkleie	172	721	14,9	4,7	17,5	45,4	0

Lebensmittel je 100 g verzehrbarer Anteil	kcal	kJ	Eiweiß g	Fett g	KH g	Ball g	Chol mg
Brot und Backwaren							
Biskuit, leicht	284	1.189	8,9	5,5	48,9	1,1	186
Croissant aus Blätterteig	508	2.126	7,5	33,2	45,2	2,3	26
Grahambrot	218	911	7,8	1,4	42,7	5,3	0
Semmel	251	1.053	7,8	1,4	51	3	0
Pumpernickel	187	784	6,5	0,97	37,4	8,5	0
Weißbrot	239	1.001	7,4	1,3	48,5	2,8	0
Vollkornbrot	187	784	6,5	0,97	37,4	8,5	0
Vollkornkekse	471	1.971	11,5	24,2	51,8	8,5	0
Zwieback	365	1.529	9,2	4,3	71,4	5,2	0
Teigwaren							
Eierteigwaren, gekocht	126	527	4,4	1,0	25,0	1,9	34
Vollkornteigwaren, gekocht	139	581	5,8	1,1	26,1	5,2	0
Hartgrießteigwaren, gekocht	150	626	5,4	0,5	30,0	2,3	0
Gemüse, Pilze, Kartoffel							
Artischocke	22	94	2,4	0,12	2,6	10,8	0
Aubergine	17	72	1,2	0,18	2,5	2,8	0
Bambussprossen	18	76	2,5	0,3	0,96	2,6	0
Brokkoli	26	111	3,3	0,2	2,5	3	0
Champignon	15	64	2,7	0,24	0,56	2	0
Chicorée	17	72	1,3	0,18	2,3	1,3	0
Endivie	11	46	1,8	0,2	0,3	1,2	0
Eierschwammerl	12	48	1,6	0,5	0,2	5,6	0
Eisbergsalat	13	55	1	0,2	1,6	1,8	0
Feldsalat	14	60	1,8	0,36	0,7	1,8	0
Gurke	12	51	0,6	0,2	1,8	0,54	0
Karotte	26	108	0,98	0,2	4,8	3,6	0
Kartoffeln, geschält, gegart	70	294	2	0,1	14,6	2,3	0
Kartoffelchips	535	2.242	5,5	39,4	40,6	3	0
Pommes frites	157	658	2	10	14,4	2,2	0
Kohlrabi	25	103	2	0,1	3,7	1,5	0
Kopfsalat	12	49	1,3	0,22	1,1	1,6	0
Karfiol	23	95	2,5	0,28	2,3	2,9	0
Mangold	25	106	2,1	0,3	2,9	2,6	0
Paprikaschote, grün	20	85	1,2	0,3	2,9	3,6	0
Porree, Lauch	26	107	2,2	0,34	3,2	2,2	0
Rotkraut	23	95	1,5	0,18	3,5	2,5	0
Steinpilz	20	83	3,6	0,4	0,53	6,9	0
Tomate	18	73	0,95	0,21	2,6	0,95	0
Topinambur	31	130	2,4	0,41	4	12,5	0
Sauerkraut	17	71	1,5	0,3	0,77	3,5	0
Spargel, weiß	18	74	1,9	0,14	2	1,4	0
Spinat	17	73	2,5	0,3	0,55	2,6	0
Zuckermais, roh	89	374	3,3	1,2	15,7	2,8	0
Zucchini	19	80	1,6	0,4	2	1,1	0
Zwiebel	28	117	1,3	0,25	4,9	1,8	0

Lebensmittel je 100 g verzehrbarer Anteil	kcal	kJ	Eiweiß g	Fett g	KH g	Ball g	Chol mg
Hülsenfrüchte, Samen, Nüsse							
Bohnen, weiß	263	1.102	21,3	1,6	39,8	17	0
Erbsen	82	342	6,6	0,48	12,3	5	0
Linsen	309	1.293	23,5	1,4	49,3	10,6	0
Erdnuss, frisch	561	2.350	25,3	48,1	8,3	10,9	0
Haselnuss	636	2.662	12	61,6	10,5	8,2	0
Kastanien, Maroni	173	724	2,5	1,9	36	8,4	0
Mandel	569	2.383	18,7	54,1	3,7	15,2	0
Mohn	472	1.976	20,2	42,2	4,2	20,5	0
Pistazienkerne	575	2.405	17,6	51,6	11,6	10,6	0
Sesam, Samen	559	2.339	17,7	50,4	10,2	11,2	0
Sojasprossen	52	217	5,3	1,2	4,7	2,3	0
Walnuss	654	2.738	14,4	62,5	10,6	6,1	0
Früchte							
Ananas	59	246	0,46	0,15	13,1	1,4	0
Apfel	52	217	0,34	0,4	11,4	2	0
Apfel, geschält	56	233	0,3	0,4	12,4	1,8	0
Avocado	217	909	1,9	23,5	0,4	3,3	0
Banane	95	398	1,1	0,18	21,4	2	0
Birne	52	219	0,5	0,3	12,4	2,8	0
Brombeere	30	125	1,2	1	2,7	6,6	0
Erdbeere	32	135	0,8	0,4	5,5	2	0
Grapefruit	50	209	0,6	0,15	8,9	0,58	0
Heidelbeeren	42	176	0,6	0,6	7,4	4,9	0
Himbeeren	34	142	1,3	0,3	4,8	6,7	0
Johannisbeeren, rot	43	181	1,1	0,2	7,3	7,4	0
Johannisbeeren, schwarz	57	239	1,3	0,2	10,3	6,8	0
Kirsche	63	265	0,9	0,3	13,3	1,5	0
Kiwi	61	255	1	0,6	10,8	3,9	0
Mango	60	252	0,6	0,45	12,5	1,7	0
Marille	42	177	0,9	0,1	8,5	1,9	0
Marille, getrocknet	249	1.044	5,3	0,59	50,5	11,2	0
Orange	47	197	1	0,2	9,2	2,2	0
Pfirsich	41	170	0,8	0,1	8,9	2,3	0
Pflaume	47	197	0,6	0,2	10,2	1,7	0
Pflaume, getrocknet	261	1.092	3,3	1,1	57,0	9,4	0
Rosinen	298	1.248	2,5	0,55	66,2	5,4	0
Wassermelone	38	160	0,6	0,2	8,3	0,24	0
Weintrauben, weiß	71	297	0,7	0,3	15,6	0,8	0
Zitrone	56	236	0,7	0,6	8,1	1,3	0
Honig, Zucker, Süßwaren							
Honig	306	1.283	0,38	0	75,1	0	0
Marzipan	459	1.920	6,1	17,6	68,6	4,9	0
Milchschokolade	536	2245	9,2	31,5	54,1	1,4	9

Lebensmittel je 100 g verzehrbarer Anteil	kcal	kJ	Eiweiß g	Fett g	KH g	Ball g	Chol mg
Zucker	405	1.697	0	0	99,8	0	0
Getränke, alkoholfrei							
Apfelsaft	49	207	0,31	0,33	10,6	0	0
Orangensaft, ungesüßt	45	188	0,92	0,16	8,8	0,22	0
Limonaden	42	174	0	0	10	0	0
Getränke, alkoholisch							
Bier, hell	39	163	0,5	0	2,9	0	0
Weizenbier	43	179	0,29	0	3	0	0
Rotwein, leicht	66	277	0,2	0	2,4	0	0
Weißwein, trocken	72	302	0,2	0	0,1	0	0
Sekt, trocken	79	330	0,16	0	3,5	0	0
Cognac	237	994	0	0	2	0	0
Rum	231	969	0	0	0	0	0
Eierlikör	285	1.192	4	7	28	0	150

Rezeptregister nach Diäten

Vollkost

Alle Rezepte entsprechen den Grundsätzen der Vollkost.

Leichte Vollkost

Suppen, Kaltschalen & Suppeneinlagen

Vorspeisen

Vegetarische Hauptspeisen

Hauptspeisen mit Fisch

Hauptspeisen mit Fleisch

Beilagen

Vegetarische Hauptspeisen

Hauptspeisen mit Fisch

Hauptspeisen mit Fleisch

Beilagen

Vorspeisen

Vegetarische Hauptspeisen

Hauptspeisen mit Fisch

Desserts

Säfte, Drinks & Müslis

Rezeptregister nach Speisenfolgen

253

Alphabetisches Rezeptregister

Sachregister

2. Auflage 2003
Copyright © 1997 by Trauner Verlag
A-4021 Linz, Köglstraße 14

Bild Umschlagrückseite: Kastanienknödel auf Moosbeerkompott, Schneenockerln auf Zitronenschaum

Gestaltung: Mag. Wolfgang Kraml, Trauner Verlag; Rita Wenger, M & K
Grafiken: Mag. Wolfgang Kraml, Heidi Hinterkörner, Gertrud Kirschenhofer
Lektorat: Mag. Karin E. Gollowitsch
Farbfotos: Raimund Mayrhofer
Fotos von Seite 9 bis 85: Eigentum des Verlags

Herstellung: Trauner-Druck, Linz
ISBN 3-85487-510-X

Ein gutes Team

Andrea Hofbauer, geboren in St. Pölten, besuchte die medizinisch technische Akademie für den Diätdienst und den ernährungsmedizinischen Beratungsdienst und erhielt 1981 das Diplom. Acht Jahre war sie als diplomierte Diätassistentin in einem Krankenhaus und in einem Kinderheim. Seit 1989 ist sie in einem internationalen Lebensmittelunternehmen in Wien tätig. Neben ihrem beruflichen Einsatz führt sie immer wieder Fachseminare, vor allem in Großküchen im Bereich Ernährung und Diätetik, durch. Frau Hofbauer ist Kursleiterin und Lehrbeauftrage im Wirtschaftsförderungsinstitut in Wien für das Seminar „Der diätetisch geschulte Koch". Für verschiedene fachspezifische Zeitschriften mit dem Schwerpunkt Ernährung und Verpflegung ist sie redaktionell tätig. Mehrere Studienreisen nach Deutschland, in die Schweiz, nach Italien und in die USA und diverse Fortbildungsveranstaltungen im In- und Ausland bestätigen ihre Kompetenz in Sachen Ernährung, Gesundheit und Diätetik.

Anton Frühwirth, geboren in Rattersdorf im Burgenland, absolvierte erfolgreich die Kochlehre im Grand Hotel Panhans am Semmering und arbeitete in verschiedenen Saisonstellen in Österreich, in Frankreich, in den USA, in Japan, Südamerika, Asien. Immer wieder fuhr er zu Studienzwecken nach Deutschland, in die Schweiz, nach Italien und in die USA und besuchte verschiedenste Fortbildungsseminare. Der geprüfte Küchenmeister war Küchenchef im „Hotel Palais Schwarzenberg" und im „Hotel Europa" in Wien. Seit 1988 ist er in einem internationalen Lebensmittelkonzern in Wien tätig. Herr Frühwirth war Leiter der Österreichischen Köche-Nationalmannschaft und hat bei vielen Kochkunstausstellungen im In- und Ausland Goldmedaillen und Auszeichnungen erhalten. Sein Wissen und seine Erfahrungen bringt er in seiner redaktionellen Arbeit für fachspezifische Zeitschriften ein. Zusammen mit Frau Hofbauer leitet er im Wirtschaftsförderungsinstitut in Wien das Seminar „Der diätetisch geschulte Koch" und führt viele Fachseminare für Großküchen im Bereich Ernährung und Diätetik durch.

Raimund Mayerhofer, geboren in Wien, kann auf einen Urgroßvater verweisen, der Weinbauer in Nussdorf bei Wien war, und von dem er die Liebe und das Auge für gutes Essen und Trinken ererbte. Herr Mayerhofer war nach erfolgreicher Absolvierung der Höheren Graphischen Lehr- und Versuchsanstalt in Wien in der Architektur- und Industriefotografie tätig. Er bildete sich in den Bereichen Fotografie, Grafik und Productdesign weiter, erwarb Praxis in der Schweiz und in Deutschland in der Werbefotografie und in der Werbemittelproduktion. Nach Ablegung der Meisterprüfung machte sich Herr Mayerhofer selbstständig und führt seit 1970 ein eigenes Fotostudio für Werbefotografie. Seine Arbeit für die österreichische Wein- und Käsewerbung brachte ihm erste Kontakte mit der Lebensmittelfotografie. Sein Aufgabengebiet ist heute großteils die Foodfotografie für österreichische und internationale Lebensmittelkonzerne.

Ein herzliches Dankeschön!

Wir danken der Firma DATO Denkwerkzeuge für die freundliche Unterstützung und für die Bereitstellung des Nährwertberechnungsprogramms EWP.

Die exzellente Speisenzubereitung für die Fotos wurde von den Köchen

Mathias Skerlan
Peter Trinkl
Hermann Stöger
Sandro Ladinig
Andreas Spitznagl
Alexander Forbes
Christian Wieseneder
Fritz Eichhorn

durchgeführt, wofür wir herzlich danken.

Das Geschirr wurde uns freundlicherweise von der Firma Rist zur Verfügung gestellt.

Dem Küchenchef des Hotels Marriot in Wien, Herrn Walter Suchentrunk, danken wir für die gute Zusammenarbeit.

Literaturverzeichnis

Auswertungs- und Informationsdienst für Ernährung, Landwirtschaft und Forsten e.V., Deutsche Gesellschaft für Ernährung, Forschungsinstitut für Kinderernährung; Optimix Empfehlungen für die Ernährung von Kindern und Jugendlichen, Bonn, 2002

Auswertungs- und Informationsdienst für Ernährung, Landwirtschaft und Forsten e.V., Deutsche Gesellschaft für Ernährung, Forschungsinstitut für Kinderernährung; Empfehlungen für die Ernährung von Mutter und Kind, Bonn, 2002

Auswertungs- und Informationsdienst für Ernährung, Landwirtschaft und Forsten e.V., Deutsche Gesellschaft für Ernährung, Forschungsinstitut für Kinderernährung; Empfehlungen für die Ernährung von Säuglingen, Bonn, 2001

Auswertungs- und Informationsdienst für Ernährung, Landwirtschaft und Forsten e.V.; Essen geht durch den Magen, Bonn, 1998

Auswertungs- und Informationsdienst für Ernährung, Landwirtschaft und Forsten e.V., Vitamine und Mineralstoffe, Bonn, 1995

Auswertungs- und Informationsdienst für Ernährung, Landwirtschaft und Forsten e.V., Gesund kochen und essen, Bonn, 1995

Biesalski ua., Ernährungsmedizin, Georg Thieme Verlag, Stuttgart, New York, 1999

Biesalski ua., Ernährungsmedizin, Georg Thieme Verlag, Stuttgart, New York, 1995

Bundeslebensmittelschlüssel II, Berlin, Zugriff über EWIS, Ernährungswissenschaftliche Informationssysteme, Verlag Ernährung und Gesundheit der Österreichischen Staatsdruckerei, Wien 1991

Bundeslebensmittelschlüssel BLS, Version 2.2, Bundesinstitut für gesundheitlichen Verbraucherschutz und Veterinärmedizin (BGVV), Berlin

Deutsche Gesellschaft für Ernährung, Empfehlungen für die Nährstoffzufuhr, Umschau Verlag, Frankfurt a. M., 1991

Elmadfa, Leitzmann, Ernährung des Menschen, Ulmer Verlag, Stuttgart, 1990

Elmadfa ua, Die große GU Nährwert Kalorien Tabelle, Ausgabe 2002/03, Verlag Gräfe und Unzer, München

Götz, und Rabast, Diättherapie, Lehrbuch mit Anwendungskonzepten, Georg Thieme Verlag, Stuttgart, New York, 1987

Gregori ua., Richtige Ernährung, Bohmann Verlag, Wien, 1988

Huth / Kluthe, Hrsg., Lehrbuch der Ernährungstherapie, Georg Thieme Verlag, Stuttgart, New York, 1986

Kasper, Ernährungsmedizin und Diätetik, Verlag Urban & Schwarzenberg, München, Wien, Baltimore, 1991

Kluthe ua., Diätbuch für Nierenkranke, Georg Thieme Verlag, Stuttgart, New York

Kluthe, Ernährungsmedizin in der Praxis, Aktuelles Handbuch zu Prophylaxe und Therapie ernährungsabhängiger Erkrankungen, Grundwerk 1993, Ergänzung 1996, Perimed Spitta Verlag, Balingen

Kohlenhydrataustauschtabelle: Margarineinstitut für gesunde Ernährung, Fett in der Ernährung, Hamburg, 1991

Lazelsberger ua., Küchenführung und Servierkunde, Bände 1 und 2, Trauner Verlag, Linz, 1994

Österreichische Diabetes Gesellschaft, Typ1- und Typ-2-Diabetikerschulung

Österreichische Nährwerttabelle, Firma DATO Denkwerkzeuge, Bernd Maierhofer, Corneliusgasse 4/5, 1060 Wien

Österreichischer Bundeslebensmittelschlüssel, Österreichische Ergänzungen zum BLS, Firma DATO Denkwerkzeuge

Peinelt / Rottka, Empfehlungen für die Nährstoffzufuhr im Krankenhaus, Vollkost und leichte Vollkost, Abt. Ernährungsmedizin 14, 1989

Teubner Küchenlexikon, Kräuter und Knoblauch, Teubner edition, Füssen, 1993

Teubner Küchenlexikon, Paprika, Gewürz und Gemüse, Teubner edition, Füssen, 1993

Watzl / Leitzmann, Bioaktive Substanzen in Lebensmitteln, 2. überarbeitete und erweiterte Auflage, Hippokrates, Stuttgart, 1999

Wirths, Kleine Nährwerttabelle 1986/87

Alle Rezepte wurden mit dem ernährungswissenschaftlichen Programm EWP der Firma DATO Denkwerkzeuge unter Verwendung des Bundeslebensmittelschlüssels, Version 2.2 berechnet